РОССИЯ
ТРИДЦАТЬ ЛЕТ (1991-2021)

俄罗斯三十年
（1991~2021）

政治卷
Политика

总主编　孙壮志
主　编　庞大鹏

社会科学文献出版社
SOCIAL SCIENCES ACADEMIC PRESS (CHINA)

总　序

孙壮志

　　1991年苏联解体不仅意味着一系列新独立国家的诞生，也深刻改变了俄罗斯国家的历史命运，开启了一个全新的发展阶段。冷战后的三十年，对于俄罗斯来说，是一个不断调整、适应的特殊时期，对内要完成一个全新国家的构建，无论是政治经济体制还是行政管理模式，对外要通过持续的外交努力延续自己作为世界大国的国际定位。一方面，俄罗斯是苏联在国际法意义上的继承国，也试图继承其全球性大国的影响和属性；另一方面，俄罗斯又很难找到一条适合自己又被西方国家所认同的强国之路。被普京总统和很多俄罗斯精英看重的文化传统以及历史成就，在其他独联体国家看来则有不同的认知。因此，俄罗斯在既自信满满又内外交困中走过了曲折的三十年，理想的愿望与残酷的现实不断发生碰撞，俄罗斯也在争议当中逐步完成自己民族国家的重塑。

一

　　尽管三十年对于漫长的历史长河来说只是非常短暂的一瞬，但对于希望走出困境的俄罗斯来说，自1991年到2021年的这三十年却意义非凡。从苏联解体带来的政治混乱、经济滑坡到照搬西方现代化模式的失败，俄罗斯在叶利钦统治的十年里始终是风雨飘摇，从"休克疗法"的灾难性结局到总统和议会矛盾导致的"炮打白宫"事件；第一次车臣战争的失利更是让一个大国的中央政权威信扫地，导致国内的各种矛盾不断激化。俄罗斯就是拖着这样的"病体"走入了21世纪。普京是在这样一种情况下成为俄罗斯新一代领导人的，并且以其强硬的执政风格带领俄罗斯走上了一条稳定、独特的发展道路。

从2000年至今，除了有四年不在总统任上但依然握有实权，其余时间普京不仅是这个世界上幅员最辽阔国家的最高领导人，而且是一个具有鲜明个性的俄罗斯传统文化代言人。他以雷厉风行的手段重整国内政治和经济秩序，解决了寡头公开干政、地方各行其是的问题，平息了车臣的"叛乱"，恢复了联邦中央政府特别是总统个人的绝对权威。其通过掌控能源开发把国家财富牢牢控制在政府手中；通过对社会的全方位管控把总统个人的意志传递到最基层。随着"统一俄罗斯"党的一家独大，普京确保了自己的执政理念得到立法机构的全面支持，并且相当有效地贯彻到地方层级。

如果要对俄罗斯三十年的发展历程划分阶段的话，以领导人执政或大政方针的调整变化作为最主要的标准最为适合，因为俄罗斯始终属于"强总统"制的国家，虽然从制度设计上总统并不掌握全部权力，但在实际中议会和司法机构无法对强大的总统权力进行有效制约。叶利钦时期是第一个阶段，然后是普京继任的八年，之后又有梅德韦杰夫担任总统的四年，通过修宪改变总统任期后普京重回克里姆林宫，又可连续执政十二年，加起来的话，普京连续掌握俄罗斯核心权力的时间已经超过二十年。俄政治体制甚至执政的核心团队基本保持稳定，虽然政策上连续出现带有根本性的变化，但这或是由于国内情况带来的压力，或是由于外部环境带来的冲击，许多变化是被动的，具有外源性。

在2012年总统大选后，再次回到前台的普京经历了严峻的内外挑战，他不断整合国内的政治资源，2018年顺利获得连任后，又于2020年对俄宪法进行全面修订，力图借此解决"普京之国"或俄发展道路的基本问题，这是根据形势变化做出的重大调整，着眼于权力体系的完善和俄罗斯的未来发展。最初拟定宪法修正案时，有关总统任期的问题并没有被列入，在国家杜马对该草案进行二读讨论时，才加入了允许俄现任总统再次参加2024年总统大选的修宪内容。有评论认为，普京就是想利用此次修宪来实现自己长期执政的目的，这种说法显然是不确切的，其主要还是想利用此次修宪对俄整个权力体系做出调整，以巩固其执政理念，确保国家的政令统一，确保普京的治理模式及其确定的政策能够延续下去，当然，与此同时普京也获得了长期执政的合法性。

二

观察一个国家在一个阶段的发展变化，最直观的方式是总统出台的各种政策，但最客观的评价往往来自社会经济领域的实际变化，"数字是不能骗人的"，经济和社会的指标明确地展示了执政者是否兑现了自己的承诺，是否带领人民一步步地完成了确定的目标。20世纪90年代中期，俄罗斯的GDP不足4000亿美元，到2017年达到1.57万亿美元；2022年在西方的全面制裁之下俄罗斯的GDP居然超过2.2万亿美元。当然这种增长与卢布和美元的汇率有关，而汇率又和石油、天然气收入相关，西方制裁并没有让俄罗斯石油、天然气的出口在数量上有明显减少。对国际市场的严重依赖，导致俄罗斯经济发展经常会出现波动，1997年的亚洲金融危机和2008年的全球金融危机都曾导致俄经济出现严重衰退。2014年乌克兰危机后，西方的制裁和油价下跌也使俄罗斯政府不得不连续数年出台反危机计划。西方停止对俄投资、冻结俄在境外的资产也使俄罗斯在经济上蒙受很大损失，财政压力增大。这也促使俄罗斯不得不在很多领域选择进口替代，从而促进了俄经济的内生性发展，表现最好的是粮食生产、原料加工和建筑行业。

三十年中，俄罗斯经济并没有呈现持续稳定发展的良好态势，反而常常出现经济增长乏力、经济结构调整难以实现、过度倚重能源和其他原料生产的情况。虽然国际能源价格的飙升给俄罗斯带来了巨额的外汇收入，使俄罗斯很快清偿了所有外债，建立了反危机基金，但也造成了经济发展的脆弱性和不稳定性。在管理方式发生很大变化的俄罗斯，经济和社会的发展却呈现内在的稳定性甚至是顽固性，在取得一系列成就的同时也制造了不少现实的难题。但在应对美西方制裁方面俄罗斯政府采取的措施比较有效，俄罗斯经济在重压之下没有崩盘，体现出一定的韧性。俄罗斯还重视数字经济和科技创新，希望通过自己的力量实现经济的转型升级。

在社会领域，俄罗斯采取的管理措施最大限度地减少了国家的负担，通过商业化使大部分社会保障支出不再占用国家预算，同时又有重点地对弱势群体进行扶持，取得较好的效果，普京获得了广泛的社会支持，民调支持率持续走高，甚至在对乌克兰发动特别军事行动后，对其的支持率也始终稳定在80%左右。人口问题一直困扰着俄罗斯的发展，生育率下降导致的人口负增长使本身就地广人稀的俄罗斯面临空前的压力，虽然政府采取多种措施鼓励生育，但收效甚微。俄罗斯的贫富差距巨大，有统计显示，该国10%最富裕群体与10%最贫困群体的收入差距为13.8倍。

经济转型带来的社会分化和贫富差距也制造了社会层面的不满情绪，特别是在打击官员的贪污腐败方面没有拿出足够的举措，使纳瓦利内这样的"反腐斗士"成为反对派的代表。网络的发达使社会动员的方式发生新的变化，执政当局维护政权安全的成本也越来越高。2020年新冠疫情的大流行使俄罗斯社会管理方面的问题被进一步放大，也造成了民众生活水平的下降。乌克兰危机升级以后，在西方制裁力度不断加大的背景下，俄社会层面不稳定的因素增多，尽管采取了更加严厉的措施，加强了舆论控制，但维护稳定的成本也大大提高了。恩格斯在1894年写的《论俄国的社会问题》中的跋对我们今天观察俄罗斯社会的新变化很有启发意义，即俄国的社会与西欧国家有很大不同，当面对内外压力时社会层面会发生很大的分化，巨大的政治变革往往与此相关。

三

随着全球化的深入发展，当今世界任何一个国家都不可能生活在孤岛之上，俄罗斯也不例外。叶利钦时期俄罗斯的外交对西方"一边倒"，希望得到西方的承认和经济上的支持，但西方始终难以真正"接纳"俄罗斯，拒不放弃遏制和削弱俄罗斯的政策，北约先后完成五轮东扩，不断挤压俄罗斯的战略空间。普京总统执政后对世界格局的认识发生了很大变化，对外部威胁有了新的界定。面对复杂的国际变局和日趋严峻的国际安全环境，普京认为，当今世界政治错综复杂，地缘政治形势发生了重大变化，在秩序变革过程中，西方的力量在减弱，自由主义模式遭遇危机，世界不稳定性和地缘政治的紧张局势日益加剧，国内国际的各种政治经济矛盾日益突出，国际安全面临一系列新挑战。

俄罗斯领导人认为，以联合国为代表的维持当前国际秩序的国际机制被削弱，区域冲突加剧，全球安全体系不断恶化。经济衰退和不平等的加剧导致社会分裂，引发了民粹主义、右翼和左翼激进主义和其他极端主义，所有这些都会影响国际关系的性质，冲击现有国际体系的稳定性。普京明确指出，今后十年世界面临的主要威胁之一是各种国际问题相互交织并日益复杂化，内外矛盾相互碰撞并导致风险上升。[1] 在这样的背景之下美国维护单极霸权的尝试注定要失败，因为这与时代的发展趋势背道而驰。作为活跃在世界舞台上的重要大国，俄罗斯应该成为推动国际政治多极化的重要力量之一。俄一些政治精英还认为，全球安全格局仍将由少数大国决定，俄罗斯、美国、中国等核大国在国际体系中的作用更加重要和不可替代，但力量对比正在发生明显的变化。

在俄罗斯看来，随着全球力量重心的转移，大国间的地缘政治对抗不断升级，俄要主动去争取对自己最有利的态势。从内部情况看，综合国力的恢复使得俄罗斯从政治精英到普通民众都重拾信心，渴望恢复昔日超级大国的地位，通过频繁介入国际性和地区性争端来彰显大国实力，维护国家安全利益；从外部压力看，北约的不断东扩使俄罗斯感受到战略空间被严重挤压，对外部威胁的感知不断加深，俄罗斯与美国及西方国家之间越来越缺乏基本的安全互信。普京在2022年2月21日的讲话中援引德国前总理赫尔穆特·科尔的观点，认为如果欧洲文化想要生存下去并在未来仍然是世界文明的中心之一，西欧和俄罗斯就应该理所当然地走到一起。然而事实上，西方国家从来没有视俄罗斯为朋友和盟友，北约及其部署的军事设施已经到达俄罗斯边境，这是出现欧洲安全危机的关键因素之一，对整个国际关系体系产生了最为负面的影响，导致相互信任的丧失。[2]

2014年乌克兰危机后，西方对俄罗斯的经济制裁导致俄罗斯外交出现较

---

[1] Владимир Путин, Выступление президента на форуме в Давосе, 27 января 2021, http://kremlin.ru/events/president/news/.

[2] Владимир Путин, Выступление президента, 21 февраля 2022, http://kremlin.ru/events/president/news/.

大的调整，俄与西方的关系全面恶化，俄开始将目光"转向东方"，普京提出"大欧亚伙伴关系"计划，试图为俄罗斯主导的欧亚经济联盟寻找更大的发展空间。2022年2月俄罗斯对乌克兰发动特别军事行动，美国及西方对俄实施了更加严厉的制裁，并对乌克兰提供巨额的军事援助，俄与西方的地缘政治对抗不断升级，俄美关系、俄欧关系陷入冷战以后的最低谷。2023年3月，普京签署批准最新版的《俄罗斯联邦对外政策构想》，强调俄罗斯将自己视为一个独特的文明国家；认为美国是反俄路线的主要领导者；强调自己并不是西方的敌人，因为俄对西方没有敌意；俄将努力构建新的国际关系体系，确保所有国家平等发展的机会。此外，俄方认为，全面深化、协调与中国和印度的关系是极其重要的。

四

我国国内对俄罗斯问题的研究三十年来也在不断发生变化，视角和方法都越来越丰富，但对俄罗斯国家建设的深层次解读还有所欠缺，从整体上综合梳理、把握俄罗斯各个领域的演变还不够，在学科建设、人才培养方面都需要进一步加大力度。20世纪90年代俄罗斯政治经济状况欠佳，国际地位下降，也影响到国内对俄罗斯问题的关注，包括年轻学子对俄语学习的兴趣。

应该说，中俄关系快速、稳定的发展在一定程度上为国内俄罗斯研究创造了有利的条件，中俄双方的合作不仅表现在政治、经济、安全等层面，也包括高校、智库、媒体、地方的交流。互办"国家年"是双方的人文合作，每年有重点地向前推进，越来越多地体现了"世代友好"的原则。1996年中俄两国建立战略协作伙伴关系，双方开始在地区和国际事务中加强互动，相互支持，与中亚国家共同建立了上海合作组织，中俄共同主导这一新型区域机制，等等，因而研究俄罗斯问题有了更多的需求和关注。

俄罗斯是世界上面积最大、自然资源最为丰富的国家，有着独特的文化传统，近代以后在欧洲甚至在全球格局中都扮演过重要的角色。另外，在研究现代化问题和多极化进程时，俄罗斯也具有一定的典型性，其不仅开创了自己的工业化模式，还是20世纪国际共产主义运动曲折演进的代表。中国与俄罗斯互为最大的邻国，双边关系经历过起伏，冷战以后双方致力于建立新型大国关系。随着两国领导人2019年6月宣布发展新时代中俄全面战略协作伙伴关系，中国与俄罗斯的合作呈现全方位、多层次、宽领域的特点，越来越多的主体参与到两国的日常交流，国内各界希望能够更多了解和认识这个国家的发展现状。

作为国内研究俄罗斯问题最大的综合研究中心，中国社会科学院俄罗斯东欧中亚研究所自成立以来一直密切关注俄罗斯的发展变化，出版和发表了不少有影响的专著、论文，对俄罗斯不同时期各个方面的变化做出深入的分析和评估，年轻的俄罗斯问题专家也不断涌现。自1991年开始，每隔十年俄罗斯东欧中亚研究所都会出版全面总结俄罗斯政治、经济、外交领域发展状况的学术专著。这本《俄罗斯三十年（1991~2021）》的完成，经历了更多的困难和考验，因为形势的变化更为复杂，发展的脉络更加不容易准确把握。在中国社会科学院学科建设第二期"登峰战略"中，"俄罗斯学"依然作为优势学科得到相应的扶持，对基础理论研究和应用对策研究以及人才培养都提出了更高的要求。经过俄罗斯政治、经济和外交三个研究室同事的共同努力，终于完成了这样一本厚重的研究成果，反映了俄罗斯东欧中亚研究所前一阶段学科建设取得的成绩，希望能够为国内关注俄罗斯问题的朋友们提供参考，更希望得到关心俄罗斯研究的同行们的指正。

是为序。

CONTENTS 目 录

引 言 ··· 1

第一章　俄罗斯政治进程 ·· 6
 第一节　叶利钦时期的政治进程 ··· 6
 第二节　世纪之交的俄罗斯 ·· 14
 第三节　普京时期的政治进程 ··· 18

第二章　俄罗斯议会制度 ·· 39
 第一节　叶利钦时期俄罗斯议会制度的重建 ······························· 39
 第二节　俄罗斯议会选举体制的变化 ·· 48
 第三节　普京时期俄罗斯修宪与议会权力和地位的变化 ············· 62

第三章　俄罗斯政党制度 ·· 75
 第一节　俄罗斯政党制度的发展变化 ·· 75
 第二节　"统一俄罗斯"党的发展变化 ····································· 98
 第三节　俄罗斯联邦共产党的重建与发展 ······························· 108

第四章　俄罗斯司法制度 ·· 121
 第一节　俄罗斯司法制度建设概述 ··· 121
 第二节　俄罗斯的宪法法院 ·· 139
 第三节　俄罗斯的刑法及行政法制度 ······································ 165

第五章　俄罗斯联邦制度······175
  第一节　叶利钦时期条约联邦制的建立······175
  第二节　普京时期联邦制度改革······187
  第三节　普京新时期联邦制度的完善······211

第六章　俄罗斯寡头政治与精英政治······221
  第一节　寡头政治的形成和形成根源······221
  第二节　寡头政治的发展与特性分析······248
  第三节　普京对寡头政治的规制······266

第七章　俄罗斯社会治理······280
  第一节　俄罗斯中产阶级的崛起及其政治影响······280
  第二节　俄罗斯社会自组织的发展······306
  第三节　俄罗斯社会转型与社会治理······342

第八章　俄罗斯政治思潮······350
  第一节　俄罗斯的自由主义······350
  第二节　俄罗斯的民族主义······366
  第三节　俄罗斯的特殊主义······381

结　论······404

参考文献······418

引 言

苏联解体后俄罗斯政治发展进程可以分为四个特点鲜明的阶段：叶利钦时期是大破、大立和大动荡的时期；普京执政前八年是调整、恢复和实现稳定的时期；"梅普组合"时期是应对经济危机、开启全面现代化进程的时期；2012年普京重返克里姆林宫，学术界一般将此称为普京新时期。从时期重点和历史发展的主导力量来看，也可以简单地划分为两个时期，即叶利钦时期和普京时期。

叶利钦时期的俄罗斯国家总体战略是实行"全盘西化"的全面改革，以使俄罗斯在最短的时间内融入"西方文明世界大家庭"。这个过程并不顺利。俄罗斯为了新的国家构建付出很大代价，政治、经济和社会危机持续爆发，国际地位严重下降。普京在《千年之交的俄罗斯》一文中指出："俄罗斯已不属于代表着当代世界最高经济和社会发展水平的国家；俄罗斯正处于数百年来最困难的一个历史时期，大概这是俄罗斯近二三百年来首次真正面临沦为世界二流国家，抑或三流国家的危险。"[①]

普京执政前八年完成了三件大事：第一，调整国家发展战略，建设强大的俄罗斯；第二，重建国家的权威和垂直的权力体系，实现国家政治和法律的统一；第三，把经济命脉重新掌握在国家手中，从自由资本主义转向国家资本主义。通过这三项有的放矢的国家治理，俄罗斯建立了统一的国家政权，经济快

---

① Владимир Путин, Россия на рубеже тысячелетий, Независимая газета, 30 декабря 1999 г..

速恢复，人民生活水平有所提高，并以强国的姿态重返世界舞台。"梅普组合"时期，普京事实上继续掌权，积极应对金融危机，实施从"普京计划"到梅德韦杰夫"新政治战略"的转变，开启现代化战略，宣称俄罗斯的现代化是全面的，包括人的现代化，力求转变俄罗斯社会广泛存在的家长式作风。

普京新时期又有新特点。2012年1月16日，普京在《消息报》头版头条发表竞选文章——《俄罗斯集中精力：我们要应对的各种挑战》。文章明确提出了一个影响俄罗斯未来发展全局的政治概念——"全面发展的新阶段"。[①]新阶段的出现首先与2011年国家杜马选举后形成的政治生态密切相关。俄罗斯社会政治改革呼声之大、势头之猛前所未有。普京执政当局的根本应对之策就是顺应这种发展。这种发展趋势的本质在于加强政治竞争性，实现致力于变革的政治稳定。这就是新阶段的新特点。普京新时期政治稳定除了要适应新阶段新特点加大政治体制改革的力度，还先后面临经济增长放缓及乌克兰危机后与外部世界关系调整的挑战。

从2015年9月俄罗斯进入了新选举周期，此时政治形势出现的新特点是普京团队需要加强政治运作，以确保政权党"统一俄罗斯"党在国家杜马选举中继续维持一党主导的地位，并确保普京在2018年总统大选中获胜。普京政权的首要任务是确保这一选举周期政治的平稳过渡，因此在政治控制和社会治理上采取了严密的举措：加强政权党的控制力，挤压反对派的政治空间；在面对反对派示威游行、恐怖主义袭击、"颜色革命"等威胁时，通过多种手段维稳，保障稳定的政治和社会环境。经过周密的政治设计，普京平稳地经受住了2016年国家杜马选举和2018年总统大选的考验。2018年再次执政后，普京政权开始加强政治设计，提出"普京主义"，统筹推进修宪。

俄罗斯30年进程的核心要义是发展道路问题。30年来俄罗斯发展道路的基本含义并未发生重大改变，依然是指俄罗斯选择什么样的政治经济制度和实行什么样的对外政策。从更深的层次看，发展道路涉及俄罗斯民族国家属性和文明的归属问题，即俄罗斯究竟应该被纳入西方文明还是东方文明，还是应

---

① Россия сосредотачивается-вызовы, на которые мы должны ответить, http://www.izvestia.ru/news/511884.

该保持和发扬俄罗斯自己的文明传统,或者是根据自己的特点创造一种新的文明。所有这些辩论归根到底集中为一个焦点:俄罗斯究竟应该走向哪里,即俄罗斯究竟应该走什么样的发展道路,应该选择哪一种政治、经济和文化模式。这些争论又或多或少地同俄罗斯历史上的即19世纪中期的西方派和斯拉夫派的争论,以及20世纪20年代出现的欧亚派有内在的联系。[1] 30年来俄罗斯对上述问题做出了回答。

第一,建立了统一的国家政权体系。叶利钦时期结束之后普京刚上台时,俄罗斯实际上处于瓦解的边缘,车臣分裂主义的威胁迫在眉睫,其他联邦主体也是各行其是。例如,地方可以不向中央缴税,可以制定与联邦宪法相抵触的法律,有些联邦主体甚至相互提出领土要求,等等。由于国家政权机关和管理机关软弱无力,中央政府的经济和社会政策也无法顺利执行。普京指出,俄罗斯复兴的关键在于国家政治领域,俄罗斯需要一个强有力的国家政权体系。"国家及其体制和机构在人民生活中一向起着极为重要的作用。有着强大权力的国家对于俄罗斯人来说不是什么不正常的事,不是一件要去反对的事,恰恰相反,它是秩序的源头和保障,是任何变革的倡导者和主要推动力。"普京有步骤地进行了政治体制改革:改造联邦制,强化垂直权力体系;推动政党制度发展,培育政权党;打击寡头,结束寡头政治;控制新闻媒体,影响社会舆论导向;改革行政体制与加强反腐败斗争。在普京的领导下,俄罗斯建立了强有力的中央集权的国家权力体系,实现了自20世纪80年代后期以来前所未有的政治统一。这为整个普京时期国家治理的顺利推行奠定了最根本的政治基础。

第二,加强了国家对战略性资源的控制,加大国家对经济的主导作用。俄罗斯是一个垄断型经济国家,缺乏市场经济的竞争活力,难以调动企业生产积极性。垄断经济决定了市场因素在国民经济中的作用有限,政府必须在经济发展中扮演主角。主要标志之一是加强国家对战略性资源的控制。普京第二任期时就对500多家具有战略意义的企业限制私有化,并在银行、飞机、船舶、铁路等关乎国计民生的领域组建国家控股的大型企业。主要标志之二是国家在经济生产领域发挥主导作用。2018年普京再次执政后,其倡导的"突破性发展

---

[1] 李静杰、郑羽主编《俄罗斯与当代世界》,世界知识出版社,1998,第63页。

战略"实质上就是在国家社会经济领域采取扶植政策，拨款26万亿卢布，在人口、医疗、教育、住房、道路、劳动生产率、生态、数字经济、企业经营、出口、科学、文化等12大领域实施国家项目，实现俄罗斯的突破性发展。

第三，构建了适合俄罗斯传统的治国思想。俄罗斯的治国理念形成于"俄罗斯新思想"，成熟于"主权民主"思想，定型于"俄罗斯保守主义"，具有鲜明的延续性。2019年，官方在此基础上提出"普京主义"，继续强化意识形态建设，积极在全社会打造思想共识，即俄罗斯是主权国家，独立自主地决定自己的内外政策，不接受外来干涉；民主作为一种制度和原则，必须适合俄罗斯现状和发展阶段，必须适合俄罗斯的历史传统和文化特点；民主化是一个过程，俄罗斯的民主还处在发展的初期阶段。普京的理念与制度是百年俄罗斯生存和发展的模式，治国思想的明确也让俄罗斯的民族精神重新焕发。20世纪90年代，俄国内民族虚无主义盛行，各种思潮的角逐导致社会分裂。普京提倡的反映俄罗斯民族精神的"俄罗斯新思想""主权民主""俄罗斯保守主义"等已得到社会的广泛认同，爱国主义、强国意识已成为俄罗斯民族精神和主流意识形态的两大支柱。俄罗斯社会实现了自20世纪80年代改革开始以来空前的思想统一。

第四，坚定维护国家利益，坚持以强国理念开展大国外交。俄罗斯对国际形势的认识、对自身国际身份的定位以及由此确定的对外关系原则与强国战略息息相关，强国理念构成了普京时代内政外交的逻辑主线。20世纪90年代，俄罗斯曾一度沦落为西方的"小伙伴"。普京上台后，随着政策的调整和国力的增强，坚持推动欧亚地区一体化进程，同时管控与西方的矛盾并坚持斗争与合作两手抓，以世界强国的姿态重返国际舞台，坚决捍卫国家和民族利益，国际地位和影响日益提高，成为多极化世界重要的中心力量之一。

第五，确保了政权党"统一俄罗斯"党自身的良性发展。"统一俄罗斯"党被视为俄罗斯中派政治力量的核心代表。普京当选俄罗斯总统后为巩固执政地位，将"统一俄罗斯"党打造成为政权可以依靠的全国性大党。"统一俄罗斯"党的指导思想是保守主义。俄罗斯建立了"统一俄罗斯"党一党主导的政党格局。普京一手创立了"统一俄罗斯"党，是该党得以顺利发展的最强大的政治资源。同时，"统一俄罗斯"党也成为普京最坚定的支持力量，在普京国家治理体系中具有重要支撑作用。普京为了塑造全民总统的形象，并不在

"统一俄罗斯"党内担任实职。2018年总统大选时，普京是作为自荐的独立候选人参选。全国性政党是防范地区分裂、促进国家统一的最重要工具，可以保证亲普京的选民有一个具有凝聚力的核心，可以助力改革并使方针政策具有继承性。具体而言，"统一俄罗斯"党对于建立积极有效的政治体系发挥了重要作用。"统一俄罗斯"党坚决支持普京的执政理念与政治举措。由于"统一俄罗斯"党在杜马中占据了绝对多数席位，使总统在国家杜马中有了坚实的政治后盾，保证了普京的各项政策在国家杜马能够顺利通过并在政治实践中得到贯彻。可以说，"统一俄罗斯"党为普京整合政治力量、稳操政治主动权创造了条件。

第六，加强了中央对地方权力的控制。1993年的《俄罗斯联邦宪法》规定，俄罗斯是一个联邦制国家，联邦主体由共和国、自治区、边疆区、州、自治州以及直辖市构成。这种联邦主体的多样性成为俄罗斯联邦组成的主要特点，在多样性的基础上实现联邦权力的统一就成为俄罗斯在处理中央与地方关系中的关键。叶利钦时期由于历史和现实的种种因素，俄罗斯未能处理好多样性与统一性的关系，造成中央权力软弱、地方政府自行其是的严重后果。为了改变这种局面，建立一个强有力的国家政权体系，从而为经济发展提供稳定的政治环境，普京时期对国家治理模式调整的一个重要方向就是采取一系列有效措施来深刻调整中央与地方的关系，加强了中央对地方权力的控制，并在此基础上重建了国家垂直权力体系。

本丛书由中国社会科学院俄罗斯东欧中亚研究所所长孙壮志研究员任总主编。政治卷主编为庞大鹏研究员。政治卷由中国社会科学院俄罗斯东欧中亚研究所和世界历史研究所有关学者集体撰写。作者分工如下：庞大鹏研究员撰写引言、第一章、第三章第一节和第二节、第五章第二节；薛福岐研究员撰写结论；张昊琦研究员撰写第八章第三节；马强副研究员撰写第七章第二节和第三节；郝赫副研究员撰写第六章；刘雪野博士后撰写第三章第三节、第八章第一节和第二节；鲍宏铮博士撰写第四章；吴德堃博士撰写第五章第一节和第三节及参考文献的整理；林莹博士撰写第七章第一节；马天骄博士撰写第二章。庞大鹏设计章节结构，统稿并修改书稿。由于学识有限，书中可能存有不足，请学者专家和读者朋友不吝赐教。

第一章 俄罗斯政治进程

苏联解体后俄罗斯经历了叶利钦时期和普京时期。在普京时期，俄罗斯各个方面都取得了巨大的成就，强国战略贯穿俄罗斯的发展进程。强国战略旨在纠正全盘西化的改革路线，把建设强大的俄罗斯作为一切工作的中心；强调俄罗斯保守主义思想，在俄罗斯历史、文化和精神的基础上保持俄罗斯特色，走上一条俄罗斯自身越来越熟悉的俄罗斯化的发展道路。

第一节 叶利钦时期的政治进程

1990年5月16日，俄罗斯联邦举行第一次人民代表大会。作为苏联最大的加盟共和国，在局势动荡、民族独立情绪高涨的历史时刻，俄罗斯主权问题被列入俄罗斯第一次人民代表大会的议程。1990年5月29日，致力于实现俄罗斯独立与主权的叶利钦当选为俄罗斯联邦最高苏维埃主席，成为俄罗斯的国家元首。1990年6月12日，俄罗斯第一次人民代表大会通过了《俄罗斯国家主权宣言》，宣布俄罗斯联邦拥有绝对主权，俄罗斯实际上已成为新的独立国家。

一 叶利钦巩固政权（1991~1993）

举世震惊的"8·19"事件后，叶利钦的政治地位明显上升。1991年12月8日，俄罗斯、乌克兰和白俄罗斯三国领导人签署了成立独立国家联合体的协议，苏联名存实亡，联盟中央的政治权力已经转移到苏联各个加盟共和国手中，尤其是俄罗斯。12月21日，俄罗斯等11个原苏联加盟共和国国家领导人正式宣告建立独立国家联合体；12月26日，苏联正式宣告解体。

1990年6月12日《俄罗斯国家主权宣言》通过后，第一次人民代表大会选举产生了以俄罗斯苏维埃联邦社会主义共和国最高苏维埃主席叶利钦为首的宪法委员会，负责起草俄罗斯新宪法。1991年11月，由叶利钦和哈斯布拉托夫任正副主席的俄罗斯宪法委员会制定了宪法草案，但在1992年4月18日，第六次俄罗斯联邦人民代表大会通过了这部国家政体以议会为核心的宪法草案后，叶利钦又对宪法中规定的"高效力议会和高效力总统"的体制不满。叶利钦总统的激烈反对表明议会与总统之间就国家政体的问题存有深刻矛盾，矛盾背后是双方对国家权力的争夺，俄罗斯双重政权问题逐渐明朗化。有关俄罗斯宪法文本制定的分歧由来已久。1991年通过的俄罗斯联邦1978年宪法修正案的第104条规定："俄罗斯联邦人民代表大会是俄罗斯联邦最高国家权力机关。"第121条规定："俄罗斯联邦总统是俄罗斯联邦最高公职人员和俄罗斯联邦执行权力领导人。"①据此俄罗斯国家政权组织形态出现了两种发展方向：议会制和总统制。

1993年2月12日，俄罗斯总统叶利钦、最高苏维埃主席哈斯布拉托夫、宪法法院院长佐尔金在克里姆林宫举行了秘密会谈，寻求解决政治危机的办法，但是会谈未达成具体协议。3月20日晚，叶利钦发表《告俄罗斯公民书》并颁布总统令，宣布俄罗斯实行紧急状态管制。仅仅数小时后，美国总统克林顿就发表声明支持叶利钦。克林顿认为，叶利钦是引领俄罗斯向民主和市场经济转化的领导人，应该得到西方的支持。②而俄罗斯宪法法院立即召开紧急会议，认为总统令破坏了宪法规定的权力分配原则，宪法体制的最重要原则遭到践踏。3月21日，在俄罗斯最高苏维埃紧急会议上，宪法法院表示要审议叶利钦在《告俄罗斯公民书》中公布的措施是否符合宪法的问题。俄罗斯宪法法院实际上已经站在支持议会一方的立场上。4月25日，俄罗斯举行了全民公决，64.5%的俄罗斯登记在册的选民参加了公投，其中58.7%的人对叶利钦

---

① 1991年5月21日召开的俄罗斯联邦第四次人民代表大会制定了《俄罗斯联邦总统法》和俄罗斯联邦1978年宪法修正案，在立法上完成了俄罗斯总统制设立的程序。

② Serge Schmemann, "Yeltsin, Defying Congress, Claims Emergency Powers," *New York Times*, March 21, 1993.

表示了信任。

全民公决后，1993年4月29日叶利钦提出总统制宪法草案，而在5月8日最高苏维埃则再次公布了1991年11月的宪法草案，由此形成了僵持不下的局面。叶利钦遂于5月20日发布总统令，定于6月5日召开制宪会议。6月5日，由700多人组成的制宪会议经过38天讨论，修改了500多处并吸收宪法委员会宪法草案的某些条款，最终制定了新的宪法文本。在哈斯布拉托夫缺席的情况下，7月12日，制宪会议以433票赞成、63票弃权、62票反对通过了以总统宪法草案为基础的第三部宪法草案。7月16日，俄罗斯制宪会议的宪法草案提供给全民进行讨论，却无果而终。但是，双重政权危机不可能就此结束，总统和议会最后摊牌的时间不可避免地到来了。9月21日，总统和最高苏维埃分别做出针锋相对的国家重要人事决定，双重政权的现实已有目共睹。

在严峻的形势面前，1993年9月21日、9月29日和10月3日，美国总统克林顿多次发表支持叶利钦的声明，谴责俄罗斯议会领导人。9月21日，克林顿总统就俄罗斯局势发表书面声明，支持俄罗斯总统叶利钦做出的解散议会并于12月举行新的议会选举的决定。克林顿在发表声明前同叶利钦通了电话，表示全力支持叶利钦。接着，克林顿同德国总理科尔通了电话，把他同叶利钦交谈的情况和美国支持叶利钦一事通知了科尔。英国外交部也发表声明宣布，英国始终不渝地支持俄罗斯的民主和经济改革进程，俄罗斯的全民公决证实了叶利钦本人及其政策得到了民主力量的支持。法国外长阿兰·朱佩也表示支持叶利钦，希望改革派能占上风。

在以美国为首的西方有力支持下，叶利钦决定对最高苏维埃采取武力行动。在反对派采取攻打独联体司令部、莫斯科市政府大楼和奥斯坦基诺电视台的冒险行动时，叶利钦抓住机会，于1993年10月4日命令军队炮打白宫，反对派被击溃，哈斯布拉托夫等人被捕。这就是俄罗斯现代政治史上具有转折意义的"十月事件"。克林顿在10月4日当天就发表声明，指责反对派挑起冲突，叶利钦因别无选择，只能利用各种方法来恢复秩序。① 尽管叶利钦动用了

---

① Douglas Jehl, "Showdown in Moscow: Washington; Clinton, Reaffirming Support for Yeltsin, Blames Rutskoi's Faction for the Violence," *New York Times*, October 4, 1993.

武力，美国仍然支持叶利钦，美国对俄罗斯的援助计划仍然保持不变。

"十月事件"后，1993年11月10日体现叶利钦政治设计的俄罗斯第四部宪法草案产生，12月12日，俄罗斯就第四部宪法草案举行全民公投，54.8%的选民参加，其中58.4%的人表示赞成，41.6%的人表示反对，新宪法获得通过。新宪法的通过实现了美国在"十月事件"后对叶利钦的期望，叶利钦再次重申了俄罗斯政府要继续推动民主化进程的承诺。

二 叶利钦确立俄罗斯发展方向（1994~1996）

但是，双重政权问题解决以后，俄罗斯政局并没有朝着美国期望的方向发展。1993年12月12日，俄罗斯举行第一次国家杜马选举，选民的投票积极性不高，投票率仅为54.8%。在单一制选区共选出219名代表。[①] 在联邦选区，有8个选举联合组织获得了超过投票总数5%的选票，直接进入了杜马。按照得票多少，这8个选举联合组织依次为：俄罗斯自由民主党（59席）、俄罗斯民主选择（40席）、俄罗斯共产党（32席）、俄罗斯农业党（21席）、"俄罗斯妇女"运动（21席）、"亚博卢"选举联盟（20席）、俄罗斯统一和谐党（18席）、俄罗斯民主党（14席）。选举结果表明高举民族主义大旗的俄罗斯自由民主党异军突起，而俄罗斯共产党也有重新崛起之势。

俄罗斯国内的政治形势云诡波谲：1994年1月16日，俄罗斯第一副总理盖达尔辞职；1月21日，俄罗斯财政部部长费奥多罗夫宣布辞职；12月11日开始的第一次车臣战争让俄罗斯国内政局更趋复杂。

1996年是俄罗斯总统大选年。这是一次将要确定俄罗斯未来发展方向的重要选举。俄罗斯国家杜马选举是1996年总统大选的风向标。而1995年的国家杜马选举结果让叶利钦政权相当紧张。1995年12月17日，俄罗斯举行第二届国家杜马选举。此次议会选举选民的投票率达到了64.7%，但仅有4个选举联合组织和选举联盟获得了投票总数5%以上的选票，直接进入了议会。其中，俄罗斯共产党99席，俄罗斯自由民主党50席，"我们的家园——俄罗斯"全俄社会政治运动45席，"亚博卢"选举联盟31席。加上在单一制选区

[①] И. В. Гранкин, Парламент России, Москва, 1999 г., с. 67.

产生的杜马代表，俄罗斯共产党以总席位157席一跃成为杜马中的第一大党。叶利钦对此十分担忧。美国立即表态以期影响俄罗斯选举，指出俄罗斯改革派应摒弃分歧，齐心合力迎接总统大选，美国将一如既往地支持改革者。①

美国的表态显示了对俄罗斯总统大选的重视，叶利钦也不敢大意，采取了具体措施，力图丢卒保车。1996年1月9日，叶利钦任命对外情报局局长普里马科夫接替科济列夫任外长。普里马科夫进一步强调俄罗斯需要奉行独立自主的对外政策。与此同时，总统办公厅主任菲拉托夫和第一副总理丘拜斯相继辞职，旨在安抚俄罗斯日益高涨的民族主义与爱国主义。1月26日，叶利钦强调指出，俄罗斯的政治方针就是改革和民主化，并将坚决贯彻这一方针。②2月23日，叶利钦总统发表国情咨文指出，俄罗斯的任务是保证政治稳定和经济发展。叶利钦强调将要举行的总统选举在俄罗斯历史上是至关重要的。③3月21日，美国国务卿克里斯托弗对俄罗斯进行访问，明确表示美国对俄政策是支持改革，支持热心改革、推行改革的人，这一政策使美国在主要问题上积极支持叶利钦。美国认为，俄共领导人久加诺夫不是改革者。克里斯托弗还警告说，投票给俄共将使俄罗斯孤立于欧洲之外。④ 6月16日，俄罗斯第二届总统大选按时举行。美国当局当天表示，如果俄罗斯总统选举结果使俄罗斯放弃经济改革，美国将不支持国际金融机构帮助俄罗斯。在选举后，美国政府将视俄罗斯政府的表现而做出一系列决策。⑤

叶利钦与俄共领导人久加诺夫之间的竞争异常激烈。第一轮选举结束后，没有一位候选人获得法定的半数以上选票。列别德在俄罗斯总统选举的第一轮投票中以15%的选票位居第三，从而成为能够左右局势的关键人物。叶利钦在这一轮投票中处于领先地位，获得35%的选票，久加诺夫位居第二，获得

---

① Steven Erlanger, "As Russian Vote Nears, U.S. Fears for Fate of Reform," *New York Times*, January 5, 1996.
② Michael R. Gordon, "Yeltsin Picks Soviet-Era Aide To Guide Russian Economy," *New York Times*, January 26, 1996.
③ Michael Specter, "Grim Yeltsin Blames His Government for Russia's Ills," *New York Times*, February 24, 1996.
④ Steven Erlanger, "Christopher Cautions the Russians on Isolation," *New York Times*, March 21, 1996.
⑤ James H. Billington, "Let Russia Be Russian," *New York Times*, June 16, 1996.

32%的选票。按照规定，1996年7月3日，在获得相对多数选票的两名候选人——叶利钦和久加诺夫之间将举行第二轮选举。在第二轮选举过程中，叶利钦积极与列别德联合，并得到了亚夫林斯基的支持。叶利钦按照列别德的建议，罢免了自己的心腹——国防部部长格拉乔夫。美国一反常态，对在这一敏感时期出现的重要人事变动没有提出疑虑。美国表示，美国关注的是俄罗斯的民主进程，而在民主进程中经常会出现更换职务的事情，尽管叶利钦总统解除了俄罗斯国防部部长格拉乔夫的职务，美俄军事关系仍将会继续加强。① 可见，美国为了让叶利钦能在第二轮投票中获胜，以各种表态积极配合叶利钦的政治举措。

三 叶利钦寻找接班人（1997~1999）

叶利钦在1996年大选中成功连任，俄罗斯有惊无险地顺利迈过事关发展方向的门槛。虽然1997~1999年叶利钦面临俄共等反对派的强大压力，但是从美国对俄罗斯国内政策影响与干预的角度看，这一时期比之前两个时期相对平淡。究其原因，这主要是美国已经帮助叶利钦渡过了1993年双重政权危机的难关，使其战胜了国内强硬的反对派，实际上这也排除了俄美关系倒退到冷战状态的任何可能；通过1996年积极影响俄罗斯总统大选，美帮助叶利钦战胜了国内的反对派，并最终确立了俄罗斯社会的发展方向。在克林顿政府看来，1996年总统选举后的俄罗斯政治冲突基本都是体制内的问题，因而美国对俄罗斯政治的影响和干预在这一时期不再具有前两个时期的"超前性"，即对俄罗斯政治活动实行事先干预，而是更多地体现了"滞后性"，即待俄罗斯政治事件发生后美国再施加影响。

1996年总统大选后，俄罗斯政坛中出现的新情况是叶利钦的身体健康问题导致俄罗斯政局不稳。叶利钦分别在1996年11月，1997年1月、12月，1998年3月、10月、11月和1999年1月，或者因病住院，或者因病取消外事活动。叶利钦总统的身体状况直接或间接地引起了与俄罗斯政治相关的四个问

---

① Michael R. Gordon, "Yeltsin Chooses a Defeated Rival For Security Post," *New York Times*, June 19, 1996.

题：一是金融寡头和家族势力问题；二是叶利钦辞职问题；三是修宪问题；四是叶利钦接班人问题。接班人问题是叶利钦执政后期的重中之重。

由于叶利钦的健康状况频频出现问题，俄罗斯民众开始关心到底是谁在统治俄罗斯？俄罗斯政治基金会会长维亚切斯拉夫·尼科诺夫认为，叶利钦实际上不得不将自己的部分权力授予自己的心腹。① 政府不得不迎合跑在最前面的金融工业集团，最大限度地为它们的发展创造有利条件。如果没有俄罗斯大型金融工业集团的支持，即使在对外政策上获得了成功，叶利钦也不可能在国内站稳脚跟。这几乎成了叶利钦执政后期民众痛恨的政治诟病。自1993年以来，俄罗斯各地区的议会和民众纷纷加入了反总统运动。梁赞州杜马在1998年5月底向叶利钦发出一封公开信，要求总统主动地迅速辞职。公开信引起了连锁反应。伏尔加格勒州等的议员也先后发出这种呼吁。安热罗—苏真斯克地区和伏尔加河托普卡地区的铁路工人举行了罢工，要求叶利钦辞职。俄罗斯议员们在准备弹劾总统的法律文件，希望通过合法途径解除总统职务；或考虑怎样才能使总统在任期届满时，将权力转交给一个强有力的、德高望重的接班人。②

1996年8月10日总统选举后，切尔诺梅尔金再次被任命为总理。1998年3月23日，叶利钦解散了切尔诺梅尔金领导的俄罗斯政府。同日，叶利钦提名谢尔盖·基里延科为代总理。切尔诺梅尔金政府的突然下台和对新政府总理如此出人意料的选择表明，身体健康常出问题的叶利钦已让人感觉很难预料，而这种不可预测性正是导致社会不稳定的一个因素。1998年4月24日，叶利钦最终争取到国家杜马同意由基里延科出任总理职务。8月，俄罗斯爆发了严重的金融危机，经济形势恶化引发政局的持续动荡，俄罗斯社会各阶层对叶利钦政权的不满愈加严重，叶利钦的威望遭到严重削弱，左派和中派势力上升。8月23日，叶利钦又宣布解散基里延科政府，再次提名切尔诺梅尔金代理政府总理职务，但遭到了国家杜马的两次否决。

1998年8月危机以后叶利钦的威望大大削弱，叶利钦辞职成为政治生活

---

① В. Никонов, Чего ждать: Путин в системе политических координат, Независимая газета, 7 мая 2000 г..

② А. Остапчук, Е. Красников, Импичмент перенесен на осень, Московские новости, No. 27, 1998 г..

中的热点话题。① 俄罗斯国家杜马在 1998 年 8 月 21 日举行的非例行会议上通过了有关让叶利钦自动辞职和对政府工作表示不满意的两项决定：245 名议员投票支持让叶利钦自愿辞职，32 票反对；投票支持对政府工作表示不满意的议员有 246 人。上述两项决定都是以超过杜马代表人数一半 225 票的票数获得通过的。

宪法修正也是叶利钦执政后期俄罗斯政治中的尖锐问题。② 修宪问题同时也成为总统与国家杜马矛盾的新焦点。修改宪法的目的是要限制总统的权力，将一部分权力转给议会。1998 年 9 月，俄罗斯总统、联邦委员会、国家杜马和政府之间签订了政治协定草案，提出关于修改俄罗斯联邦宪法的立法动议，在国家权力机关之间重新分配权力，以便扩大俄罗斯联邦会议两院的权力和监督职能，扩大俄罗斯联邦政府的权力，协调立法权力机关和执行权力机关的行动。美国学者甚至认为，总统权力衰微的直接后果就是政府职能的实施没有杜马的同意越来越困难，俄罗斯开始具备稳定的议会政府的特征。

美国密切关注俄罗斯政治形势的变化。1998 年 9 月 1 日，克林顿在访问俄罗斯时指出，美国愿意帮助俄罗斯稳定经济局势，增加对俄罗斯的投资，并且通过国际货币基金组织做工作。不过他警告俄罗斯国家杜马的政党领导人，不要从过去寻找治病的药方，也不要重新对经济实行国家控制。③ 叶利钦则坚定地表示，俄罗斯不会放弃改革成果，俄罗斯仍将走民主社会与市场经济的道路。9 月 11 日，叶利钦在得到国家杜马对总理人选的赞同后签署命令，任命叶夫根尼·普里马科夫为总理。普里马科夫出任总理的政治冲击波甚至使很多政治观察家认为叶利钦已耗尽了自己的根基，遭到彻底的失败。

更令俄罗斯形势雪上加霜的是事关国家安全与统一问题的车臣局势的变化。1999 年 8 月，以巴萨耶夫和哈塔卜为首的车臣武装分离分子先后两次入侵相邻的达吉斯坦共和国，企图建立一个"独立的伊斯兰共和国"。8 月 31

---

① А. Федоров, Уход Ельцина: отставка президента стала ключевым вопросом политической жизни россии, Независимая газета, 9 октября, 1998 г..
② См. Л. В. Бутько, Конституция и конституционная реформа, Краснодар, 1999 г..
③ John M. Broder, "Clinton Tells Moscow Crowd That Future Won't Be Easy," *New York Times*, September 2, 1998.

日、9月9日和13日，车臣非法武装分子先后在莫斯科制造了三次针对平民的爆炸事件，激起了俄罗斯社会和民众的极大愤慨。久拖不决的车臣问题是独立后缠绕俄罗斯政府的一个梦魇。分离势力恐怖活动的扩大化与恶性化使车臣问题在1999年显得更加突出。

世纪之交的俄罗斯面临十分复杂的政治、经济与社会问题。也正是上述严峻的形势直接导致叶利钦在第二任期的主要任务是解决接班人的问题。叶利钦需要将权力转交给一个强有力的、德高望重的接班人。[①]

第二节　世纪之交的俄罗斯

普京执政八年的开始实际上经历了两个准备阶段。1999年8月至1999年12月为第一个阶段，叶利钦选择普京为总统接班人，并亲自将普京送上了最高政治舞台；2000年1月至2000年5月为第二个阶段，普京适应时代要求，采取符合民意的政治举措，最终赢得2000年总统大选，拉开了普京时期的帷幕。

1999年8月9日，俄罗斯总统叶利钦签署命令，解散斯捷帕申政府，并向国家杜马提名普京为新总理。叶利钦在电视讲话中宣布，普京将是他的总统接班人。8月16日，国家杜马以233票赞成通过了叶利钦对普京的总理提名。叶利钦随后签署命令任命普京为联邦政府总理。12月31日，叶利钦宣布辞职。叶利钦发表电视讲话后，普京从当日12时起开始履行代总统的职责。

叶利钦选择普京作为接班人是他长期考察并深思熟虑的结果。叶利钦表示："任何牺牲、任何撤职、任何政治配置的变动都不可能出于偶然或者仅仅是战术方面的考虑；每走一步，我都必须考虑到整体战略，考虑到中心任务。"[②] 叶利钦认为，俄罗斯总统应该像普京这样具备巨大的意志力和坚决果断的品质，但是直觉让他没有过早地把普京推上政治斗争的舞台。在提出斯捷帕申作为候选人的时候，叶利钦就清楚地知道斯捷帕申将会被解除职务。叶利

[①] А. Остапчук, Импичмент перенесен на Осень, Московские новости, No. 27, 1998 г..

[②] 〔俄〕鲍里斯·叶利钦:《午夜日记》，曹缦西、张俊翔译，译林出版社，2001，第119页。

钦采取这一"临时总理"的战术是为了普京未来能被充分接受。他认为,待克里姆林宫的政治对手充分表现之后,才是竞选争夺真正进行到高潮的时候,普京的突然出现会使他坚定强硬的性格发挥效力。"如果某一步棋走得非常突兀,出人意料,而且极具攻击性,它才能使对方措手不及,无力反抗。更何况这步棋看上去是绝对不合逻辑、不可预见的。对于这一点,在自己的总统生涯中我不止一次地验证过。"[①]

但是,如果用政治权术来概括叶利钦的选择显然是不全面的。虽然叶利钦认为自己权术高明,但是,叶利钦的辞职是以普京在总理职位上的出色工作为前提的,这包括普京对恐怖分子实施的有力打击和1999年底杜马选举中亲政府党派获得的胜利。这些成绩是普京敢于面对棘手问题、勇于承担政治责任、有魄力独立决策并善于运用政治手段的结果。

其一,普京力主严厉打击车臣非法武装,并以此为契机积极改善政府与民众、国家与社会之间的关系。1999年9月14日,俄罗斯国家杜马通过了关于达吉斯坦局势、保障俄罗斯国家安全以及反恐怖活动措施的决议。9月23日,俄罗斯联邦军队开始对车臣非法武装展开大规模围剿。10月1日,俄军进入车臣境内打击车臣非法武装分子。俄罗斯选民对车臣局势及联邦中央在车臣采取反恐怖主义行动的态度反映在12月19日举行的议会选举结果中。选举结果表明,无论在联邦选区还是在单一选区中,无条件赞成在车臣采取坚决果断行动、主张彻底消灭恐怖分子、面对西方压力采取强硬态度的候选人得到了俄罗斯选民的最大支持。

其二,政坛力量出现了有利于政权的积极变化,政治稳定的局面初步形成。1999年9月27日,"团结"竞选联盟宣告成立。普京表示支持"团结"竞选联盟,并亲自参与联盟的组建和宣传。12月19日,俄罗斯举行了新一届国家杜马选举,"团结"竞选联盟获得23.24%的选票,加上单席位选区夺得的席位,共获得72席,成为国家杜马第二大党。在新一届国家杜马的政治力量配置上,左派力量不仅失去了绝对多数地位,而且进入国家杜马的政治派别都不同程度地表现出对普京的认可。政权可依靠的政治力量第一次在国家杜马

[①] 〔俄〕鲍里斯·叶利钦:《午夜日记》,曹缦西、张俊翔译,译林出版社,2001,第316页。

中占据了优势。叶利钦表示，新一届议会的选举结果表明民众已将未来希望交给新一代的政治人物，自己的历史使命已经完成。

其三，社会意识的倾向有利于普京作为强势人物的出现。正是由于普京坚决打击恐怖势力、整顿政治秩序等政治举措让俄罗斯普通民众意识到，普京就是俄罗斯社会需要的人，是能够整顿极度混乱秩序的人。面对俄罗斯严峻的形势，民众期待强硬的管理者，期待勇于大胆纠正所有社会弊端的人。普京的适时出现让这种潜在的社会意识很快找到了释放对象。

即使是叶利钦本人也深信："普京之所以受到欢迎，主要是他赋予了人们希望和信心，让人们感觉到了安宁，感觉到自己深受保护。他没有玩文字游戏，而是诚恳并且坚定地对这些事件做出了反应，这也正是俄罗斯数千万民众对他的期望。普京让人们感受到了由国家所保障的个人安全。人们相信他，相信他能保卫他们。这成了他受欢迎程度迅速上升的主要原因。很久以来，饱受政府危机之苦的国家从未有过如此积极的情绪，而它却由一位刚刚当政的年轻政治家激发出来了。这个事实给所有人留下了深刻的印象。普京使俄罗斯摆脱了恐惧，俄罗斯对他报以深深感激。"[①]

国家杜马选举结束不久，就在各派政治力量还在总结国家杜马选举的结果与影响，尚未将主要精力完全转入总统大选的时候，1999年12月29日，还在担任政府总理的普京就在俄罗斯政治网上发表了《千年之交的俄罗斯》一文，全面阐述了自己的治国思想。12月30日，俄罗斯《独立报》全文转载了这篇文章。这是普京一篇极其重要的政治文献，它在一定程度上标志着普京至少在政治理念层面作为真正意义上独立的政治人物出现了。

在这篇文章中，普京认识到俄罗斯不属于代表着当代世界最高经济和社会发展水平的国家，而且面临着十分复杂的经济和社会问题；俄罗斯长期发展战略的核心是应当能够在相当短的时间内消除持续已久的危机，为经济和社会的快速和稳定发展创造条件。普京强调，俄罗斯要树立起强国意识，加强国家政权的作用。[②] 普京知道叶利钦有辞职意向是在叶利钦正式宣布辞职的前10天，

[①] 〔俄〕鲍里斯·叶利钦：《午夜日记》，曹缦西、张俊翔译，译林出版社，2001，第386页。
[②] Владимир Путин, Россия на Рубеже Тысячелетий, Независимая газета, 30 декабря 1999 г..

因此，《千年之交的俄罗斯》应该是在普京知道了自己将就任代总统后发表的，事实上它就是普京总统竞选纲领的雏形。

2000年1月13日，普京宣布参加总统竞选。2月25日，俄罗斯《消息报》刊登普京致俄罗斯选民的公开信。普京正式提出了自己的竞选纲领。他指出俄罗斯存在三大主要问题：缺乏完成所开创事业的国家意志和坚定信念；没有严格和公认的规则；对俄罗斯拥有的资源缺乏清醒的认识。这些问题阻碍了经济和国家的发展，威胁俄罗斯的进一步生存，继续对其置之不理将使国家危在旦夕。普京在公开信中提出了富国强民的思想，其竞选口号是"让公民过上有尊严的生活"。认为要使俄罗斯摆脱落后的局面，应该优先发展的方向是：消除贫困，改善民众生活；保护市场，使其免遭达官显要和犯罪分子的非法侵入；为了国家崇高的民族尊严恢复公民的个人尊严；从国家利益出发制定对外政策。[①]

致俄罗斯公民的公开信发表后，普京开始发动自己的竞选攻势。选民将普京提到的优先方面概括为："打赢车臣战争""加强国家地位""打击犯罪""消灭贫穷"。这些优先方面得到了选民的热烈反应。2000年3月26日，俄罗斯举行总统大选，普京以52.94%的得票率击败其他10位总统候选人，当选第三任俄罗斯联邦总统。

普京成功登上历史舞台的根本原因还在于他把握住了俄罗斯时代的脉搏，顺应了俄罗斯发展的需要。俄罗斯学者认为，普京任总理后采取的行动符合社会期待和要求，即要求整顿秩序，并期待出现有能力保障正常秩序的强有力的领袖。而且，普京显露了很多潜在的个人能力及大国领袖的素质。普京树立了新的政治家的形象，一位不谈个人选择，只讲国家利益、只讲国家选择的政治家，他可以成功地将秩序和法治及真正的自由主义和合理的民主制度结合在一起，他把自然、富于进取精神、认真、轻松幽默、健全理智和坚决果断等风格带进了克里姆林宫，他是有能力认清俄罗斯局势和资源并真诚致力于为人民和为祖国服务的领导人，是善于赢得很高民众信任度的领袖人物。总之，普京是

---

① Владимир Путин，Открытое письмо избирателям，Известия，25 февраля 2000 г.．

在需要的时候出现在需要位置上的有用人才,这是俄罗斯的成功。①

在 2000 年 5 月 7 日的总统就职典礼上,普京强调了两点。第一,在俄罗斯历史上,最高权力的更迭第一次以最民主和最普通的方式进行,即按照人民的意志合法地与和平地进行。政权更迭是对宪法制度的一个检验,检验它是否牢靠,俄罗斯成功地经受住了这个考验。和平的政权交接是政治稳定的重要因素。第二,政府与民众的目标是一致的,即都想使俄罗斯成为自由、繁荣、富裕、强大和文明的国家,成为其人民为之而自豪的国家,成为在世界上受到尊敬的国家。② 普京时期开始了。

第三节　普京时期的政治进程

1999 年底的议会大选和 2000 年的总统选举表明,俄罗斯各派政治力量在俄罗斯基本政治价值观的认同上趋于一致,政治稳定的基石不仅从制度上得以确立,也从政治文化上得到加强。而且,俄罗斯民众的认识也渐趋一致。在回答哪些社会力量和国家机构在 20 世纪起了最重要的作用,哪些社会力量和国家机构应该在 21 世纪发挥最重要的作用问题时,俄罗斯民众的认识是接近的。③ 这为俄罗斯的政治稳定奠定了基础。

一　普京前八年（2000～2008）

在 2004 年的国情咨文中普京表示,从 20 世纪 90 年代初起,俄罗斯经历了三个发展阶段。

> 过去 4 年我们越过了一个艰难的,但是非常重要的分界线。多少年来俄罗斯首次成为一个政治经济稳定的国家,一个在财政和国际事务中独立的国家,这当然很不错。我们的目的很明确,这就是要有高水准的生活,

---

① 参见〔俄〕罗伊·麦德维杰夫《普京时代》,王桂香等译,世界知识出版社,2001。
② Выступление на церемонии вступления в должность Президента России, http: // president. kremlin. ru/appears/2000/05/07/0002_ type63374type82634type122346_ 28700. shtml.
③ М. К. Горшков, Россия на рубеже веков. Москва, 2000 г., с. 419.

即安全、自由和舒适的生活；要构建成熟的民主和发达的公民社会；俄罗斯在世界上要有巩固的地位。我再说一遍，主要是大幅度提高人民的福利水平。

20世纪的最后10年，在经济崩溃和失去世界市场阵地的情况下，俄罗斯不得不同时恢复国家体制和建立新的市场经济，在与国际恐怖主义的斗争中保护国家完整和捍卫人民的民主成果。

从90年代初起，俄罗斯在发展中走过了几个阶段。第一个阶段是打破过去的经济体系，习惯的生活方式也随之被打破，出现了尖锐的政治和社会冲突，社会经历了严重困难。第二个阶段是清除"旧建筑"坍塌的废墟，同时成功地制止了最危险的经济和政治发展趋势。那些年做出的决定并不都具有长远性。更确切地说，联邦政权的所作所为是为了应对严重威胁。实际上我们是在不久前才开始走向发展现代化俄罗斯国家的第三个阶段，才有可能高速发展，有可能解决大规模的社会性问题。现在，我们有了足够的经验和必要的手段，可以为自己提出真正长期的目标。①

虽然普京并没有具体指出三个阶段的时间划分，但是指出了三个发展阶段的基本特点。之后，普京又认为在其执政的八年内俄罗斯主要经历了稳定与发展两个阶段：稳定阶段主要是清除俄罗斯发展面临的威胁和挑战，实现政治稳定；发展阶段主要是指俄罗斯在社会与经济领域高速发展，实现现代化，发展阶段一直延续到2008年总统大选后的新总统任期内。

以2004年9月的别斯兰事件为标志普京前八年又可以分为两个历史时期：2000年至2004年9月为第一个时期，特点是巩固联邦，理顺中央与地方的关系；2004年9月至2008年为第二个时期，特点是深化调整，确立联邦主体执行机关的组建方式。

2000年至2004年9月，普京以总统令的方式宣布设置联邦区和任命驻联邦区全权代表，使联邦中央拥有了对地方当局进行控制的行政管理机制，成为

---

① Послание Федеральному Собранию Российской Федерации, 26 мая 2004, http://president.kremlin.ru/appears/2004/05/26/2003_ type63372type63374_ 71501.shtml.

普京管理国家和推行其他联邦制改革措施的直接保障；将裁定地方领导人、地方议会违宪行为的权力收归联邦中央政府所有，建立了联邦中央政府约束地方精英的法律干预机制；通过改组上院组成方式，将地方领导人的影响力限制在处理地方事务上，削弱了地方精英干预、影响联邦中央的能力，同时使议会上院——联邦委员会成为真正意义上的立法机关。① 可见，以宪政制度的完善为核心的法治化是政治转轨的必然取向。

2004 年 9 月别斯兰人质事件发生后，普京认为在复杂形势下俄罗斯面临的最重要问题还是保证国家统一、加强国家权力机构、加深社会对当局的信任和建立保障内部安全的有效机制。为此，普京提出多项改革措施，其中包括总统提名任命地方行政长官和在国家杜马选举中实施比例制选举原则，从而触及了俄罗斯中央与地方关系的核心问题，并最终在事实上掌握了对地方行政长官的任免权。

2005 年 4 月至"梅普组合"形成之前为普京时期俄罗斯主流政治价值观确立与巩固阶段。2005 年 4 月 25 日，普京发表国情咨文，以大量篇幅论述了俄罗斯的民主问题。俄罗斯著名政治评论家维·特列季亚科夫和普京的重要智囊——总统办公厅副主任苏尔科夫将普京对于民主的理解解读为"主权民主"。②

二 "梅普组合"时期（2008～2012）

在"梅普组合"时期俄罗斯的政治发展进程经历了两个大的阶段：从延续"普京计划"到提出保守主义现代化。

在金融危机爆发前，时任总统的梅德韦杰夫和时任总理的普京都坚持延续"普京计划"。

金融危机爆发前，在梅德韦杰夫执政初期俄罗斯面临的政治现实是："普京计划"已经成为俄罗斯的治国理念与战略规划，俄罗斯发展的核心问题是要从发展道路的"继承性"转到全面执行"普京计划"上。2008 年 11 月 5 日梅德韦杰夫首次发表的总统国情咨文最鲜明地体现了这一点。因此在 2009 年

---

① 潘德礼：《解析普京的联邦制改革》，《俄罗斯中亚东欧研究》2005 年第 3 期。
② Секретный доклад Владислава Суркова: стенограмма выступления на генсовете леловой России，http：//www.svoboda.org/programs/tp/2005/tp.071105.asp.

9月以前，梅德韦杰夫没有对普京八年形成的政治结构进行任何实质性改变。这一时期虽然梅德韦杰夫决定总统驻联邦区全权代表不再拥有联邦主体行政长官的提名权，把候选人的提名权完全交给在地方议会选举中赢得多数席位的政党，但他并没有质疑普京规定的任命地方长官的原则。此外，梅德韦杰夫提倡发展多党制，让获得5%~7%之间选票的政党在议会中占有1~2个席位，还放宽了对非政府组织的限制，但是，普京将政党进入国家杜马的得票率提高到7%的标准并没有动。在这一时期，梅德韦杰夫治国理念遵循两点原则：不改变政权的权威地位和不改变普京八年的政治发展道路。梅德韦杰夫明确表示，俄罗斯20世纪90年代关于民主的认识是一种幼稚的认识，政权必须具有权威地位。他还表示，当代关于政治体制的认识、当代政党体系以及现有的划分州长权限的体制远比20世纪90年代的时候更为民主。

普京对此是非常满意的。2008年11月12日，普京在会见芬兰总理时明确表示，梅德韦杰夫的国情咨文表明俄罗斯已经形成的国家管理机制是有效的，俄罗斯只是需要完善国家管理机制。俄罗斯正寻求能使俄罗斯维护主权、实施长期计划的机制。这不但不会损害民主，而且会促进民主发展。[①] 也就是说，普京认为，梅德韦杰夫的改革措施不仅保证了俄罗斯完成长期规划所需要的主权，而且促进了俄罗斯民主的发展。

金融危机的爆发极大地改变了俄罗斯的政治议程。要建立创新型发展模式，促使经济多样化，就要推行深层次的政治体制改革，这种改革产生的多元化和竞争性将反哺经济，促进创新型经济的良性发展。在这种社会背景下，2009年9月梅德韦杰夫在《前进，俄罗斯！》[②] 一文中提出了"新政治战略"的概念。同年11月，梅德韦杰夫在总统国情咨文中具体阐述了将"新政治战略"付诸实施的计划，并在"新政治战略"概念的基础上首次提出了"全面现代化"的理念。2010年6月15日，"统一俄罗斯"党（简称"统俄党"）总委员会提出的战略任务是在国家杜马选举中获胜，竞选口号是"成

[①] В. В. Путин провел переговоры с Премьер-министром Финляндии Матти Ванханеном, 12 ноября 2008, http：//www.premier.gov.ru/events/news/2393/.

[②] «Россия, вперёд！», Статья Дмитрия Медведева, 10 сентября 2009 г., https：//www.gazeta.ru/comments/2019/09/10_a_12639409.shtml.

为国家现代化的动力和面向未来的党"。统俄党提出了"保守主义现代化"的理念。

三　普京新时期（自 2012 年起）

"普京新时期"实际上酝酿于 2011 年，有三件代表性事件。其一，2011 年 9 月，"统一俄罗斯"党十二大第一阶段会议确立最高权力的交班计划。时任俄罗斯总统梅德韦杰夫在"统一俄罗斯"党代表大会上提议由时任俄罗斯联邦政府总理普京参加总统选举。普京表示，如果他当选总统，梅德韦杰夫将出任总理一职。梅德韦杰夫同时接受普京的提议，即领衔统俄党竞选名单、带领该党参加新一届国家杜马选举。围绕俄罗斯最高权力更迭的上述政治布局揭晓了 2012 年总统大选的谜底。其二，2011 年 10 月，普京提出着眼总统选举面向未来发展的欧亚战略。普京发表文章《欧亚大陆新一体化计划——未来诞生于今日》[①]，提出建立欧亚联盟这一强大的超国家联合体模式。欧亚战略集中体现了俄罗斯精英阶层的时代观和国际政治观，这构成了当代俄罗斯国家身份认同的基础。其三，2011 年 12 月，第六届国家杜马选举举行。"统一俄罗斯"党未能取得 2/3 的绝对多数席位，得票率与选举前 55%左右的民意支持率持平。俄罗斯的政治稳定面临挑战。普京需要在俄罗斯发展的新阶段提出新举措以应对新局面。

2011 年底俄罗斯爆发的政治抗议运动暴露了普京时期形成的政治体制民众政治参与度低的问题。因此，在 2011 年 12 月，俄罗斯提出了全面政治体系改革的口号，随后在政党、议会、联邦等制度的运行机制上做出了一系列的调整。2014 年围绕乌克兰危机发生的事件则明显改变了俄罗斯的发展轨迹，俄罗斯政治生态出现各主要政治派别高度默契一致的局面。从 2015 年 9 月俄罗斯进入了新选举周期，政治形势出现的新特点是普京团队需要加强政治运作，确保政权党"统一俄罗斯"党在国家杜马选举中继续维持一党主导的地位和确保普京在 2018 年总统大选中获胜。普京政权的首要任务是确保这一选举周

[①] Владимир Путин, Новый интеграционный проект для Евразии — будущее, которое рождается сегодня, 3 октября 2011, http：//www.izvestia.ru/news/502761.

期政治的平稳过渡，经过周密的政治设计，普京平稳经受住 2016 年国家杜马选举和 2018 年总统大选的考验。

四 2018 年总统大选

2018 年 1 月 31 日，俄罗斯中央选举委员会确认，除国家杜马两个政党推荐的候选人，共有 6 人通过选民登记签名的审查。① 2 月 8 日，中央选举委员会最终确认共有 8 名竞选人获得总统候选人身份。2018 年总统大选的候选人除普京为自荐参选的独立候选人，其他均为政党提名的候选人。截至 2017 年 10 月，俄罗斯司法部关于政党登记的最新资料显示，俄罗斯现有政党 67 个。② 进入国家杜马的 4 个政党中，俄罗斯共产党推出了无党派人士格鲁季宁参选、俄罗斯自由民主党由党主席日里诺夫斯基代表参选；"统一俄罗斯"党和公正俄罗斯党放弃推选候选人，支持普京参选；③ 进入地方议会的"亚博卢"党和俄罗斯共产党人党分别推出各自党主席亚夫林斯基和苏拉伊金参选；没有进入各级议会的俄罗斯增长党、俄公民倡议党和全民联盟党也分别推出了各自的候选人季托夫、索布恰克和巴布林参选。④ 3 月 23 日，俄罗斯中央选举委员会正式公布了最终选举结果，普京的得票率为 76.69%，格鲁季宁为 11.77%，日里诺夫斯基为 5.65%，索布恰克为 1.68%，亚夫林斯基为 1.05%，季托夫为 0.76%，苏拉伊金为 0.68%，巴布林为 0.65%。⑤

选前全俄舆论中心公布的总统竞选人支持率排名显示，名列榜首的普京支持率一直在 70% 左右。普京的最终得票率为 76.69%，高出选前民调 6 个百分点，除了选民对普京治国政策的认同以及后"克里米亚共识"依然在起作用以外，还得益于以下几个因素。首先，总统选举法有针对性地修改某些规定既

---

① ЦИК России завершила прием подписных листов с подписями избирателей, http://www.cikrf.ru/news/cec/34491/.

② Список зарегистрированных политических партий, http://minjust.ru/nko/gosreg/partii/spisok.

③ 2017 年 12 月 22 日，"统一俄罗斯"党举行第十七次代表大会。会议决议称将全力支持普京参加 2018 年俄罗斯总统选举。公正俄罗斯党也放弃推选候选人，全力支持普京。

④ Кандидаты на должность Президента Российской Федерации, http://www.cikrf.ru/analog/prezidentskiye-vybory-2018/kandidaty/.

⑤ Состоялось 152-е заседание Центральной избирательной комиссии Российской Федерации, 23 марта 2018, http://www.cikrf.ru/news/cec/39433/.

刺激了投票率，也催生了较高得票率。比如，对选举时间的修改；又如，大大简化了选民在其选区以外地点投票的规则，此举大约能增加560万左右的选民参加投票。其次，公正俄罗斯党没有推举候选人参选，该党支持者的选票基本流向普京。俄罗斯共产党由于推出富翁格鲁季宁参选，部分传统的俄共选民并没有支持他，流失掉的选票也转而投给普京。最后，选前发生的俄英间谍案风波对普京实际是一种选举助攻。

普京此次竞选面临的问题主要是经济状况不佳对民众生活的影响，而且这种影响引发的不满情绪逐渐导致俄罗斯的政治性抗议运动向社会性抗议运动转变。互联网和社交媒体作为一种新兴的政治手段成为抗议活动的主要传播方式。普京对此采取了一系列有的放矢的举措：加强政权党的控制力，挤压反对派的政治空间；在面对反对派示威游行、恐怖主义袭击、"颜色革命"等威胁时，通过多种手段维稳，保障选举稳定。可以说，普京获胜是国家治理综合运作的结果。

单就选举本身的技术环节而言，普京团队实际上也进行了缜密设计，并出色地组织了运作，为普京最终获胜奠定了基础。2018年总统大选普京虽然没有发表正式的竞选纲领，但是，从2017年10月19日普京在瓦尔代国际辩论俱乐部全会上的讲话，到进入2017年12月以后普京密集发表的竞选性言论，即在12月14日的记者招待会、12月19日在全俄人民阵线论坛、12月23日在"统一俄罗斯"党第17次代表大会上的发言，以及2018年3月1日发表的国情咨文，所有这些言论和文献实际上已经构成普京较为完整的竞选纲领。概括起来，普京竞选纲领的主要观点是：对外，要恢复俄罗斯的世界主导地位；对内，俄罗斯不仅要巩固国家，而且要有突破性发展，包括培育政治新人、发展新经济、加快地区发展、建设更好的医疗、教育和基础设施等。

普京的主要观点在前述讲话和文献中被反复提及，内在逻辑一以贯之、一脉相承。俄罗斯国内外广泛关注普京2018年3月1日发表的国情咨文，实际上此次咨文中提到的内容，除了对军事武器的首次展示，其他涉及经济和民生的观点都已在此前的几次政治会议上反复提出过。例如，在2017年10月的瓦尔代会议上普京就已经明确指出，科技进步、自动化和数字化已经带来深刻的经济、社会、文化和价值观的变迁，以往在评估各国的作用和影响力时，参照的都是地缘政治地位、国土面积、军力和自然资源，如今科技正在成为另一个重要因素，将对政治和安全领域具有突破性乃至决定性的影响。① 又如，2017年12月14日，普京在任职总统以来的第13次例行年度记者招待会上表示自己将以独立候选人身份参加2018年总统大选。在这次记者会上，普京明确表示，俄罗斯未来必须集中关注基础设施发展、医疗保健、教育、高科技及提高劳动生产率等问题。② 再如，2017年12月19日，普京在全俄人民阵线"面向未来的俄罗斯"行动论坛上表明了未来国家的发展方向，首先是为了公民的福祉，为了克服贫穷和不平等；其次，俄罗斯也具有恢复其世界主导地位的一切能力。③ 2017年12月23日，普京在"统一俄罗斯"党第十七次代表大会上阐述了俄罗斯所面临的主要任务，即保障发展、消除贫困人口、促进经济增长、面向未来。当时这已被看作普京此次总统选举的竞选纲领。④ 上述关于经济和民生的观点在2018年3月1日的国情咨文中都再次被强调，差别是在各个领域提出了相对具体的指标。在国情咨文中首次展示的最新军事武器除为提振民意，也与普京在乌克兰危机以来表述的国际观以及由此带来的外交政策变化动向相贴合。普京的竞选口号是"强有力的总统——强大的俄罗斯"⑤，这有利于塑造其勇于突破发展难题、维护国家安全的领导人形象。关于中俄关系，普京明确表示无论2018年选举结果如何，中俄仍将是长期战略伙伴，发展与中国的关系是俄罗斯举国上下的共识；"一带一路"倡议与欧亚经济联盟及俄罗斯提出的发展亚洲广泛伙伴关系完全相容。⑥

事实上，普京此次大选中表述的大部分观点在他执政期内都曾经被反复提及。还是以科技为例。普京在2002年的国情咨文中就提到过要充分利用本国

---

① Заседание Международного дискуссионного клуба «Валдай», http：//www.kremlin.ru/events/president/news/55882.
② Большая пресс-конференция Владимира Путина, 14 декабря 2017, http：//www.kremlin.ru/events/president/news/56378.
③ Владимир Путин выступил на Форуме действий Общероссийского народного фронта, 19 декабря 2017, http：//www.kremlin.ru/events/president/news/56410.
④ Съезд партии «Единая Россия», 23 декабря 2017, http：//www.kremlin.ru/events/president/news/56478.
⑤ Сильный президент-сильная Россия, http：//putin2018.ru.
⑥ Большая пресс-конференция Владимира Путина, http：//putin2018.ru.

科技潜力。① 在 2006 年国情咨文中更是明确提出，在激烈的国际竞争环境中，国家的经济发展主要取决于它的科技优势；俄罗斯工业部门使用的大部分技术装备落后于国际先进水平几十年，必须在增加生产设备投资和创新投资方面采取重大举措；俄罗斯应该在现代化的动力工业、通信、空间技术和飞机制造等高技术领域充分展示自己的能力，应该成为智力服务的出口大国。② 这说明，俄罗斯在国家发展上存在的问题不是在这次大选前才出现，也不是乌克兰危机后西方制裁等因素导致的，而是苏联解体后俄罗斯在国家发展过程中存在的普遍性问题。从根本上说，甚至也不是苏联解体以后才出现的问题，而是俄罗斯自 1861 年实行大改革之后就一直没有解决好的后发国家发展模式的问题，其中很多观点已经成为关于俄罗斯问题的常识性认识。比如单就经济而言，大多数人都认为：俄罗斯崛起的关键在于现代化战略的实现，即取决于建立创新型经济模式和实现经济现代化，但俄的经济结构改革却始终困难重重。苏联早在 20 世纪 70 年代就提出调整经济结构，但历届政府都没能改变这种不合理的经济结构，未能降低对外部市场的依赖程度。20 世纪 90 年代后，即使有市场的参与，俄罗斯的经济结构也没有好转，在很多方面甚至还恶化了。可见，俄罗斯经济结构调整的任务非常艰巨。从研究角度看，苏联解体后，追踪研究俄罗斯的国家发展，实际上涉及了俄罗斯如何走向现代化、民主化以及如何融入当代世界等具有普遍意义的问题，无论是叶利钦时期的"国家振兴战略"，还是梅德韦杰夫提出的"全面现代化"战略，或者是对"普京主义"的总结，都是俄罗斯对这些问题的理论思考和有益探索。

其他总统候选人无论在竞选纲领方面还是在社会基础方面都存在明显缺陷。俄共推选的格鲁季宁是俄罗斯农场主，选前其支持率一直在 7% 左右。虽然他最终的得票率为 11.77%，高于选前民调，但是他的得票率低于俄共以往总统候选人的得票率。2000 年总统大选时，俄共候选人久加诺夫的得票率为 29.2%，2004 年俄共总统候选人哈里托诺夫的得票率为 13.69%，2008 年久加诺夫的得票

---

① Послание Федеральному Собранию Российской Федерации, 18 апреля 2002, http://www.kremlin.ru/events/president/transcripts/21567.
② Послание Федеральному Собранию Российской Федерации, 10 мая 2006, http://www.kremlin.ru/events/president/transcripts/23577.

率为17.72%，2012年久加诺夫的得票率为17.18%。在普京时期俄共总统候选人的平均得票率为19.45%，格鲁季宁创下俄共参加总统选举以来候选人最低得票率。他提出了包括20条内容的竞选纲领，实际上这源于2016年6月25日俄共在十六大上提出的振兴国家十个发展方案。俄共的部分传统选民对他富商的身份存有疑虑，因而没有支持他。选前俄罗斯自由民主党的候选人日里诺夫斯基民意支持率一直位列第三。他此次提出了有111条内容的竞选纲领，一如既往地大谈赋予俄罗斯族国家主体民族地位的前景。克谢尼娅·索布恰克作为俄罗斯大选史上最年轻的总统候选人，主张俄罗斯应向议会制共和国过渡，竞选口号是"反对所有人"，选前民调一直在1.5%左右。"亚博卢"党的候选人亚夫林斯基此次没有被禁止参选，他提出了当选百天的行动路线图，选前支持率不足1%。他的主张主要是应与西方搞好关系，实现俄罗斯与西方关系的正常化。俄罗斯增长党主席季托夫本身就是普京智囊团的成员，他自己也表态说参选并不是要获胜，而是为了唤起民众对小企业创新问题的关注、关注经济增长的战略问题，选前其支持率徘徊在0.3%。俄罗斯全民联盟党的创始人谢尔盖·巴布林主打爱国主义，选前支持率也是在0.3%左右。俄罗斯共产党人党主席马克西姆·苏拉伊金的竞选纲领号召对资本主义发动十次"斯大林式"的痛击，选前支持率在0.1%左右。正如普京指出的，现政权的反对派并没有提出真正有见解的国家发展建议。

2018年俄罗斯国内形势高开低走，以年初总统大选普京成功实现高投票率和高得票率的目标开局，以地方选举后普京罕见的低于35%的信任指数结束。面对新的总统执政任期，普京明确了执政目标，迅速稳妥地安排了人事布局。退休金制度改革引发俄罗斯社会情绪的动荡。"统一俄罗斯"党在26个联邦主体的行政长官选举、16个联邦主体的地方议会选举和7个国家杜马单席位选区的补选中全面受挫。2018年俄罗斯地方选举错综复杂的局面前所未有。地方选举结果表明，俄罗斯的政治稳定存在重大隐忧。政治思潮也以总结乌克兰危机以来俄罗斯的国家认同为主要关注点。"后克里米亚共识"对政治稳定的心理支撑作用在弱化。"2021问题"和"2024问题"成为俄罗斯未来发展的焦点。

2018年"统一俄罗斯"党在地方选举中全面受挫以及俄共影响力上升，这是一个客观现实。"统一俄罗斯"党在未来两年的地方选举中不容有失，这样才能为2021年国家杜马选举打下基础。同时，俄罗斯政治总体稳定的前景可以预期：一是普京政治治理的手段十分高超，以这次地方选举为例，普京继续通过代理行政长官制度遏制不利局面的蔓延，同时因地制宜，针对地方的不同情况采取相应举措；二是"统一俄罗斯"党尽管此次在地方选举中受挫，但是从全国范围看，其依然是地方议会中的第一大党。

五　2020年俄罗斯修宪

2020年是人类历史进程中具有分水岭意义的一年。突如其来的新冠肺炎疫情引发全球性危机，成为影响世界各国稳定与发展的最大变量，世界各国人员间的正常往来被按下了暂停键，世界经济增长被挂上了倒车挡，人类发展面临空前的风险挑战，国际形势进入动荡变革期。世界政治的变动深刻影响俄罗斯，俄罗斯与世界政治同频共振。俄罗斯与世界各国一样面临抗击疫情与经济衰退的双重挑战。总体上看，俄罗斯应对第一波疫情相对成功，但受第二波疫情冲击严重。与此同时，俄罗斯对疫情危机的治理与修宪稳步推进，俄美关系也在历史记忆、战略稳定与地缘政治三大问题上博弈不断。俄宪法修正案通过后，俄罗斯周边战略态势恶化。白俄罗斯选举危机、纳卡冲突和吉尔吉斯斯坦选举动荡渐次发生，俄罗斯最为紧密的三大盟友——白俄罗斯、亚美尼亚和吉尔吉斯斯坦——先后出现动荡。总统办公厅一度担心这些事件会与俄罗斯内政产生联动效应，影响地方选举和推动远东地区抗议事件升级，但经过周密的内外联控，俄罗斯政治局势在可预见的时期内依然总体可控。

2020年普京修宪是俄罗斯内政的核心问题，牵一发而动全身。普京政权提前布局，稳步推进，最终确保修宪平稳落地，俄罗斯社会总体保持稳定。2020年1月普京提出修宪，两个月后俄罗斯立法机构即完成了宪法修正的所有法律程序。原定4月22日举行对宪法修正案的全民信任投票，因疫情而推迟至7月1日举行。7月3日，根据俄中央选举委员会的统计，宪法修正案全俄投票率为67.97%，支持率为77.92%，[①] 总体投票率和支持率不仅远超1993

---

① ЦИК утвердил итоги голосования по конституции. Поправки поддержали 77.92% россиян，https：//tass.ru/politika/8877939.

年 12 月 12 日举行的宪法全民公投 54.8% 的投票率和 58.43% 的支持率，也高于 2018 年总统大选 67.5% 的投票率和普京 76.69% 的支持率。77.92% 的支持率是俄罗斯全民投票历史上最高的支持率。

（一）从修宪进程看，宪法改革体现了时不我待的紧迫性

2020 年 1 月 15 日，普京发表国情咨文，宣布进行宪法改革。① 1 月 20 日，普京就向国家杜马提交了《关于完善和调整公共权力机构个别问题的宪法修改草案》②。这显示了宪法改革的紧迫性。实际上早在 2018 年普京就已开始放出"试探气球"，通过执政阶层的政治精英提出"活宪法"概念。2018 年 10 月，俄地方选举结束后不久，俄宪法法院院长佐尔金首次提出"活宪法"概念，声称宪法需要修改，应加强立法机构与行政机构权限划分和制衡。③ 这一言论在俄政坛激起巨大反响。2019 年 7 月，普京团队的核心成员、国家杜马主席沃洛金在《议会报》上发表文章，接过了佐尔金的建议。他全面阐释"活宪法"概念，认为宪法应根据实际情况不断调整，以适应俄罗斯国内正在发生的变化，而当前的重点是改变立法和行政权力不平衡的现象。④ 沃洛金曾任俄总统办公厅第一副主任，主管俄国内政治事务，深得普京信任。在 2020 年 1 月的总统国情咨文中，普京正式提出了修宪的政治理念。从现有信息看，修宪建议是应该经过执政集团内部充分酝酿后才向社会推出的。普京国情咨文讲话发表后，众多俄政坛重量级人物立即表态支持。被解职的苏尔科夫在 2020 年 2 月已经放风：宪法修正案通过后，现任总统任期可以清零，重新参加选举。与此同时，俄罗斯认为国际力量的对比变化对其实现独

---

① Послание Президента Федеральному Собранию, Владимир Путин обратился с Посланием к Федеральному Собранию. Церемония оглашения прошла в Москве, в Центральном выставочном зале «Манеж», http：//www.kremlin.ru/events/president/news/62582.

② Владимир Путин внес в Государственную Думу проект о поправке к Конституции РФ, О необходимости корректировок в основной закон, в том числе в вопросах совершенствования защиты социальных прав граждан и усиления роли отдельных институтов госвласти ранее Владимир Путин заявил в Послании Федеральному Собранию, http：//duma.gov.ru/news/47555/.

③ Зорькин вспомнил о "живой Конституции", 9 октября 2018, http：//www.ng.ru/politics/2018-10-09/1_7328_zorkin.html.

④ Живая Конституция развития, Статья Председателя Государственной Думы Вячеслава Володина, вышедшая в «Парламентской газете», http：//duma.gov.ru/news/45717/.

联体一体化的目标是一个机遇,为抓住这个机遇就需要在政策调整上进行提前布局。

政府调整为宪法改革顺利推进铺路。普京国情咨文发表后,梅德韦杰夫政府集体辞职,原俄税务局局长米舒斯京当选新任总理。2020年1月21日新政府成立,副总理由10名减至9名,有3人留任,21名内阁部长中有12人留任。外交部、国防部、内务部、紧急情况部、能源部、财政部等重要部门的部长未变。新政府的特点是年轻化,平均年龄为47岁,上届政府为53岁。第一副总理别洛乌索夫此前担任总统经济顾问,主要负责经济事务,是国家项目计划的发起者。2月17日,塔斯社公布普京专访节目,普京在节目中承认,政府调整早有规划。3月9日,普京签署法令对总统办公厅和安全会议相关法律规定进行修改,核心内容是添加安全会议副主席职位,隶属总统,安全会议副主席、秘书长、助理可被总统任免。这实际上是对宪法修正案中未能涉及的总统办公厅和安全会议架构与职能做出的补充规定。

为了确保社会对宪法改革的支持,米舒斯京上任之初就召开会议讨论稳定经济的问题。对于新冠疫情反复和油价下跌给俄经济带来的影响,政府以公关姿态进行官方统一表态,俄石油产业握有丰富的资源储量和足够的资金储备,在任何价格水平下都具有竞争力。同时,俄有足够资金落实总统国情咨文中提出的任务,完成社会民生任务。俄有能力在低油价的条件下稳定宏观经济和确保金融稳定。疫情的迅速发展导致有关修宪的全民投票时间推迟,2020年7月,宪法修正案最终以77.92%的超高支持率获得俄罗斯民众的支持。

(二) 从修宪内容看,修宪对俄罗斯政治权力体系产生了深刻影响

第一,修宪只是表面限制总统权力,而事实上总统核心实权得以扩大。一是加强了对政府的控制,总统有权直接免职核心官员。在总统有权批准政府辞职的基础上,宪法修正案明确了总统可以批准总理、副总理、部长和行政权力机关及总统管辖机关领导人的辞职,而且总统无须总理提议便可直接免除副总理、部长的职务。二是加强了对国家杜马的控制,总统有权直接解散国家杜马。修正案规定在俄罗斯联邦政府总理的提名被国家杜马三次否决后,俄罗斯联邦总统可以直接任命总理并有权解散国家杜马并举行新的议会选举。实际上,国家杜马没有任何自主的可能性,只有与总统提前进行政治性协商才能避免因总统不满意而杜马可能被解散的政治后果。三是加强对联邦委员会（上院）的控制。2014年修宪时已经规定总统掌握10%的上院议员任免权，这次进一步规定总统可以直接任命30人以内的上院议员，约占18%，再次扩大了总统对上院的控制。而且，在这30人中总统可以任命7名以内的上院议员为终身议员。前总统可以自动成为上院终身议员，且拥有豁免权。议院以0票反对通过这一条款的现实说明，一些资深的政治家希望自己能成为这7名议员之一。一些年事已高面临退位且长期以体制内反对派自居的政治家，如日里诺夫斯基等此次全力支持普京的提议，也与终身议员的巨大政治利益相关联。四是加强对司法体系人事权的控制。原来的宪法规定总统无权决定宪法法院和最高法院院长的人选。现在规定总统有提名宪法法院和最高法院院长和副院长的权力，供联邦委员会任命。修正案还规定总统有权提议联邦委员会免除法官职务。

第二，修宪导致国家杜马权力受限。一是国家杜马仅加强了监督职能。按照宪法修正案，国家杜马只是负责批准总统提名的总理，然后按总理的提名再批准各部的部长。国家杜马似乎扩大了对政府的监督权，实际上这种监督权仅仅是形式上的权力。对于总统权力修正案第83条第1款的修改是：总统有权任命俄罗斯联邦政府主席（即总理），政府主席的候选人需要国家杜马根据总统提名批准，总统同时有权解除现任政府主席的职务。二是国家杜马行使已有的职能反而被监督。因为修正案规定总统可以向宪法法院提出审查议会通过的法案是否符合宪法，如宪法法院宣布违宪，总统可以将该法案退给国家杜马并拒绝签署。如此，宪法法院就拥有了制衡议会的权力。国家杜马等于又被加上了一个"紧箍咒"。

第三，修宪使总理政治影响力下降。按照宪法修正案，总理失去了在国家安全与外交决策领域的影响力，实际上成为专职负责经济和社会问题的职业总理。修正案明确规定了在联邦行政权力结构中由总统管辖的机关和由政府管辖的机关。总统管辖的机关在第103条第1款中明确为：国防、外交、安全、内务、司法、紧急情况和自然灾害及公共安全部门。也就是说，修正案明确将国防部、外交部、紧急情况部、内务部和司法部等划归总统直辖。虽然以往俄内政中总统负责国防部等强力部门，但这毕竟没有在宪法中体现。此次则明确将国防部等强力部门定位为由总统直接管理的部门，而且规定这些部门的部长由总统提名，由联邦委员会讨论通过。这实际上是削弱了总理职能，同时也削弱了国家杜马对国家安全与外交决策领域的参与和监督权。①

（三）从修宪后续看，一揽子修宪法案决定了普京的进退

修宪及后续一揽子修宪法案影响俄罗斯政治进程。一揽子宪法性法律的修改细节决定了普京将进退自如。新宪法通过后，普京已分三批向国家杜马提交了一揽子宪法性法律修改法案。这些法案既涉及后续相关法律的常规修改，也涉及根据新宪法而专门制定的新的宪法性法律，如前总统豁免权法和国务委员会法等。修宪后普京在"2024问题"上将进退自如：往前看，其总统任期已经清零，理论上可以连选连任至2036年；往后看，通过豁免权法其已可确保自身及家人的安全。关键在于进退之间的各种可能性安排均集中在后续一揽子法案的内容与细节上。

2024年普京本届总统任期将结束，俄罗斯最高权力需要稳妥过渡，这是普京的战略性目标。2021年国家杜马选举居于这个政治周期的中间阶段，对于确保普京执政理念的延续与普京体制的稳定具有政治示范效应。即使2024年普京可能离职，也需要在2021年国家杜马选举前后开始布局能在2024年之后发挥有效政治影响力的机制。稳定性和继承性是普京执政团队对2021年国家杜马选举政治考量的基本原则。

总之，此次修宪是普京对自己20年执政经验的总结，是将普京行之有效的治国举措以法律的形式制度化。从提出和讨论的过程看，此次修宪是一次精心酝酿的政治设计，是一次指向性明确的修订。最初提出的权力制衡只是引子，真正落实的修正条款事关俄罗斯国家制度、国家安全、国家认同和国家利益等治国理政的重大战略安排。俄罗斯修宪以及连带的一系列政治变动也是直接源于普京为解决2024年挑战所做的精心谋划。修宪对于国家权力体系及"后2024政局"有重要影响。直接的政治作用是强化了总统的核心权力，目的是建立一个强有力的中央政府。普京表示，此次修宪是为了建立一个无懈可击、绝对稳定的体系，以保障俄罗斯的独立和主权，这将加强俄罗斯的国家地位，并为俄罗斯未来几十年的持续发展创造条件。

---

① 庞大鹏：《普京修宪的政治分析》，《俄罗斯东欧中亚研究》2020年第4期。

六　普京治国理念

俄罗斯1993年宪法第一部分第一章"宪法制度的原则"第13条第2款规定："任何意识形态不得被规定为国家的或必须遵循的意识形态。"因此，在俄罗斯的政治实践中，虽然普京总统并不讳言自己的治国理念，但是从来没有指定哪一种政治思想为俄罗斯的国家意识形态。但是，不指定并不意味着没有。普京初登俄罗斯政治舞台之时，就在他最重要的政治文献之一《千年之交的俄罗斯》中明确指出："有成效的建设性的工作不可能在一个四分五裂的社会里进行，不可能在一个主要社会阶层和政治力量信奉不同价值观和不同意识形态的社会里进行。"在普京看来，这是叶利钦时代留下的惨痛教训。

俄罗斯独立后，亲西方的"欧洲－大西洋主义"一度影响俄罗斯思想界，俄罗斯独立之初奉行向西方一边倒的政策。随着国内民族主义势力抬头和西方对俄政策的演变，俄罗斯不断调整政策。俄罗斯认识到，同西方结成战略同盟和尽快加入"文明世界大家庭"不仅只是幻想，而且损害了俄罗斯的自身利益，因而开始强调俄罗斯是世界大国，并奉行独立的内政外交政策。

1996年1月，普里马科夫接替科济列夫任俄罗斯外长，标志着俄罗斯独立自主的大国外交最终形成。7月12日，叶利钦在会见支持自己的选民代表时说："在20世纪的俄罗斯历史中，有过不同的发展阶段：君主主义、专制主义、改革，最后是民主发展道路。每一阶段都有过自己的意识形态。"他鲜明地提出，俄罗斯需要制定能使俄罗斯人团结起来的国家思想。"全民族国家思想"由此出台。这表明俄罗斯开始走出独立以来思想界纷繁复杂的混乱状况，力求寻找影响全社会的主流政治价值观。1996年后在叶利钦的第二任期内，出现了金融寡头与"家族势力"干政的情况，加上叶利钦本人身体状况不好，寻求"全民族国家思想"的任务并没有完成。

1999年底普京登上俄罗斯最高政治舞台，2000年正式就任总统，普京时期开始。以2005年国情咨文为标志，普京治国理念的形成与发展在总体上可以划分为两个阶段。

1999年12月至2005年4月为第一个阶段，即"俄罗斯新思想"时期。该时期形成了普京执政的思想基础，在此基础上提出强国战略，并逐渐形成了普京特色的发展模式。其中,"统一俄罗斯"党的前身"团结党"在2000年召开二大时,宣称它与"左翼"政党和"右翼"政党的区别在于"主张保守主义、中庸和健全理性"。

2005年4月至2008年5月为第二个阶段,即"主权民主"思想时期。该时期概括了普京选择的政治模式及发展道路,并在"主权民主"思想的基础上提出了"普京计划"。

2008年11月20日,"统一俄罗斯"党召开第十次代表大会,最高委员会主席格雷兹洛夫表示:"统一俄罗斯"党意识形态的基础是保守主义。格雷兹洛夫指出,保守主义的常量是文化、精神、爱国主义和国家力量,其变量是指科学的发展、新技术的运用和民众生活水平的提高。

2009年11月21日,"统一俄罗斯"党的第十一次代表大会通过的新党纲规定"俄罗斯保守主义"是"统一俄罗斯"党的意识形态,并且提出了保守主义现代化的口号。

2012年普京复任总统。2013年12月12日普京在国情咨文中重申,俄罗斯选择保守主义方向,并将新时期的政策内涵解读为捍卫传统的家庭价值观,始终如一地坚持俄罗斯的立场;俄罗斯确有成为领导者的雄心,但不会教其他国家如何生活或是不惜一切代价恢复自己的超级大国地位。普京认为,俄罗斯最推崇建立在相互尊重基础上的价值观和价值导向。

西方政治思想史上的保守主义起源于18世纪,兴盛于对法国大革命摧毁传统制度的反思。标志性事件是英国政治家柏克在1790年阐发了保守主义的基本信念,柏克《法国革命论》一书的出版被视为保守主义诞生的标志。以柏克为代表的保守主义被称为古典保守主义,其所捍卫的那些价值、信念和原则是保守主义的经典内容,也是20世纪世界范围内新保守主义兴起的基础。具体内容包括倡导个人自由,反对中央集权,维护宪政;经济上信奉斯密的古典自由主义政治经济学,强调维护财产权;精神上坚持信仰自由,主张宗教宽容。保守主义是保守自由的主义,而不是专制主义。保守主义不等于守旧,保守主义主张进步,并不反对变革;保守主义主张渐进改良,反对激烈革命。西方政治学的权威著作——《布莱克维尔政治学百科全书》为保守主义所下的定义是:"保守主义是以维护有限政治为目的,以调和、平衡和节制为内容的政治艺术。"正因为人们一般对保守主义存在误解，所以俄罗斯学者也强调"保守主义"和"一般保守"的区分，认为"一般保守"只是固守传统而脱离现实，而保守主义将传统与现实连接起来，保守传统中那些适宜的成分，同时摒弃其他一些不合理的因素，以实现现代生活所必需的稳定。

俄国历史上的保守主义出现于18世纪下半叶叶卡捷琳娜二世时期。同西方保守主义一样，俄国保守主义的萌芽也是源于对启蒙运动和法国大革命的反思。其代表人物是俄国保守主义的先驱——谢尔巴托夫。他认为，传统、继承性、稳定性这些基本原则是社会和国家秩序稳定的保证，在这些基本原则遭到破坏的情况下不可能保持国家的强大以及权力机构的良好运作。他虽然接受了启蒙思想的影响，拥护君主制，但反对君主专制。他心目中的理想政体是等级君主制和贵族政体，认为俄国古老的贵族等级制度是国家的支柱，因此极力主张贵族直接参政，对君主的权力加以限制。谢尔巴托夫的观点对后来的保守主义者如希施科夫、格林卡、卡拉姆津、罗斯托普钦等人产生了很大影响。亚历山大一世时期，为维护君主专制、防止革命，亚历山大采取了自由主义的政策，起用斯佩兰斯基进行国家改革。作为对亚历山大一世自由主义政策的回应，俄罗斯形成了保守主义思潮。其代表人物是希什科夫、格林卡、马格尼茨基、卡拉姆津、罗斯托普钦、波兹捷耶夫、鲁尼奇等人。其中，希什科夫和格林卡被称为俄国保守主义思想的奠基人，他们都捍卫已经形成的国家体制的基础及原则——专制制度、等级制度、农奴制和东正教。1832年，乌瓦洛夫提出著名的保守主义三原则——"专制主义、东正教和人民性"。19世纪中期形成斯拉夫主义，斯拉夫主义是俄国特色的保守主义，代表人物是霍米亚科夫。霍米亚科夫的学说贯穿了宗教精神，他强调俄罗斯民族的独特性，强调俄罗斯的拜占庭文化特色，认为俄罗斯的发展道路和西方的发展道路存在根本差别，这种差别是由俄国和西欧生活环境"内在因素"的不一致性和东正教及天主教不同的宗教形式决定的。霍米亚科夫认为，东正教通过俄国可以改变整个文明系统，历史要求俄国站在全世界文明的前列。这一时期，俄国精英深刻探讨了传统与现实、俄国与西方的关系，促进了"俄罗斯思想"的形成。

1861年亚历山大二世以解放农奴为标志的自由改革导致了一次社会结构的变革。1881年亚历山大二世的被刺加剧了俄罗斯社会的分裂，继任的亚历山大三世彻底走向保守，并寻找保守主义的理论支持。这一时期，俄国保守主义成为捍卫君主制的理论基础，代表人物是波别多诺斯采夫、列昂季耶夫、季霍米洛夫、普里什科维奇、缅什科夫等人。季霍米洛夫将列昂季耶夫和霍米亚科夫的观点系统化，提出了一套完整全面的保守主义理论。他的主要观点集中在《君主制国家体制》一书（1905年首次出版）中。[①] 季霍米洛夫指出，存在着三种类型的最高政权：君主制（个人政权），贵族政体（最优秀的人的政权），民主制（大多数人的政权）。季霍米洛夫认为在俄国建立君主制的人民代表机构是可能的和必要的。季霍米洛夫的思想被著名的俄侨思想家也是保守主义的代表人物伊万·亚历山德罗维奇·伊林所继承。伊林根据俄国的历史经验和季霍米洛夫等保守主义思想家的理论观点提出了"人民君主制"理论。他认为，在推翻布尔什维克政权后，复兴的俄罗斯应当成为君主制国家，最高政权应当建立在全民支持的基础上。为此，就应当建立一种不是盲目照搬西方民主制经验，而是顾及俄国经验的人民代表体制。他认为，君主最高政权之下的俄国民主不应当是平均主义的民主，而是精英民主。伊林的思想对普京影响很大。其主要宗旨就是强调俄罗斯的特殊性在于：国家是一切秩序的源头，也是推动国家向前发展的第一动力。此外，索尔仁尼琴的保守主义意识形态对俄罗斯当代保守主义思想的形成也有很大影响。

在当代俄罗斯，保守主义作为一种政治观念是与共产主义思想和激进自由主义相对立的。虽然俄罗斯保守主义的核心观念也是反对一切激进的革命，主张以妥协手段来调和各种社会势力间的利益冲突，但是在当代俄罗斯政坛保守主义主要是代表了一种政治符号，即代表中派主义，更多的是强调一种政治价值取向。

保守主义官方意识形态化的实质是"主权民主"思想。2008年9月，作为"统一俄罗斯"党主席的普京在瓦尔代会议上表示，他本人愿意成为将民主价值与俄罗斯国家传统相结合的保守主义者。保守主义的政治实质是2005年以来被俄罗斯官方深入论述的"主权民主"思想。事实上，在2002年10月，俄罗斯著名政治评论家特列季亚科夫就以"自由的保守者"为题全面解

---

① Тихомиров Л. А., "Монархическая государственность", Впервые изданная в 1905 г..

析过普京的理念。他认为，普京首先关心的是俄罗斯能否继续存在，它的政治制度是不是独立的、有影响的，然后才关心俄罗斯将有什么样的政治制度。民主只是作为振兴俄罗斯的手段时才会有效。作为主流意识形态的保守主义，它显示了三个特征：国家主义、反西方主义和以东正教为基础的传统主义。

在"统一俄罗斯"党经历了2018年地方选举的重大挫折和普京的信任率跌至近年来最低点的政治态势下，"普京主义"被执政当局当作俄罗斯民族宝贵的精神财富加以宣传。2019年2月11日，苏尔科夫发文《长久的普京之国》①，明确表示"普京主义"代表的理念与制度是俄罗斯生存和发展所应遵循的模式。苏尔科夫的这篇文章之所以重要，在于它第一次以官方的身份对"当前国际形势下俄罗斯处在什么样的国际地位"这一问题做出了回答，并提出了"普京主义"这个概念。

"普京主义"是在俄罗斯国内政治生态出现隐忧的情况下由官方正式提出的，这与当时俄罗斯的政治形势密不可分。普京赢得2018年俄罗斯总统大选时，其得票率超过了70%，这使其获得了巨大的政治合法性。在当今世界各国选民的投票率偏低、通常需要进入第二轮选举的情况下，普京在此次选举中的成绩可谓非常好。但是，仅仅因为实施了退休金制度改革，在9月的地方选举时，普京的信任指数就史无前例地降至35%左右。所以苏尔科夫的这篇文章旨在应对俄罗斯国内的严峻局势，进一步振奋民情，帮助普京延揽民意。今天的俄罗斯面临一个"2024问题"。在2024年这一任总统任期结束后，普京会如何行动？俄罗斯将向何处去？"普京主义"的提出实际上是在暗示，普京的治理模式与俄罗斯历史上的国家治理模式在内核和形式上完全一致，即使普京本人不再执政，"普京主义"也会延续下去，这就是俄罗斯的百年生存发展模式。②

《长久的普京之国》讲的是俄罗斯的内政，其与苏尔科夫在2018年发表的《混血者的孤独》共同较为完整地阐述了新时期俄罗斯保守主义的内涵。

---

① Владислав Сурков: Долгое государство Путина—О том, что здесь вообще происходит, 11 февраля 2019, http://www.ng.ru/ideas/2019-02-11/5_7503_surkov.html?pagen=42&fbclid=IwAR3ct0Nqn3TpMQqnySevtho2Ky25VWB1pYU2yXSaDnB0pxIgFo4JWiR-9SM&id_user=Y.

② 庞大鹏：《从"主权民主"到"普京主义"：普京的治国理念》，《世界知识》2019年第6期。

2018年4月，俄罗斯"主权民主"思想的提出者苏尔科夫发表重磅文章《混血者的孤独》。该文的主要观点是：2014年乌克兰危机后，俄罗斯的西行之路已经终结。自2014年起，历史步入新的"2014+"时代，俄罗斯将迎来地缘政治上的"百年孤独"，俄罗斯的盟友只有自身。[①] 2018年6月，俄罗斯政府机关报《俄罗斯报》刊登了俄罗斯外交和国防政策委员会荣誉主席卡拉加诺夫的文章《选择道路的自由》，其主要观点与苏尔科夫的观点惊人的一致。卡拉加诺夫开宗明义地指出：2014年不仅是西方向独联体方向扩张浪潮的终结点，也标志着俄罗斯历史上西学时代的告终。[②] 乌克兰危机后，俄罗斯进入了"2014+"时代，它以后既不做东方的西部，也不做西方的东部，俄罗斯就是一种独特的文明。苏尔科夫和卡拉加诺夫的文章暗示俄罗斯也要成为一种文明型国家，要立于欧亚大陆的中心地位，而不要做中心的边缘。

[①] Владислав Сурков, Одиночество полукровки, 9 апреля 2018, http://globalaffairs.ru/global-processes/Odinochestvo-polukrovki-14-19477.

[②] Сергей Караганов, Россия настроена на диалог-и с Европой, и с Азией, 7 июня 2018, https://rg.ru/2018/06/06/politolog-aziia-stanet-dlia-rf-vazhnejshim-istochnikom-peredovyh-tehnologij.html.

第二章 俄罗斯议会制度

1993年宪法通过后,俄罗斯结束了双重政权的局面,国家权力结构发生了根本性的变化,立法权和行政权被重新进行明确划分。主要表现为:从根本上改变了议行合一的苏维埃制度,根据"分权与制衡原则"确立了国家立法、行政和司法权各自独立又相互制约与协调的关系;将议会确立为"俄罗斯联邦的权力代表与立法机关",但其权力和作用被削弱,受制于以总统为核心的执行权力机关。2020年宪法通过后,议会在俄罗斯国家权力体系中的地位和作用进一步被削弱,总统权力进一步强化。

第一节 叶利钦时期俄罗斯议会制度的重建

1993年宪法颁布后,俄罗斯立法机构重建,议会党团成为立法机构的运行方式,成为各政党活动的新平台,促进了多党制在俄罗斯的进一步发展。议会在俄罗斯宪政体制中地位的变化也为各党派的竞争提供了政治条件。

一 俄罗斯议会制度重建的背景

依据议会在国家宪政体制中的地位,可以将议会分为议会制议会和总统制议会。前者以英国为代表,后者以美国为代表。这两种模式的议会是世界上最有影响力的议会。而在这两种议会模式之间还存在第三种模式,被称为半总统制或半总统制半议会制。其特点是总统由选民直接选举产生,而不是由议会选举产生；总统是国家权力的中心，他有权提名总理。这种议会模式以法国为代表，大多数中东欧国家在政治体制改革后选择了这种制度。俄罗斯的议会制度就是以此为蓝本建立的，但由于俄法两国国情不同，1993年《俄罗斯联邦宪法》赋予总统的实际权力要比法国总统的权力大很多，议会的权力和地位自然也就受到了挤压。

俄罗斯议会的发展经历了三个不同的时期：苏维埃的产生和发展时期；苏联解体前后的过渡时期；俄联邦会议的产生和发展时期。从1917年十月革命至1988年12月，是苏维埃的产生和发展时期，在这一时期内，苏维埃是人民代表机关；1988年12月至1993年10月，是苏联解体前后的过渡时期，苏维埃从实行社会主义的人民代表大会逐步向资本主义国家的议会转变，俄罗斯议会制度的重建就是在这一阶段完成的；从1993年宪法通过并生效至今，是俄联邦会议的产生和发展时期。

1924年的苏联宪法规定了苏联的议会体制，即苏维埃代表大会及其闭会期间的常设机构——苏联中央执行委员会（简称"最高苏维埃"），这一制度在1936年的苏联宪法中被正式确立。根据宪法，最高苏维埃由两院即联盟院和民族院组成。联盟院是不分民族而代表全联盟劳动人民的最高权力代表机关；民族院是代表各加盟共和国、自治共和国和自治州劳动人民的最高权力代表机关。两院都是通过普遍、平等、直接和秘密选举产生的，权力平等。最高苏维埃由联盟院和民族院主席轮流主持，在彼此产生意见分歧时，问题交由两院同数代表组成的协商委员会解决；如果协商委员会不能通过一致决定，则提交两院重新审核；如两院仍不能达成一致，苏维埃最高主席团有权解散最高苏维埃，并重新进行选举。1977年的苏联宪法进一步完善了苏维埃制度，并扩大了最高苏维埃的权限。主要表现在三个方面。首先，最高苏维埃的立法和监督职能得到一定加强，如，其立法数量有了大幅增加，最高苏维埃有权对向其报告工作的所有国家机关活动进行监督，最高苏维埃代表有质询权等。其次，加强最高苏维埃常设委员会的作用，根据1967年颁布的《最高苏维埃联盟院和民族院常设委员会条例》规定，常设委员会是两院的辅助机构，旨在事先审议和准备将由最高苏维埃处理的事务，帮助最高苏维埃做出决议。最后，完善和加强苏维埃代表制度，这集中体现在明确苏维埃代表的权利和义务，提高苏维埃代表的地位。

但长期以来，苏联国家权力重心不在苏维埃国家权力机关系统，而在党的系统。党经常代替最高苏维埃行使国家管理权力。作为苏联最高国家权力机关的最高苏维埃并没有享受到宪法所赋予的权力和地位，而且其权力和地位还不断呈现下降趋势。例如，列宁、斯大林都以党的总书记身份兼任政府首脑一职。苏维埃形式主义化的情况在赫鲁晓夫时期也没有发生多大变化。作为党的第一书记，凡是他提出的建议，最高苏维埃必须予以批准和通过，并且作为部长会议主席的赫鲁晓夫无须向国家最高权力机关汇报工作或接受监督，而是可以居高临下地对其发号施令。列昂尼德·勃列日涅夫时期，这种情况虽然略有好转，但没有从根本上改变最高苏维埃"橡皮图章"的命运。

米哈伊尔·戈尔巴乔夫上台执政后，力图改变这一局面，提出要将一切权力"归还苏维埃"。1988年6月苏联召开第19次全国代表会议，将改革的重心由经济领域转向政治领域，而改造苏维埃则是政治体制改革中最重要的内容之一。同年10月1日，戈尔巴乔夫提出要"重建苏维埃"，使"苏维埃成为权力中心"。为了配合戈尔巴乔夫的"改革"，苏联从1988年12月1日至1991年底，对1977年的苏联宪法做了五次修改补充，确立了人民代表苏维埃制度。所谓人民代表苏维埃制度，就是与最高苏维埃相并列设立人民代表大会，各级苏维埃组成统一的有代表性的国家权力机关体制。但是，二者的地位和作用却不同，人民代表大会实际上代替了苏维埃，成为国家最高权力机关，最高苏维埃则成了最高权力机关——人民代表大会的常设立法、发布命令和监督机构，其权限相当有限。①

为了与对1977年苏联宪法的修改补充相适应，俄罗斯作为苏联的加盟共和国之一也对其1978年的宪法进行了六次修改补充。苏联解体后，1992年4月21日，第六次俄罗斯联邦人民代表大会对1978年的《俄罗斯联邦宪法》进行了第七次即最后一次修改和补充。根据宪法第104条规定，"俄罗斯联邦人民代表大会是俄罗斯联邦最高国家权力机关"②，但同时，该宪法第121条

---

① 孔寒冰主编《当代各国政治体制：俄罗斯》，兰州大学出版社，1998，第68~69页。
② Конституция Российкой Федерации. Принята 12 декабря 1993 г., Владивосток：Изд-во «Интертех»，2002．Статья 104．

又规定:"俄罗斯联邦总统是俄罗斯联邦最高公职人员和俄罗斯联邦执行权力机关领导人。"① 上述规定意味着俄罗斯出现了均有宪法依据的两个最高国家权力中心,即总统和人民代表大会。总统派和议会派之间的矛盾开始公开化的标志是在1992年4月召开的第六次人民代表大会上,双方就俄罗斯实行总统制还是议会制进行了争论,直至同年12月召开第七次人民代表大会,双方的争论仍未有结果,最后以妥协而告一段落。在1993年3月召开的第八次人民代表大会上,议会和宪法法院否决了鲍里斯·叶利钦总统的第379号总统令,即在解决政权危机之前实行总统特别治理方案和加强政府经济权限的提案。在这一时期,俄罗斯实际上形成了总统和议会的两个权力中心。为了改变立法权力机关与执行权力机关的长期对立和"双重政权"并存的局面,举行全民公决是双方争取民心以便在权力争夺中占据有利位置的重要一步。

二 俄罗斯议会制度重建的过程

在苏联解体之前,俄罗斯"民主派"联合其他政治力量同苏联共产党和联盟中央争夺国家权力是其主要任务。苏联解体后,随着这一主要任务的完成,俄罗斯国家权力机关之间的内部矛盾凸显出来:共同与苏联共产党进行斗争的"民主派"阵营内部出现新的斗争。这一轮斗争首先是从政府的经济改革开始的。为了解决国内经济衰退的问题,俄罗斯政府选择了"休克疗法"式的激进经济改革方案,导致俄经济陷入全面危机,生产严重下降,失业人口大幅增加。对此,以鲁斯兰·哈斯布拉托夫为首的议会派对政府的激进式经济改革进行了严厉批评,但是总统派对此并不重视,认为这是议会派的恶意攻击。随着经济危机的加深,俄罗斯议会与政府关系的紧张程度持续升级,很快发展成对国家权力体制问题的争论,即实行议会制共和国还是总统制共和国,也就是政体之争,双方矛盾进一步加深。

从1990年6月俄罗斯宣布独立到1992年4月第六次人民代表大会召开,总统和议会的关系还算和谐,即便人民代表大会对总统和政府实行的激进经济改革做出批评,但还是通过了3月2日以叶利钦为首的宪法委员会提交的宪法

---

① Конституция«Основной Закон» Россий кой Федерации. -М.: Известия, 1992г., Статья 121.

草案。但随着经济危机的加深，议会与总统之间的矛盾开始激化。在1992年12月召开的第七次人民代表大会上，执行权力机关遇到了来自议会的制约——议会利用权力迫使叶利钦总统放弃对叶戈尔·盖达尔总理的提名。在1993年3月10日召开的第八次人民代表大会上，因议会认为总统企图利用武力破坏政治局势，人民代表大会通过了《关于实施宪法改革举措的决定》，取消了《关于稳定俄罗斯宪法制度的决定》，原本定于4月11日的全民公决被否定。

在这种情况下，经济改革受挫成为哈斯布拉托夫和叶利钦互相推卸责任和指责攻击对方的由头，他们认为现行宪法的有关规定是两大权力机关矛盾的根源，当务之急是要废除现行宪法，通过新宪法。面对议会的指责，叶利钦更加坚定了要尽快通过新宪法、彻底瓦解苏维埃制度的决心。1993年3月20日，叶利钦发表了《告俄罗斯公民书》，对第八次人民代表大会进行强烈批评，称其企图包揽国家全部权力；同时发布第379号总统令，其中规定在解决政权危机之前实行总统特别治理，4月25日进行全民公决。叶利钦发布的总统令遭到了来自议会方面的强烈反对。宪法法院判定叶利钦关于特别治理、全民公决的命令违反宪法，使分权原则遭到破坏，双方对峙加剧。同年3月26日，俄罗斯第九次人民代表大会召开，会上几乎所有司法问题专家都认为叶利钦存在违反宪法的行为。此后，人民代表大会通过了《维护宪法制度紧急措施的决定》，导致叶利钦的总统令无法落实。就在全民公决的前一天，议会和总统方面先后发表电视讲话，进行相互攻击。在举行全民公决前的这一段时间里，斗争形势似乎对议会有利，而政府却表现出主动退让的姿态，从而赢得了民众的同情。

4月25日，64.5%的选民参加了俄罗斯全民公决。在全民公决中，需要对以下四个问题进行投票：（1）是否信任俄罗斯联邦总统叶利钦？（2）是否赞成俄罗斯联邦总统和俄罗斯联邦政府自1992年以来实施的社会政策？（3）是否必须提前进行总统选举？（4）是否必须提前进行人民代表选举？根据这四个问题，在参加全民公决的选民中，有58.76%的选民对叶利钦总统表示信任；53.04%的选民支持总统和政府的社会政策；37.71%的选民支持提前举行总统选举；43.06%的选民支持提前举行人民代表选举。议会对这一公决结果表示不满，而总统方面认为，这次结果表明了民众对总统以及政府的信任。于是，叶利钦解除了一批倒向议会的反对派领导人的职务，并于9月任命盖达尔为副总理。此时，俄罗斯国内形势十分严峻，不仅国家权力机关之间斗争激烈，而且社会也极不稳定，5月1日在莫斯科加加林广场爆发了流血冲突。在这种形势下，叶利钦决定6月5日召开制宪会议。会议通过了总统提出的宪法草案，并交由全民讨论。在"十月事件"发生之前，双方利用媒体进行宣传攻势。9月21日，叶利钦总统发表电视讲话，对第1400号总统令——《关于俄罗斯联邦分阶段宪法改革》做出了解释，宣布终止人民代表大会和最高苏维埃的立法和监督职能；建立最高国家立法机构——由联邦委员会和国家杜马上下两院组成联邦议会；在联邦议会行使权力前，按总统令和政府决定行事。以哈斯布拉托夫为首的议会派也发表了电视讲话，宣布第1400号总统令无效，任命亚历山大·鲁茨科伊行使总统权力，并做出了强烈反应。9月22日凌晨，最高苏维埃宣布解除叶利钦的总统职务，代总统鲁茨科伊发布第1号总统令，解除了几名支持叶利钦的官员的职务，"双重政权"变成了客观事实。9月23日，在未达到法定人数的情况下（仅有638名代表出席），俄罗斯第十次人民代表大会依然召开，通过了解除叶利钦总统的决定。总统在政府和强力部门的支持下采取了对议会大厦进行围困的措施，而议会方面奋起反抗，保卫议会大厦，双方的对峙达到白热化程度。9月28日，宪法法院院长瓦列里·佐尔金提出和解方案，要求双方回到9月21日前的状态，重新谈判。但是双方剑拔弩张，形势已经不可逆转。由于议会派错误地估计了形势，在没有取得俄罗斯民众的支持下贸然率先进行武装行动，给了总统和政府实施武力镇压的借口。10月4日，总统派正式炮击"白宫"①，哈斯布拉托夫和鲁茨科伊等议会反对派被捕入狱，"双重政权"的局面结束。

"十月事件"结束后，叶利钦采取了一系列措施打击反对派势力，除了将反对派领导人关进监狱，解除相关人员的职务，还加强了对大众传媒的控制以及要求各级苏维埃自行解散，在未成立新议会之前，以总统令的形式代行议会某些职能，等等。在国内局势逐渐稳定后，叶利钦发布总统令，确定12月12

---

① 原为俄罗斯联邦最高苏维埃所在地，现为俄联邦政府大楼，也是总理府所在地。

日进行俄罗斯联邦议会选举，同时就新宪法草案进行全民公决。

12月12日，除鞑靼斯坦、车臣两个共和国和车里雅宾斯克州等少数地区，俄罗斯全国各地同时举行了新宪法全民公决和议会选举。12月20日，中央选举委员会宣布12月12日就宪法草案举行的全民公决有效。在此基础上，新宪法通过并正式生效。

在这场斗争中，以总统为首的执行权力机关强行解散人民代表大会，通过极端手段彻底摧毁了苏维埃制度，通过全民公决确立了1993年宪法，最终建立起以总统集权为核心的三权分立的国家权力体制。

三 俄罗斯议会制度的变化

1993年"十月事件"后，俄罗斯建立了新的立法机构，议会选举方式和议会运行方式也发生了相应变化。根据宪法第94条，在实行总统集权体制下，俄罗斯议会不再是国家最高权力机关，而只是国家立法机关，只有立法和监督职能。[1]

（一）议会党团成为立法机构的运行方式

1993年"十月事件"后，由于议会被解散，俄罗斯立法权力机构出现真空。1993年宪法通过后，国家权力机构权限得到明确划分，立法机构得以重建。此后，政党需要以议会党团的形式进入国家杜马，俄罗斯政党政治进入新的发展阶段。

议会党团是指议会中来自同一政党或政党联盟的议员组成的党派集团，其作用是把属于同一政党或政党联盟的议员联合成一个整体，统一该党派议员在议会中的行动，起到政党通过党团在政府和议会活动中发挥作用。[2] 议会党团的出现体现了俄罗斯政治规范和政治秩序走向制度化，立法机构以及多党制度逐步完善。第一，政党政治活动从"街头"转向议会，后者成为各党派进行政治活动的主要场所。议员通过选举组成议会党团，通过内部磋商形成统一意

---

[1] Конституция Российкой Федерации. Принята 12 декабря 1993 г., Владивосток: Изд-во «Интертех», 2002. Статья 94.

[2] 庞大鹏：《观念与制度：苏联解体后的俄罗斯国家治理1991-2010》，中国社会科学出版社，2010，第262页。

志，保证在国家杜马中行动一致，政党活动逐步规范。议会成为各政党进行斗争、夺取政权的重要阵地。第二，从政党数量上看，从前政党鱼龙混杂的局面有所改善，进入国家杜马的政党和组织均具有一定的影响力。第三，政党活动必须纳入俄罗斯联邦宪法和法律框架内，违反法律会受到追究。尽管如此，政党制度也存在一定弊端，比如政党数量较多，党派构成错综复杂以及政治主张不够鲜明等。但总体来说，自2000年弗拉基米尔·普京执政后，由于政党和政治组织对自身的建设不断加强，政党在俄罗斯政治生活中的作用相应加强，逐渐形成以政权党"统一俄罗斯"党为主导的政治格局。

（二）议会选举制度被重新制定

立法机构的重建必然出现议会代表重新构成的问题，议员的构成与地位都需要通过法律固定下来。同联邦会议选举相关的法律有《两院代表选举条例》《俄罗斯联邦宪法》《俄罗斯公民选举权与全民公决权的基本保障法》《国家杜马代表法》《联邦委员会组成程序法》。1993年10月颁布的《两院代表选举条例》对俄罗斯国家权力机关的构成、选举方式和选举程序做出了新规定。例如，第一次提出了对议会制度产生直接影响的"混合式代表选举体制"。又如，根据1993年宪法第10条规定建立了新的国家代表权力机关体系。[1] 再如，根据宪法第94条和第95条的规定，俄罗斯联邦议会，即联邦会议是俄罗斯联邦的代表机关和立法机关，由联邦委员会和国家杜马两院组成。[2] 此后，为了发展和完善联邦会议选举体制，俄罗斯相继出台了多部选举法及有关选举活动的法律法规，规定了国家议员代表的产生方式和权利义务等。

（三）总统凌驾三权之上，议会权力有限

俄罗斯在名义上实行三权分立，实际上总统处于三权之上，集中了所有权力。在这种情况下，议会在国家权力体系中的地位和作用受到极大限制。1993年宪法生效后，这种表现尤为明显，形成一种"强总统，弱议会"的局面。主要体现在以下几个方面。

---

[1] Конституция Российкой Федерации. Принята 12 декабря 1993 г., Владивосток: Изд-во «Интертех», 2002. Статья 10.

[2] Конституция Российкой Федерации. Принята 12 декабря 1993 г., Владивосток: Изд-во «Интертех», 2002. Статья 94, Статья 95.

1. 总统决定内政外交政策，议会无法实行监督权

根据1993年宪法第104条规定，俄罗斯总统可以决定国家内外政策的基本方向；总统有权发布命令和指示，全国都必须执行。① 这就意味着总统可以对国家每一项政策进行全权处理，议会即使提出异议也无法对其进行修改或阻止。这种情况很多，比如，1994年俄罗斯联邦政府提出第二阶段私有化方案时，国家杜马虽然两次对方案予以否决，但叶利钦仍直接以总统令的方式颁布，绕过议会继续推行。

2. 总统可以直接任免政府主要领导人，议会多数派无权组成政府

根据1993年宪法第111条和第117条规定，俄罗斯总统可以任免政府主要领导人，而俄罗斯议会下院——国家杜马则没有这项权力；国家杜马若三次否决总统提名的总理人选，总统有权解散国家杜马；国家杜马第一次对政府提出"不信任"时，总统可以不予理睬，如果三个月内再次提出"不信任"，总统则有权解散政府或者国家杜马。② 这导致国家杜马和国家执行权力机关矛盾重重，总统个人专权现象愈加严重。1998~1999年叶利钦频繁更换政府总理就是典型例子，这段时间俄罗斯先后更换了5位总理人选，总统在提名总理人选时并未与国家杜马进行磋商，反而以一种如果国家杜马不批准就将其解散的姿态逼国家杜马同意，而国家杜马没有组阁权，不能制衡总统，只得接受安排。

3. 议会难以对宪法进行修改

如前所述，1993年宪法是一部"总统集权制"的宪法，俄罗斯各界对此颇有不满，屡次要求修改宪法，以便削弱总统个人权力，但是，宪法本身是很难修改的。根据1993年宪法规定，如果俄罗斯联邦委员会（上院）和国家杜马（下院）有1/5以上的代表同意，可集体提出对宪法条款进行修改的建议，但是议会上下两院不能修改宪法第一章（"宪法制度的基础"，共16条）、第二章（"人和公民的权力与自由"，共48条）和第九章（"宪法的修改与重新审议"，共4条）。如果要进行修改，需要联邦委员会（上院）和国家杜马

---

① Конституция Российкой Федерации. Принята 12 декабря 1993 г., Владивосток: Изд-во «Интертех», 2002. Статья 104.

② Конституция Российкой Федерации. Принята 12 декабря 1993 г., Владивосток: Изд-во «Интертех», 2002. Статья 111.

（下院）各有3/5以上的代表同意，然后召开制宪会议，经制宪会议2/3成员的同意或全民公决的同意，方可进行修改。这就意味着，在1993年宪法的137个条款中，有一半条款是不能修改的。而对可以修改的条款也需要得到2/3以上国家杜马代表和3/4以上联邦委员会成员投票同意，另外还需要2/3以上联邦主体的立法权力代表机关的同意才能进行讨论。[①] 因此，这部分宪法条款实际上也是难以修改的，但是比起上述一半条款，尚有可以修改的空间。也正鉴于此，2020年新宪法对这些部分进行了全面修改（详见第三节）。

总之，根据1993年宪法规定，俄罗斯形成了一种超级总统制的政治体制，在这种框架下建立起来的议会毫无权力可言，它的立法权力受到总统和执行权力机关的双重制约，对政府活动起不到实质性的监督作用，实际上沦为总统和政府获得权力的工具。

第二节 俄罗斯议会选举体制的变化

俄罗斯联邦议会始于1990年召开的第一次人民代表大会。此次人民代表大会规定了俄罗斯联邦最高苏维埃（议会）由共和国院和民族院两院组成，并颁布了第一部有关立法机关民主选举的法律——《俄罗斯人民代表选举法》。直到1993年"十月事件"后，苏维埃制度被彻底摧毁，成立了新的立法机关——联邦会议。联邦会议由联邦委员会（上院）和国家杜马（下院）组成，两院选举体制各自独立。联邦委员会的构成方式相比国家杜马来说简单，只有第一届联邦委员会是通过民选产生，此后都是通过委派代表的方式产生。国家杜马选举则较为复杂，自俄罗斯独立以来，共产生了七届国家杜马，选举方式历经五次变化，从"混合选举制"过渡到"比例代表制"再回到"混合选举制"，其目的就是配合俄罗斯多党制的形成与发展。

一 俄罗斯议会选举体制的形成

在戈尔巴乔夫推行政治体制改革前，苏联各级苏维埃作为国家自上而下实

---

① Конституция Российкой Федерации. Принята 12 декабря 1993 г., Владивосток: Изд-во «Интертех», 2002. Статья 134-137.

行议行合一的权力机构,从未实行过真正的民主选举。为了配合戈尔巴乔夫的政治体制改革,改变最高国家权力机关即人民代表苏维埃的选举制度成为当时国家政治生活中的主要内容。1988年12月1日,苏联最高苏维埃通过了《苏联人民代表选举法》,这是苏联历史上第一部有关公开选举国家权力机关代表的法律。1989年5月召开了经民主选举产生的苏联第一次人民代表大会。至此,苏联中央开始的民主选举国家权力机关代表的浪潮很快席卷各加盟共和国。

1989年10月,为了准备召开第一次俄罗斯人民代表大会,俄罗斯联邦最高苏维埃通过了《俄罗斯苏维埃联邦社会主义共和国人民代表选举法》(以下简称《俄罗斯人民代表选举法》)。该法规定:除被法院认定为无行为能力者和监狱服刑人员,凡年满18周岁的俄罗斯公民均拥有选举权和被选举权。选举将以普遍、平等、直接、秘密的原则进行。社会组织、劳动集体、选民大会,包括选民个人都有权在本选区内提名候选人,候选人数不限,实行差额选举。在国家各级执行权力机关内,除各级执行权力机关领导人,其他工作人员以及各级法院法官均不得当选人民代表大会代表。允许进行各种形式的竞选宣传活动,组织选举活动的一切经费由国家财政承担。

根据《俄罗斯人民代表选举法》,1990年5月,俄罗斯联邦召开第一次人民代表大会,共选出1068名代表,其中900名代表是在全联邦境内根据人口数量进行划分的选区中由选民直接选举产生的,余下168名代表则按照不同比例的代表名额在各联邦主体内选举产生。共和国各选出4名代表,自治州各选出2名代表,自治专区各选出1名代表,边疆区、州和两个直辖市一共选出84名代表。人民代表大会每年举行一次例行会议,由两院——共和国院和民族院——作为其常设机关,每年召开两次会议。其中,两院人数相等,共和国院是由在全联邦境内选区当选的代表组成,民族院则由各联邦主体根据选区内当选代表的比例组成。

《俄罗斯人民代表选举法》是俄罗斯第一部立法机关民主选举的法律性文件。它确立了一系列民主选举的基本原则及程序,如选区划分、候选人资格和候选人提名程序等。这些内容很快就被写入经过联邦人民代表大会多次修改的1992年版宪法中,标志着俄联邦国家立法机关选举体制的初步建立。

但是，这一时期的各级人民代表大会仍是国家最高权力机关，其常设机构最高苏维埃仍然集立法权、命令权和监督权于一身，兼有执行权力机关的许多职能。人民代表大会制并没有完全向以"三权分立"为原则的议会制转变。

二 俄罗斯国家杜马选举体制的变化

（一）国家杜马选举实行"混合选举制"

叶利钦通过武力战胜"保守派"后，于1993年12月1日和11日颁布了奠定俄罗斯议会选举制度的核心文件——《1993年俄罗斯联邦会议国家杜马代表选举条例》和《1993年俄罗斯联邦会议联邦委员会选举条例》（以下简称《国家杜马代表选举条例》《联邦委员会选举条例》，或《两院代表选举条例》）。根据条例选举产生了第一届联邦会议，作为临时会议，本届联邦会议任期为两年。《国家杜马代表选举条例》规定，俄罗斯国家杜马代表采用"混合式代表选举制"，即全国450名国家杜马代表中，225名代表按照单名制和多数代表制原则[①]由选民直接选举产生，另外225名代表则在全联邦范围内从参加选举且获得5%以上选票支持的选举联合组织和选举联盟中根据获得选票的数量按比例分配。[②] 为此，《国家杜马代表选举条例》首次提出了"选举联合组织"的概念。根据该条例，"选举联合组织"是指其章程经司法部登记且表示以参加联邦立法机关选举为主要政治目的的全联邦性政党、政治运动和全联邦性社会联合组织，或者指在竞选期间成立的，由上述政党和政治运动组成的政党联盟。显然，选举联合组织的出现有利于促进俄罗斯政党体制的发展，为吸引各类政党和社会联合组织参与国家政治生活提供了法律前提。1993年12月，在第一届国家杜马选举期间，在司法部注册的全联邦性质的政党、政治运动等社会联合组织有147个，其中13个政党和社会联合组织在中央选举委员会登记，并获得参加国家杜马代表选举的资格。到1995年第二届国家杜马选举时，经司法部登记的全联邦性质的政党、政治运动和社会联合组织已经

---

① 在政党名单选举中，把全国划分为225个选区，政党在每个选区提出1名具体的候选人，选民给具体候选人投票，获得相对多数选票的候选人当选。
② 在"混合选举制"中按政党名单选举的部分，选民的投票对象是参加选举的选举联合组织或选举联盟，而不是个人，之后再按照5%的选举门槛进行席位分配。

增加至300多个，其中有43个政党、政治运动和社会联合组织在中央选举委员会登记，并获得参加国家杜马选举的资格。

1994年12月6日，时任总统叶利钦签署并颁布了第一部与国家杜马代表选举有关的正式法律——《俄罗斯联邦公民选举权和参加全民公决权基本保障法》（简称《选举权与参加全民公决权法》），这标志着俄罗斯联邦国家杜马选举体制的初步确立。该法重新说明了《国家杜马代表选举条例》中的主要内容，重新界定了"选举联合组织"这一概念的法律地位，并第一次提出"选举联盟"的概念。根据该法，"选举联合组织"由全俄社会联合组织参加杜马选举而得名，即社会联合组织在宣布选举日前6个月经过俄罗斯联邦司法部登记，并通过提名候选人参加权力机关代表选举；"选举联盟"是在国家杜马代表选举期间，由两个或两个以上的选举联合组织组成的联盟。根据规定，加入选举联盟后的各选举联合组织将不能再以独立身份参加选举或参加其他选举联盟，且选举联盟必须在中央选举委员会登记。

根据1993年《俄罗斯联邦宪法》和1995年通过的《俄罗斯联邦会议国家杜马代表选举法》（简称《国家杜马选举法》），俄罗斯于1995年12月17日举行了第二届国家杜马选举。这一时期发生的显著变化是，由于国家经济改革失利，叶利钦的统治受到来自各方的挑战，议会成了各党派进行政治斗争的场所。1996年的大选中叶利钦险胜俄共主席久加诺夫，再次当选俄联邦总统。为了限制反对派的活动，俄罗斯对《选举权与参加全民公决权法》做出了相应修改。1997年9月19日，叶利钦总统签署《选举权与参加全民公决权法》；1999年6月2日，俄罗斯国家杜马通过了第二部《国家杜马代表选举法》。这两部法律是针对1994年《选举权与参加全民公决权法》和1995年《国家杜马代表选举法》内容的补充，自公布之日起代替后者行使法律权力。

《选举权与参加全民公决权法》是一部保障俄罗斯公民可以自由参加国家权力机关和地方自治机关选举的宪法性法律文件。就其内容而言，几乎涵盖了组织国家权力机关选举的所有普遍性问题。根据该法第28条第1款规定，除了自我提名，候选人（政党名单）还可以由选举联合组织和选举联盟提名。重新确定了"选举联合组织"这一政治概念，并严格限定了其范围，即选举联合组织必须是依据联邦法律程序建立并在俄罗斯司法部进行登记的社会政治性联合组织，专指政党、政治运动及其他政治组织，而那些群众性社会组织，如工会、宗教组织和社会基金会等将不能参加国家杜马代表选举。此外，该法还规定，准备参加国家杜马选举的选举联合组织必须在投票日之前一年（或在议会投票日前6个月）在司法部进行注册登记，才能获得选举联合组织的法律地位。这项法案通过后的直接结果是，有权参加国家杜马代表选举的选举联合组织数量从1995年的258个减少到1999年的139个，在一定程度上避免了因过多的选举联合组织而影响选民的积极性。该法的颁布使俄罗斯国家杜马代表选举基本上被几个知名度高且具有广泛社会基础的社会政治性联合组织掌握，且限制了一些不符合规定的政党或政治运动。

1999年的《国家杜马代表选举法》保留了1995年《国家杜马代表选举法》的基本内容，增加了《选举权与参加全民公决权法》中提出的一些新原则，同时在全联邦选区当选国家杜马代表的席位分配上做出了新的规定：适当放宽选举联合组织和选举联盟进入国家杜马的条件，并对选举中出现的一些特殊情况做出了补充规定。新增的内容主要是保障进入本届国家杜马的选举联合组织能得到广泛选民的支持，防止杜马选举被某一个政党或者选举联盟完全控制。

1999年12月19日，俄罗斯举行第三届国家杜马大选。与前两次国家杜马选举不同的是，在本届国家杜马选举中"中间阵营"有所扩大，亲政府的政治势力逐渐在议会中占据优势地位。随着政党的重新分化组合，议会选举体制逐渐被固定下来，成为大党进行权力博弈的平台。在这一选举周期内，政党的政治体制发生了重要变化，尤以2001年7月出台的《俄罗斯联邦政党法》（简称《政党法》）为标志。这部《政党法》对组成政党的条件、参加选举的门槛限制，以及政党的作用都做出了规定。如规定了政党规模：党员人数必须在1万人以上，在1/2以上联邦主体内建有成员不少于100人的地区支部，在其他联邦主体的地区支部成员不能少于50人，等等。这就意味着许多小党和政治组织将不复存在，进入国家杜马的政党只能是在全国具有影响力的大党，这有利于集中反映民众意志，以及在议会中直接反映俄罗斯政党力量的对比变化。

俄罗斯为了加快多党制的形成，在出台《政党法》后，于2002年再次颁布了新的《国家杜马代表选举法》，相较于1999年《国家杜马代表选举法》，该选举法又对国家杜马选举制度进行了改革。

第一，规定进入国家杜马的政党数量不得少于四个。也就是说在国家杜马选举中，政党得票率排名前四位的政党，即使某个政党的得票率未能达到法定的选举门槛，该政党也可进入杜马，获得一定的席位。

第二，首次对候选人选举保障金数额做出明确规定。在单名制选区，自我提名候选人的选举保证金最高额度不得超过600万卢布。① 每个政党的选举保证金最高额度不得超过2.5亿卢布。候选人须如实向中央选举委员会提交自己的收入、财产等资料，一经被发现有所隐瞒，其将被取消候选人资格。

（二）俄罗斯国家杜马选举改行比例代表制

2003年12月7日，俄罗斯举行第四届国家杜马选举。本届国家杜马选举是普京上台执政后的第一次选举，具有重要意义。2004年"别斯兰人质事件"后，普京进一步深化政治体制改革，其重要举措之一就是培育全国性大党——"统一俄罗斯"党。为此俄罗斯颁布了一系列法律，对国家杜马代表的选举方式进行了调整。

2004年12月，俄罗斯颁布了《俄罗斯联邦政党法修改法案》，这是对2001年《政党法》的修改和补充，将政党规模中党员最少人数由1万名提升至5万名，在一半联邦主体内所设分支机构中的党员人数不得少于500人，在另外一半联邦主体内分支机构的党员人数不得少于250人。该法案继续沿袭2001年《政党法》中有关禁止建立地方性政党、必须建立全联邦性政党的规定。显然，该法案是力图通过对政党成立原则的限制来减少政党数量，特别是把社会组织、小党和地方性政党排除在国家政治生活之外，进入国家杜马的议会党团被进一步固化。2005年5月19日，普京签署新的《国家杜马代表选举法》。这次选举法改革是普京对议会选举体制改革的重要标志。该法案规定：取消自1993年以来实行的混合选举制，从2007年第五届国家杜马开始，全部国家杜马代表均按照比例代表制的选举方式产生，即国家杜

---

① Федеральный закон от 20 декабря 2002 г., № 175-ФЗ «О выборах депутатов Государственной думы Федерального Собрания РФ», Статья 66, http://www.consultant.ru/document/cons_doc_LAW_40130/.

马的450个议席都将在获胜政党中按照所获得票率进行分配；禁止各政党或政治组织组建"选举联盟"，这导致小党无法参加议会选举，同时还将政党进入议会得票率的最低门槛由5%提升至7%。由"混合选举制"改为"比例代表制"意味着一些有行政资源的社会人士将无法以个人身份参加议会选举，国家杜马运行机制完全被议会党团所取代，全联邦性质的政党成为唯一有权参加议会选举和参与议会活动的主体，政党的作用被进一步加强。2006年1月1日，普京签署了《关于联邦主体立法机关和执行机关组织总原则》的修正案。该法案规定，在地方议会选举中获胜的政党有权提出联邦主体行政长官人选，从而提升了地方议会选举的政治意义。此外，2006年对《选举权与参加全民公决权法》进行了重新修订。法案规定：取消各级选举中"反对所有人"选项和选民最低投票率的门槛；不允许参加选举的政党在其政党名单中加入非本党成员；候选人在当选为议会代表后，不允许脱离其参选所在政党而转投他党。以上改革大大限制了中、小党派联合参加选举的可能，却极大保障了"统一俄罗斯"党在议会选举中的优势地位。

2007年12月2日，俄罗斯举行了第五届国家杜马选举，本届选举是按照比例代表制进行的第一届国家杜马选举。从选举结果来看，在第五届国家杜马中，"统一俄罗斯"党与其他政党相比实力悬殊，形成了一种"统一俄罗斯"党一党主导、其他政党"陪衬"的局面。[①] 从这一时期起，俄罗斯的"三权分立"也基本上化为"三权合一"（政府和法院本来就支持总统）。

德米特里·梅德韦杰夫当选总统后，认识到俄罗斯政治体制中存在的弊病，因而针对政党功能弱化，以及各党派指责选举不公的现象，梅德韦杰夫在2008年11月5日向议会发表的国情咨文中提出了一系列改革举措，其中包括：在议会选举中获得5%及以上但不到7%选票的政党可以获得1~2个席位，将政党登记人数的下限减少至4万人；只有在地区选举中获得最多票数的政党才能向总统推荐联邦主体执行权力机关未来领导人的候选人等。此外，同年年底，梅德韦杰夫向联邦委员会提交了"有关延长总统和国家杜马任期"的草案，提议从下届总统选举和国家杜马选举开始，俄罗斯总统和国家杜马代表的

---

① 黄登学：《浅谈普京对俄罗斯第五届国家杜马选举的影响》，《国外理论动态》2007年第12期。

任期分别延长至 6 年和 5 年，上述法案在 2009~2011 年均以法律形式得到了确认。

建立垂直权力体系是普京改革选举体制的初衷，然而，这也明显导致了选举制度的僵化。有俄罗斯学者指出，俄罗斯的议会选举体制是在反民主的方向下进行的，并认为选举结果越来越不取决于选民本身，而是由大党尤其是政权党所操纵。一个国家社会经济制度的成功现代化首先需要政治制度的民主化，为了使人们对权力产生信心，俄罗斯建立的"权力垂直体系"应以"社会经济发展水平"辅之，既需要建立权力与社会的对话，也需要建立社会对权力的控制。①

2011 年 12 月 4 日，俄罗斯举行第六届国家杜马选举。本届选举是在选举法修改后，实行国家杜马代表 5 年任期制的首届选举；同时，在实行 7% 的得票率门槛时，首次实施"浮动门槛"，即获得 5% 但不到 6% 选票的政党将获得 1 个国家杜马席位，获得 6% 但不到 7% 选票的政党将获得 2 个国家杜马席位。此外，因本届国家杜马选举中出现选举舞弊情况，相关视频流传至互联网上后引发大规模抗议活动，迫使当局对选举规则做出调整。

时任总理普京于 2011 年 12 月 16 日与民众进行"直播连线"，表示将增加选举透明度，承诺为全国 9 万多个投票站安装网络摄像头，并允许对投票过程进行监督；时任总统梅德韦杰夫于 12 月 22 日在每年一度的国情咨文讲话中提出，必须对俄罗斯政治体制进行全面改革，其中包括对议会选举制度和政党制度的改革。2012 年 3 月，俄罗斯国家杜马通过了《政党法修改草案》，根据该法案规定，申请经司法部批准同意组建政党的最少党员人数减少为 500 人；除总统选举，政党在所有选举中不再需要征集选民签名；等等。《政党法修改草案》出台后，俄罗斯出现了建党风潮，一大批小党应运而生。尽管这些新生力量以及反对派候选人开始参加地方议会选举，但从各地方选举结果来看，"统一俄罗斯"党仍然稳居地方议会第一大党席位，并获得几乎所有联邦主体行政长官职位。

---

① Головенкин Е. Н. Эволюция представительной системы современной России: динамика перераспределения политической власти, Политческая наука. 2018. №1.

(三) 国家杜马选举恢复"混合选举制"

2011年国家杜马选举和2012年总统选举暴露了俄罗斯政治体制中一个最大的弊端：选举体制僵化、各政党之间缺乏竞争、政党的参与性不足。这些也是这一时期大规模社会抗议性运动不断出现的根本原因。此外，普京通过前两任期的"垂直权力体系"建设，已经把政权党"统一俄罗斯"党培育成一个全国性大党，在全国范围内很难找出能与之抗衡的其他政党。所以，在保证其政权稳定的前提下，为了缓解选举体制僵化的矛盾，2014年2月22日普京总统签署了再次更新的《国家杜马代表选举法》，其中最重要的一条就是恢复混合选举制，即在国家杜马的450个议席中，一半按照政党比例代表制选举产生，另一半在单席位选区中选举产生。同时规定将政党进入议会的得票率门槛由7%降至5%；禁止政党组成选举联盟参加选举；政党必须征集20万选民签名，且一个联邦主体内的选民签名不得超过7000个；单席位选区候选人需要收集所在选区3%以上的选民签名，如果在单席位选区的选民少于10万人，那么需要征集不少于3000个选民签名；无论是否进入上一届国家杜马，凡在上一届国家杜马中征集到不少于3%支持签名的政党，以及在任意一个联邦主体立法机关获得一个以上席位的政党均不必在本届杜马选举时征集签名。该法案的出台可谓一石二鸟：既允许独立候选人参加国家杜马选举，解决了"参与性"的问题；同时，利用"统一俄罗斯"党独一无二的选举资源赢得在单席位选区的胜利。也就是说，"混合选举制"的回归不仅没有减少"统一俄罗斯"党在杜马中的席位，反而为"统一俄罗斯"党获得宪法多数席位开辟了有效途径。① 同时也表明了俄罗斯推行政治改革的决心，试图通过改善政治参与环境，让更多小党参与杜马选举，缓解体制僵化的问题。

2016年9月18日，俄罗斯举行第七届国家杜马选举。本届国家杜马选举比较顺利，没有出现2011年杜马选举后的混乱局面。从选举方式上看，本届杜马选举恢复了"混合选举制"，但并未影响"统一俄罗斯"党一党独大的局

---

① Сурков освобожден от должности первого замглавы администрации Кремля, http://ria.ru/economy/20111227/527832212.html.

面（"统一俄罗斯"党在本届国家杜马中共获得343个席位，远超其他各党）。为保证选举的透明性和公正性，俄罗斯当局在2016年国家杜马选举中采取了一系列措施。

第一，改组中央选举委员会。俄罗斯联邦中央选举委员会由总统、国家杜马和联邦委员会各指派5名代表组成，委员任期5年。继弗拉基米尔·丘罗夫之后，原人权事务全权代表艾拉·帕姆菲洛娃担任中央选举委员会主席一职。帕姆菲洛娃是俄罗斯历史上第一位参加竞选总统的女性，在国内享有很高的声誉，她被认为是公众的调停人，其裁决较为公正，由此中央选举委员会的声望在本届国家杜马选举中大大提升。

第二，拓宽选民进行选举监督的渠道。其一，除邀请数百名国际观察员观选，获准参加选举的政党可以向每个投票站派遣2名观察员对中央选举委员会的工作进行监督。其二，俄罗斯政府在境内所有投票站安装了摄像头等各种监视系统设备，旨在增加选举的透明度。如仅在莫斯科选区的投票站就安装了6500部摄像头。其三，中央选举委员会创建了专门的网站，对选举情况进行及时报道，以便民众可以对选举过程有更加直观的感受。①

第三，制定严格的候选人审核办法。根据选举法规定，各政党在杜马选举前必须召开大会，公布党的竞选纲领和政策主张，并在党内进行初选，推选出候选人，报送至中央选举委员会进行审核。各党在提名候选人名单时，禁止使用以前的"领衔人"②办法，即在选举中有影响力的党员领衔候选人名单，在当选后再把自己的席位转交给该党其他候选人。③ 现在禁止了这种转让席位的做法。

在本届国家杜马选举中，地方选举首次受到广泛关注，这是由于2018年地方选举出现了近10年来相对意外的情况：四个地区的行政长官进入第二轮选举，这是2012年恢复地方行政长官直选制以来首次出现的情况；统俄党在四个地区立法机构选举中失去宪法多数席位，这也是政权党2007年以来最大的选举失利。从时间上看，这是发生在2018年总统选举后的一次集中选举，

---

① 李兴耕：《俄罗斯第七届国家杜马选举评析》，《当代世界与社会主义》2016年第5期。
② 俄文是 паровоз，直译为"火车头"。
③ 李兴耕：《俄罗斯第七届国家杜马选举评析》，《当代世界与社会主义》2016年第5期。

并且发生在饱受争议的社会养老金制度改革后。从选举前的人事安排上看，大批在任行政长官提前卸任，总统任命大量代理行政长官，地方精英出现新变化。2018年地方选举中出现的反常情况引起了当局的重视。当局根据此次地方选举折射出来的问题调整了议会选举方式，首次运用了"电子投票系统"，并准备将此方法运用到2021年国家杜马选举中。

2018年地方议会选举后，选举方式出现了以下新变化。

第一，2018年莫斯科市议会选举中首次使用"远程电子投票"系统，取得成功后，俄罗斯就有了把该系统从莫斯科扩展到其他联邦主体选举，再到联邦国家杜马选举的想法，目的是扩大选民基础，提高杜马选举的参与性与竞争性。

第二，在2019年5月29日出台的第104号法律《俄罗斯联邦某些立法法案修正案》中对选举法引入了新规则：具有临时居住权的公民有权在地区选举和全民公决中投票。这里指的是在提交参加地区选举和全民公决申请时，在俄罗斯联邦境内居住地没有办理落地签，以及在投票日前3个月已经办理落地签的公民。该法律还规定了流动选民参加投票的程序。

第三，2020年2~7月俄罗斯对《国家杜马代表选举法》和《选举权与参加全民公决权法》再次进行了修改。其一，法案引入了"远程电子投票"的概念，即使用专用软件投票；根据俄罗斯联邦主体法律规定，可以使用国家杜马公共服务门户网站收集参加地区立法机关选举的签名，这些签名不得超过登记候选人和政党名单所需选民签名数量的一半。其二，拓展数字投票的适用范围。参加第七届国家杜马代表补选、地区立法机关代表选举和联邦主体行政长官选举的俄罗斯公民必须在数字投票站进行登记后才能投票。其三，无选举权公民的范围扩大：如果在投票日之前被判处监禁的俄罗斯联邦公民的犯罪记录未被撤销，那么其在犯罪记录撤销之日起5年内没有被选举权。①

---

① О выборах депутатов Государственной Думы Федерального Собрания Российской Федерации，http：//pravo. gov. ru/proxy/ips/？ docbody = &link _ id = 0&nd = 102171479；Об основных гарантиях избирательных прав и права на участие в референдуме граждан Российской Федерации，http：//pravo. gov. ru/proxy/ips/？ docbody = &nd = 102076507.

三 联邦委员会组成方式的变化

（一）联邦委员会由民选产生

根据 1993 年 10 月 11 日颁布的《两院代表选举条例》，第一届联邦委员会从每个联邦主体中按多数制原则选举产生 2 名代表，共由 89 个联邦主体的 178 名代表组成。这一届联邦委员会任期只有两年，具有过渡性质。根据 1993 年宪法第 95 条第 2 款规定："联邦委员会由俄罗斯联邦各主体选派 1 名联邦主体国家代表权力机关代表和 1 名联邦主体国家执行权力机关代表组成（联邦主体国家权力机关首脑和联邦主体行政长官）。"[①] 因此，从第二届联邦委员会开始，组成方式由选民直接选举变成由各联邦主体选派代表，具体办法由专门的联邦法律规定。

（二）联邦委员会由委派代表方式产生

俄罗斯独立之初，地方分离主义盛行，中央与地方的矛盾突出。为了保证社会稳定，叶利钦总统给予联邦主体更多自主权。1995 年 12 月颁布的《联邦委员会组成程序法》规定："联邦委员会由每个联邦主体的国家代表权力机关首脑和国家执行权力机关首脑共同组成，联邦主体领导人可以直接进入联邦委员会，成为上院议员；如果联邦主体立法机关实行两院制，则由两院共同决议确定来自立法权力机关的联邦委员会成员。"[②] 这部法律将联邦委员会的组成由选举方式改为由委派代表方式产生，这显然是基于赋予联邦主体更多自主权以保证社会稳定的考虑，但该法案一经出台便引起了俄罗斯社会和学术界的争议。反对意见主要集中在以下几个方面。其一，允许执行权力机关首脑进入议会，这在很大程度上违背了俄罗斯《宪法》确立的三权分立的原则；违背了有关国家立法机关代表不能同时兼任国家各级执行权力机关代表的原则。其二，兼任俄罗斯联邦主体权力机关首脑和联邦委员会议员，很难有精力同时关

[①] Конституция Российкой Федерации. Принята 12 декабря 1993 г., Владивосток： Изд-во «Интертех», 2002. Статья 95.

[②] Федеральный закон от 5 декабря 1995 г., N 192 – ФЗ «О порядке формирования Совета Федерации Федерального Собрания Российской Федерации», Статья 1, https： // base. garant. ru/1518431/1cafb24d049dcd1e7707a22d98e9858f/.

注该地区的内部问题、该地区的利益和国家利益；联邦委员会议员应该在莫斯科长期居住，而联邦主体权力代表机关首脑或执行权力机关首脑应该在联邦主体长期居住，如此，俄罗斯联邦委员会和俄罗斯联邦主体权力代表机关首脑和执行权力机关首脑的工作效率将必然受到影响。此外，根据1994年10月3日叶利钦总统签署批准的《联邦主体行政长官选举条例》，各边疆区、州、联邦直辖市、自治州和自治专区行政长官的产生方式：一是由本联邦主体选民选举产生；二是由俄联邦总统直接任命。所以至1996年1月，在89个俄罗斯联邦主体行政长官中大部分人是由总统任命的。也就是说，总统通过任命联邦主体领导人可以控制俄议会上院。有人建议修改《联邦委员会组成程序法》，恢复在全联邦范围内由选民直接选举产生联邦委员会代表，但这一建议未被国家杜马采纳。1996年初，在第一届联邦委员会任期满后，根据《联邦委员会组成程序法》，由俄罗斯各联邦主体行政首脑和立法机关领导人共178人组成了第二届联邦委员会。

普京上台执政后，试图从改革联邦委员会组成方式入手来改变叶利钦时期上层地方精英控制联邦委员会的状况，以提高国家立法机关的权威性和独立性。根据2000年8月5日《联邦委员会组成程序法修正案》，联邦委员会成员不再由各联邦主体行政长官和立法机关领导人兼任，而改为由各联邦主体行政机关代表和立法机关代表组成。与之前不同，该法案对联邦主体联邦委员会成员的年龄做出了严格限制——不小于30岁。此外，随着地方领导人议员资格的丧失，其刑事豁免权也随之失去，因而保证普京可以利用刑事诉讼手段对地方行政长官加以管控。该法案曾遭到联邦委员会的强烈反对，但在国家杜马多数代表的支持下最终被通过。2006年7月25日新的《联邦委员会组成程序法》增加了对联邦委员会成员没有外国国籍的要求，联邦委员会代表需要提供俄罗斯永久居住证，以证明其俄罗斯联邦公民的身份。

"梅普组合"时期的2009年2月14日，俄罗斯再次颁布了有关联邦委员会组成程序的联邦法律。该法案规定：自2011年1月1日起，联邦委员会可以由各联邦主体议会代表和地方自治机构代表组成。也就是说，联邦委员会中不再有联邦主体行政机关代表，而全部由联邦主体立法机关和自治机构代表组成。根据2011年10月5日的修正案，联邦委员会代表范围进一步扩大至联邦中央层面。换言之，联邦委员会成员可由国家杜马代表兼任，但仅限于议员团中代表地方利益的议员。

2012年第三任期开始后，普京提出了修改联邦委员会构成的新想法。根据普京提交的议案，联邦委员会将由每个联邦主体各派2名代表组成：1名代表立法机关，1名代表执行权力机关。来自联邦主体立法权力机关的联邦委员会代表的产生方式不变，但来自联邦主体执行权力机关代表的产生方式发生了变化。联邦主体行政长官当选后，必须从给其推荐的3名候选人中任命1人为该联邦主体行政机关驻联邦委员会的代表。此外，该法案还规定，联邦委员会成员应是无不良信誉、在成为候选人之前在相应俄罗斯联邦主体境内居住满5年且年龄不小于30岁的俄罗斯公民，而且不属于任何政党或政治组织。该法案于2013年1月1日起生效。根据2013年4月2日联邦法律，联邦委员会的组成方式基本沿袭了2011年的做法，但做了一个补充：联邦委员会成员可以来自任何执行权力机关。2014年乌克兰危机以来，普京总统为了加强中央对地方的控制，对联邦委员会成员的任命方式又进行了调整。根据2014年7月21日颁布的法律，总统拥有10%的上院议员任免权。2020年俄罗斯新宪法颁布后，总统可以直接任命30人以内的联邦委员会成员，这进一步扩大了总统对上议院的控制。有学者对此提出质疑，认为联邦会议上议院代表各联邦主体意志和利益，总统限制上议院权力的做法显然违背了这一初衷。

议会制度是资产阶级民主的象征，而议会选举则是检验民主制是否成熟的首要标志。俄罗斯的议会选举显然已成为巩固政权的工具。由于1993年《俄罗斯联邦宪法》对联邦委员会的组成方式做了改动，联邦委员会由原来的民主直接选举产生改为委派代表的方式，而国家杜马的选举原则基本没有改变。

从历届国家杜马和总统选举的时间上看，国家杜马选举一般在总统选举前一两年进行（第一届国家杜马选举除外）。当局总是在国家杜马选举前制定表面上赋予公平性和竞争性，但实际上有利于政权党的新选举法，以保障政权党可以顺利获得宪法多数席位，以保障立法权，及时调整选举策略，为执政者赢得总统选举服务。

第三节　普京时期俄罗斯修宪与议会权力和地位的变化

在苏联时期"议行合一"的政治体制下，作为议会的人民代表大会自然处在国家权力体系中的核心位置。而俄罗斯1993年《宪法》的颁布确立了三权分立的西方式政治制度，议会与总统出现"王车易位"，形成了"强总统、弱议会"的局面。

此后，有关扩大议会权力、建立议会责任制政府的提法一直不绝于耳。2020年宪法修改也正是在此背景下进行的，虽然俄罗斯议会的权力从表面上看有所扩大，但修改后的宪法并没有突破总统治下的政治体制，议会体制的作用实质上被进一步削弱。

一　2008年和2014年宪法修改的背景及内容

（一）修改背景

如前所述，1990年10月12日，俄罗斯联邦宪法委员会通过了俄罗斯联邦第一部宪法草案，取消议行合一的苏维埃国家权力机关体制，确立三权分立原则。人民代表大会、总统、宪法法院和最高法院都是俄罗斯联邦最高国家权力机关。在这一时期，议会拥有很大权力，能够真正对总统权力形成掣肘，比如可以解除总统职务，但总统不能解散议会和终止议会活动。1993年11月10日公布了以法国式半总统制半议会制为蓝本的《俄罗斯联邦宪法》草案，12月12日该宪法正式通过，《宪法》重新划分了国家权力体系，总统成为凌驾其他三权之上的独立权力主体。议会不再是国家最高权力机关，而仅仅是立法机关，其地位和作用被大大削弱。

1993年《宪法》颁布后，俄罗斯社会出现了有关总统权力大小以及总统与议会之间关系问题的争论。

支持总统集权体制者认为，这种政治体制的产生和发展是基于俄罗斯现实的需要，有其存在的客观条件。第一，在叶利钦时期和普京前两任时期，俄罗斯社会的政治诉求主要聚焦在追求政治稳定上，总统根据宪法赋予的权力可以绕过议会颁布法令，保证了在面临突发情况时政令可以迅速下达。第二，从当代各国制宪历史来看,在俄罗斯这样一个缺乏民主传统的国家里,实行总统集权体制是向真正实现三权分立的西方式民主制过渡的必不可少的过程。第三,在这种体制中,议会的职权没有减少,议会的基本职能都被保留下来,宪法中也没有排斥向建立责任制政府转化的可能,与其说俄罗斯的政治制度是超级总统制,不如说它是一个"议会体制发育不良"的制度,问题的关键并不在于权力集中在总统还是议会,而在于能否找到一种更适合俄罗斯国情并使各权力机关保持平衡的办法。应该扩大议会的权力和提高议会的地位,而不是限制总统的权力,这主要涉及以下四个方面:一是真正发挥议会作为监督机关的职能;二是加大议会对政府工作和干部组成的影响力,特别是要能实际影响核心官员(首先是强力部门领导人)的任免;三是改变联邦会议的组成方式,或者至少改变它在立法过程中的地位;四是赋予议会和司法权力机关拥有弹劾总统的权力,防止总统和由总统任命的官员超越宪法规定的权限。①

反对总统集权体制者则认为,1993 年《宪法》确立的总统集权体制实际上是总统一个人的权力建制,总统与议会的地位相差甚远,这等于让俄罗斯倒退回 20 世纪初。

1993 年《宪法》确立的"超级总统制"是在社会转型时期建立的政治制度,在当时的条件下,必须要设立一个强有力的总统集权体制,设立一个防止议会多数专政的机制,以帮助俄罗斯联邦实现平稳过渡,加快资本主义宪政制度建设。但是这种防止议会多数专政机制是建立在损害议会多数代表意志和利益基础之上的,必然会招致议会多数的强烈不满,实践也证明了这一点。在 1995~1999 年第二届国家杜马选举周期内,以俄联邦共产党为首的左派阵营占据国家杜马多数席位,他们曾多次要求修改宪法,要求叶利钦总统辞职,甚至坚持提出弹劾总统的建议。②

从 2003 年第三届国家杜马选举开始,杜马中的政治力量对比关系发生变化,政权党开始占据多数席位。但是,随着普京上台后采取的一系列旨在加强中央集权的举措,以及国家政治经济体制转轨任务的逐步完成,要求加强民主、扩

---

① 宋锦海:《俄罗斯总统——议会制建设中的若干问题》,《世界经济与政治》1998 年第 7 期。
② 刘向文、赵晓毅:《谈俄罗斯联邦宪政建设的宪法基础》,《俄罗斯中亚东欧研究》2012 年第 4 期。

大联邦会议两院权限的呼声越来越高。这一要求也是日后宪法修改的主要内容，不仅符合俄罗斯民主制度发展的需要，也是未来宪政制度建设的发展趋势。

（二）2008年宪法修正案扩大议会下院议员任期和权限

随着普京前两个任期的结束，俄罗斯逐步建立起一个稳定的垂直权力体系，关于政治体制僵化的问题成为热议话题，迫使当局开始重视加强民主和扩大联邦会议权限的问题。因此，梅德韦杰夫在担任联邦总统后，于2008年11月5日向国家杜马提交了两项宪法修正案，并强调他不是要对宪法进行改革，只是修正个别条款，不会触及宪法的基本原则。

《关于改变俄罗斯联邦总统和国家杜马任期的宪法修正案》第81条第1款规定：" 俄罗斯联邦总统由俄罗斯联邦公民在普遍、平等、直接选举制的基础上，采取无记名投票方式选举产生，每届任期六年。" 第6条第1款规定：" 国家杜马每届任期五年。" 根据《关于国家杜马对俄罗斯联邦政府监督权限的宪法修正案》，对1993年《宪法》第103条第1款补充了第3项。其内容是：" 听取俄罗斯联邦政府提交的年度报告，其中包括国家杜马提交的报告。" 另外，修改调整了第114条1款第1项俄总统法律地位的内容：" 向国家杜马提交联邦预算和保证联邦预算执行的报告；向国家杜马提交有关总统活动的年度报告。"[①] 这两项修正法案分别于2008年11月21日被国家杜马通过，11月26日被联邦委员会通过，12月30日，时任总统梅德韦杰夫签署并批准了这一法案，并于12月31日生效。这是自1993年以来第一次对《俄罗斯联邦宪法》做出的修改，在国家处于转型时期这并不常见，也充分反映了俄罗斯宪法修改的不易。

2008年宪法修改的内容较为简单，主要涉及总统任期和国家杜马代表的任期和权限。其中，延长国家杜马任期、扩大国家杜马权限是对1993年《宪法》颁布以来关于扩大议会权限建议的回应，符合民众政治参与意识与监督意识增强的需求。但根据这一宪法修正案，使总统任期和国家杜马任期错开一年的举措则耐人寻味。先是集中精力保证政权党在国家杜马选举中获胜，再以

---

① Закон Российской Федерации о поправке к Конституции Российской Федерации от 30. 12. 2008，N 6 - ФКЗ «Об изменении срока полномочий Президента Российской Федерации и Государственной Думы», https：//base.garant.ru/194633/.

政权党在国家杜马中的运转保障总统选举,既保障了资源的分配,又明显有利于总统选举。这为 2012 年普京重新担任总统、实现权力平稳过渡奠定了法律基础。此次宪法修改虽然在表面上扩大了国家杜马的权力,但实际上经过后来梅德韦杰夫和普京对国家权力运行机制的改革,反而进一步强化了总统的权力,议会体制应有的作用并没有真正发挥出来。

(三) 2014 年宪法修正案赋予总统直接任命"俄罗斯联邦代表"的权力

2012 年普京重返克里姆林宫开始总统第三任期,其立即着手解决因 2011 年底社会抗议运动引发的政治危机。普京对政治体制运行机制进行了一系列改革,其中包括恢复国家杜马"混合选举制",降低政党进入国家杜马的准入门槛等,旨在增强政治的竞争性。与此同时,普京也留有后手,通过修改联邦委员会成员的组成方式实现政治控制。

2014 年 7 月 21 日,俄罗斯联邦通过了《关于俄罗斯联邦委员会的宪法修正案》。该宪法修正案是对 1993 年《俄罗斯联邦宪法》第 95 条确定的有关成立联邦委员会程序的修改和补充。具体内容如下:联邦委员会成员除了来自俄罗斯联邦主体的代表(一名立法机构代表和一名行政机构代表),还包括"俄罗斯联邦代表",其人数不得超过俄罗斯联邦委员会成员总人数(俄罗斯联邦各主体委派的立法机关和行政机关代表总数)的 10%。也就是说,在当时联邦委员会的 170 名成员(俄罗斯联邦主体委派的代表)中,俄罗斯联邦总统最多可以任命 17 名"俄罗斯联邦代表"。[①] 此外,还规定总统不得在其任期内解除"俄罗斯联邦代表"的职务,宪法规定的例外情形除外。这项宪法修正案的通过旨在确保联邦委员会中联邦和地区利益的平衡,增强联邦委员会成员的"代表性",但也不可避免地增加了总统对联邦委员会的直接控制。

此次赋予俄联邦总统直接任命"俄罗斯联邦代表"的权力遭到了俄罗斯国内的反对。舆论普遍认为,"俄罗斯联邦代表"不符合联邦委员会代表的性质,很显然,他们由总统直接任命,必然不能够代表联邦主体的利益,只不过

---

① См.: Закон Российской Федерации о поправке к Конституции Российской Федерации от 21 июля 2014, N11 - ФКЗ 《О Совет Федерации Федерального Собрание Российской Федерации》, https://base.garant.ru/70583580/.

是普京加强中央集权的表现而已。该法案成为普京直接任命"俄罗斯联邦代表"的开端。

二 2020年宪法修改的背景、内容及议会权力和地位变化

(一) 2020年宪法修改的背景

如何保障政权平稳过渡成为俄罗斯政治生活中一个最主要的问题。自2018年以来，俄罗斯国内政治局势总体稳定，但也暗含危机，危机一旦爆发，对当局造成的打击将会是无法估量的。危机主要表现在"养老金制度改革"引发的社会不满上。这一事件的消极影响直接折射在2018年9月的地方选举中，"统一俄罗斯"党在地方选举中的失利成为这一年国内政治的"黑天鹅"事件。普京的信任指数也因此受到严重影响，直线下滑至历史最低点——36%左右。该事件所反映出来的社会政治诉求引起当局的极大重视。

就在地方选举结束1个月后，关于重新修改宪法、加强立法机构与行政机构权限划分和相互制衡的建议被再次提出。该建议的提出者是俄罗斯宪法法院院长佐尔金，建议一经提出，立刻在俄罗斯政坛上引起热议。2018年12月25日，曾任总统办公厅第一副主任、主管国内政治事务的国家杜马主席维亚切斯拉夫·沃洛金表示，俄罗斯社会对1993年《宪法》是否在今天还依然合适且有效的问题产生疑问。沃洛金曾任总统办公厅第一副主任，主管国内政治事务，他的立场在社会中产生轰动效应。2019年12月12日，根据民调显示，68%的受访者表示支持修宪，这一比例更加证实，俄罗斯在经历较长时间的政治和社会稳定后，社会一方面出现政治冷漠现象，另一方面也出现了强烈求变的情绪，这是俄罗斯修改宪法的直接动因。

从2019年开始，俄罗斯政界对宪法以及国家杜马规则的讨论层出不穷。1月，沃洛金再次发表言论说，俄罗斯的分权与制衡机制不完善，因此建议扩大俄罗斯议会的监督职能。[①] 4月，沃洛金指出，《宪法》中应该补充有关国家杜马参与组建政府工作的条款。7月，沃洛金在国家杜马官方报纸《议会报》

---

① Володин считает целесообразным расширение контрольных полномочий парламента в Конституции, https://tass.ru/politika/6021833.

上发表关于扩大议会权力的文章。该文借用了佐尔金"活宪法"的概念，提出宪法应该根据俄罗斯实际情况不断调整，以适应现实需要；宪法修正有其必要性，目的是消除国家权力机关之间权力划分的不平衡，要加强议会的作用及其对政府的监督。因此，沃洛金提议国家杜马应当参与政府的建立，以及至少让国家杜马参与协商政府成员的任命。①

沃洛金对修宪发表的看法引发了俄罗斯社会的热议。有舆论怀疑这是普京本人的政治意愿。对此，普京的新闻秘书德米特里·佩斯科夫认为，克里姆林宫不知道沃洛金提议的具体细节，这只是他个人的意见。克里姆林宫持模糊态度。国家杜马四大议会党团自然高度支持，一致赞同加强议会在政治生活中的地位和作用，扩大对政府的监督职能。

2019年12月19日，普京在一年一度的记者会上对该事件做出回应。他明确表示，俄罗斯不需要制定新宪法。宪法应该与社会发展相适应，没有必要修改主要部分的内容，但他支持有关总统任期中"同一人不得担任俄罗斯联邦总统职务两届以上"的条款。② 这与7月17日沃洛金在《议会报》发表的文章内容有相似之处。从普京、沃洛金和佩斯科夫的发言中可以看出，俄罗斯不需要制定新宪法，但是需要根据社会政治发展变化针对某些具体内容进行精准修改和补充。于是，2020年1月15日普京在国情咨文讲话中正式提出修宪的建议。③

（二）2020年宪法修改的内容

2020年1月20日，普京向国家杜马提交宪法修正案草案进行审议。在同一天，根据总统的命令，为制定宪法修正案草案成立了一个工作组，由75人组成，其中包括律师、政界人士、医生、艺术家和运动员等。

1月23日，国家杜马进行一读，全票通过了宪法修正案草案，这在国家

---

① Володин предложил изменить Конституцию для расширения полномочий парламента, https : //yandex. ru/turbo/vz. ru/s/news/2019/7/17/987832. html.

② При этом он высказался за отмену в Конституции оговорки «подряд» в отношении числа сроков президентских полномочий, http : //www. consulant. ru/document/cons_ doc_ LAW_ 342959/.

③ Послание Президента РФ Федеральному Собранию " Послание Президента Федеральному Собранию", http : //www. consulant. ru/document/cons_ doc_ LAW_ 342959/.

杜马中并不常见。二读原定于2月11日进行，但是由于讨论激烈，推迟至3月10日。"统一俄罗斯"党党员亚历山大·卡列林率先提出在修宪之后提前举行国家杜马选举的议案，遭到普京的反对。不仅如此，普京还反对延长总统任期。但随后"统一俄罗斯"党党员瓦连京娜·捷列什科娃提出关于将现任总统任期清零的议案，普京对此表示同意，同时强调，该议案必须得到宪法法院的批准，并得到公民的支持。国家杜马对二读进行表决的结果为382票赞成、0票反对、44票弃权（弃权票来自俄联邦共产党和"公正俄罗斯"党），二读通过。

3月11日，共有426名代表参加国家杜马三读，结果以383票赞成、0票反对、43票弃权通过。"统一俄罗斯"党党员瓦连京娜·捷列什科娃提出的关于将现任总统任期清零的议案获得国家杜马批准，并在三读中通过。同日，联邦委员会也批准了国家杜马通过的宪法修正案草案。3月12~13日，85个联邦主体全部通过了宪法修正案草案。3月14日，普京总统签署了该修正案，随后，宪法修正案草案提交俄联邦宪法法院审议。根据规定，需要在七日内做出裁决，但仅仅过了两天，即3月16日，宪法法院表示，宪法修正案草案的内容及其通过程序与《俄罗斯联邦宪法》的第一、二和九章相符。该裁决表明，决议具有最终性，不接受任何上诉或复审，发布后立即生效，也无须经过其他主管机关确认。①

接下来就是在全联邦范围内进行投票，根据规定，全民投票②不得早于总统令正式发布后的30天。值得注意的是，全民投票并不是全民公决，既不具有法律强制力，也不需要半数以上的公民投票。佩斯科夫也表示，在法律上修宪问题进行全民投票并不是必需的，因为宪法修改不涉及宪法的基本条款。但是普京认为有必要了解民意，提议进行全民投票。简言之，在宪法法院审议并通过宪法草案修正案具有合法性时，这个法律就已生效，普京只是出于对俄罗

---

① 庞大鹏：《俄罗斯的发展道路：国内政治与国际社会》，社会科学文献出版社，2020，第115页。
② 俄罗斯此次投票方式采用全民投票或全民公投（общероссийское голосование），不是全民公决（референдум）。二者的区别在于前者的投票是非强制性或有条件的，即某些特定法案是否还需要交公民投票复决由俄罗斯总统决定；后者的投票是强制性的，即宪法及修正案必须提交公民投票批准。

斯民众的安抚才提出举行全民投票。但由于新冠肺炎疫情的蔓延，原定于4月22日举行的全民投票被推迟至7月1日，为了保障公民的生命健康，俄公民可以在6月25日至7月1日进行投票。

从修宪的提出到落实，仅仅历时两个月，俄罗斯立法机构即完成了宪法修正的所有法律程序，这体现了俄罗斯社会对普京长期执政具有社会共识。

（三）议会权力和地位的变化

2020年7月1日，全俄对俄罗斯联邦宪法若干修正案的表决结束。根据初步结果，67.97%的选民参加了投票，支持率高达77.92%（54.8%的选民参加了1993年《宪法》修改投票，支持率为58.4%）。同日，总统发布了关于新版《俄罗斯联邦宪法》的法令，宪法修正案于7月4日生效。

2020年宪法修正案对1993年《宪法》中第3~8章做出全面修改，共46条，修订新增206处。一是对宪法修改的具体内容，也是整个宪法修改的重点内容；二是有关全民投票的技术环节；三是补充解释内容，共有7条，其中第6条为重点内容，即涉及总统任期"清零"的条款，理论上普京可以参加下一届总统选举，而且可以连任两届，排除提前选举等意外因素，普京可以连任到2036年。概括起来，宪法修正案表面上限制了总统权力，但实际上总统的核心权力被扩大。俄罗斯议会的权力表面上得到增强，但实际上仍然受到总统的控制，甚至被削弱。在这些宪法修改法案中，涉及议会内容的主要有以下几点。

1. 国家杜马权力受到限制

第一，宪法修正案仅加强了国家杜马的监督职能。修正案对第103条第1款国家杜马权力做出修改："国家杜马有权批准俄罗斯联邦总统提名的俄罗斯联邦政府总理候选人。"对第103条第1款第1项做出补充，其中规定"国家杜马有权批准俄罗斯联邦政府总理提名的俄罗斯联邦政府副总理和联邦各部部长候选人"，但《俄罗斯联邦宪法》第83条第5款第1项规定的联邦部长除外。① 根据宪法修正案，国家杜马只是批准由总统提名的总理（1993年《宪

---

① Закон Российской Федерации о поправке к Конституции Российской Федерации от 14. 03. 2020 N 1 - ФКЗ "О совершенствовании регулирования отдельных вопросов организации и функционирования публичной власти", статья 103, http://www.consultant.ru/document/cons_ doc_ LAW_ 346019/.

法》此条文用的是"同意"），然后根据总理提名批准由总理管辖的各部部长。从表面上看，国家杜马对政府的监督权力扩大了，实际上，这种监督权力仅仅是形式上的。宪法修正案还补充了第103条第4款第1项："国家杜马有权听取俄罗斯联邦中央银行的年度报告。"① 仅有这一条是实际增强了国家杜马的监督职能。

第二，宪法修正案赋予宪法法院对国家杜马行使的权力进行制约。修正案第125条第5款第1项规定："俄罗斯联邦宪法法院根据俄罗斯联邦总统的询问，审查俄罗斯联邦关于修正《俄罗斯联邦宪法》的法律草案、联邦宪法性法律草案、联邦法律草案，以及根据《俄罗斯联邦宪法》第107条第2款、第3款和第108条第2款规定程序通过的俄罗斯联邦总统签署之前的法律是否符合宪法。"② 也就是说，总统被赋予违宪审查权，即总统有权向宪法法院提出审查议会通过的法案是否符合宪法，如果宪法法院宣布违反宪法，总统可以将法案退还国家杜马并拒绝签署。如此一来，国家杜马除受到总统制约，还受到来自宪法法院的制约。

2. 参与议事的权力得到增强

根据宪法修正案第104条规定，赋予联邦委员会以下权力：剥夺已终止行使职权的俄罗斯联邦总统豁免权；对由俄罗斯联邦总统提名，并担任国防、国家安全、内务、司法、外交、紧急情况预防和自然灾害应对、公共安全事务的联邦执行权力机关领导人（包括联邦部长）的候选人进行协商；对俄罗斯联邦总统提名，并担任俄罗斯联邦总检察长、俄罗斯联邦副总检察长、俄罗斯联

---

① 2020年的宪法修改法案明确划分了在联邦行政权力结构中总统和总理管辖机关的范围。总统管辖的机关有：国防、外交、安全、内务、司法、紧急情况预防和自然灾害应对及公共安全部门，也就是说，国防部、外交部、紧急情况部、内务部和司法部这些强力部门直接由总统管辖。总理的管辖范围则变成财政部、经济发展部、工业与贸易部、教育部、卫生部等涉及国内社会和经济领域管理的部门。这就意味着，以往受到总统实际领导的国防部等强力部门被宪法正式纳入总统管辖范围，并且规定，这些部门的部长由总统提名，而总理则变成专门管理社会经济领域的职业总理。

② Закон Российской Федерации о поправке к Конституции Российской Федерации от 14. 03. 2020 N 1 - ФКЗ "О совершенствовании регулирования отдельных вопросов организации и функционирования публичной власти", статья 125, http://www.consultant.ru/document/cons_doc_LAW_346019/.

邦主体检察官、军事检察院检察官和其他与俄罗斯联邦主体检察官平级的专门检察院检察官候选人进行协商；根据俄罗斯联邦总统的提名任命俄罗斯联邦宪法法院院长、俄罗斯联邦宪法法院副院长、俄罗斯联邦宪法法院法官、俄罗斯联邦最高法院院长、俄罗斯联邦最高法院副院长和俄罗斯联邦最高法院法官，以及根据总统的提议，有权免除上述人员的职务；听取俄罗斯联邦总检察长关于俄罗斯联邦法治情况的年度报告。①

虽然从表面上看联邦委员会的权力范围有所扩大（仅限于参与协商的权力），关键人事任免权的核心权力还是由总统掌握。

3. 联邦委员会的人员组成进一步受到总统控制

联邦委员会除了上述权限被扩大，其成员组成和名称也发生了巨大变化。根据2020年的宪法修正案第95条："联邦委员会由俄罗斯联邦参议员组成。联邦参议员包括：（1）每个俄罗斯联邦主体的两名代表，一名立法机关代表和一名执行权力机关代表，两名代表任期相同；（2）因任期届满或提前辞职而终止行使职权的俄罗斯联邦总统终身在委员会任职，因任期届满或提前辞职而终止行使职权的俄罗斯联邦总统有权拒绝担任俄罗斯联邦参议员；（3）不超过30名由俄罗斯联邦总统任命的俄罗斯联邦代表，其中终身任职的代表不超过7名。"② 由此可见，从由总统直接任命的"俄罗斯联邦代表"人数由2014年规定的至多17人增加至30人，前总统直接成为终身议员，拥有刑事豁免权。这项法案得到一些资深政治家的支持。

从两院人员的产生方式上看，国家杜马的产生方式依旧没变，而联邦委员会所涵盖的人员范围和数量都有所变化，这进一步加强了总统对联邦委员会的控制。从议会两院所拥有的权限来看，国家杜马的人事任免权范围和实际效力

---

① Закон Российской Федерации о поправке к Конституции Российской Федерации от 14. 03. 2020 N 1 – ФКЗ " О совершенствовании регулирования отдельных вопросов организации и функционирования публичной власти ", статья 104, http：//www. consultant. ru/document/cons_ doc_ LAW_ 346019/.

② См.：Закон Российской Федерации о поправке к Конституции Российской Федерации от 14. 03. 2020 N 1 – ФКЗ " О совершенствовании регулирования отдельных вопросов организации и функционирования публичной власти ", статья 95, http：//www. consultant. ru/document/cons_ doc_ LAW_ 346019/.

以及监督权都不如从前。相比而言，联邦委员会确实拥有了更多的人事任免权以及监督权，联邦委员会之所以被赋予如此多的权力是与其新加入的成员密不可分的，根本目的还是为政权服务。

三 对俄罗斯议会的几点思考

（一）俄罗斯议会在俄国家权力结构中处于弱势

在俄罗斯国家政治权力体系中，总统处于绝对优势地位，议会仅是立法机关，没有表明"最高"和"唯一"的特性，因而议会拥有的权力较为有限。

根据2020年宪法修正案第92条第1款，因任期届满或因健康状况提前终止权力的俄联邦总统具有豁免权。根据第93条，俄联邦总统只能由联邦委员会按照国家杜马所提出的叛国罪或者受到其他严重罪行的指控予以罢免，这一指控须由俄联邦最高法院关于总统行为中具有犯罪特征的结论和俄联邦宪法法院关于提出指控符合规定程序的结论证实。同时，对决定的通过人数和时间也有一定限制，这使罢免总统几乎成为一件不可能的事情。国家杜马提出指控的决定、联邦委员会罢免总统职务的决定以及剥夺被终止职权的俄联邦总统豁免权的决定必须有不少于1/3的国家杜马代表提出，并在国家杜马专门成立的委员会做出结论的情况下，经联邦委员会参议员和国家杜马代表总人数的1/3表决通过才能生效。联邦委员会罢免总统职务的决定和剥夺被终止职权的俄联邦总统豁免权的决定，须在国家杜马对俄联邦总统提出指控后的三个月内做出，如联邦委员会在此期间未做出决定，则上述指控被视为驳回。

2020年宪法修正案通过后，国家杜马对俄联邦总统的监督权进一步削弱。主要表现在三个方面：一是国家杜马只能批准俄联邦总统提名的政府总理候选人；二是由于宪法修正案明确划分了总统和总理的行政管辖范围，所以国家杜马对总理提名的副总理和各部部长候选人只能批准，且批准对象不包括总统所管辖机关的各部部长；三是俄联邦宪法法院可以根据总统的要求对议会通过的法案进行违宪审查，也就是说，国家杜马在对执行权力机关行使监督权的同时，宪法法院可以对其监督权进行审查，致使国家杜马在国家权力体系中的地位和作用进一步被削弱。上述举措表明，议会与总统的权力天平在本来就已经失衡的情况下更加不对等。议会无法对总统进行弹劾，国家杜马也无法真正对政府表示不信任，总统即便根据国家杜马提出的不信任案宣布俄联邦政府辞职，正如 2020 年初梅德韦杰夫政府辞职，普京提名精通税务的米哈伊尔·米舒斯京为新任总理一样，也只是整个政治布局中早已设计好的一环，既符合俄罗斯民众的现实需求，又满足政权稳定的需要。

（二）俄罗斯议会体制的作用在逐渐减弱

很显然，在俄罗斯，政府成员由总统提名经国家杜马批准，而不是由议会中获胜的政党按比例组成政府。虽然俄罗斯国内关于扩大议会权力、加强其作用的呼声不断，但是每次立法出台后，议会体制的作用却不增反降，这实际上也体现出俄罗斯政治的控制性。

从叶利钦时期的三次国家杜马选举结果来看，议会体制最突出的特点就是议会与总统的角逐，以俄联邦共产党为代表的反对派对叶利钦总统构成巨大掣肘，在 1995 年第二届国家杜马选举中获得宪法多数席位，并曾一度非常接近赢得总统选举。可以说，这一时期俄罗斯议会体制的功能发挥出转型以来的最大作用。

随着普京时代的到来，俄罗斯的权力开始迅速集中，伴随垂直权力体系的建设，俄罗斯出台了一系列相应的改革举措，其中就包括制约议会发挥作用的措施。如此，俄罗斯议会体制也越来越受到政权的约束与控制。截至普京第一任期结束，俄罗斯议会已经完全被控制在普京及其领导的"统一俄罗斯"党手中。在 2008 年普京担任总理期间，人们曾有过这样的猜测，普京是否会以此为契机将国家权力中心从总统转移至议会，毕竟普京曾在 2003 年国情咨文中提到，要加强政党在政治生活中的作用，可以根据国家杜马的选举结果，由议会多数派建立政府。[①] 事实上，即便是普京担任政府总理时议会作用有所加强，但是俄罗斯政府依旧由总统提名，政权党也没有成为执政党，这一点不曾改变，也就谈不上向议会制国家的转变。2012 年普京第三任期开始后，由于互联网政治参与逐渐渗透国家政治生活，给政权带来新的挑战，俄罗斯对政权的掌控进一步集中，经过普京前两任期以及梅德韦杰夫在任的治理，体制内反

---

① 黄登学：《"一党制"+"议会制"？——后普京时代俄罗斯政治发展透视》，《俄罗斯中亚东欧研究》2009 年第 1 期。

对派已经无法对政权构成有效威胁，议会斗争基本不见。自2018年普京第四任期至今，政权面临的问题已经不再是权力体系建设问题，而是社会经济发展问题，为了有效及时地应对国内存在的各种问题和保障总统政令畅通，俄罗斯再一次集中权力。而此时议会体制应有的制衡和优化决策的功能被进一步削弱，这一趋势在短期内将继续下去。

第三章 俄罗斯政党制度

政治稳定的先决条件在于有一个能够整合现代化过程中所产生出来的新兴社会势力的政党制度。[①] 需要在政治发展的整体进程中对俄罗斯的政党制度进行审视。俄罗斯政党制度的演变同俄罗斯政治发展中其他重要制度的变化互为因果、互相影响：立法机构与行政机构的真正分立促成了俄罗斯多党制的雏形；立法机构以议会党团为运作方式加速了政党制度的发展；俄罗斯政党制度的规范化有赖于《俄罗斯联邦政党法》及其一系列相关法律的制定与实施。

第一节 俄罗斯政党制度的发展变化

俄罗斯多党制是在俄罗斯从议行合一的苏维埃制度向三权分立制度转变进程中逐步产生和发展起来的。戈尔巴乔夫和叶利钦的政治举措则直接加速了这一转变进程。普京时期政党制度发展变化的基础是戈尔巴乔夫时期和叶利钦时期形成的多党制。

一 叶利钦时期的政党制度

苏联解体后到1993年新宪法通过前，俄罗斯政治的突出特点是立法机构与行政机构权限划分争执逐渐激化，最终矛盾不可调和，导致了"十月事件"

[①] 〔美〕亨廷顿：《变化社会中的政治秩序》，王冠华等译，生活·读书·新知三联书店，1989，第388页。

的发生。随着新宪法的制定，俄罗斯政党制度的发展也进入新的发展阶段。1993年宪法第一章第13条第3款明确规定：在俄罗斯联邦，承认政治多元化和多党制。多党制作为俄罗斯基本政治体制的地位，最终以国家的根本大法——宪法的形式予以确认。

1993年的宪法通过后，俄罗斯立法机构与行政机构的权限划分得以明确，这直接促使政党政治走向规范化。这种互动发展的标志就是：立法机构开始以议会党团为运作方式。议会党团是议会中同一政党或政党联盟的议员所组成的党派组织，是各政党或政党联盟在议会中的重要权力机构。议会党团的主要功能是把本党或联盟党的议员联合成一个整体，建立议会中党的领导机构，沟通该党同该党议员之间的意见，协调立场，统一该党议员的行动，成为政党组织同政府和议会之间联系的纽带。

议会党团和政党之间互相联系，密不可分。议会党团的成员同时也是本人所在政党的成员。一个有影响的政党只有作为议会党团才能在议会中更好地展开活动。议会党团与政党在政治现实中总是相互协调立场。从这个角度看，议会党团和政党唇齿相依。

1993年宪法规定俄罗斯实行两院制，立法机构的这种组织结构形式极大地促进了政党政治的发展，也预示着立法机构代表的组成必须有新的法律规定。1993年宪法通过不久，俄罗斯就制定了有关国家杜马的规则。

俄罗斯国家杜马规则第16条规定，按政党比例进入国家杜马的各竞选联盟议员与按单席位选区当选并愿意参加该竞选联盟工作的议员组成议会党团。[①] 例如，在1999年底的议会选举中，在"团结"联盟议会党团81位成员中有64位是按政党比例当选的，有17位是在单席位选区当选的。

俄罗斯国家杜马中的议员在代表不同利益阶层的政党基础上组成议会党团。议会党团首先需要进行内部磋商，形成统一意志。议会党团实际体现了一种团队精神，成员受议会党团纪律约束，在杜马中保持一致。总之，1993年12月联邦会议的选举是俄罗斯多党制发展的一个重要里程碑。[②] 议会党团的出

---

① 邢广程等编著《俄罗斯议会》，华夏出版社，2002，第162页。
② Краснов В. Н. Система многопартийности в современной россии. Москва, 1995 г., с. 310.

现促进了多党制在俄罗斯的进一步发展，这也是俄罗斯政治转轨推进中的必然结果。

立法机构以议会党团为运作方式体现了政治规范与政治秩序开始实现制度化，立法机构的运行机制逐步完善。议会党团是国家政治生活中不可或缺的组成部分。例如，叶利钦宣布1998年为"无冲突年"，其解释的缘由是这一年"在议会党团、政党和权力机关之间没有冲突"①。叶利钦在此强调了议会党团的重要性，这也凸显了议会党团的重要政治地位。

在提名切尔诺梅尔金总理事件中，可以看出议会党团对俄罗斯政治的影响。1998年8月，在杜马讨论是否批准叶利钦对切尔诺梅尔金的总理提名时，议会党团和议员团②的7位领导人中有4位表示反对切尔诺梅尔金出任政府总理，这些议会党团和议员团已占到国家杜马的多数席位。俄联邦共产党议会党团（131个席位）领导人久加诺夫、"亚博卢"议会党团（44个席位）领导人亚夫林斯基、农业党议员团（36个席位）领导人哈里托诺夫、"人民政权"议员团（44个席位）领导人雷日科夫均表示反对切尔诺梅尔金出任政府总理。而"我们的家园——俄罗斯"运动议会党团（66个席位）领导人绍欣、俄罗斯自由民主党议会党团（50个席位）领导人日里诺夫斯基、"俄罗斯地区"议员团（44个席位）领导人莫罗佐夫虽然没有明确反对切尔诺梅尔金出任政府总理，但上述四个议会党团和议员团的决定已经产生实质性的影响。可见，以议会党团为运行机制，立法机构的运作走向制度化，对俄罗斯政治的稳定起到了重要作用。

1999年初，下院各议会党团领导人与总理普里马科夫举行会谈，会谈结束后，俄共议会党团领导人久加诺夫、"我们的家园——俄罗斯"运动议会党团领导人雷日科夫、"俄罗斯地区"议员团领导人奥列格·莫罗佐夫、"亚博卢"议员团副主席谢尔盖·伊瓦年科纷纷代表各自党派发表政治主张，以此传递给社会的政治信息是：各议会党团领导人都支持旨在保证各权力机关之间和睦的协定。俄罗斯杜马主席谢列兹尼奥夫指出：所有的议会党团都明白，社

---

① См. Известия, 8 Апреля, 1998.
② 议员团和议会党团统称议员联盟。没有参加议会党团的议员有权组成议员团。参见邢广程等编著《俄罗斯议会》，第162页。

会需要政治和睦,需要一定的稳定,为了解决许多重要的政治经济问题,立法机关和执行机关之间保持协调是最基本的一点。这说明三个问题:第一,1999年初各权力机关之间和睦协定的提出和实施,是政府和议会党团领导人进行磋商的结果;第二,议会党团代表了各政党的立场,政府只要和各议会党团领导人协调好关系,政府和议会的关系也就基本理顺;第三,俄罗斯杜马的正常运转是以议会党团的活动为核心的。

政治生活的变化也可以从各议会党团之间的关系中得到体现。例如,1999年议会选举后,俄罗斯共产党议会党团已经同亲政府的原议会党团"团结"联盟在议会中就一系列问题进行了顺利的合作。这种议会党团之间的合作关系表明:第一,俄罗斯共产党至少已不再将自己视为毫不妥协的反对派,而是融入了现有的政治体制,在当前不以推翻现有体制为目标;第二,俄罗斯政治生活出现了变化,即已在一定程度上实现了社会和睦,绝大多数公民希望社会保持稳定和安宁。

立法机构职能的明确促进了政党制度的完善,也只有政党制度的发展与完善,才能使立法机构更好地发挥政治职能。同时立法机构在政治体制中的控制与协调职能也促使俄罗斯政党必须具有至少三种职能:一是意识形态方面的职能,这可以表明该党是哪些社会集团利益的代言人,在此基础上,党形成自己争取上台执政的施政纲领;二是选举职能,政党是各种选举运动的一种组织手段;三是组织政权的职能,政党应该成为各权力机关之间有效的联系环节。

叶利钦时期俄罗斯政党制度在运行中存在许多问题。第一,政党太多。有的俄罗斯学者认为,俄罗斯的政党不过是其领导人跻身当权者之列的辅助工具,这些领导者的任务只有一个,即入主克里姆林宫、"白宫"(政府),至少也得进入国家杜马。[1] 第二,政党纲领不鲜明。以1999年参加杜马选举的"祖国——全俄罗斯"五党联盟为例。其纲领性目标、任务和原则是让"在公正的社会中平等权利的人获得应有的生活",虽简明扼要却很空泛。[2]

---

[1] Т. Кошкарева, Г. Нарзикулов, Двести пятьдесят Трамплинов во Власть, *Независимая газета*, 20 ноября 1998 г..

[2] Ю. Афанасьев, Мы так и не Вырвались из Социализма, *Московские новости*, No. 50, 1998 г., с. 12–13.

二 普京时期政党制度的发展变化

普京执政的前8年致力于推动政党制度的规范化发展,其特点是《俄罗斯联邦政党法》等一系列相关法律的制定与实施。按照相关法律所起的政治效用以及对重大政治事件的影响,又可以将这个时期划分为两个阶段。其一,2000年1月至2004年9月,这是政党制度规范化的初步发展时期。其特点是《俄罗斯联邦政党法》的出台,其对俄罗斯政党政治及2003年的国家杜马选举产生了实质性的影响。其二,2004年9月至2007年12月,这是政党制度规范化的确立时期。"别斯兰人质事件"对普京治国理念产生重要影响,而普京对俄罗斯发展道路的基本设想反过来又深刻地影响了俄罗斯政党制度的发展轨迹。

普京对政党作用及政党制度的评价与其建设国家政权的治国理念紧密相连。在普京看来,俄罗斯的人权与自由得到了宪法的保障,民主政治体制业已形成,多党并立的局面已成为现实。俄罗斯需要做的是促使政党制度的规范化发展,这是建设公民社会和强力政权的必由之路。制定《俄罗斯联邦政党法》的初衷也正是基于这一理念。

普京认为,政党及多党制的政治作用表现在以下几点。第一,国家的发展在很大程度上是由公民责任心的强弱、政党和社团的成熟度以及新闻媒体的社会地位所决定的。第二,在一个文明的社会,政党可以确保人民与当局之间的固定联系。总统、国家杜马代表、州长、市长以及地方自治机关议会代表由俄罗斯人民选举产生。政党作为最重要的选举组织目前已获得了最好的发展机会。第三,没有政党的支持就不可能推行大多数政策,也不可能保护少数人的利益。[①]

普京认为俄罗斯政党制度具有以下不足。第一,政党的作用与建设公民社会的要求不符,法律的字面意义常常与现实生活相去甚远,俄罗斯才刚建立起公民社会的骨架,现在需要进行耐心细致的工作,以便这一公民社会能够成为

[①] Послание Федеральному Собранию Российской Федерации, 8 июля 2000, http://president.kremlin.ru/appears/2000/07/08/0000_ type63372type63374type82634_ 28782.shtml.

国家政权的真正伙伴。第二，政党制度的发展与建立强力政权体系的要求不一致。在其他国家多年议会制和多党制传统的反衬下，俄罗斯政党体系存在的不足显得尤为突出。政党弱小对一个软弱无力的当局有好处，这样当局就能更加安心、更加舒服地按政治交易的原则行事。但一个强有力的政权体系则会希望有强劲的对手，只有通过政治竞争，才能就俄罗斯的发展问题进行严肃的对话。俄罗斯需要若干有广泛支持和稳定威望的政党，而不是一个接一个靠当局庇护的官僚党。①

普京认为，俄罗斯尚未形成真正的政党制度，目前的政党实际上都是追逐自身利益的政治俱乐部。2000年2月27日，普京在"团结"全俄社会政治运动成立大会上强调说，俄罗斯缺少的是能够把俄罗斯人团结起来、有威望的、形成了体系的政党。应当为在俄罗斯形成几个全国性政党创造条件。普京认为，一个正常运转的国家可以实行有两三个或三四个政党参与竞争的多党制。为了让俄罗斯出现一些有生命力的政党，依照"政党原则"组建政府，普京向国家杜马提交了《俄罗斯联邦政党法》，意在减少政党和政治组织的数量，使政党制度纳入法治化轨道，最终建立以两党或三党为基础的多党制国家。

2001年7月12日，普京批准了国家杜马通过的《俄罗斯联邦政党法》。该法案规定，一个政党的规模必须不少于1万名党员，而且在一半以上的联邦主体建有党的分支机构，每个分支机构不少于100名党员。据此规定，叶利钦时期形成的大多数政党、运动和其他各种政治组织均不符合要求。《俄罗斯联邦政党法》的实施有利于提高政党制度化水平，对俄罗斯规范政党活动和完善竞选活动具有重要意义。就政治发展而言，政党制度的规范化远比政党数量重要。一方面，最终形成的几个有影响力的大党能够更集中地反映民众意志，进一步提高民众政治参与水平；另一方面，政党制度化和政治参与水平的提高无疑会促进政党和政党体系的稳定及强大。"在政治中，只有各派政党在政治市场上相互竞争，政党轮番执政才能产生前进的动力。问题是如何使这一市场

---

① Послание Федеральному Собранию Российской Федерации, 8 июля 2000, http://president.kremlin.ru/appears/2000/07/08/0000_ type63372type63374type82634_ 28782.shtml.

变成文明的市场。在建立了有威望的大党之后，就可以大大减少某些偶然的代表进入杜马的机会，即可以建立起双重监督机制。"① "团结"联盟议会党团领导人格雷兹洛夫也表示，制定政党法是俄罗斯走向文明社会的第一步。

《俄罗斯联邦政党法》的通过使俄罗斯政治生态发生了积极变化，俄罗斯开始形成普京极力倡导的左、中、右"三党制"格局。不仅如此，俄罗斯政党力量在议会中的对比变化也很快有所反映。2002年4月1日，杜马中的右派党团向杜马主席谢列兹尼奥夫提出议案，要求重新分配杜马各委员会的领导职位。杜马以多数票通过该议案，对俄杜马各委员会的领导职位按党派重新分配，由俄共控制的9个杜马委员会中的7个委员会被换了领导，俄共被迫宣布退出杜马所有委员会的领导职位。这次议会风波甚至使俄共走向分裂。《俄罗斯联邦政党法》产生的政治效应显而易见。

随着普京国家治理的深入进行，在2003年12月第四届国家杜马选举前夕，普京对政党制度的作用和发展前景有了进一步的阐述。普京认为，经过2000~2003年的国家治理，俄罗斯完善了选举制度，为发展真正的公民社会，包括为在俄罗斯建立真正强大的政党创造了条件。

一方面，议会中的政党是国家政治机器的一部分，同时也是公民社会的一部分，而且是公民社会中最有影响力、最重要的一部分。只有国家与社会保持经常联系才能使权力机关不犯严重的政治错误，而大的政党可能并且应该与社会保持这种联系。另一方面，真正发达的公民社会只有在大大减少国家机构的职能、克服各社会集团之间不信任的条件下才能出现。重要的是，只有在全社会对国家所面临的战略任务有一致认识的情况下，才有可能出现发达的公民社会，而没有政党的积极参与就不可能创造这种公民社会所需的条件。②

基于上述认识，普京表示，2003年12月的国家杜马选举将使俄罗斯多党制朝着意图更加公开、行为更加有效、对俄罗斯人民更加负责的方向发展，从而进入一个新的阶段。普京提出，为加强政党在社会生活中的作用，可以根据即将举行的国家杜马选举的结果，建立以议会多数派为依托的专业而高效的

---

① В. Лысенко, Пять Уроков Российского Парламентаризма, *Независимая газета*, 16 мая 2000 г..
② Послание Федеральному Собранию Российской Федерации, 16 мая 2003, http://president.kremlin.ru/appears/2003/05/16/1259_ type63372type63374type82634_ 44623.shtml.

政府。

2003年12月的俄罗斯第四届国家杜马选举共有四个政党进入新一届议会：政权党"统一俄罗斯"党一党独大，成为操控政局的力量；左派俄罗斯共产党得票率大幅度下降，地位受到严重冲击；极端民族主义色彩的俄罗斯自由民主党再度成为第三大党，表明民族主义势力的重新抬头；中派组织"祖国"竞选联盟异军突起；两个右翼党派"亚博卢"党和右翼力量联盟则第一次未能迈过5%得票率的门槛，未能进入议会；其他17个党派也因得票率低于5%未进入新一届杜马。俄罗斯此次杜马选举的结果诞生了崭新的杜马格局，这对俄罗斯政局产生了深远的影响。

其一，"统一俄罗斯"党获胜表明普京推行的维护国家统一、发展民主和市场经济的治国政策得到民众的坚定支持。选举前普京打击寡头以维护社会公正，赢得了俄罗斯民众的普遍认可和支持。尤科斯支持的左派和右派均在大选中遭到打击。

其二，普京掌握的权力资源极大增强。"统一俄罗斯"党获胜为普京进一步整合政治力量、稳操政治主动权创造了条件。"统一俄罗斯"党不仅成了议会第一大党，而且在议员数量上占有压倒性的优势。在新一届国家杜马中，普京除能得到"统一俄罗斯"党的支持，还能得到一贯支持普京的自由民主党，以及"祖国"竞选联盟中亲政府议员的支持。因此，普京政府在议会通过法律的能力得到极大加强。也就是说，从权力制衡的角度看，俄共力量明显减弱，两个右翼党派"亚博卢"党和右翼力量联盟被排除在议会党团之外，反对派已基本失去对普京政权的制约，这对普京推行各项改革政策是有利的。

其三，政党政治格局的深刻变化。叶利钦时期，俄罗斯政治舞台上始终保持着左、中、右和民族主义派别这样一种政治力量格局。2000年国家杜马前主席谢列兹尼奥夫在第三届国家杜马选举结束不久时曾经表示，俄罗斯正在形成两党制或三党制的雏形。其中有以俄共为核心的中左派政党，以"团结"联盟为基础的中派政党和右派，前提是能够将右翼力量联盟发展起来。[①] 但俄

[①] С. Правосудов, У КПРФ и «Единства» Много Общего, Независимая газета, 22 января 2000 г.．

罗斯第四届国家杜马选举结果则是俄共长期保持的议会大党地位的丧失和右翼党派的全军覆没,这对俄政党政治活动产生了影响。

俄罗斯第四届国家杜马选举结果表明,俄罗斯国内的政治过渡期已经结束,一个新的政治时代正在来临。新政治时代成为这次国家杜马选举影响力的代名词。首先,这是指在国家杜马内形成支持总统的宪法多数派,困扰俄罗斯政治稳定多年的府院之争彻底结束。其次,新政治时代还指俄罗斯从结束政治混乱、实现经济稳定发展的时期,进入加速政治经济改革、加快经济发展的新时期。"统一俄罗斯"党的获胜不仅理顺了政府同议会的关系,同时也表明现政权得到选民的广泛支持。

2004年9月的"别斯兰人质事件"迫使普京进一步深化政治体制改革,并明确提出:能够保障社会与政府在与恐怖主义斗争中进行对话和互动的机制之一就是全国性政党。而且,为了有利于加强国家的政治制度,必须在国家杜马选举中实行比例代表制。为此,俄罗斯通过了一系列重要法律,俄罗斯政党制度的规范化得以确立。

2004年9月,普京提出了新的《国家杜马代表选举法》。根据该选举法,在议会选举中,取消自1993年以来实行的"混合选举制",改为全部按照"比例代表制"的方式进行选举,即国家杜马所有450个议席,在取得进入议会资格的政党中,按照其得票比率进行分配。除此之外的重大变化是,该法规定:(1)每个政党的全联邦性候选人不得超过3人,其余候选人须全部登记在地区选区的选票上,且参选政党须在不少于4/5的联邦主体内提出自己的候选人名单;(2)参选政党须得到7%以上选票才有资格进入议会;(3)进入国家杜马的政党被赋予"指派权",即有权指派党的成员担任国家杜马议员、撤换任职的国家杜马议员。新的《国家杜马代表选举法》带来最直接的影响是:在未来俄罗斯议会选举中,独立候选人不复存在,"独立议员"或"地区性议员团"(或称"独立议会团")的概念也从议会中消失;225个单名制选区全部取消;选民也只能通过投票选举某个政党的方式参与议会选举;政党为进入议会所获得选票的数额大大提高,政党跨入议会"门槛"的概率相对降低;政党成为参加议会选举和参与议会活动的唯一主体,政党的地位和作用进一步加强。

在提出新的《国家杜马代表选举法》的同时,普京又提出了一项《俄罗斯联邦政党法修正案》。2004年12月22日,普京签署了《俄罗斯联邦政党法修正案》。根据该修正法案,截至2007年9月第五届国家杜马选举前夕,符合《俄罗斯联邦政党法》规定的政党只有15个。①《俄罗斯联邦政党法》修订和补充的主要内容包括:(1)大幅度提高政党党员人数的下限——由1万人提高到5万人;(2)每个政党在1/2联邦主体内所设分支机构中的党员人数不得少于500人,在其余1/2联邦主体内所设分支机构的党员人数不得少于250人;(3)截至2006年1月1日,俄罗斯司法部对所有不符合要求的政党进行重新登记,在此日期前未获得重新登记的政党将被取消政党资格,或成为社会政治团体,或自行解散;(4)司法部有权每年对各个政党的党员人数进行核查;(5)今后禁止建立地方性政党,一律改为全联邦性政党;等等。该修正案的主要目的是:以规定政党成员人数的方法进一步限制中、小政党的活动,促使政党扩大群众基础;用取消地方性政党的方式,鼓励、支持发展全联邦性质的大党。2004年10月13日,俄罗斯国家杜马通过了对《俄罗斯联邦政府法》第11条的修正案,11月3日该修正案经普京签署后正式生效。根据该修正案,取消《俄罗斯联邦政府法》中对联邦政府总理和部长级官员担任政党和其他社会组织内领导职务的限制。该修正案的生效原则上为政府官员直接参与政党活动和议会活动开了绿灯,同时也为议会中政权党的合法性提供了法律前提。②

2004年12月12日,普京签署了《关于联邦主体立法机关和执行机关组织总原则》,标志着总统拥有了对地方行政长官的实际任命权。在2005年的国情咨文中,普京表示,为进一步增强政党在组阁方面的作用,建议将有关联邦各主体政府首脑权力新规定的细则提交俄罗斯国务委员会讨论。总统可以推举在地区选举中获胜党派的代表出任该地区行政长官。③根据该建议,国家杜马对《关于联邦主体立法机关和执行机关组织总原则》进行了修改。2006年1

---

① Перечень зарегистрированных политических партий(из Федерального закона от 11 июля 2001 года № 95-ФЗ "О политических партиях"),http://www.cikrf.ru/politparty.
② 许志新主编《重新崛起之路:俄罗斯发展的机遇与挑战》,世界知识出版社,2005,第61页。
③ Послание Федеральному Собранию Российской Федерации, 25 апреля 2005, http://president.kremlin.ru/appears/2005/04/25/1223_ type63372type63374type82634_ 87049.shtml.

月1日，普京签署了修正案。按照修正案规定，在地方议会选举中获胜的政党有权提出联邦主体的行政长官人选。由于政权党"统一俄罗斯"党在俄罗斯全国范围内拥有强势地位，总统实际上牢牢地掌握了地方行政长官的任命权。不过，该规定也提升了地方议会选举的政治意义，并促进了政党在地方政权中的作用，有利于政党制度的发展。

正是基于以上宪法性法律的保障，尽管俄罗斯政党制度依然不尽完善，政党在利益整合和政治认同等方面还存在不少问题，但至少在机制运行和组织保障等方面的规范化最终得以确立。在2007年12月2日的第五届国家杜马选举中，俄罗斯形成了"统一俄罗斯"党一党主导的政党政治格局，这一格局一直延续至今，这对实现普京的战略目标至关重要。

在2011年第六届国家杜马选举中，"统一俄罗斯"党遭遇挫折，最终未能取得2/3的宪法多数席位。虽然"统一俄罗斯"党以238席在国家杜马取得了相对多数席位，可以联合体制内建设性的反对派力量取得300席以上的绝对多数提案权，但毕竟不是该党可以一党主导的政治局面了。这属于较大的政治波动。当然，从全局来看，这并没有影响普京政权总体政治目标的实现，但是这对于普京政权的触动不可谓不大，否则梅德韦杰夫不会迅速在2011年12月的国情咨文中宣布了一系列涉及政治体制运行机制改革的举措。

正是基于第六届国家杜马选举前后的政治局面，普京对2012年再次执政后的政治生态治理目标非常明确：确保政治稳定。政治稳定的首要含义被视为政权体系的稳定。普京采取的政治举措概括起来有三点：其一，严格管控反对派利用非营利性组织和网络公共空间开展组织和动员活动；其二，严格控制俄罗斯政党制度和议会制度的运行机制，反对派无法在现有体制内向普京政权发难；其三，有针对性地采取政治举措以确保"统一俄罗斯"党的政治地位。通过在上述政治领域的治理，普京政权不动声色地牢牢掌控政治局势，反对派更加式微。政治领域国家治理的特点是表面上的竞争性、实质上的控制性。2015年的地方选举就反映了这一特点。2015年9月13日，俄罗斯举行2016年国家杜马选举前的最后一次地方选举。在这次地方选举中，有16个政党的98名候选人登记参加在21个联邦主体进行的行政长官选举，平均每个地方有5名左右候选人参选，有39个政党参与竞选11个联邦主体的地方议会议员，最终"统一俄罗斯"党大获全胜。只有在伊尔库茨克州,由于竞选策略和时机得当,俄罗斯共产党候选人以56.39%的得票率战胜了"统一俄罗斯"党的候选人,后者得票率为41%。① 总之,从2011年第六届国家杜马选举结束以来,普京实行法律维稳,加强对政治和社会组织的管理,加强网络管理和监控,限制和打击政治反对派和非政府组织的违法活动,反对派若想再利用网络和非政府组织动员和组织大规模活动已非易事。

政治体系内部的稳定确保了普京稳固的执政基础,控局能力进一步增强。可以说,吸取2011年国家杜马选举的教训,未雨绸缪,普京政府早就为"统一俄罗斯"党在2016年国家杜马选举中获胜奠定了基础。但是,毕竟"统一俄罗斯"党在2016年国家杜马选举前民调支持率并不高,徘徊在45%,甚至更低。选前俄罗斯国内外很多评论指出,该党像2011年选举那样获得相对多数没有任何问题,甚至由于在单一选区有"人民阵线——为了俄罗斯"社会运动的存在,"统一俄罗斯"党最终获得宪法绝对多数席位也没有问题,但是,该党在全联邦区的政党比例代表制选举中难以超过半数支持率。但最终选举结果大大超过选前预期。"统一俄罗斯"党54.2%的得票率提醒世人:"后克里米亚共识"是2016年选举的最大变量,是"统一俄罗斯"党超高得票率的刺激性因素。

"普京主义"确保选举没有出现大的意外,"后克里米亚共识"则让2016年选举出现的波动向更加有利于普京政权的方向发展。"统一俄罗斯"党获得的选票超出了该党参加前三届国家杜马选举的平均得票率。② 需要指出的是,"统一俄罗斯"党按照政党比例代表制的得票率并没有超过2007年普京威望达到顶点时的64.3%得票率。尽管2007年"统一俄罗斯"党凭借64.3%这一该党历史上最高得票率在议会获得315席,但是2016年由于单一选区的存在,"统一俄罗斯"党最终则获得343席。此次"统一俄罗斯"党获得该党历史上也是国家杜马历史上最高的343席,很大程度上得益于普京政权对单一选区选举超前的政治设计和运作,也与国家杜马选举复杂的计票程序和超低投票率有关。除了政治

---

① В Иркутской области избран новый губернатор, http://www.1tv.ru/news/print/293087.
② "统一俄罗斯"党参加了2003年、2007年和2011年三届国家杜马选举,得票率分别为37.57%、64.3%、49.32%,平均得票率为50.4%。

设计，这里需要强调的是"后克里米亚共识"对此次选举起到了重要作用。

俄罗斯52%左右的联邦预算收入来自油气出口，随着国际油价暴跌，俄罗斯财政收入锐减，政府在民生诸如医疗、教育、提高工资等方面的投入相应减少，公民的可支配收入也随之减少，普京在2012年竞选总统时许下的诸多承诺难以兑现。按照一般的逻辑，此种情况下普京的民意应该下滑，民望应该处于低谷，但是，俄罗斯社会反而出现了"后克里米亚共识"的社会情绪，普京的民意支持率达到80%以上的高位。2015年下半年俄罗斯空袭叙利亚后，普京支持率甚至一度冲高到90%。普京的内外政策获得大部分民众的支持。安全是俄罗斯国家观念中的硬道理，而领土又被俄罗斯视为安全之本。普京2014年"收回"克里米亚，2015年打击国际恐怖主义，这些举措符合俄罗斯国民心态和社会情绪的基本点。即使是俄罗斯自由民主党、俄罗斯共产党和公正俄罗斯党这些体制内的反对派也是"后克里米亚共识"的主干政治力量。[①]

"后克里米亚共识"是指乌克兰危机爆发后，"收回"克里米亚成为促进政治稳定的新因素。正如俄罗斯政治研究中心主任布宁指出的，普京几乎是不费一枪一弹将克里米亚"并入"俄罗斯，这唤起了俄罗斯民众心中的大国主义情怀。普京的支持率攀升到难以企及的高度，而且还能保持相当长的一段时间。[②]为了实现强国梦、恢复昔日超级大国的荣耀，俄罗斯民众宁可忍受经济上的困难，"我不在乎禁令。我不害怕。二战都熬过来了，我们能渡过这一难关"[③]。"后克里米亚共识"对俄罗斯社会产生了多重影响。比如，利莫诺夫领导的"战略31党"在俄罗斯代表一种反普京的情绪，却因为是否支持克里米亚问题而分裂。2015年12月民调显示，如果近期进行总统选举，75%的受访者将投票支持普京。

乌克兰危机爆发后，从某种意义上说，俄罗斯经济已经成为政治稳定的"人质"。在大多数俄罗斯民众眼中，在"接纳"克里米亚之前，能取代普京的人选并不存在。即便是在2011年底发生大规模抗议活动的时候，也没出现一个

---

① Олег Анатольевич Матвейчев, Новая политсистема тест сдала, http：//www.ng.ru/politics/2016-09-20/3_ kartblansh.html.

② Игорь Бунин, Образ Путина：до и после крыма. Что дальше? http：//www.politcom.ru/17456.html.

③ Anna Pivovarchuk, "Russian Culture：Back in the U.S.S.R.," *The Moscow Times*, October 9, 2014.

能取代普京的政治家，甚至连统一的反对派领导人也没出现。乌克兰危机爆发后，更是增加了促进政治稳定的新因素——克里米亚。很多分析人士指出，俄罗斯经济面临的困难远低于20世纪90年代"休克疗法"时期，甚至不如1998年金融危机时艰难。俄罗斯社会的共识是加强国家政权、法治与秩序是俄强国的首要保证，这也是民众的普遍要求。2012年新任期刚开始时普京就表示，进入21世纪的12年里，俄罗斯已经走过了极为重要的复兴和巩固阶段，现在的目标是要建立富裕和安康的俄罗斯。未来几年对于俄罗斯和全世界而言都具有决定性甚至转折性意义，全球正在步入大变革甚至是大动荡的年代。在这个时代和阶段，俄罗斯唯有稳定才能发展。因此，在俄罗斯民众的意识中，政治稳定早已被提到首要位置。无论是在2016年国家杜马选举后，还是2012年以来历次地方选举结束以后，普京总是强调类似的观点：只有那些捍卫俄罗斯国家利益、主张政治稳定和国家发展及巩固国家的政治力量才能获得支持。①

可以说，普京第三个总统任期中，其竞选总统时的大部分承诺未能兑现，统计学客观上对普京不利，但社会学帮了他的忙，拉平了负面统计数据。社会思潮被政府有意引领，强化"后克里米亚共识"和普京效应。危机源自国外，已经成为俄罗斯社会的共识。这其实会加深俄罗斯社会的孤岛意识，是一把"双刃剑"，即这可以确保政治稳定无忧，但对促进政治发展无益。"后克里米亚共识"本质上是对俄罗斯在乌克兰危机爆发后社会情绪的概括，因为其符合普京政权的治国理念——俄罗斯保守主义——而被政权有意用来引导社会思潮。乌克兰危机与制裁背景下的俄罗斯经济困难，"五月总统令"的目标难以实现，日益高涨的民族主义思潮成为维持和巩固政权合法性的强心剂。可以说，乌克兰危机让俄罗斯打开了将会长久影响本国及周边地缘政治空间发展的潘多拉盒子，甚至有可能成为冷战结束以来俄罗斯转型与发展的转折点。②"后克里米亚共识"明显改变了俄罗斯国内政治的社会氛围。复兴的俄罗斯民族主义正在崛起已经是不争的事实。如何看待这一现象也是俄罗斯政治的焦点问题。正是由于"后克里米亚共识"的存在，普京的民意支持率始

---

① Встреча с вновь избранными руководителями субъектов Российской Федерации, 17 сентября 2014, http://www.kremlin.ru/news/46634.
② Сергей Серебров, 2014-й год прощания со стабильностью, Утро, 24 декабря 2014 г..

终居高不下，右翼和左翼势力根本无法同其抗衡。当然，美西方和俄罗斯自己对"后克里米亚共识"的解读是不一样的，存在着本质区别。这也是"后克里米亚共识"充满研究魅力的原因。"后克里米亚共识"也是理解2012年以来普京新时期国内政治特点的关键点。它体现了维持俄罗斯政治稳定的社会因素和国际关系因素，反映了俄罗斯作为一个外向型扩张性的国家其内部政策与外部因素之间的关系，对认识俄罗斯的发展道路及国家特性有见微知著的学术意义。

"后克里米亚共识"的意义不言而喻，而"危机源自国外"的认识则是政治稳定的"助推器"。2015年11月，从俄罗斯科学院社会学研究所发布的调查报告《俄罗斯社会：在危机和制裁下的一年》[1] 可以看到，俄罗斯民众已经感受到危机给生活带来的影响。引起危机的主要原因当然是国内因素。俄罗斯真正需要做的是实施重大的改革措施，包括对经济机构的调整和发展模式的纠偏，必须采取能够进一步提升自身竞争力的发展模式，否则只能是简单重复，简单循环，永远落后。俄罗斯确保中期和长期经济稳步增长面临两个风险：一是人为加速的风险；二是对经济低速乃至零增长习以为常、准备长期接受这种情形的心态。如果第二种心态在社会中占了上风，将开启通向长期衰退的道路。[2] 大选之年如果对上述国内问题的认识成为社会的普遍共识，显然对政权党的选举、对普京政权的稳固乃至对俄罗斯的政治稳定都是负面因素。

从社会调查看，关于危机的根源大部分俄罗斯民众并没有从国内因素进行考虑。75%的民众认为"危机源自国外"，这在很大程度上已经是俄罗斯社会的共同认识，这无疑对普京政权确保俄罗斯的政治稳定有利。究其原因，与主流媒体"围城战略"的宣传有关。

普京2012年再次执政以来，受制于国际秩序的嬗变，俄罗斯内外政策的变化呈现孤立主义的倾向。这种孤立主义不是地缘政治意义上的，而是文化和心理上的。这与苏联时代的体现有所不同。20世纪中期苏联是主动建立对立阵营，当前是俄罗斯的举措造成西方的围堵和制裁。俄罗斯孤立主义的倾向和

---

[1] Российское общество: год в условиях кризиса и санкций, http://www.isras.ru/files/File/Doklad/Ross_obschestvo_god_v_usloviyah_krizisa_i_sanktsiy.pdf.

[2] Дмитрий Медведев, Новая реальность: Россия и глобальные вызовы, 23 сентября 2015, http://www.rg.ru/2015/09/23/statiya-site.html.

"围城战略"的定位集中体现在 2014 年普京的"3·18"讲话、2014 年 12 月制定的新版军事学说、2015 年 10 月普京在瓦尔代俱乐部的讲话,以及 2015 年 12 月制定的新版国家安全战略中。

2014 年的"3·18"讲话是普京国际政治观的集中体现:其一,从历史看,俄罗斯是冷战结束以后地缘政治博弈的受害者;其二,从现实看,俄罗斯一直以来面临由美国主导的西方直接或者间接的外部威胁,这种威胁的表现是在俄国内鼓励武力违宪夺权,在外部以单极霸权挤压俄的战略空间。2014 年 12 月 26 日,普京签署新版军事学说。① 上一版产生于 2010 年。2010 年版的主要内容在新版军事学说中都得到了保留,与此同时,新版军事学说增加了几项全新内容,其中明确指出,通过信息传播手段来破坏俄罗斯人捍卫祖国和精神价值观的历史爱国主义传统已成为俄面临的外部危险之一。这一观点在以往任何一版俄罗斯军事学说中都不曾提出过。②

2015 年瓦尔代俱乐部的辩论主题是"战争与和平"。2015 年 10 月 22 日,普京在瓦尔代俱乐部年会上讲话,提出冷战的结束为意识形态对立画上了句号,但争端和地缘政治矛盾的根基没有完全消失。所有国家无论是现在还是将来都存在自身利益,有时它们的利益并不一致,而世界历史的发展总是伴随着大国及其联盟的竞争。重要的是,要让这种竞争构筑在特定的政治、法律、道德准则和规律框架内,否则竞争和利益碰撞将引发尖锐的危机和激烈的冲突。不择手段地推进一家独霸模式只会导致国际法和全球调解体系失衡,这预示存在政治、经济和军事竞争可能失控的威胁。③

2015 年 12 月 31 日,普京签署新版国家安全战略,这是对 2009 年出台的《2020 年前俄罗斯联邦国家安全战略》的调整修订。从文化上强调保持恢复俄罗斯传统文化及传统价值观,虽然指出与美国合作的必要性,但尤为突出的是第一次明确了美国对俄罗斯的安全威胁,提出:"俄罗斯奉行独立的内外政

---

① Военная доктрина Российской Федерации, http://www.rg.ru/2014/12/30/doktrina-dok.html.
② Федор Лукьянов, Внутренняя империя— о России в процессе пересмотра мирового порядка, Огонёк, №50 от 22.12.2014.
③ Заседание Международного дискуссионного клуба «Валдай», 22 октября 2015, http://www.kremlin.ru/events/president/news/50548.

策,却引起力图维持世界事务主导权的美国及其盟国的反制。"新版国家安全战略阐述了六大长期国家利益,明确了九大国家战略优先发展方向。但是国家利益和国家安全的优先方向受到了以美国为首的西方外国特工机关的情报活动、扰乱俄罗斯国家机关工作、"颜色革命"等的威胁。①

正如俄罗斯政治技术中心主任布宁指出的:俄罗斯精英需要这场危机。当然必须看到,虽然俄罗斯孤立心态占据上风,但是俄罗斯的精英阶层毫不讳言地指出:无论从经济上、政治上还是心理上,俄罗斯都不打算离开欧洲大陆。俄罗斯坚持与西方合作与伙伴关系的战略方向不会改变。②

总之,"普京主义""后克里米亚共识""危机源自国外"是俄罗斯第七届国家杜马选举背景的核心要素。这三大要素已经可以确保在新选举周期内议会和总统选举不会出现大的意外。即便如此,普京政权为了确保选举万无一失,依然在政治控制上采取了更为严密的举措。

为了确保政治稳定和国家杜马选举的绝对胜算,普京政权在俄罗斯的政党制度、议会制度、联邦制度和选举制度上采取了相互关联、完整一体的举措。从对国家杜马选举有直接影响和决定性影响的《国家杜马代表选举法》入手,可以详细解读普京的政治控制实质。

《国家杜马代表选举法》制定的背景之一是俄罗斯议会制度自身的改革需要。俄罗斯议会制度改革从选举俄罗斯人民代表开始,以1993年"十月事件"为标志结束。此时,是俄罗斯人民代表大会制度。1993年12月新宪法通过前,俄罗斯议会选举采用的法律是《俄罗斯苏维埃联邦社会主义共和国人民代表选举法》。1993年10月1日和11日,叶利钦以总统令的形式分别签署并颁布了《1993年俄罗斯联邦会议国家杜马代表选举条例》和《1993年俄罗斯联邦会议联邦委员会选举条例》。在杜马代表选举条例中第一次提出了建立"混合式代表选举制"的主张。1993年12月举行的俄罗斯第一届国家杜马选举采用了"混合

---

① Указ Президента Российской Федерации от 31 декабря 2015 года N 683, "О Стратегии национальной безопасности Российской Федерации", http://www.rg.ru/2015/12/31/nac-bezopasnost-site-dok.html.

② Дмитрий Медведев, Новая реальность: Россия и глобальные вызовы, 23 сентября 2015, http://www.rg.ru/2015/09/23/statiya-site.html.

选举制"。从此时到 2007 年第五届国家杜马选举前，一直采用"混合选举制"。2005 年 5 月 19 日，普京签署《国家杜马代表选举法》，取消"混合选举制"，改为"比例代表制"。自 2007 年开始，比例代表制实行了两届。这一改革是为了培育全国性大党——"统一俄罗斯"党。2011 年 12 月，梅德韦杰夫在国情咨文中再次提出全面实行政治体系改革的建议，其内容主要包括直选各地区行政长官、简化政党注册手续、降低总统选举候选人登记门槛、改变国家杜马组成原则等。2012 年普京国情咨文提出恢复"混合选举制"。选举原则与方式的根本变化必然要求重新制定完备的有关国家杜马代表选举的法律。

《国家杜马代表选举法》制定的背景之二，是"后克里米亚共识"导致主要议会党派在政治生活中出现默契一致的现象。进入新一届国家杜马的"统一俄罗斯"党、俄罗斯共产党、俄罗斯自由民主党与公正俄罗斯党之间在意识形态和政党纲领上的差别本来就已模糊，乌克兰危机爆发后，随着外交局面的错综复杂，国内民族主义的情绪持续高涨，各主要议会政党原本的区别几乎消失。"统一俄罗斯"党作为政权党与其他议会反对派政党在意识形态甚至是选举问题上都更容易找到共同语言。这一现象在地方选举的问题上表现得尤为明显。2014 年在一些地区的地方行政长官选举中，如卡巴尔达-巴尔卡尔共和国、塞瓦斯托波尔、克里米亚等，俄罗斯共产党、俄罗斯自由民主党、公正俄罗斯党均宣布支持"统一俄罗斯"党提名的候选人。滨海边疆区和奥伦堡州的州长均来自"统一俄罗斯"党，他们随后向联邦委员会举荐了来自公正俄罗斯党和俄罗斯自由民主党的议员进入议会上院。在奥廖尔州，"统一俄罗斯"党放弃了与俄罗斯共产党候选人波托姆斯基的竞争。到了 2014 年 9 月 14 日的地方选举日，各党均对总统提名的州长候选人表示支持。在奥伦堡州，俄罗斯自由民主党候选人卡塔索诺夫虽然得到当地俄共及公正俄罗斯党分部的支持，但还是被本党从候选人名单中拿下。在巴什基尔共和国，公民力量党让自己的候选人萨尔巴耶夫弃选。在奥廖尔州，"俄罗斯爱国者联盟"劝退了本党代表莫夏金，祖国党也撤回了对本党候选人伊萨科夫的提名。①

---

① Ирина Нагорных, Алексей Октябрев, Единая и многопартийная——Как и почему партии консолидируются вокруг власти, Коммерсант, 23 сентября 2014 г.

按照修改后的《政党法》，政党不能组成联盟参选。上述类似政治同盟现象的出现反映了各政党之间的高度默契。议会各政党之间为了政治利益达成心照不宣的默契并不鲜见，但在地方选举中如此大规模的合作与意见一致充分说明了"后克里米亚共识"的深远影响。在地方选举中出现的各政党之间的默契联合一直持续到2016年的国家杜马选举。选前据俄罗斯媒体披露，"统一俄罗斯"党等议会四党之间在单一选区的席位分配上达成了秘密共识，因而在俄罗斯政坛至少在表面上呈现党派大团结的局面。

即使出现这样的局面，普京依然在议会制度的运行机制上采取了严密的控制举措。2013年3月1日，普京向国家杜马提交新的《国家杜马代表选举法》草案。① 国家杜马经过广泛讨论，直到2014年2月14日才三审通过该法。2月22日，普京正式颁布总统令实施该法。② 从该法公布之日到2016年选举前，该法又经过了八处修改。③ 具体分析2014年通过的《国家杜马代表选举法》的法律条文就可以清晰地看到，在议会制度的运行机制上普京有的放矢地采取了一系列严密的控制举措。④

该法第4条第8款规定，犯有严重罪行的公民十年内无权参加国家杜马选举，这等于剥夺了类似霍多尔科夫斯基和纳瓦利内这样的现政权反对派参加国家政治生活的可能性。

该法第6条第4款规定，政党可以提名非本党成员参选，第39条第5款具体细化为在全联邦区名单中可以提出的非本党候选人不超过全联邦区名单的50%；第40条的第8款规定在单一选区可以提出非本党成员的候选人，而且没有规定非党成员的比例。这项规定首先是为"人民阵线—为了俄罗斯"社会运动参加单一选区选举打开大门；其次也为类似政权党"统一俄罗斯"党

---

① Президент внёс в Госдуму законопроект о смешанной системе выборов, http://www.kremlin.ru/events/president/news/17601.

② Федеральный закон от 22 февраля 2014 г., N 20-ФЗ "О выборах депутатов Государственной Думы Федерального Собрания Российской Федерации", https://rg.ru/2014/02/26/gosduma-dok.html.

③ 2014年11月24日、2015年7月13日、7月14日、10月5日、2016年2月15日、3月9日（修改两处）、4月5日进行了八处修改。

④ 本文引用的《国家杜马代表选举法》法律条文均参见 О выборах депутатов Государственной Думы Федерального Собрания Российской Федерации。

这样的全国性大党利用自己的政治影响力吸引社会独立人士加入该党竞选留下广阔的运作空间。

该法在规定非党成员可以进入选举名单的同时，又在关于全联邦区和单一选区候选人名单组成规则的上述条款中明确规定，不允许提名其他党派的成员为本党候选人。也就是说，虽然可以提名非本党成员参选，但是非本党成员只能是其他政党以外的公民。这其实等于规定在选举过程中不能建立政党联盟。这显然有利于类似"统一俄罗斯"党这样的全国性大党整合力量。由于建党原则和条件的宽松，左翼派别的政治力量出现了大量左翼小党，这实际上削弱了类似俄罗斯共产党这样全国性大党的力量，又因为不能成立竞选联盟而造成左翼力量的分散。

该法第44条第1款和第3条规定，进入最近一次国家杜马的政党以及进入联邦主体立法机构的政党可以参加在全联邦区的选举；未能进入国家杜马和地方议会的政党，如果要参加全联邦区选举，需要征集不少于20万选民的支持签名，而且在每一个联邦主体的支持签名不能少于7000个。根据上述规定，2014年10月28日，俄罗斯中央选举委员会曾经统计当年地方选举后进入地方议会的政党及国家杜马的政党，公布了可以不用征集签名参加国家杜马选举的14个政党，分别是："统一俄罗斯"党、俄罗斯共产党、俄罗斯自由民主党、公正俄罗斯党、亚博卢、右翼事业党、俄罗斯爱国者党、公民平台党、共产党人党、俄罗斯退休者党、祖国党、共和党-人民自由党、绿党、公民力量党。① 到了2016年选举前夕，俄罗斯中央选举委员会最终公布的参选名单依然是上述14个政党。可见，每个联邦区不少于7000个、总数不少于20万个签名对于小党来说非常困难。对于一些有全国性影响但整体力量薄弱的政党来说，选举法现有的参选规定也是非常严苛，它们基本没有参选的机会。这也再次说明，普京政治运行机制的改革表面上增强了政治的竞争性，实际上却加强了政治的控制性。

---

① Сведения о политических партиях, допущенных к участию в выборах депутатов Государственной Думы Федерального Собрания Российской Федерации без сбора подписей избирателей (По состоянию на 28 октября 2014 года), http://www.kp.ru/daily/26502/3371344/.

该法第 2 条第 44 款规定，进入国家杜马和地方议会的政党可以提出自己在单一选区的候选人。除去符合条件的政党可以提名，单一选区也接受自我提名的候选人。该法第 5 条第 44 款规定了单一选区自我提名的原则。自我提名的参选人应征集不少于参选的单一选区选民总数 3%的支持签名，若是少于 10 万人的选区，则需要征集不少于 3000 人的支持签名。上述规定也是对"统一俄罗斯"党有利。该党作为政权党，行政资源得天独厚，并得到普京的大力支持，在单一选区拥有强大的政权支持力度，自我提名的候选人要想在单一选区获胜，只有获得"统一俄罗斯"党的支持才有可能。事实上，最终唯一当选的自我提名的候选人列兹尼克是从"统一俄罗斯"党退党参选的社会人士，其与该党有着千丝万缕的联系。

　　随着议会制度和选举制度的变化，俄罗斯在政党制度建设上也出现新的特点。其一，体制内实际上已不存在反对派。正如圣彼得堡政策基金会所指出的，亲政权的政党联盟正在实际形成当中，议会党派选择不与政权对抗，事实上已表明自己是亲政权的政党联盟中的一员。[①] 其二，右翼政党的影响力进一步下降。俄罗斯社会经济和政治研究所在 2014 年地方选举分析报告中指出，右翼自由派政党的活动积极性显著下降，即便它们结成同盟，其在杜马选举中取胜的机会仍不容乐观，甚至根本没有参选的机会。[②] 2016 年国家杜马的选举结果佐证了上述观点。

　　总之，"控制局势"是普京在俄罗斯政治领域的核心任务。[③] 而普京也通过对俄罗斯基本政治制度的运行机制进行一系列针对性极强的改革，实现了对政治体系的内部控制。俄罗斯政治生态出现各主要政治派别高度默契一致的局面，这种局面反映的是政治竞争的弱化。还在 2011 年国家杜马选举前，梅德韦杰夫曾指出包括政党机制在内的政治制度改革没有达到预期效果，俄罗斯政治制度改革处于停滞的状态，停滞会导致不稳定，停滞对政权党和反对党来说都是非常有害的。如果反对党在议会竞争中没有一点获胜的机会，那么它就会

[①] Рейтинг Фонда «Петербургская политика» за июль 2014 года, http：//www.fpp.spb.ru/fpp-rating-2014-07.

[②] Фонд ИСЭПИ представляет доклад "Избирательный цикл-2014：институциональное значение региональных и муниципальных выборов для развития партийной и избирательной систем", http：//politanalitika.ru/upload/iblock/652/652212b2e68f8737d90410e0cee7ca8b.pdf.

[③] Путин в логике велосипедиста, http：//www.gazeta.ru/politics/2014/07/26_ a_ 6146541.shtml.

退化，并被逐渐边缘化；如果执政党在任何地方和任何时候都没有失败的可能，那么就会铜锈化，最终也会退化。摆脱困境的途径就是要提高俄罗斯政治竞争力，政治体制能够得到重大调整，变得更加公开和灵活，最终也变得更加公正。必须要有具备政治竞争力和有分量的反对党才能保证国家真正的民主。① 政治局势的发展印证了梅德韦杰夫对政治退化现象的担心。

政治退化现象主要表现在两个方面。其一，集中管理模式与强力领导人紧密结合，政治人格化现象严重。这种结合的问题在于政治体系难以改良，到下一个10年，普京时代出于自然规律也将走向终点。在这种情况下，公认领袖的离去可能会引发一连串冲突并演变为政治失序。② 叶利钦时期政治转型的问题在于俄罗斯各主要派别缺乏政治妥协观念，出现政治分歧时往往以政治对抗的途径解决问题。现在俄罗斯政治生态则走向了另外一个极端，政治竞争严重弱化，以民主的手段实现了集中，反而对俄罗斯民主化的推进产生了阻碍。其二，政治体系的权威性很难树立。政党机制趋同性的同时其弊端也暴露出来——社会不再信任政党体制的权威。2014年地方选举以后的调查数据显示，70%的受访者知道政党及其领导人、纲领及活动，但仅有4%的人信任这些政党。俄罗斯舆论基金会的民调也表明，不明白政党存在有何必要的公民比例已从28%增至39%。如果民众不认同这些政党存在的合理性，那么选举机制带来的合法性也会降低，政治退化最终会对政权党以及体制内反对派产生负面影响。③ 在叶利钦时期出现的政治现象是国家权力机构之间缺少政治妥协精神，政治生活中不断出现对抗，因而社会对议会、政党、法院等执行权力机构的信任度逐年下降。④ 从俄罗斯的政治实践看，如果没有建立在良性竞争机制条件下的政治对抗，社会对国家权力机构的信任度也会下降。这也从另一个方面说明：

---

① Наша демократия несовершенна, мы это прекрасно понимаем. Но мы идём вперёд. 23 ноября 2010, http://www.kremlin.ru/news/9599.
② Владислав Иноземцев, Как изменится Россия в 2020 году, 26 декабря 2014, http://rbcdaily.ru/economy/562949993485667.
③ Ирина Нагорных, Алексей Октябрев, Единая и многопартийная -Как и почему партии консолидируются вокруг власти, Коммерсантъ, 23 сентября 2014.
④ Gabriel A. Almond, Russell J. Dalton and G. Bingham Powell, Jr, *European Politics Today*, Longman, 1999, p. 326.

政治妥协精神是俄罗斯政治转型中具有长远意义的问题。所谓政治妥协，不仅仅是避免政治对抗，也包含良性的政治竞争。而且，政治妥协是一个综合性的问题，不仅仅指在政治生态上达成政治一致或竞争，而且还与俄罗斯的地域、地缘政治、种族、文化、地区差异以及其他很多因素有关。①

政治性抗议运动有逐渐向社会性抗议运动转变的趋势。高度政治共识客观上也造成了一种政治压力，没有政治派别公开质疑政府行为，即使体制外反对派的抗议运动也远没有了2011年的声势。库德林领导的公民倡议委员会以"俄罗斯人政治情绪监测"为主题进行了调查。调查报告认为，人们对体制内政党的不信任、对经济形势恶化的不满、对外交成就的怀疑正与日俱增。即便如此，当前俄罗斯民众对抗议运动的态度仍是不赞成政治抗议，只支持社会性抗议。这既与俄罗斯高度一致的政治局面有关，也与外部局势的恶化有关。②2011年以来各政党的建设方向也可以佐证这一变化。2011年国家杜马选举结束后，"统一俄罗斯"党在两个方面加强了党的建设。其一，加大力度关注社会问题。2013年10月召开了统俄党第十四次代表大会，梅德韦杰夫谈到了统俄党所肩负的重要社会责任："宪法规定俄罗斯是一个社会福利型国家。我们有提高预算保障人员工资的重大责任在身。尤其是医生、教师、军人。"③ 梅德韦杰夫要求统俄党讨论社会重大民生问题。其二，统俄党开始了一场清理党员队伍的运动。中央机构向所有联邦和地区级领导人下达认真处理所有投诉的指示。④ 体制内的反对派社会性抗议活动的目标也很明确，在教育、卫生、反腐和发展中小企业这样一些重要的民生领域提出自己的纲领。⑤

"人民阵线—为了俄罗斯"（简称"人民阵线"）社会运动的壮大除了着

---

① Глухова А. В. Почему в России так трудно достигается согласия？ Никовская Л. И. Экономика и политика в переходном обществе：кризис взаимодействия. Эдиториал УРСС, 2000, с. 162.
② Мониторинг политических настроений россиян, http：//polit.ru/media/files/2014/12/25/Мониторинг_ политических_ настроений_ россиян. ppt.
③ Стенограмма выступления Дмитрия Медведева на XIV Съезде «Единой России», 5 октября 2013, http：//er.ru/news/108479/.
④ Светлана Субботина, «Единая Россия» очищает себя от недостойных, Известия, 21 июня 2013.
⑤ Три перемены 2015 года：что будет с обществом и властью, http：//rbcdaily.ru/politics/562949993472179.

眼于单一选区选举,也是普京推动政治发展的尝试。"人民阵线"是围绕普京建立的,遵循普京提出的国家发展思路和价值观。有评论指出:自2013年开始,普京决定改组和加强"人民阵线"是因为他对实施国家发展战略的速度、对纲领性竞选文章和"五月总统令"的实施机制感到失望。几乎所有方面的工作包括住房公用事业改革、医疗卫生改革、教育改革都在空转,陷入了官僚主义的泥潭。普京希望"人民阵线"能够帮助或代表公民直接提出任务,并随后提出完成该任务需要形成法律和国家决议的建议,以推动解决那些陷入官僚主义泥潭的问题。[1]

美国政治中有一个概念叫"中期",即4年总统任期的时间中点。俄罗斯政治的"中期"则是一个新现象,因为原先的4年总统任期中基本上不存在任何中期,一切都十分紧凑:总统大选,1年间歇期,规划新的竞选热点,新一届杜马选举,新一届总统选举。杜马选举和总统任期分别延长为5年和6年后,俄罗斯政治的"中期"概念也出现了。在"统一俄罗斯"党在议会赢得史无前例的超高比例席位后,社会和民众会把"中期"后所有的问题都归结到政权党的身上,普京要直面一系列棘手的社会问题,如经济增长疲乏,精英团结出现裂痕且需要更新换代,民众有可能出现厌倦和不满情绪,在叙利亚等问题上遭遇地缘政治困境,等等。这样一个政治"中期"已无法回避。[2]

第二节 "统一俄罗斯"党的发展变化

"统一俄罗斯"党被认为是俄罗斯中派政治力量的核心代表。普京当选俄罗斯总统后为巩固执政地位,将"统一俄罗斯"党打造成为政权可以依靠的全国性大党。"统一俄罗斯"党的指导思想是俄罗斯保守主义。俄罗斯建立了"统一俄罗斯"党一党主导的政党格局。"统一俄罗斯"党作为俄罗斯的政权党,积极进行自我革新,是俄罗斯政治体系下普京倚重的政治力量,其未来目标是建立国家发展的保障体系,引领俄罗斯成为世界的领导者之一。

---

[1] Петр Скоробогатый, Все на фронт, Эксперт, 17 июня 2013.
[2] Константин Гаазе, Новая пятилетка Путина: правила игры, http://www.ia-centr.ru/expert/16008/.

"统一俄罗斯"党是俄罗斯政治体系的一部分,而且是在当今俄罗斯政治体制中起决定性作用的关键部分。俄罗斯的政治体制在"统一俄罗斯"党与其他政党竞争的过程中不断得到更新和改善,从而为实现普京的强国梦奠定了政治基础。普京一手创立了"统一俄罗斯"党,这也是该党得以顺利发展的最强大政治资源。同时,"统一俄罗斯"党也是普京最坚定的支持力量,在普京国家治理体系中居于重要支撑地位。普京为了塑造全民总统的形象,并不在"统一俄罗斯"党内担任实职。2018年总统大选,普京就是以自荐的独立候选人身份参选。普京的政治期望是赢取俄罗斯所有公民的广泛支持。

一 "统一俄罗斯"党的历史演变

"统一俄罗斯"党的前身是俄罗斯执政当局在1999年为了国家杜马选举而组建的统一运动竞选联盟,由时任总理普京亲自运作。由于有普京的大力宣传,该联盟依靠在车臣问题上的强硬立场在很短的时间里赢得了广泛的支持,在国家杜马选举中获得约25%的选票。统一运动竞选联盟的胜利是普京个人的胜利,反映出俄罗斯民众期盼结束国内混乱的政治秩序的急切心情。

1999年俄罗斯国家杜马选举结束后,统一运动竞选联盟加快了组建政党的步伐:2000年5月27日,统一党成立;10月28~29日,统一党召开二大,宣布统一党是"总统政权党"。2001年,统一党和"祖国"运动组建联合政党,于4月实现了在国家杜马中的合并;7月12日,两党正式联合,成立全俄罗斯"统一和祖国"联盟;10月,在联盟二大上,"全俄罗斯"运动被吸收为联盟成员。

2001年12月1日,全俄罗斯"统一和祖国"党成立,简称"统一俄罗斯"党,成为支持总统的最大政治力量。以谢尔盖·绍伊古为首的统一党成员主要是中央和各级政府机关的官员和职员,以尤里·卢日科夫为首的"祖国"运动的成员大多是首都莫斯科的政治精英、企业界人士和知识分子,以明季梅尔·沙伊米耶夫为首的"全俄罗斯"运动则代表各地方的实力派和官吏的要求。三个政治组织一致的方面体现在它们都支持俄罗斯总统普京。2001年12月18日,"统一俄罗斯"党在俄罗斯司法部登记注册。2002年11月,格雷兹洛夫当选"统一俄罗斯"党最高委员会主席。

"统一俄罗斯"党正式成立后，普京为保障"统一俄罗斯"党成为政权可以依靠的全国性大党，在制度建设上下足了功夫，各种法律和机制保障举措频频出台。《政党法》《国家杜马代表选举法》《政府法》等一系列法律的修改为"统一俄罗斯"党大展宏图奠定了政治和法律基础。在2016年结束的第七届国家杜马选举中，"统一俄罗斯"党赢得343席，获2/3以上多数席位，延续了一党主导的政党格局。[①]

2017年1月22日，"统一俄罗斯"党第十六次代表大会召开，会议实现了该党中央领导机构的更新换代，通过了新一届最高委员会成员名单，梅德韦杰夫连任该党主席，任期5年，俄罗斯联邦委员会主席马特维延科、国防部部长绍伊古、莫斯科市市长索比亚宁以及文化部部长梅津斯基、农业部部长特卡乔夫等连任新一届最高委员会成员，确保了该党核心领导层的稳定。在2017年9月10日的地方选举中，"统一俄罗斯"党在16个联邦主体行政长官的选举中大获全胜，该党候选人均以高票当选。2017年12月22~23日，"统一俄罗斯"党十七大召开，普京和时任党主席梅德韦杰夫出席，会议通过决议称将全力支持普京参加2018年俄罗斯总统选举。

二 "统一俄罗斯"党的指导思想

"统一俄罗斯"党的指导思想是俄罗斯保守主义，与俄罗斯总统普京的执政理念一脉相承。以2005年国情咨文为标志，普京治国理念的形成与发展在总体上可以划分为两个阶段。1999年12月至2005年4月为"俄罗斯新思想"时期。这一阶段形成了普京执政的思想基础，并在此基础上提出了强国战略，俄罗斯也逐渐形成了普京特色的发展模式。2005年以后为"主权民主"思想时期。这一阶段概括了普京的政治模式及发展道路，并在"主权民主"思想的基础上提出了"俄罗斯保守主义"。

2007年，普京在瓦尔代国际辩论俱乐部会议上解释了"主权民主"的含义。他指出"主权民主"是一个混合体，主权是俄罗斯与外界相互关系的本

---

① Постановление ЦИК о результатах выборов депутатов Госдумы, https://rg.ru/2016/09/24/postanovlenie-dok.html.

质,民主则是俄罗斯的内部状态,是俄罗斯社会的内在。普京认为,要从外部保障俄罗斯的国家利益,营造一个积极有效并造福本国公民的舒适社会。

在 2013 年 12 月的国情咨文中,普京将新时期的政策内涵解读为捍卫传统的家庭价值观,始终如一地坚持俄罗斯的立场。他表示俄罗斯确有成为世界领导者的雄心,但不会强推俄罗斯模式,也不会谋求恢复以往超级大国的地位。普京指出,俄罗斯推崇建立在相互尊重基础上的价值观和价值导向,坚持保守主义的立场,尊重国家主权、独立和民族的独特性。这是普京时隔 5 年后首次重申俄罗斯的保守主义立场。

在当今的俄罗斯,保守主义没有贬义,保守主义是俄罗斯坚持传统价值观的体现,是代表中派主义政治价值取向的符号。2017 年 11 月 1 日,国家杜马主席沃洛金作为官方代表正式提出俄罗斯传统价值观就是家庭、信仰、团结、祖国、公正,回应了 2013 年普京重提保守主义命题的内在含义。[①] 同时,俄外交和国防政策委员会主席团主席卢基扬诺夫指出,普京保守主义理念反映了他的新发展哲学,重视的是人的现代化;若要长期在外交上采取灵活多变的战术方法,俄罗斯需要在内部营造一种氛围,让社会乃至更广义上的人的潜力都发挥出来;军事实力仍是大国捍卫自身不可侵犯的手段,但是在技术和智力领域的竞争才是重中之重,决定着国家在全球的影响力;最重要的竞争是人才的竞争,是对人心、智慧的争夺,是对创新人才的关注、吸引,要为他们实现自我价值创造条件。[②]

早在 2000 年 2 月 27 日,普京在"统一俄罗斯"党的前身——统一运动竞选联盟成立大会上就明确表示:只有当一个党有了自己的思想体系,提出的价值观念能够为百万民众所接受和支持,而且比行政方式和资源的力量更有号召力时,它才能成为真正的党。普京的执政理念是:俄罗斯要想重新崛起,首先需要社会团结和有凝聚力,如果出现与执政当局政策和理念不同的政策和政治纲领,俄罗斯就无法实现团结与稳定。政权党和一党主导的选举政治在这个方面发挥了特殊作用。除了政权党,其他各政党也必须服务于团结与稳定这一目

---

① Володин сформулировал пять базовых ценностей России,http://www.interfax.ru/russia/585679.

② Незаменимая держава,https://ria.ru/analytics/20130920/964803117.html.

标。因此，虽然俄罗斯宪法规定俄罗斯不能有统一的国家意识形态，但实际上俄罗斯的官方主流意识形态是"统一俄罗斯"党坚持的俄罗斯保守主义，俄罗斯国内各种政治力量在这一问题上存在一个最大限度的政治共识。

三 "统一俄罗斯"党的政治地位

2009年11月，梅德韦杰夫在"统一俄罗斯"党十一大上发表讲话，将该党定位为"执政党"，他认为"统一俄罗斯"党在国家杜马中拥有3/4的表决权，在各地区的立法会议中也占据大多数席位，它得到俄罗斯总统普京的支持，是当之无愧的执政党。

然而，尽管普京和梅德韦杰夫都称"统一俄罗斯"党是执政党，但是严格来说，"统一俄罗斯"党只能被称为政权党。它与执政党的主要区别在于：俄罗斯宪法并没有规定在国家杜马选举中获胜的政党有权组织政府和推举政府首脑。也就是说，做决定的中心来自党外。例如，"统一俄罗斯"党作为国家杜马中的主导政治力量并不能决定总理的人选，它所能做的是通过在议会的代表资格使执政当局的决定合法化。只有把政府变为政党政府的情况下，即赋予"统一俄罗斯"党组建政府的权力，而不仅仅是总统人事决定等方面的表决工具，政权党才能成为执政党，才能在法律意义上对所做出的决定承担责任。

1993年因首次举行国家杜马选举，俄罗斯出现了第一个政权党——"俄罗斯选择"运动民主力量联盟，它成为俄罗斯前总统叶利钦的执政基础。后来政权党的意识形态色彩日渐淡化，被赋予了越来越多的行政色彩，其政治独立性也日益削减，在政权党现象存在的整个时期中，它逐渐成为总统对政党体系施加影响的工具。

从政权党的地位和效率中可以判断这个政权内部的情况。衰弱而力量涣散的政权永远不可能建立强大的政权党。在叶利钦时期，政权党往往不能在议会中获得多数席位：1993年，"俄罗斯选择"运动民主力量联盟获得15%的议会席位；1995年，"我们的家园——俄罗斯"仅获10%的议席。此外，政权党内部常常出现裂痕，这体现了政权内部存在激烈竞争：1993年，"俄罗斯选择"运动民主力量联盟与沙赫赖领导的"俄罗斯统一和谐"党相互较劲，实际反映的是"俄罗斯选择"运动民主力量联盟领导人盖达尔和切尔诺梅尔金对总理宝座的争夺；1995 年，中右翼联盟"我们的家园——俄罗斯"受到中左翼"雷布金联盟"的遏制，反映出叶利钦亲信之间的政治斗争。政权党最尖锐的一次矛盾出现在 1999 年，那时政权出现了自上而下的分裂，地方上的政权党组成"祖国—全俄罗斯"联盟向执政当局发难。①

普京上台后，彻底扭转了形势。执政当局开始系统地控制政党体系。"统一俄罗斯"党在俄罗斯政坛居于关键位置。在中央层面，"统一俄罗斯"党是普京在国家杜马中实施强国战略的坚实保障；在地方层面，"统一俄罗斯"党作为势力最大的全国性政党，是普京防止地区分裂和巩固联邦统一的核心力量。在政党体系中存在一个占优势的政党，这无论在哪种政治体制下对于执政当局都是有利的。从政治绩效的快捷性来看，占有主导地位的政权党可以对国家现代化提供有效的立法支持。对于致力于实现俄罗斯强国梦的普京来说，依靠"统一俄罗斯"党推动其大政方针是俄罗斯政治现实的需要。

俄罗斯的政党体系已比较稳定。目前俄罗斯政党体系的基础由国家杜马中的四大政党构成，除了"统一俄罗斯"党，还有俄罗斯联邦共产党、俄罗斯自由民主党和公正俄罗斯党。从政治生态的角度看，其他三党都不是真正的反对派，一方是"统一俄罗斯"党，另一方是体制内反对派，由此形成的体系处于一种相对稳定的平衡状态。目前，执政当局在政治运行机制上牢牢把控，体制外反对派还不能形成真正的政治力量，无法影响现行政治体制。②

四 "统一俄罗斯"党的自我革新与未来目标

"统一俄罗斯"党之所以在俄罗斯政党格局和政治体系中占有重要地位，与该党近年来的党内改革密不可分。2009 年俄罗斯的金融危机和 2011 年国家杜马选举后爆发的抗议运动让该党开始自我革新。

其一，通过了新的纲领性文件。③ 2009 年 11 月 21 日，"统一俄罗斯"

---

① Татьяна Становая, Что такое «партия власти» в России? https: //ria. ru/analytics/20050608/40488891. html.
② "Слабое звено" и новая стратегия Кремля, http: //www. apecom. ru/articles_ article. php? id = 406_ 0_ 20_ 0.
③ Устав Партии "Единая Россия", http: //er. ru/party/rules/#1.

党第十一次代表大会通过了新纲领,其中最重要的内容是承认"统一俄罗斯"党的意识形态是保守主义。该党的保守主义思想是否与普京提出的创新发展战略以及现代化构想相符,一直是人们热议的重点。"统一俄罗斯"党力图将总统的指示与保守主义意识形态结合起来。该党中央执行委员会主席沃罗比约夫表示,现代化改造与保守主义毫不冲突,总统的提议与"统一俄罗斯"党的纲领一脉相承。从改革的逻辑上讲,"统一俄罗斯"党新纲领的核心是扬弃,其中至关重要的是保住俄罗斯的文化和价值观,并在此基础上改革经济和社会机制。[1] 原国家杜马主席格雷兹洛夫评价保守主义是稳定和发展的思想,在没有停滞和革命的情况下不断对社会进行创造性革新。[2]

其二,加强党内竞争。新纲领规定了"统一俄罗斯"党代表必须参加各级选举的政治辩论等内容。放弃参加政治辩论、尽量避开与其他政党候选人的辩论曾是"统一俄罗斯"党的一项特殊竞选策略,此举引起了其他政党的不满。"统一俄罗斯"党现在也着重推举善于进行公开辩论的政治家。

其三,"统一俄罗斯"党政治纲领的核心与执政阶层稳定优先的本质要求一致。坚持政治稳定、坚持传统价值观和民族团结是俄罗斯爱国主义的主要思想。普京明确表示:俄罗斯是自给自足的国家,将在现有的条件下发展自己的生产和技术,更坚定地进行改革,外部压力只能使俄罗斯社会更加团结。俄罗斯的优先任务是在传统价值观和爱国主义基础上团结俄罗斯社会,并继续完善民主和开放的经济体制,加快国内发展。[3]

出身于"统一俄罗斯"党高层、曾在政府和总统办公厅担任重要职位的国家杜马主席沃洛金明确表示:普京在"统一俄罗斯"党第十七次代表大会上的发言具有纲领性意义,明确了国家发展的目标、任务和前景。"统一俄罗斯"党需要继续进行自我革新,坚定未来目标,致力于国家发展和实现经济

---

[1] "Единая Россия" начинает консервативную модернизацию, http://ppt.ru/news/73209.
[2] Грызлов: идеология "Единой России" основана на консерватизме, http://www.vesti.ru/doc.html?id=225134&tid=63493.
[3] Заседание Международного дискуссионного клуба "Валдай", http://www.kremlin.ru/events/president/news/46860.

现代化。①

2017年12月23日，普京参加"统一俄罗斯"党第十七次代表大会并发表讲话，规划了"统一俄罗斯"党的未来目标。他指出，俄罗斯政府和"统一俄罗斯"党此前的工作是基础，但是并不能确保俄罗斯未来的发展。党的执政地位要想得到巩固，需要确立并实现更加宏伟的目标。②

对于"统一俄罗斯"党和俄罗斯政府而言，对内首先要赢得民众的拥护与支持，这就要求制订和落实面向保护和发展公民权利与自由的计划；其次要致力于稳定，但稳定不是因循守旧，不是停滞不前，为此要扩展俄罗斯的直接民主机制，并尊重有能力和负责任的反对派，而不是让夸夸其谈的民粹主义上台，这将对建立强大的公民社会产生影响。对外不谋求对抗，维持东西方外交平衡，但不会牺牲俄罗斯公民的安全和国家利益。③ 总而言之，"统一俄罗斯"党的目标可以概括为引领俄罗斯成为世界的领导者之一。④

五 从第八届国家杜马选举看"统一俄罗斯"党态势

2021年9月17~19日，俄罗斯举行第八届国家杜马选举。此次选举因疫情采取了分几天投票的方式，投票时间从一天改为三天，这固然有疫情的影响，但更主要原因在于顺势而为，意在改变2016年在国家杜马选举时47.88%的超低投票率。此次选举实现了政权预期目标，也折射了苏联解体后俄罗斯转型与发展30年来的基本特点。

在第八届国家杜马选举中"统一俄罗斯"党的获胜将直接影响普京对杜马选举后的政治布局，奠定普京2024年前国家治理和为2024年总统大选排兵

---

① Володин назвал выступление Путина на съезде "Единой России" программным，https：//www.pnp.ru/politics/volodin-nazval-vystuplenie-putina-na-sezde-edinoy-rossii-programmnoy.html.
② Гарантия развития：Путин выступил на съезде "Единой России"，https：//ria.ru/politics/20171223/1511591762.html.
③ Владимир Путин выступил на пленарном заседании XVII съезда Всероссийской политической партии "Единая Россия"，23 декабря 2017，http：//www.kremlin.ru/events/president/news/56478.
④ Владимир Путин выступил на Форуме действий Общероссийского народного фронта，19 декабря 2017，http：//www.kremlin.ru/events/president/news/56410.

布阵的政治基础，从而能够在一定程度上确保"后普京时代"俄罗斯的国家安全与稳定，因此此次选举处于普京统筹解决"2024问题"的重要一环。

具体而言，俄罗斯2020年修宪的要义是要确保普京执政长周期政局的稳定，从制度上为强总统模式的行稳致远保驾护航，而2021年的国家杜马选举则是要从人事上实现确保未来俄中长时段稳定的精英基础，这将是2024年前俄人事调整的重要一步。此次杜马选举不仅要确保"统一俄罗斯"党一党主导的地位，还将在杜马选举后确定好能与执政当局紧密配合的国家杜马主席、各议会党团领导人等，从制度和人事两个层面确保"普京道路"的持续。截至目前，无论从选举最终结果看，还是从新一届杜马运行的情况看，政权的上述目标均已实现。

2021年8月16日，俄中选委正式确认共有14个政党参选。本次选举依然采取"混合选举制"，225席按照全联邦区政党得票率选出，225席通过单一选区简单多数选出。

根据俄罗斯中央选举委员会的最终统计，全联邦区政党比例代表制选举结果为："统一俄罗斯"党的得票率为49.82%，俄罗斯共产党的得票率为18.93%，俄罗斯自由民主党的得票率为7.55%，"公正俄罗斯-为了真理"党的得票率为7.46%，新人党的得票率为5.32%。1999年以来首次有五个政党在国家杜马选举中胜出，即有五个政党越过5%的门槛，进入俄罗斯国家杜马。

单一选区多数选举制选举结果为"统一俄罗斯"党赢得198席，俄罗斯共产党获9席，"公正俄罗斯-为了真理"党获8席，俄罗斯自由民主党获2席，此外，祖国党、增长党和公民平台党以及5名自我提名的无党派独立候选人各获得单一选区一个议席。

综合统计两种方式的选举结果，新一届国家杜马席位分配为："统一俄罗斯"党占324席。尽管与2016年杜马选举获得的343席相比该党失去了19个席位，但仍保持宪法绝对多数席位。此外，俄罗斯联邦共产党57席、"公正俄罗斯 为了真理"党27席、俄罗斯自由民主党21席，上届三党曾分别为42席、23席和39席。成立于2020年的新人党获得13个席位，首次进入国家杜马。

2021年10月12日，新一届国家杜马开始运行。"统一俄罗斯"党推举的国家杜马主席候选人沃洛金再次当选国家杜马主席，同时，该党占据了国家杜马各委员会的关键性职位，如立法、安全等委员会的主席职位。该党还在国家杜马领导机构中占据8席，国家杜马主席和第一副主席均为该党党员。

此次杜马选举结果呈现三个突出特点："统一俄罗斯"党继续占据一党主导的地位；相比2016年选举，俄共得票率大幅上升；成立仅一年多的新人党异军突起。

选前"统一俄罗斯"党的民意支持率仅维持在30%左右，但最终"统一俄罗斯"党依然实现政权预期目标，维持了宪法多数席位，这主要得益于普京政权从政治设计和社会民生两个领域发力，确保了该党获胜。

从政治设计看，主要集中在三个方面：消除纳瓦利内事件的影响、管控政治公共空间和确保杜马选举原则的最大有效性。纳瓦利内名下的"反腐基金会"等组织被列为"极端组织"，根据法律规定纳瓦利内本人及其团队不能参加杜马选举。与西方关系密切的"雨"电视频道等被定为"外国代理人组织"，也被禁止参加此次选举。除此之外，延续对"统一俄罗斯"党有利的竞选原则是核心举措。

从社会民生领域看，疫情期间民生政策向弱势群体倾斜确保了民众心态基本面的稳定。普京2021年4月21日的国情咨文是民生政策向弱势群体倾斜的主要标志。咨文提出俄罗斯政府的主要任务是确保国民实际收入不断提高，恢复至疫情前水平并继续增加，推动减贫工作产生明显成效。

不仅如此，2020年修宪时新加了三项与民生有关的内容，这在世界宪法中都属罕见：俄罗斯联邦尊重公民的劳动，并保卫其权利，国家保障最低工资不低于俄罗斯联邦全体居民基本生活费；俄罗斯联邦按照普遍、公平和团结的原则建立公民退休金制度，并支持其有效运行，按照联邦法律规定的方式每年至少一次对退休金进行指数化；根据联邦法律对社会强制性保险进行保障，为公民提供有针对性的社会支持，并将社会补贴和其他社会费用指数化。立法保证最低劳动报酬和最低退休金不低于"贫困线"，这对稳定社会情绪效果明显。

俄共得票率大幅上升的原因主要与后疫情时代世界政治"左倾"的共同趋势有关。支持俄共的基本盘是依赖国家社会保障但又对统俄党不满的阶层。新人党在2020年3月建立，党主席涅恰耶夫是全俄人民阵线中央委员，因此从某种意义上讲，该党也是亲政权的政治力量。该党定位为一个青年政党，声称代表俄罗斯年轻人的利益。在后苏联一代和普京一代先后登上政治舞台、占据选民基数 1/3 强的背景下，新人党既得到政权支持，又能弥补现政权在青年领域的政策短板，代表了社会发展的某种趋势，其前景被很多人看好，这也是该党能够进入国家杜马的关键因素。

第三节　俄罗斯联邦共产党的重建与发展

俄罗斯联邦共产党，简称"俄共"。其前身是成立于 1990 年 6 月的俄罗斯苏维埃联邦社会主义共和国共产党。当时，苏联各加盟共和国的离心倾向加剧，俄罗斯民族意识渐强。俄罗斯共产党人不满戈尔巴乔夫改革，又苦于没有俄罗斯联邦自己的党组织，[①] 于是，俄罗斯苏维埃联邦社会主义共和国共产党应运而生。成立之初的俄共并不是一个独立的政党，没有自己的章程，也没有明确的纲领，而只是作为苏联共产党的一部分，联合了分布在俄罗斯联邦领土上的苏联共产党组织。

一　俄共重建过程

1991 年"8·19"事件之后，叶利钦解散了苏共，并企图禁止俄共的一切活动。同年 8 月 23 日，叶利钦发布《关于暂停俄罗斯联邦共产党的活动》的第 79 号总统令。该总统令主要指控俄共支持苏联紧急状态国家委员会强行罢免苏联总统的行为违反苏联《公共协会法》，并阻碍了第 14 号总统令《关于暂停在国家机关和机构以及俄联邦组织中的政党组织活动和群众性社会运动》[②] 的执行。

---

① 由于俄罗斯联邦是苏联的主体，当时主流观点认为，只存在苏共中央就够了，不必单独成立俄罗斯联邦共产党。所以，1925 年俄共（布）第十四次代表大会将党名改为苏联共产党（布）以来，一直到 1990 年俄共成立，俄罗斯联邦都没有自己共和国一级的党组织，是苏联唯一一个没有自己党组织的共和国。参见李亚洲《俄共理论与政策主张研究》，中国社会科学出版社，2010，第 9 页。

② О прекращении деятельности организационных структур политических партий и массовых общественных движений в государственных органах, учреждениях и организациях РСФСР, http://kremlin.ru/acts/bank/33.

第三章　俄罗斯政党制度

基于此，叶利钦总统要求俄罗斯联邦内政部和检察院对俄共组织活动违宪性事实进行调查。在指控得到最终的司法解决之前，暂停俄罗斯联邦共产党的机构和组织活动。与此同时，对俄共组织和机构的财产和资金进行了规定。① 8月25日，叶利钦发布第90号总统令，对苏共和俄共组织机构在俄联邦境内外的动产和不动产做了详细的规定和限制。② 9月6日发布的第169号总统令序文部分指责了苏共应该为国家的崩溃和使苏联人民陷入历史性僵局负责；认为俄共从未取得合法注册的政党身份，只是作为苏共的附属，支持"8·19"政变是其必然的政治逻辑，苏共和俄共的非法活动为加剧危机及新一轮政变创造了可能。因此，总统令规定，"停止苏共、俄共在俄罗斯联邦领土上的一切活动，解散其组织机构"，并重申"苏共和俄共在俄罗斯联邦领土上的财产转交国家所有"。③ 一系列限共禁共的总统令表明，叶利钦趁打击苏共之机，竭力限制俄共的活动并冻结、没收其资产，意在重创俄罗斯联邦内部的共产党及左翼力量。

共产党和左翼力量并未就此被粉碎。面对来自当局的打压，俄共没有放弃，而是积极抗争，俄共领导人公开表示要恢复党的队伍。1991年11月16日，8名俄共中央书记发表声明，要求法律能对苏共和俄共的命运做出公断，并呼吁社会各界关注和支持此事。当时占俄罗斯人民代表大会1/3席位的共产党代表利用各种手段为俄共的重建积极活动。12月，巴布林等36位俄罗斯人民代表联名向宪法法院提出申诉，要求审议叶利钦的禁共令是否符合宪法。叶利钦则授意俄联邦宪法委员会责任秘书鲁缅采夫向宪法法院提出申诉，要求其"承认苏共违反宪法，从而证明俄总统令符合宪法"④。宪法法院受理了"关于审查三个总统令合宪性"和"关于苏共和俄共合宪性"的两个申诉，并将二者合并，认为后者是前者的附属问题。⑤ 此案被称为第79号、第90号、第169

---

① О приостановлении деятельности Коммунистической партии РСФСР，http：//kremlin.ru/acts/bank/134.
② Об имуществе КПСС и Коммунистической партии РСФСР，http：//kremlin.ru/acts/bank/144.
③ О деятельности КПСС и КП РСФСР，http：//kremlin.ru/acts/bank/385.
④ 李亚洲：《俄共理论与政策主张研究》，中国社会科学出版社，2010，第12~13页。
⑤ Дело КПСС，http：//www.panorama.ru/ks/d9209.shtml.

109

号总统令的合宪性案，简称"苏共案"。①

1992年11月30日，宪法法院对"苏共案"做出裁定。对于叶利钦总统8月23日第79号《关于暂停俄罗斯联邦共产党的活动》总统令，宪法法院裁定如下：第一条"对俄共活动违宪事实进行调查"的规定不符合宪法；要求检察院将调查材料送交司法审查机关并确保总统令第五条"建议俄联邦检察院确保监督本法令实施"不具法律效力，因为检察院无此责任；总统令第六条"本总统令自签署之日起生效"不符合法律原则，限制公民权利的行为只有在正式公布后方能生效；第79号总统令的其余要点，包括"在俄共的合宪性问题获得司法程序上的解决之前暂停俄共机关和组织活动"符合宪法。宪法法院对8月25日第90号"关于苏共和俄共的财产"总统令裁定如下：该总统令包括将共产党的财产移交权力执行机关，此条款对于那些由"苏共拥有、处置和使用但实际上属于国家或市政的财产"而言符合宪法；对于由苏共所有，或在其管辖范围内的那部分财产国有化的条款是违宪的，因为无法明确这些财产的所有者。宪法法院还指出，所有非国有财产的纠纷都可通过司法程序解决。对于11月6日第169号"关于苏共和俄共活动"的总统令裁定如下：该总统令第一条"停止苏共、俄共在俄罗斯联邦领土上的一切活动，并解散其组织机构"适用于解散苏共和俄共的领导机构，这是符合宪法的，而解散在属地原则基础上建立的基层党组织结构则是违宪的；关于审查苏共和俄共合宪性的问题，由于1991年8~11月苏共实际上解散并失去了全苏组织地位，苏共的领导组织解散，俄共作为苏共的一部分被解散是符合宪法的，因其并未成为一个独立的政党组织。鉴于以上种种原因，诉讼程序被终止。②

可见，宪法法院对"苏共案"的裁定尽可能地体现了宪法精神和法律原则，并非唯叶利钦马首是瞻。苏共中央政治局委员利加乔夫、苏联总理雷日科夫、本案中总统一方的辩护律师费多托夫等案件亲历者和部分学者都认为，宪法法院对"苏共案"的裁决是妥协性的、折中主义的。③而这一判决在一定程度上宣布了对俄共的解禁，从而有利于俄共的重建。尤其是终止叶利钦对共产

---

① 有国内学者称其为"世纪案"。
② Дело КПСС，http：//www.panorama.ru/ks/d9209.shtml.
③ 尤宁戈：《对"世纪案"的几点看法》，《国际展望》1993年第2期。

党违宪的申诉，认为共产党的基层组织有权在现行法律内活动，相当于为俄共的重建提供了部分合法性。宪法法院能够顶住总统的压力，做出折中性判决有其深层的社会原因：自由主义改革的失败、经济下滑、叶利钦威望的下降使"不少人心里充满对现实的不满和对往昔的怀念，夹杂着对西方的积怨"[1]。加之俄共把握住机会，利用完备的基层网络加大宣传，使左翼社会主义思潮在民众中博得好感和同情。左翼社会主义思潮成为20世纪90年代俄罗斯社会多种政治思潮中的重要代表。

1993年2月，俄共恢复重建，并迅速成为左翼团体的领袖，成为最有影响力的议会反对派。其指导思想成为最具代表性的左翼思潮。俄共的指导思想基本体现在1995年俄共三大制定的《俄罗斯联邦共产党纲领》（简称《俄共纲领》）中。从《俄共纲领》到"俄罗斯社会主义"，俄共的思想主张随着时局和自身处境的变化而不断调整。

二 《俄共纲领》

1995年1月22日俄共第三次代表大会通过《俄罗斯联邦共产党纲领》，1997年4月第四次代表大会和2002年1月第八次代表大会都对《俄共纲领》做出修改补充。之后俄共中央主席团又提出将根据变化了的新情况对纲领进行修改。2008年1月俄共第十三次代表大会通过了新版的《俄共纲领》，并一直沿用至今。正如俄共领导人所言，1995年的纲领总体上经受住了时间的检验，修改仅是对某些理论问题的表述进行完善，对最低纲领进行具体化，并未对党的性质和战略目标做出改动。[2] 可见，1995年形成的《俄共纲领》具有基础性蓝本的意义，同时也是自由主义思潮退却后俄罗斯左翼社会主义思潮的代表性文本。

《俄共纲领》总体分为开篇、主体和结束语三个部分。在开篇部分，俄共谴责当局"企图通过欺骗和暴力"将俄罗斯拉回"野蛮原始的资本主义社会"，称当局选择的是"一条政治反动、社会倒退的道路，是一条会导致俄

---

[1] 张树华、刘显忠：《当代俄罗斯政治思潮》，新华出版社，2003，第128页。
[2] 李亚洲：《俄共理论与政策主张研究》，中国社会科学出版社，2010，第56页。

罗斯文明毁灭的民族灾难之路",将使俄罗斯联邦面临进一步分裂的危险。此外俄罗斯还遭遇制度性危机,工农业生产规模下降,生产力、科学文化消亡,人口减少,在经济上沦为发达国家的殖民地和原料附庸。劳动人民则丧失了大部分经济权力和成果,从而迅速无产阶级化,劳资矛盾、新贵和普通大众之间的矛盾加剧,各阶层居民对统治阶层的反抗与日俱增,因此,"俄罗斯正处在悲剧的十字路口"①。可见,俄共在揭露执政当局给俄罗斯造成灾难性后果的同时,首先明确了作为现政权反对派的立场。

《俄共纲领》开篇旗帜鲜明地提出俄共是忠于劳动人民利益的党。其主要目标在于七个关键词:人民政权,即通过联盟或人民民主自治的其他形式联合起来的大多数劳动者的宪法权利;公正,即保障劳动的权利并按劳分配,保障所有人得到免费的教育、免费的医疗、设施完善的住房、休息和社会保障的权利;平等,即消灭人剥削人的制度和各种社会寄生现象,生产资料公有制占主导地位;爱国主义,即各民族平等、各国友好、爱国主义与国际主义相统一;责任,即公民与社会相互负责、人的权利与义务相统一;社会主义,即更新的、在未来以宪法形式固定下来的、符合现代生产力水平的、生态安全的、具有全人类使命性质的社会主义;共产主义,将是人类历史的未来。②"在确定自己的纲领目标、战略以及实现它们的斗争策略时,俄共将遵循不断发展着的马克思列宁主义学说、唯物辩证法,借鉴国内外科学文化的经验和成就。"③俄共以此宣布了自身作为马克思列宁主义政党的性质。

《俄共纲领》的主体分为四个部分,分别有一个标题作为引领。第一个标题为"即将跨入第三个千年的世界"。在这一部分,俄共分析了当前的世界形势,认为资本主义与社会主义的原则性争论在 21 世纪仍将继续。资本主义的种种弊端,如追求利益最大化和资本积累造成的金钱至上、资源浪费、新殖民

---

① 刘淑春等著《当代俄罗斯政党》,中央编译出版社,2006,第 446 页。此译本是以 1997 年 4 月 20 日俄共第四次代表大会和 2002 年 1 月俄共第八次代表大会通过的修改补充版的《俄共纲领》为原文,与 1995 年第一个纲领相比,内容上有些许变化。因此,本文以 1995 年纲领文本为准,所涉之处特殊注明,此外皆参照上述译本。
② 李亚洲:《俄共理论与政策主张研究》,中国社会科学出版社,2010,第 57 页。
③ Программа Коммунистической партии Российской Федерации Принята III съездом КПРФ 22 января 1995, https://www.permgaspi.ru/politads/files/1312.pdf.

主义对世界各国进行的掠夺性剥削、消费社会人性的扭曲等已经暴露无遗。资本主义的本质没有变,劳资矛盾已冲破发达国家国界波及各国。"资本主义世界的新结构使其保持了相对的稳定,消除了主要国家中的社会冲突,使之成为国家间的冲突。"但是,资本主义在保证少数国家经济高增长的同时,使全人类面临诸如"生态""人口""种族"等全球性问题的挑战。就连其最热心的支持者也承认,资本主义的社会存在形式已接近其能力的极限。资本主义的生产方式不仅已到了内部的临界点,而且也逼近自然的承受极限。以此种速度和方式保持生产增长将导致不可逆转的生态灾难,使地球不再宜居。①

因此,在新千年降临之际,人类将面临两条道路、两种选择。其一是"在保持现有的生产、分配和消费结构的情况下,限制甚至中止世界经济水平的增长。把人类永久性地分为'金十亿'和受其剥削的边缘地区,借助'世界新秩序'确立发达资本主义国家的全球统治地位"。其二是"在改变生产力、生产方式和消费方式的性质以及重新确定科学技术进步的人道主义取向基础上保持全球生态平衡,不断提高地球上所有人的福利水平"。第二种选择被国际社会称为"可持续发展"道路。显然,俄共应该选择第二条道路并制定自己的可持续发展战略。进而,俄罗斯共产党认为:"对于俄罗斯来说,最合理、最符合国家利益的是选择最佳的社会主义发展模式。"在此过程中,社会主义作为一种学说和社会运动将迎来第二次生命。②

"最佳的社会主义发展模式"将彻底改变生产劳动和消费的性质,有效克服资本主义弊端。俄共认为,当人的全面发展成为劳动的主要条件时,生产劳动将越来越以智力劳动为主。社会对人发展的投资,如对教育、科学、文化、社会环境等的投资将具有至关重要的意义。"劳动将从生存手段和迫不得已的需要逐渐变成自由的和创造性的个性展示,作为人的自然生存方式及现实和完善人的创造性能力的过程而获得独立价值。"③《俄共纲领》这一表述在一定程度上反映了经典著作中关于"分工"的论断。如马克思在《哥达纲领批判》

---

① Программа Коммунистической партии Российской Федерации Принята III съездом КПРФ 22 января 1995, https://www.permgaspi.ru/politads/files/1312.pdf.
② 刘淑春等:《当代俄罗斯政党》,中央编译出版社,2006,第449~450页。
③ 刘淑春等:《当代俄罗斯政党》,中央编译出版社,2006,第450页。

中提到:"在共产主义社会高级阶段上,在迫使人们奴隶般地服从分工的情形已经消失,从而脑力劳动与体力劳动的对立也随之消失之后;在劳动已经不仅仅是谋生的手段,而且本身成了生活的第一需要之后;在随着个人的全面发展生产力也增长起来,而集体财富的一切源泉都充分涌流之后,——只有在那个时候,才能完全超出资产阶级法权的狭隘眼界,社会才能在自己的旗帜上写上:各尽所能……"① 又如马克思、恩格斯在《德意志意识形态》中以"分工"为例对"自然形成的社会"和"共产主义社会"加以区别。马克思、恩格斯指出,在"自然形成的社会"里,分工不是出于自愿而是被强加于人的。任何人都有固定的活动范围,"只要他不想失去生活资料",他就必须局限于这一范围。"而在共产主义社会里,任何人都没有特定的活动范围,每个人都可以在任何部门内发展,社会调节着整个发展,因而使我有可能随我自己的心愿今天干这事,明天干那事,上午打猎,下午捕鱼,傍晚从事畜牧,晚饭后从事批判,但并不因此就使我成为一个猎人、渔夫、牧人或批判者。"② 俄共对"最佳的社会主义发展模式"的构想强调了生产劳动性质的革命性改变,强调社会主义只是共产主义的初级阶段,体现了俄共作为马克思主义政党的鲜明特性。

这一部分还指出,合理的分工使消费的性质随之改变,精神性需求增加,公共性生产和消费吸引人们参与共同创造、自我组织管理和团结互助。生产力领域发生革命性变化,社会从工业化向后工业化和信息技术社会迈进。人与自然和谐相处,生态安全被纳入社会安全范畴,并成为衡量生产效率的指标之一。科技进步和劳动社会化使工人阶级在性质和结构上出现根本变革。具有广泛专业技能和开阔视野的劳动者将取代专业单一的劳动者,工程技术知识分子等新型劳动者加入工人阶级的队伍,这意味着阶级社会的划分将逐步消除。同时,经过革新的劳动人民共同体也将成为共产党人主要的社会基础。在即将到来的21世纪,这支先进力量掌握着俄罗斯和人类的命运。③

主体部分的第二个标题为"俄罗斯的历史教训和摆脱危机之路"。在这一

---

① 《马克思恩格斯全集》第19卷,人民出版社,1963,第22~23页。
② 《马克思恩格斯全集》第3卷,人民出版社,1960,第37页。
③ 刘淑春等:《当代俄罗斯政党》,中央编译出版社,2006,第450~451页。

部分，俄共对俄罗斯历史文化传统与社会主义的关系、苏联的经验教训和苏联解体后国家面临的危机以及拯救国家摆脱危机的路径等展开阐述。

首先，俄共肯定了俄罗斯国家独特的历史，认为俄国历史上几次起义和革命推动了历史进步，证明了"革命是历史火车头的观点"，俄罗斯的未来只能建立在其创造性传统和历史连续性的坚实基础上。俄罗斯文化中素有村社生活、集体主义、爱国主义传统，个人与社会及国家权力紧密相连，追求真理、善良、正义等最高理想，所有人不分民族、宗教和其他差异一律具有平等的权利和价值。① 在修改后的《俄共纲领》中更是明确地提出："共议性、人民性和精神性是群众接受社会主义思想的重要前提。"② 俄共在肯定和赞颂俄罗斯历史文化传统的同时，暗指俄罗斯传统文化与社会主义深刻契合，甚至大胆断言："'俄罗斯思想'实质上就是深刻的社会主义思想。"从而证明社会主义道路是俄罗斯作为与俄罗斯帝国、苏联一脉相承的伟大强国的最佳选择。换言之，俄罗斯的复兴离不开社会主义的复兴。

随后，在回顾苏联历史时，俄共总结了苏联的功过得失。《俄共纲领》认为，十月革命是在国家军事、政治、经济破产，领土分崩离析，资产阶级政府无能为力的特定历史条件下发生的。在此背景下，伟大的十月社会主义革命是保全民族国家的唯一机会。苏联国家政权自诞生伊始就面临着先进的社会制度与相对落后的生产力之间的矛盾。一方面已经建立了大多数劳动者的政权，并完成了向以公有制为基础的国民经济计划管理方式的转变；另一方面却仍要完成资本主义尚未完成的经济任务。为了应对国外帝国主义的威胁，苏联迅速做出决定，只对生产力性质做微小调整。当时苏联运用的是"动员经济"模式，唯一的口号就是"赶超"。即便如此，苏联还是取得了一系列令世人瞩目的成就；短期内实现工业化，取得了伟大卫国战争的胜利，并顺利恢复了国民经济。但苏联发展模式的弊病也显而易见。科技革命成果没有同社会主义潜力结合起来。所谓"赶超"实质上是不加批判地照搬早期西方生产消费领域的模式。这使社会主义经济处于资本主义的从属地位，耽误了社会主义自身任务的

---

① Программа Коммунистической партии Российской Федерации Принята III съездом КПРФ 22 января 1995, https://www.permgaspi.ru/politads/files/1312.pdf.
② 刘淑春等：《当代俄罗斯政党》，中央编译出版社，2006，第452页。

完成。社会主义的主要任务是实现生产社会化，创造高于资本主义社会的人民生活质量和生产力发展水平，进而转向劳动集体的自我管理，采用更高更有效的劳动激励机制，最终实现人的自由和谐发展。照搬西方生产力发展模式不仅使社会主义在经济及其他领域丧失了历史首创性，还破坏了社会主义"各尽所能，按劳分配"的原则，广大劳动者感受不到自己是劳动成果的主人。另外，以"赶超"为口号的动员型经济滋生了"强制性、绝对性、严格中央集权和对社会生活领域国家化"的种种弊端，严重打击了社会积极性和劳动人民的首创精神。

苏联需要革新的社会主义，需要更成熟、更符合社会主义真正民主和创造性本质的社会主义。但是苏共没有跟上社会主义发展所提出的要求，党的危机导致了社会主义的危机。长期以来，苏共党内存在着无产阶级和小资产阶级、民主和官僚的对立倾向。小资产阶级思想是社会主义最主要的危险。他们把国家和国家财产看成可以瓜分的战利品，把年轻的共和国变成输出革命的基地，如今又将同样的欲望披上"回归文明世界"的外衣。而党的领导人却对其危害估计不足，犯了"共产主义狂妄症"，苏共变成了"骄傲自大的党"，上层领导越来越脱离普通党员和广大群众。在苏共党内形成了"两翼"思想，分成了两派。在彼此斗争中形成了实际奉行的政治路线，造成苏联在20世纪30~40年代出现一方面群众创造热情高涨而另一方面又被残酷镇压的矛盾现象。而葬送国家统一的"别洛韦日协定"的签订，正是长期存在的党的两翼在思想上和组织上最终划清界限的结果。苏共内部出现危机，党却无力进行自我纠正。这主要是因为党只是盲目追求党员数量，缺乏有步骤的领导干部更替程序，党内健康力量无法对党内高层实施有效监督，也无法阻止更多的假革命分子和投机钻营分子混入党内。而国家领导层腐朽无能，反人民，反国家，破坏公有制，将大众传媒交由敌视社会主义者掌握，传播中伤苏联的信息。最后，一纸"别洛韦日协定"将他们的"叛国行为"推上了顶峰。

继而，《俄共纲领》批判了苏联解体后独立的俄罗斯联邦所实行的资本主义制度。俄共认为，1993年的"十月事件"拉开了"反人民宪法"和"总统独裁"的序幕。在俄罗斯建立起来的资本主义制度造成了严重的社会分化：一方是由统治集团扶植起来的"战略私有者"阶级；另一方是被贫困、失业、恐惧裹挟的劳动群众。统治阶层在经济利益上与西方有联系，民族经济遭受重创，很多人迫于生计而加入小资产阶级的行列。社会贫困和失业问题愈发严峻。新体制正在破坏俄罗斯国家的经济、文化，损害国家安全，同时，使俄罗斯变成世界资本的附庸和殖民地。

最后，俄共为拯救国家对摆脱危机提出具体的目标和实现路径。《俄共纲领》提出，俄罗斯要推翻资产阶级政权，建立劳动人民和爱国力量的政权；恢复苏维埃各族人民联盟，保障国家完整和民族统一；巩固联盟政治经济独立，恢复俄罗斯世界传统地位和利益；保障国内和平，挽救科技潜力、国防综合体和武装力量，打击犯罪，克服经济危机，以及团结国内所有潜在的同盟者等。《俄共纲领》认为可分三个阶段来实现上述目标。第一阶段，共产党联合盟友组建救国政府，消除自由主义改革造成的灾难性后果。在此阶段将继续以生产力水平为依据，保持多种经济成分。代表权力机关和政府为国家的安全和独立提供保障，阻止"新世界秩序"创造者掠夺俄罗斯自然财富和生产基地的图谋，极力促进已分裂的苏联各共和国在经济政治上重新一体化。第二阶段，在实现政治经济关系的相对稳定后，广大劳动者积极而广泛地通过苏维埃、工会、工人自治组织和其他生产生活中直接产生的人民政权机构参与国家事务。在经济中，最符合人民利益的社会主义经济形式的主导作用清晰显现。这是一个过渡、恢复时期。第三阶段是前文提及的"最佳的社会主义发展模式"最终形成的阶段。届时，符合"最佳的社会主义发展模式"的经济关系形成，生产资料公有制占主导地位。这一阶段即列宁所说的"没有人剥削人的""无阶级的""完全的社会主义"，是一个根据劳动的数量、质量和结果分配生活用品，通过科学管理规划、采用劳动和资源节约型后工业化技术实现高劳动生产率和生产效率的社会；同时也是一个真正民主的、精神文化发达的、促进个人创造积极性和劳动者自治的社会。[①]

《俄共纲领》主体的第三部分标题为"最低纲领"。俄共在此处提出，要利用一切合法手段实现党的基本目标。这些目标分为三个层次，分别是为了取得政权而设定的基本目标，取得政权后所要完成的目标，以及俄共作为马克思

[①] 刘淑春等：《当代俄罗斯政党》，中央编译出版社，2006，第451~459页。

主义政党要争取达到的目标。具体而言，在取得政权前，要通过一系列选举制度和全民公决法律，以确保公民能够充分自由地表达意愿；为了和平解决国内政治危机，提前进行总统选举并建立救国政府；废除"别洛韦日协定"，在自愿基础上逐步恢复苏联；实行土地归人民所有、耕者有其田的原则；保障居民最低生活标准；保障公民有权获得真实信息，所有合法的社会和政治力量有权利用大众传媒；全民讨论，根据选民多数通过新的俄罗斯联邦宪法；利用议会外与议会内斗争相结合的方式，包括罢工和采取国际人权公约规定的公民反抗当局反人民行动的其他形式等。

在取得政权后，党要组织人民信任的、向国家权力最高代表机关负责的政府；恢复苏维埃和其他人民政权形式；改变经济方针，实施紧急国家调控措施，消除通货膨胀，提高人民的生活水平；保障公民的劳动权、休息权、住房权、获取免费教育和医疗等权利；实行符合民族国家利益、提高俄罗斯国际威信的独立外交政策；废除损害俄罗斯利益和尊严的国际条约和协定；对具有战略意义的商品实行国家对外贸易的垄断；尊重村社思想和集体主义传统，尊重俄罗斯的语言文化和各族人民的语言文化；禁止宣扬西方化、美国化、反俄罗斯、全盘否定苏联历史等舆论等。

作为马克思主义的左翼政党，俄共颇有针对性地制定了一系列争取达到的任务目标。如作为劳动人民的党，俄共将采取措施保障民生和维护劳动者利益。其中包括稳定物价、保障就业；保护国有和全民所有的财产，恢复全民所有制或集体所有制；国家对商业银行和其他金融信贷机构实施监督，外汇业务依靠国有银行；对国民经济领域予以国家支持，保护关税，防止资本外逃；改革税收政策，激励生产者，投资国内生产领域，恢复和提高土地使用效率；制定土地法，使土地成为全民财产等。作为社会公正的党，俄共将尽力保证社会的公平公正。俄共将采取措施最大限度地防止权力和财产被用于任何形式的剥削；根据最低实际生活标准确定最低工资、退休金、奖学金和补助金；对1992年价格自由化浪潮中被冲销的居民存款进行补偿；对超高收入和有巨额财产的公民征收累进税；对家庭、母亲、儿童给予国家层面的帮助，为残疾人员、退休人员、困难家庭提供补助和救济，为军人、警察、检查和司法工作人员保障良好生活条件；切实有效实现国际法准则宣布的人权和人的自由权利，加强人权的物质和法律保障等。作为爱国主义和国际主义的政党，俄共将保证国家的独立完整；保护各民族的历史和精神财富，尊重东正教和其他各民族的传统宗教；实行各民族平等、消除族际冲突以及各种形式的分裂主义、民族主义、沙文主义的民族政策等。

《俄共纲领》主体第四部分标题为"在组织上和思想上加强俄罗斯联邦共产党的任务"。俄共强调，俄罗斯联邦共产党是从俄国社会民主工党—俄国社会民主工党（布）—俄国共产党（布）—苏联共产党（布）—苏联共产党—俄罗斯苏维埃联邦社会主义共和国共产党发展而来的，是苏联共产党和俄罗斯苏维埃联邦社会主义共和国共产党在俄罗斯联邦范围内的合法继承者。俄共吸取了俄罗斯、苏联和世界社会主义运动的一切经过检验的成果，成为能对当代发展中最迫切问题做出真正回答的劳动人民的党。

基于此，俄共号召巩固和扩大爱国联盟，为争取社会主义而斗争。俄共将使工人阶级认识到自身在带领国家转向社会主义道路过程中的作用，吸引全体劳动人民参加争取俄罗斯自由完整和重建联盟国家的运动。对于其他共产主义政党，俄共将在尊重其独立性，在共同阶级利益和政治社会目标、同志情谊、互相帮助和集体主义精神原则上发展同这些党的关系，将这些党联合起来。巩固这一联盟是重建苏维埃联盟和统一的共产党的最重要政治条件。为了扩大党对社会进程的政治影响力，俄共应保障在所有重要的社会活动领域和组织中有自己的代表，参加联邦和地区各级权力代表机关和地方自治机关的选举，从而最大限度地利用党在代表机构中的议会党团来维护劳动人民的利益。俄共着重提到，在党内的首要任务是巩固党的组织，保障党的纪律和党内生活的民主化，杜绝政治腐败分子和投机钻营分子混入党内，促进党员成分年轻化，同时对老战士给予物质和精神支持，对共产党员进行系统政治教育，把先进的社会主义意识灌输到劳动群众中去，等等。

在纲领的最后一部分，即结束语中，强调俄共的旗帜是红旗，党歌为《国际歌》，标志为代表城市、乡村、科学和文化界劳动者联盟的锤子、镰刀和书，口号是"俄罗斯、劳动、人民政权和社会主义！"[①]

[①] 以上纲领内容参见刘淑春等著《当代俄罗斯政党》，中央编译出版社，2006，第459~465页。

以上即为《俄共纲领》的主要内容。从中不难看出，俄共的确在社会政治思潮多元的20世纪90年代扛起了社会主义大旗，成为俄罗斯左翼政治思潮的领军政党。《俄共纲领》是顺应时代的产物。相比于传统的共产党纲领，《俄共纲领》摒弃了关于暴力革命等激进主张，强调以合法手段扩大党的影响力，参与并取得国家政权，最终联合广大劳动者和各共产主义政党恢复和重建统一的联盟国家，为实现革新了的社会主义而奋斗。这些变化体现了俄共对新形势的思考和判断，反映了其灵活务实的斗争策略和生存智慧。

以俄共思想主张为代表的左翼社会主义思潮的回归，一方面借助于民主派主导的自由主义风潮趋于颓势，另一方面得益于苏联几十年建立起来的完备组织基础和意识形态传统。值得注意的是，这一"回归"是相对于苏联解体前后左翼思潮被妖魔化而言的，并不意味着左翼社会主义思潮重新占据主流。尽管俄共在20世纪90年代中后期，即在第二届、第三届国家杜马选举中取得了第一大党的地位，但俄共依然无法掌控俄罗斯政局，更无法实现其恢复苏联、建设社会主义的任务目标。

第四章 俄罗斯司法制度

　　法律活动涉及社会生活的多个方面，一般包括立法、执法和司法活动，其中，司法活动居于核心地位，同时也包括法律教育、法律研究、法律职业管理等领域。法律活动有其自身的范畴、规律，特别是自身的价值评判依据。法律活动并非事事直接针对政治生活，但与其他社会活动一样，其与政治有着密切关系，两者形成密切的互动，连接这两者的纽带便是法治建设的水平，即在政治上确认法律自身的价值，并将政治活动纳入法律的轨道。在研究俄罗斯的法律情况时，可以从法律活动的自身价值和政治价值这两个方面进行考察，以期对这一时期的俄罗斯法律状况做一全面呈现。一方面，在法律的自身发展方面，俄罗斯国家经历了从沙俄到苏联再到俄联邦的演变进程，总体而言，俄罗斯有着深厚的法律传统和较高的法律建设水平。从法律作为一个独立领域的角度来说，俄罗斯法律足可以立于当代世界之林。另一方面，就法律与政治的互动而言，自俄罗斯联邦成立以来，其政治经历了一个从混乱到稳定的过程，而后又"定"有余而"稳"不足，平静中潜藏着危机。与此相应，俄罗斯的法律也经历了一个由无序到有序的过程，但当前社会治理与法治所要求的内在秩序之间尚未达至和谐的状态。

第一节 俄罗斯司法制度建设概述

一 法律发展规划

　　叶利钦执政时期，俄政坛动荡，联邦机构虚弱，因此并没有就司法改革问题提出长期的系统性规划。1994年，成立了直接隶属于总统的司法改革委员会，但在当时的社会经济政治条件下，很多事关政权稳定的急迫事件有待处理，因此在很大程度上这一机构仅仅是"装装门面"①而已。在20世纪90年代俄当局主要考虑的是两个问题：一是如何对联邦法院和地方法院体系进行划分，从而在联邦原则和地方自治原则之间建立平衡；二是如何改善司法系统的物质条件，从而促进司法独立。

普京执政后，根据新的经济和政治形势，开始将司法改革作为一项战略性工作来对待，并先后于2001年、2006年、2012年制定了三份关于俄罗斯司法改革的目标规划，改变了俄罗斯司法领域的面貌。

在2001年4月的国情咨文中，普京首次提出了司法改革的有关设想。俄政府随即出台了《俄罗斯法院体系发展：2002~2006年联邦目标规划》（简称"2002~2006年规划"）。② 2002~2006年是俄罗斯经济社会各方面"止跌回升"的时期，也是俄罗斯司法领域的转折时期，因此"2002~2006年规划"的出台是俄罗斯法治历史上的一件大事。该规划的目标是"提升司法权的效率，形成最优的组织和物质与技术保障"，这为俄罗斯后来的司法发展奠定了重要基础，影响持续至今。

这一时期，俄罗斯的各项事业百废待兴，人们经过了20世纪90年代的困苦，希望自身的实际生活确实能够因自由、民主、法治、人权等观念的引入而得到改善。在这种情况下，司法领域的核心工作是使司法活动深入生活的各个领域，渗透生活的最末梢。为达到这一目的，就需要增加司法服务的可获得性，改变苏联时期司法高高在上的冰冷形象，这是推动进一步改革的基础。根据这一要求，在物质方面，法院获得的财政经费大量增加，5年的经费总量约达450亿卢布，人员得到大量补充，设备、办公条件得到显著改善，法官的审案负担有所减轻，案件积压情况有所缓解。同时，俄法院引入了治安法官制度，使民众人均拥有的法官人数快速增加，起诉、审理更加方便；引入陪审团制度，使民众得以直接参与案件审理，也使司法过程更加公开透明，法律真正来到了民众身边。

---

① 〔俄〕格·萨塔罗夫等：《叶利钦时代》，高增训等译，东方出版社，2002，第474页。
② федеральная целевая программа "Развитие судебной системы России" на 2002-2006 годы.

2005年4月，普京总统在国情咨文中就司法的进一步改革提出了设想。2006年8月4日，俄政府出台了《俄罗斯法院体系发展：2007~2012年联邦目标规划》（简称"2007~2012年规划"）。这是在俄罗斯国力不断恢复，物质条件不断改善的情况下做出的进一步规划。在这一新规划中，工作目标被设定为提高司法质量，提高保护公民和法人权利的水平，提高司法透明度，增强民众对司法的信任度。相对于"2002~2006年规划"更侧重物质和技术改善及基本制度的搭建，新规划已转向对司法质量的关注。根据"2007~2012年规划"对司法透明度的要求，俄政府采取了一系列措施，如2010年制作完成仲裁案件数据库，又如对庭审过程进行现场直播等。

2012年5月7日，普京重新回归总统职位。当天，他即发布了《完善国家治理体系的基本方向》的总统令，随即政府开始制定《俄罗斯法院体系发展：2013~2024年联邦目标规划》。这一规划继续强调司法的公开性和可获得性，并首次将司法独立性作为重点目标加以提出，同时强调了司法强制执行环节的透明度，并加大专家在法庭活动中的作用。这一规划相比于"2007~2012年规划"更加细化，更加针对具体问题，特别是强制执行问题，是俄司法进一步发展背景下的产物，如在偏远地区开设流动法庭，开设远程网上法庭，实现案卷电子化流转等，并从诸如文书效力、证据采信等方面对诉讼法进行了相应的修改。

二 法律制定的成绩

法治建设的重要环节之一便是有法可依，即立法工作。在过去的30年中，俄联邦在立法方面取得了长足的进步（见表4-1）。根据俄宪法，总统、联邦委员会、联邦委员会议员、杜马议员、联邦政府和各联邦主体立法机关，以及联邦宪法法院和联邦最高法院就本机关办案所涉议题享有立法的动议权。

表4-1 历届杜马立法情况

年份	杜马界别	立法机关通过法律议案	经总统签字生效法律
1993~1996	第一届	461项	282部
1996~2000	第二届	1036项	715部

续表

年份	杜马界别	立法机关通过法律议案	经总统签字生效法律
2000~2003	第三届	2000余项	700余部
2003~2007	第四届	2712项	1062部
2007~2011	第五届	—	1581项

资料来源：Клишас А. А.，Российское законодательство 20 лет развития（2013）。

按照俄联邦宪法，所有的法律修正案均须经立法机构审议和总统签批，因此，上述数据中的大多数法律实际上是已有法律的修正案。另外，总统拒绝签署经过杜马和联邦委员会审议通过的法案的事例虽不多见，但也时有发生。通常当事方对这种拒签行为的理由都不予公开，但每一次拒签，往往都代表着总统对重大社会问题的不同看法，会成为舆论的焦点。例如1999年3月7日，叶利钦拒绝签署有关《联邦委员会成员身份法》的修正案。在这一修正草案中规定，联邦委员会成员将享受部长级别的待遇，在联邦委员会被解散的情况下仍能因提前退休而获得全额退休金，还能享有除打出租车以外的所有海陆空免费交通。1999年，叶利钦又拒绝签署《民法》法典的"民法总则"部分。①2016年12月29日，普京未在《地方自治原则法》修正草案和《教育法》修正草案上签字，理由是认为草案中提到的学生电子信息系统可能被盗用。2012年，普京曾拒绝签署《"斯科尔科沃"创新中心法》，理由是对创新的认定标准缺乏可操作性。②

为了说明不同时期的立法情况，可以参照俄罗斯杜马和联邦委员会授权编写的有关报告，③这里将几个时期开始施行的新法律择主要者简单罗列如下。

---

① Ельцин отклонил дополнения в закон，https://www.km.ru/glavnoe/1999/07/21/kommentarii-dnya/beltsin-otklonil-dopolneniya-v-zakon？＿＿cf＿chl＿jschl＿tk＿＿=pmd＿Qj50Ox0＿u9.0pOepLaJj5z＿lck14BPsHv96mq8VZlak-1631089197-0-gqNtZGzNAjujcnBszQbl.
② Путин впервые с 2012 года отклонил одобренный Совфедом и Госдумой закон. Президент впервые за несколько лет отклонил закон.
③ Российское законодательство 20 лет развития в русле новой конституции российской федерации（2013）.

第一届杜马（1994~1996）。宪法性法律有《宪法法院法》《仲裁法院法》《全民公投法》。基础性法律有《公民选举权保障法》《总统选举法》《联邦委员会组成法》《地方自治组织基本原则法》《工会法》等。

第二届杜马（1996~2000）。宪法性法律有《司法系统法》《人权全权代表法》《军事法庭法》《政府法》等。联邦法典：基础性法律如《刑法》《刑事诉讼法》《森林法》《航空法》《城市建设法》《预算法》《海商法》《税法》（第一部分）；地方自治方面如《联邦与联邦主体分权法》《联邦主体立法（代议）机关和行政机关组织总原则法》《地方自治原则法》《地方自治财政基础法》《市政机关基础法》；司法方面如《执行法》《法警法》《治安法官法》《审判法》《最高法院审判庭法》；军事方面如《国防法》《军人地位法》《军事责任与兵役法》；科学方面如《科学与国家科技政策法》《高等教育法》；少数民族方面如《民族文化自治法》《原住民权益保护法》等。

第三届杜马（2000~2003）。宪法性法律有《国旗法》《国徽法》《国歌法》《戒严法》《紧急状态法》《吸收与组建联邦主体法》。联邦法律：基础性法律如《税法》（第二部分）《民法》（第三部分）；政治方面如《政党法》；司法方面如《刑事诉讼法》《民事诉讼法》《仲裁程序法》；土地管理方面如《土地法》《农村土地流转法》；金融方面如《中央银行法》；劳动法方面如《劳动法》；涉及国际法方面如《国籍法》等。

第四届杜马（2003~2007）。宪法性法律有《公投法》等。联邦法律：基础性法律如《住宅法》《城市建设法》（2004年版）《水体与森林法》《民法》（第四部分知识产权部分）；政治方面如《公务员法》《市政机关法》；社会领域如《母亲法》；国际法方面如《联合国反腐败公约》《腐败刑事责任公约》等。

第五届杜马（2007~2011）。联邦法律如《"斯科尔科沃"创新中心法》《药物流转法》《强制医疗保险法》《公民健康保护基础法》，特别是在司法方面如《警察法》《侦查委员会法》《反腐败法》《安全法》（2010年版）等。

第六届杜马（2011~2016）。联邦法律如《议会控制法》《审计署法》《国防采购法》《国家和市政府采购商品和劳务合同系统法》《控制公职人员收入法》《防止侵犯人权法》《企业家保护法》等。

从俄罗斯立法进程中可以看到俄立法工作中的两个特点。

第一，俄联邦的立法工作不是一蹴而就的，政治经济转型对法治建设提出了急迫的要求，但法律作为对社会生活准则的提炼，其出台需要一个相当长的过程。特别是在社会生活长期无法安定下来的动荡时期，还会大幅延缓法律的制定。立法道路上的障碍并没有因为所有制关系的迅速转变而立即清除，在有些带有根本性、全局性的领域，历史遗留的大量问题需要经过相当长的时间才能逐步"出清"，从而为立法创造条件，如事关社会方方面面的《民法》法典、《农村土地流转法》等都是如此。这些法律都是2000年以后才开始陆续出台的，这并不是立法机关的问题，而是所涉领域本身的复杂性质所致。因此，法典的最终出台虽然是司法领域的重大事件，但更多是对社会生活的一种被动反应，而非法律自身的逻辑使然。进入21世纪以后，俄罗斯经济已经从20世纪90年代的衰退中逐步回升，政治秩序也开始逐步走向稳定。正是经济的发展、国库的充盈使解决历史遗留问题（在民法和土地立法中主要涉及如何处置苏联时期全民所有制资产的问题）有了必要的物质条件。

第二，俄罗斯作为具有欧洲大陆法传统的国家，对成文法的制定相当精细。这一领域最有代表性的如2007年通过的《组织和举办2014年索契冬奥会和残疾人冬奥会及发展山区性气候疗养地索契市市政建设并修改相关联邦法律的法律》。[①] 即使索契冬奥会仅为一过性活动，但通过立法形式对冬奥会组织和城市建设进行规范，仍然对政府和民间参与这一活动的各类行为起到了强有力的规范作用。与此类似，俄联邦立法机构不但为科技创新立法，而且还为在国家科技发展中占有特殊地位的"斯科尔科沃"创新中心专门立法。这也体现了俄联邦事无巨细、能立法者皆立法的法治理念。

三 人权原则的确立与实践

人权原则在宪法和法律中的体现是宪法的核心要素之一，其实质就是人与国家即政权的关系问题。1991年苏联解体，其政治制度发生剧变，这在《俄罗斯联邦宪法》（简称《宪法》）中的体现便是人的权利和自由占据了首要位

---

① Федеральный закон от 1 декабря 2007 г. N 310.

置，《宪法》的其余部分，如三权分立的制度设计，实际上都是为实现人的权利和自由服务的（见表4-2）。

表4-2 俄《宪法》对人的权利与自由的表述

	序言		正文
第一句	"我们是多民族的俄罗斯联邦"	第一条	"俄罗斯是联邦制民主法治共和国"
第二句	"在自己的土地上结为命运共同体"	第二条	"人、人的权利和人的自由是最高价值。承认、遵守、保护人和公民的权利与自由是国家的义务"
第三句	"确认人的权利和自由、人民的和平与和谐"	第三条	主权的拥有者和实现方式
第四句	"捍卫历史形成的国家统一"	第四条	主权的地域和完整性

资料来源：笔者根据俄《宪法》编制。

俄罗斯《宪法》"序言"一共有11句话。从上表可以看出，除第一句和第二句是制宪者的自我定义之外，从关涉《宪法》本身性质的第一句（即全文的第三句）起，就首先提出了人的权利与自由问题，其地位甚至要高于居于"序言"中对《宪法》本身性质进行阐述的第二句（即全文的第四句）"捍卫历史形成的国家统一"。在《宪法》的正文部分，第一条指出"俄罗斯是联邦制民主法治共和国"，第二条再次提出人的权利与自由问题。可见就《宪法》地位而言，"人的权利与自由"以及民主法治原则在俄联邦时代得到了提高。

俄《宪法》以人的基本权利和自由思想为出发点，引入了一系列与自由有关的制度，特别是自治思想，如社团自治、地方自治等思想。俄联邦的第一部《地方自治组织基本原则法》于1995年8月28日经杜马审议通过；2003年10月6日又通过了该法的新版。这一法律对乡村和城市进行了明确划分，以确保这两类自治地方的权限明确清晰。此外，除了在《刑法》、《刑事诉讼法》（简称《刑诉法》）、《行政处罚法》等直接涉及对人身、私人财产实施强制措施的法律中格外强调"人的权利与自由"之外，这一理念还表现在民事法律方面。在一些部门法中，这一理念从无到有。例如在俄联邦《民法》

中，在第一条即开宗明义地表明"民事法律以当事人平等、私有财产不可侵犯、契约自由、不得干预私人事务……原则为基础"。"契约自由"作为根本原则，即为人的自由在《民法》中的具体体现。俄联邦《劳动法》的第一条即在全文的第一句话中就明确写道："《劳动法》的目的在于国家保证公民的劳动权利与自由。"

俄罗斯对人权观念的接受，以及对人权政治地位理解的演变，一个很重要的表现就是对欧洲理事会及其欧洲人权法院的参与。欧洲理事会成立于1946年，旨在联合所有欧洲国家，汲取二战教训，尊重人权和民主，建设法治社会。该组织最具实际权力的机构就是其下属的欧洲人权法院。在涉及人的基本权利与自由时，该法院是成员国的终审法院，各成员国都要执行该法院的判决。

就欧洲人权法院的总原则而言，各国必须在穷尽国内所能用到的全部法律手段、寻求完在国内所能得到的全部法律救济之后，才能将案件上诉至欧洲人权法院。但在实际操作中，由于各国的法律规定不同，所谓"全部法律手段""全部法律救济"也出现了不同的情况，因此欧洲人权法院对接受上诉的条件也有不同做法。对俄罗斯就是这种情况。

在刑事案件中，涉案人在完成俄罗斯国内的上诉之后，可以向欧洲人权法院提起上诉，而无须等到在俄罗斯国内完成终审，因为在俄罗斯《刑诉法》中，对提交终审申请的时限，即对二审上诉判决送达后多长时间内必须提出终审请求没有做出规定。但对于俄罗斯的民事案件，欧洲人权法院则要求上诉人需要切实穷尽国内的所有法律手段，包括初审、上诉（即完全上诉）、终审（即不完全上诉）、终审二审（即联邦最高法院民事庭审理）这四套程序之后，才能上诉至欧洲人权法院，否则将不予受理。

1996年2月俄罗斯签署《欧洲人权公约》。1998年3月30日俄杜马通过《〈欧洲人权公约〉批准法》。该公约于1998年5月5日在俄罗斯生效。俄罗斯《宪法》第4条第4款规定：国内法与国际条约不一致时，适用国际条约规则。其依据为《宪法》第46条第3款："公民穷尽国内手段后，有权向已签署国际条约的国际人权机构申诉。"1995年7月15日通过的俄《国际条约法》规定："所签条约直接生效，无须向国内法进行转换。"1997年3月4日

《人权全权代表法》生效（1996年12月25日通过），规定俄人权全权代表将与欧洲人权法院进行"批判性合作"，履行监督职能。此后，欧洲人权法院陆续受理了一批来自俄罗斯的上诉案件。俄罗斯公民是向该法院提起诉讼的重要国民群体，每年有数百起案件，所涉问题小到某个退休工人的退休金问题，大到尤科斯公司股东高达上百亿欧元的索赔要求。总体而言，俄罗斯一直对欧洲人权法院的判决给予充分的尊重和支持。

从2004年起，欧洲人权法院开始大量受理涉及俄政治人物的上诉。俄当局与欧洲人权法院的关系开始出现变化。5月19日，欧洲人权法院判令俄应向古辛斯基支付8.8万欧元精神损害赔偿金。2009年1月30日受理尤科斯股东请求赔偿案，2014年7月31日判决赔偿18.66亿欧元。10月，俄司法部申请复议，但被驳回。2015年部分杜马议员请求宪法法院做出评估，认为俄国内法律对人权的规定高于《欧洲人权公约》，因此在立法上不应按照后者进行调整。[①] 7月14日，宪法法院应部分杜马议员的请求对《〈欧洲人权公约〉批准法》和《国际条约法》是否违宪进行审查，认为这些法律本身并不违宪，但当国际决议的执行部门认为某具体的决议违宪时，可向宪法法院请求审查，是否违宪以宪法法院的判决为准。12月15日《联邦宪法法院法修正案》规定，俄联邦宪法法院的判决效力要高于国际法（包括国际法院的判决）。[②]

四 司法运行基本机制

俄罗斯司法改革的基础在很大程度上是在苏联解体至2006年（即"2002~2006规划"实施期间）得以建立的，因此我们将聚焦这一时期建立的一些重要司法制度。

其一，俄罗斯的治安法官机制。治安法官属于基层法官，由专业法律人士担任，主要是受理简单的民事和刑事案件，可对当事人做出轻微处罚的决定。这一制度在某种程度上类似于英联邦国家的"太平绅士"。实际上，俄治安法官从本意来讲脱胎于19世纪俄罗斯的村社法官。在当代，其

---

① КС разрешил России не исполнять решения ЕСПЧ.
② 王志华：《俄罗斯与欧洲人权法院二十年：主权与人权的博弈》，《中外法学》2016年第6期。

所处理的案件不仅包括治安案件，还包括民事案件，因此可以理解为"片区法官"。

治安法官机制在俄罗斯始于19世纪60年代，直到1912年逐步在全境各省设置完成。不同地区治安法官的产生程序不同，有的为选举产生，有的为俄司法部任命，有的为沙皇任命。十月革命后，治安法官制度在苏维埃政府关于法庭制度的第一号法令①中就被废除，原因是其并非由人民直接选举产生，因此被由直接选举产生的区法院法官所代替。

苏联后期，随着社会形势的变化和人们法治观念的加强，法院受理的案件快速增加，法官不堪重负，因此治安法官重新进入了人们的视线。1991年10月24日通过的《俄罗斯苏维埃联邦社会主义共和国司法改革构想》②在时隔70多年后再一次提出了治安法官的概念，并将其分为"管片治安法官"和"专业治安法官"。前者负责一般的轻微民事、刑事、行政案件；后者负责对侦察、监禁等强制措施实施监督。苏联解体后，俄联邦政府于1992年12月9日发布的《俄罗斯苏维埃联邦社会主义共和国基本法》正式将治安法官纳入法院系统，并规定治安法官由本居民区（округ）选举产生，并在该居民区履行职责，任期5年。

俄联邦1993年《宪法》施行之后，1996年12月的《俄联邦司法系统法》第28条明确规定："治安法官在自己权限之内，是民事、行政、刑事案件的第一审法官。"1998年11月，俄联邦又出台了《治安法官法》，明确规定治安法官制度将在全俄实施，并对其任职资质做出要求，即必须通过司法考试，且有5年以上的司法工作经验。其职权的大致范围包括如下领域。一是刑事案件。除法律有特殊规定之外，一般指量刑在3年有期徒刑以下的案件。二是民事案件。对子女抚养没有争议的离婚案，争议共同财产在5万卢布以下的离婚案；除法律有特殊规定的5万卢布以内的财产纠纷案；10万卢布货值以内的消费者保护案件等。三是行政案件。如要求支付行政欠款和罚款的案件等。由治安法官受理的案件大多案情简单，以自诉为主，不需要前期侦察。如果案件

---

① Декрет Совет Народных Комиссаров о суде № 1 от 22 ноября（5 декабря）1917.
② Концепция судебной реформы в РСФСР.

确实需要前期侦察，而警察又不予立案，受害人或原告可将案件提交检察院，由检察院发给有关部门进行侦察。《治安法官法》规定治安法官可以选举产生，也可以任命，由各联邦主体自行立法决定。目前，大部分联邦主体（如莫斯科市①、莫斯科州②等）的治安法官根据本联邦主体行政长官任命产生，也有少部分联邦主体（如罗斯托夫州③）的治安法官由居民选举产生。

治安法官处理的案件均为轻微案件，一方面，该机制的设立对高层政治生活并没有直接影响；另一方面，社会中的绝大多数案件均为轻微案件，而治安法官制度的建立大大方便了普通公民日常的法律需求，使法治生活真正来到了人们身边，因此，从法治社会的建设和整体的社会进步而言，治安法官机制有着重要意义。案件由治安法官判决后，对判决不服的当事人可向上一级法院即区法院提出上诉。需要指出的是，治安法官所处理的案件虽然轻微，但时常也会牵涉政治人物。如最近十年来，纳瓦利内多次因各种问题遭到拘留，并因此引起大小不一的社会反响。而对其做出拘留处罚决定的人，往往就是治安法官。从这个意义上说，治安法官又是政治事件的重要参与者。

其二，陪审团制度。陪审团制度在俄国始于1864年与农奴制改革相配套的司法改革，并一直延续到1917年。十月革命后苏维埃政府发出的关于法庭制度的第一号法令即终止了陪审团制度，改为施行人民陪审员制度，并逐步推广。至20世纪50年代，人民陪审员制度已稳定下来。陪审团制度与人民陪审员制度的区别在于：前者只参与审理一定范围内的案件，而且只对法律事实进行审查；后者则参加所有案件的审理，并且除对法律事实的认定之外，还对法律适用性进行审查。因此，从形式上看，人民陪审员制度更能体现人民对法律生活的直接参与。但需要注意的是，陪审团需要就自身职权范围内的审查工作即纠纷或犯罪的事实是否清楚提出独立且具有法律约束力的审查意见，法官对此不能加以干涉；但人民陪审员并不能就审查工作提出具有法律约束力的审查意见，法官仍是决定判决的最终权威。

① Закон города Москвы о мировых судьях в городе Москве от 14.02.2001.
② Закон московской области от 16 мая 2005 года № 122/2005-ОЗ о порядке назначения на должность и обеспечении деятельности мировых судей в Московской области.
③ Овластной закон ростовской области о мировых судьях в ростовской области от 9 апреля 1999 г.

1993年，俄联邦正式恢复了陪审团制度，先在伊万诺沃州、莫斯科州、梁赞州、萨拉托夫州、斯塔夫罗波尔边疆区等5个联邦主体展开试行。1994年1月1日起，又在阿尔泰边疆区、克拉斯诺达尔边疆区、罗斯托夫州、乌里扬诺夫斯克州等9个联邦主体正式实行。因组织陪审团审判成本很高，对人力和财力均有要求，因此，俄罗斯陪审团制度的推广经历了相当长的过程。自2001年起，开始在全俄推广。直至2010年1月1日车臣共和国开始实行陪审团制度，这一制度才算在全俄落地。2014年，普京在会见护法机关工作人员时表示，陪审团制度应该继续扩大，扩大至州法院和区法院。①

陪审团制度的内容、适用范围在不断调整变化。目前，俄罗斯与部分实行陪审团制度的西方国家一样，即陪审团只参与可能被判处死刑的刑事案件的事实审查部分。参与一个案件的陪审团人数为区法院6人、联邦主体法院8人。在俄罗斯，尽管死刑仍然存在，但实际上自1996年以来就没有再执行过。由于死刑主要针对的是杀人罪，而政治人物一般不会因杀人而被起诉，因此陪审团对于政治人物而言并不具有特殊的重要性。但近30年中，也曾出现过若干起与陪审团有关的政治事件，现仅举一例。2005年3月17日，俄联邦前副总理丘拜斯在莫斯科州的奥金措夫斯基区遭遇炸弹和机枪扫射，好在其本人无恙，犯罪嫌疑人均为前军官，且完全否认有关指控。2007年12月，莫斯科州法院准备以闭门方式对丘拜斯的谋杀案开庭，并组织了两个陪审团，但在开庭之前陪审团均在检察官的请求下被法庭撤销。第一次是因为在庭审开始之前媒体泄露了庭审信息，特别是其中一位陪审员公开表示，自己受到了来自法庭的压力；第二次是因为其中一位女陪审员数次爽约，未参加有关会议，后查明其在涉及毒品的行业工作，因此依法不能成为陪审员。2008年2月11日，组织了第三个陪审团。嫌疑人的辩护律师并不同意前两次对陪审团的解散，认为检察院是担心陪审团会对嫌疑人做出无罪判决，并声称要将此案件上诉至联邦最高法院进行裁决。最后，嫌疑人被判处有期徒刑18年，但其作案动机一直不为外界所知；而对于犯罪动机的审理，正是陪审团对事实进行审查的重要内容。第三个陪审团在这一过程中扮演的角色始终是一个有争议的话题。

---

① 文件名称：Народные, присяжные и арбитражные заседатели。

其三，仲裁法院制度。在俄罗斯，"仲裁"一词在法律上有两个不同用法。一是国际通行意义上的仲裁，即由当事双方通过协议约定纠纷的裁议依据、方式、地点、裁议人，这个裁议人通常是仲裁机构，这种仲裁机构并不是国家司法体系的组成部分。二是俄罗斯专有的所谓"仲裁法院"，其实质上即为商事法院，是以国家法律而非当事人的约定为依据解决商业纠纷，是国家司法体系的一部分。

在17世纪时沙俄法院就开始受理因关税等问题而产生的商业纠纷。1832年成立了专门的商事法院。十月革命之后，俄国本就不发达的商品经济被基本禁止，商业活动骤减，国有企业之间的纠纷通常是按照行政机关的规则进行审理。"新经济政策"时期，随着商品经济的有限恢复，用行政规则解决企业之间纠纷的做法不大行得通，于是1922年9月成立了仲裁委员会，1931年3月成立了国家仲裁局。在苏联的特殊环境中，"仲裁"这一原本是民间商业性质的机制，如今与国家政权结合在了一起。但由于政权属性和经济现实，特别是由于司法人员办理商业案件能力的缺乏，国家的仲裁职能一直划归在行政系统之中，没有进入司法系统。苏联的仲裁局系统虽然几经改革，但一直由部长会议领导。直到苏联解体前夕的1991年10月，俄罗斯苏维埃联邦社会主义共和国通过了《仲裁法院法》，仲裁才开始在俄罗斯由行政系统转入司法系统。在司法系统中专门设置解决商事纠纷的法院或法庭，这本是国际通行的做法，但以"仲裁"这一民间商业机制的名称来为其命名，则是俄罗斯历史的特殊产物。

2012年以前，仲裁法院只有区仲裁法院、州仲裁法院两级，2012年又加设了仲裁上诉法院。基层的仲裁法院就是各联邦主体仲裁法院。上诉仲裁法院并不是每个联邦主体都有，往往数个联邦主体内的初审仲裁案件都要到一个共同的上诉仲裁法院进行上诉。目前俄联邦设有19个上诉仲裁法院，分别位于弗拉基米尔、基洛夫、克拉斯诺亚尔斯克、赤塔、符拉迪沃斯托克（海参崴）、哈巴洛夫斯克（伯力）、托木斯克、鄂木斯克、莫斯科市、莫斯科州、萨马拉、萨拉托夫、圣彼得堡、沃洛格达、顿河畔罗斯托夫、彼尔姆、车里雅宾斯克、图拉、塞瓦斯托波尔等地。设有10个大区仲裁法院，相当于仲裁终审法院，分别是：伏尔加-瓦斯大区仲裁法院，位于下诺夫哥罗德市；东西伯利亚大区仲裁法院，位于伊尔库茨克市；远东大区仲裁法院，位于哈巴洛夫斯克市；西西伯利亚大区仲裁法院，位于秋明市；莫斯科大区仲裁法院，位于莫斯科市；伏尔加河大区仲裁法院，位于喀山市；西北大区仲裁法院，位于圣彼得堡市；北高加索大区仲裁法院，位于克拉斯诺达尔市；乌拉尔大区仲裁法院，位于叶卡捷琳堡市；中央大区仲裁法院，位于卡卢加市。

1992年，俄罗斯的仲裁法院系统正式建立，负责处理当事方中至少有一方是企业法人的经济纠纷。实际上，经济生活中的很多活动很难截然分清到底是否涉及法人，因此，对同一案件到底应提交仲裁法院还是应提交普通法院存在模糊地带。例如，总经理和股东大会的关系问题，根据俄联邦《仲裁程序法》2009年增加的有关规定，总经理的选举、任命、停职、罢免等纠纷由仲裁法院管辖；但根据最高法院2010年的"2010年第二季度司法纵览"，总经理和股东大会之间的关系属于聘任关系，即劳动合同关系，而劳动合同的纠纷应由普通法院管辖，不归仲裁法院管辖。又如公司与股东会之间，如果是股东会成员与公司之间的问题，由仲裁法院管辖；如果股东会作为机构与公司之间出现纠纷，则由普通法院管辖。

仲裁法院从审理程序和法律运用上都与普通法院的民事审判没有本质的区别，因此，2013年在保留了各级仲裁法院的同时，将俄联邦最高仲裁法院并入俄联邦最高法院。

仲裁法院与普通法院的民事庭所处理的案件均具有民事性质。尽管从法理角度，立法者可以对两者的职能做出划分，即仲裁法院受理的案件必须至少有一方为企业法人，但在法律实践中，这种区分往往并不绝对，因此当事人可以通过各种诉讼技巧来选择到底是在普通法院起诉还是到仲裁法院起诉。这导致了两种法院在职能上的实际重叠，即同一个案件可以按照不同的审理规则到不同的法院起诉，得到不同的法律救济。在这种情况下，俄总统普京于2013年签署法律，在保留仲裁法院整体架构的同时，将俄联邦最高仲裁法院并入了俄联邦最高法院。由于最高仲裁法院只牵扯到需要三审终裁和法官主席团评议的案件，因此这一合并实际上对大多数仲裁案件影响并不大。

其四，上诉法庭。在当事人认为存在审判不公、不服判决的情况下，可以通过上诉获得救济，这是《欧洲人权公约》（1984年11月22日签署的第7议定书）中对人权的一项规定，也被称为"刑事上诉权"。俄罗斯不断完善上诉制度，既是自身法治建设的需要，也是在回应《欧洲人权公约》的要求。上诉是纠正下级法院错失的基本制度，是司法公正的基本保证，是各国司法体系都具备的基本功能。

当事人可以对判决进行上诉，经过若干次上诉之后，获得终审判决。上诉制度牵扯到两个基本问题。

第一，可以上诉的次数，即审级。从狭义上来说，有的国家实行二审终结制，二审法院的判决即为终审判决；有的实行三审终结制，如俄罗斯和德国等一些欧洲国家。从广义上来说，终审之后还存在一些监督机制，如当事人继续向国家最高法院进行申诉，之后可再由最高法院的法官主席团会议对本院的审判结果进行评议、将案件提交国家最高法院法官再审等措施，其中由包括最高法院在内的各级法院的法官主席团进行案件评议，在俄罗斯也被称作"监督程序"。但如无特殊说明，本文所说的审级一般为上述狭义上的审级概念，不包括监督程序。

第二，上诉的含义。中文的"上诉"一词在西方和俄罗斯的法律中是一个颇为复杂的概念。一般来说，法庭审理案件分为两个部分：确定法律事实和准确适用法律，即"事实审"和"法律审"，这也是所有一审法院必须审理的内容。但各国在二审乃至三审程序中的规定可能有所不同，将事实审和法律审都重新进行的称为完全上诉；只审其中一项的（通常是只进行法律审，而在案件事实方面，除非提供有可能影响判决结果的重要新证据，否则不再进行事实审，直接以一审已经认定的事实为二审的依据）则称为不完全上诉。[①] 在完全上诉的过程中，双方都可以提出新的证据，二审法院则可以根据其自身的判断，直接对案件做出新的判决，而不必在认为一审判决有错失之处时，发回一审法院重审。一般来说，上诉至终审的上诉行为（在俄罗斯也就是第三审）都是不完全上诉，即通常只进行法律审。在俄罗斯法律中，对不同上诉程序的使用范围有如下规定：在宣判之后、执行之前提起上诉的，可以按照完全上诉

[①] 不完全上诉并不是俄罗斯法律中的固有概念，这里借用终审（кассация）一词来表示这一概念。

进行；已经对判决开始执行的，则只能进行不完全上诉。在俄罗斯，案件在初审法院做出宣判到执行之间一般会有10天的间隔，因此如果在这期间提起上诉，则可以按照完全上诉的程序进行；如果过了这一间隔期，则只能提起不完全上诉，实际上同时也就是终审。二审的判决均为立即生效，宣判和执行之间不再有间隔期，因此所有对二审判决提起的上诉均为不完全上诉，即提起的第三审也为终审。需要指出的是，当事人向俄联邦最高法院提起的上诉，联邦最高法院并没有无条件受理的义务，而是会根据其法律、政治、社会等各方面的重要性自主决定受理哪些上诉，所以尽管联邦最高法院有受理上诉案件的职能，但并不必然成为一个审级，其工作并不会改变俄联邦三审终结制的基本制度。准确地说，俄罗斯的不完全上诉机制（在很大程度上也是终审机制）从沙俄时期至今一直存在，并没有大的变化，但完全上诉程序则经历了复杂的存废历程，俄当局目前强调的上诉制度主要指的是完全上诉制度，即二审既需要做事实审又需要做法律审的上诉制度。

沙俄时期的上诉制度与德国等欧洲国家大体相同，即如果以治安法官为一审，则可以按照治安法官第一审——区法院第二审（完全上诉）——州法院第三审（不完全上诉即终审）的顺序进行上诉，而由治安法官为一审的案件占了全部案件中的大部分，所以沙俄的上诉制度大体上可以称为三审终结制。如果是以区法院为第一审法院的案件，则由州法院进行的第二审为不完全上诉，即终审。

十月革命之后，随着1917年11月24日司法法令①，特别是1918年2月司法法令②的公布，原有的上诉制度被大幅改写了。首先，治安法官被取消，其职能逐渐划归区法院，这直接导致了原有法院层级的减少。大部分案件也就是在沙俄时代以治安法官为一审、州法院为三审暨终审的案件此时只能以区法院为一审，省法院为二审，即终审。而所有的二审终审一般都不再进行事实审，只进行法律审，因此在苏联时期，完全上诉制度实际上在很大程度上被废止了。进行这种改革的原因包括简化法院的审理流程、破除"繁文缛节"，同时树立新政权建立的法庭的权威，特别是一审法院的权威，因此要在二审过程

---

① Декрет "о Суде" № 1 от 7.12.1917.
② Декрет "о Суде" № 2 от 14.2.1918.

中减少对一审法院的审查。虽然后来苏联对上诉制度有所调整,但仍然大体保留了十月革命后初期的框架,是一种有别于德国等欧洲大陆国家的不完全上诉制度。①

1991年10月的《司法改革构想》(俄罗斯苏维埃联邦社会主义共和国最高苏维埃于1991年10月24日以决议的形式发布)中指出,应建立治安法官、区法院、大区法院三级法院体系,最高法院则承担最高终审和监督的职能。由于社会立法条件和物质条件的限制,苏联解体后,处理一般民事和刑事案件的普通法院在上诉制度上与国际通行做法特别是德国等欧洲国家做法的趋同经历了一个漫长的过程。尽管治安法官自1993年后就在全俄普遍设立了,但迟至2010年12月29日,时任总统梅德韦杰夫才签署了第433号法律,改变一般法院的上诉制度,变苏联时期第二审的不完全上诉为完全上诉,该法在民事和行政诉讼中自2012年起生效,在刑事案件中自2013年起实施,且只针对由治安法官做出的有期徒刑3年以下的判决。

2010年的司法改革后,上诉制度出现了三个问题。一是只有治安法官的判决才能进行完全上诉,而治安法官只能受理刑期在3年以下的轻微刑事案,无权审理重案,于是就出现了一个悖论:刑期在3年以下的轻罪可以寻求完全上诉,而对刑罚高于此的判决反而不能寻求完全上诉。二是二审的工作量大大增加。三是由于在终审之后的终审法院监督机制中,参与案件评议的人和对案件进行审判的法官往往来自同一法院,具有利害关系,这就影响了审理的公正性;又由于各联邦主体法院往往与本联邦主体的行政部门关系微妙,前者始终有受后者干预的可能,影响了司法独立的实现。在这种情况下,俄总统普京又于2019年签署法令,在全俄范围内设立了5个独立的上诉法院和9个终审法院,以使下级法院的办案负荷得到纾解,同时也能更好地实施回避制度。在普通法院系统中新设立的9个终审法院(不完全上诉法庭)分别位于萨拉托夫市、克拉斯诺达尔市、莫斯科市、圣彼得堡市、萨马

---

① 作为苏联刑诉法的继承法,俄联邦《刑诉法》中的不完全上诉实际上并不是理论上完全意义的不完全上诉,而是一种带有某些完全上诉特征的"混合制"不完全上诉,也就是说,可以在一定限度内重新进行事实审,按照《刑诉法》第377条第4款及第37条的规定提供新的证据材料。

拉市、车里雅宾斯克市、符拉迪沃斯托克市等市。这些法院将代替联邦最高法院进行案件的终审,实际上在很大程度上这些都是联邦最高法院的分院。新设立的5个独立的上诉法院位于莫斯科市、圣彼得堡市、索契市、下诺夫哥罗德市、新西伯利亚市。经过近30年的时间,俄罗斯的审级制度至此大体稳定了下来。

在当代俄罗斯,建立怎样的上诉制度一直是各方争论不休的重大问题。在一定程度上,审级的多少体现了当事人寻求司法救济机会的多少。但审级的增加特别是完全上诉审级的增加,也就是纠错机制的增加,一方面使下级法院对案件所承担的责任有所减轻,降低了办案水平;另一方面,也给法院带来了巨大的工作量,引起办案效率的下降。应该说增加审级,全面恢复完全上诉的法律传统,对于保障公民的司法公正、改正冤假错案、维护社会稳定具有重要意义;但增加审级也往往使案件的诉讼时间变得更长,使案件当事人及其律师在媒体前的曝光率增加,从而使案件所引发的社会效应更加显著。当涉案人为各界关注的政治人物时,这一情况尤为明显。例如,对纳瓦利内、亚辛等政治反对派人士的大多数处罚都是由治安法官做出,因此这些人至少可以进行两至三次上诉。实际上每一次上诉都成了其接受采访、扩大舆论影响力的途径。应该说,这是俄罗斯领导者在扩大公民司法权力的同时所必须承受的挑战。事实证明,到目前为止,俄罗斯的司法体系较好地应对了这一问题。

其五,《民事诉讼法》及法警与执行问题。如果说《民法》在完全实现法典化之前还可以通过各部门所立的法典来保障该领域的正常运行,那么《民事诉讼法》则是所有民事法律在现实中得以运用的依据,在实践中具有更加基础性的地位。但俄罗斯迟迟没有制定新的《民事诉讼法》,直到2001年一直使用的是《俄罗斯苏维埃联邦社会主义共和国民事诉讼法》。这既有前述社会经济关系尚未定型,因此无法在法律上对其加以固定的因素,也有程序法本身较少涉及实体性内容因而在社会经济的剧烈变化中能够体现出较大弹性、在很长一段时间里能继续有效适应的因素。促使2001年新《民事诉讼法》立法的重要原因之一,是一个自俄联邦成立以来就一直困扰俄罗斯司法界的问题:法院的判决,特别是民事判决生效后,对判决的执行应该由谁负责?判决执行问题到底是属于诉讼过程的一部分,应由诉讼法加以规定,还是属于非诉讼程序,应由其他法律进行规定?对判决的执行是法律有效性的根本保障,因此这一由诉讼法引发的问题成为涉及整个法律体系的重大问题。

在苏联时期,对民事判决的执行属于民事诉讼的一部分,在 1964 年制定的《俄罗斯苏维埃联邦社会主义共和国民事诉讼法》中,以整个第五部分,即 8 条(第 35 条至第 42 条)94 款(第 338 款至第 432 款)的篇幅专门对执行问题做出了规定。但随着俄罗斯政治和社会的转型,三权分立思想的确立,要求将法律执行划归行政系统的呼声渐高,对由法院自己负责判决执行的非议越来越大。1997 年,俄总统签署了《执行法》和《法警法》,开始尝试将对判决的执行职能从司法系统剥离出来,用《执行法》来对执行民事判决做出新的规定,并用《法警法》明确了法警作为判决执行人员隶属于行政系统的性质。但在 1964 年的《民诉法》仍在运行的情况下,虽然对该法进行了多次修订,其仍然在很多细节上存在一种事实上的矛盾情况。2002 年制定了全新的俄联邦《民事诉讼法》,这种矛盾情形有所消除。但由于 1997 年具有过渡性质的《执行法》还有效,因此问题仍然存在。直到 2007 年全新的《执行法》生效,这一问题才得到根本解决。

第二节 俄罗斯的宪法法院

一 俄罗斯宪法法院的制度体系

(一)宪法及宪法性法律

俄罗斯的宪法体系由《宪法》和与宪法基本内容直接相关的"宪法性法律"共同构成。关于"宪法性法律"在俄联邦《宪法》中有明确阐述。根据《宪法》第 76 条第 1 款,俄罗斯的全国性法律分为"联邦法律"和"联邦宪法性法律"两类。根据《宪法》第 108 条第 1 款"联邦宪法性法律的调整对象是在《宪法》中有所规定的内容",哪些行为须由联邦宪法性法律进行规定在《宪法》中均有所明示。

《宪法》第 76 条第 3 款规定:联邦宪法性法律效力高于联邦法律,制定

139

与修订程序也高于联邦法律，联邦法律不得与之冲突。按《宪法》第 105 条规定，普通联邦法律只需要在国家杜马和联邦委员会获得超过半数赞成即可通过；但《宪法》第 108 条第 2 款规定，宪法性法律的通过需要有不少于 3/4 的联邦委员会成员和不少于 2/3 的国家杜马议员同意。在 2020 年修宪以前的《宪法》中，宪法性法律在议会两院通过后，应在 14 天内交由总统签署，总统不得拒签。在 2020 年的《宪法》修正案中，宪法性法律在提交总统后，总统仍可以像对待普通联邦法律一样，就其合宪性向联邦宪法法院提请司法审查。就这一点而言，总统和宪法法院的地位有所上升，而宪法性法律的地位有所下降。

表 4-3 列出了构成俄联邦宪法的主要法律。在这些法律中，起基础性和全局性作用的仍是《宪法》法典。

表 4-3 俄联邦《宪法》和宪法性法律

法律名称及所涉对象	《宪法》条款	通过时间
《宪法》		1993 年
《宪法法院法》	第 125 条	1994 年
《仲裁法院法》	第 118 条	1994 年
《全民公投法》	第 84 条	1995 年
《司法系统法》	第 118 条	1996 年
《人权全权代表法》	第 103 条	1996 年
《政府法》	第 115 条	1997 年
《修订宪法程序法》	第 136 条、第 137 条	1998 年
《军事法庭法》	第 118 条	1999 年
《国旗法》	第 70 条	1999 年
《国徽法》	第 70 条	2000 年
《国歌法》	第 70 条	2000 年
《新增领土和新的联邦主体形成法》	第 65 条	2001 年
《紧急状态法》	第 56 条、第 88 条	2001 年
《戒严法》	第 87 条	2001 年
《最高法院法》	第 126 条	2013 年

资料来源：笔者根据俄《宪法》及有关资料整理。

《宪法》作为一国的根本大法，其酝酿、起草、批准一般都需要一定的准备时间，但苏联的解体进程在1991年"8·19事件"之后骤然加速，在混乱的社会状态下，各方完全不具备制定宪法的条件，这造成在俄联邦独立之后的2年多内，国家没有由执政者制定的新宪法，而不得不沿用苏联法律以维持社会运行，这给俄联邦的宪法秩序和整个法律生活都带来了很多问题。

俄罗斯苏维埃联邦社会主义共和国作为苏联的加盟共和国，有本共和国的《宪法》。苏联解体前，这一《宪法》的最新版本是1978年《宪法》及其后的历次修正案。20世纪80年代后期，在戈尔巴乔夫改革的过程中，1978年《宪法》已经不能适应新形势的要求。1990年3月，全俄第一届人民代表大会召开。此间，酝酿关于俄罗斯国家主权的文件是全俄人代会的核心工作，相应地，制定新《宪法》的任务就也被提上了议事日程。5月，叶利钦当选全俄最高苏维埃主席。6月6日，人民代表大会副主席哈斯布拉托夫提出了《成立宪法委员会的决定》的草案，规定由58名人民代表和4名学者共62人组成该委员会。6月12日，全俄人代会正式通过了《俄罗斯苏维埃联邦社会主义共和国国家主权宣言》，宪法委员会的工作也随即在俄罗斯最高苏维埃的框架下展开，该委员会名义上由叶利钦领导。

1991年3月，叶利钦当选俄罗斯苏维埃联邦社会主义共和国总统，因此将选举新的全俄最高苏维埃主席。1991年7月，哈斯布拉托夫当选新的全俄最高苏维埃主席。此后，尽管叶利钦仍保留着宪法委员会主席的头衔，但哈斯布拉托夫成了该委员会的实际负责人。

1991年10月，叶利钦没有选择哈斯布拉托夫等在1990年曾给予其重要支持的政治人物担任政府首脑，而是支持盖达尔出任俄政府第一副总理（此时政府总理一职由叶利钦兼任），这引起了哈斯布拉托夫等人的强烈不满。由于盖达尔执行的"休克疗法"引发了经济形势的急剧动荡，普通民众的生活受到严重影响，招致舆论广泛和激烈的批评。在此后的2年中，以叶利钦为首的总统势力和以哈斯布拉托夫为首的最高苏维埃势力针对盖达尔及众多重要职位的任命问题展开了旷日持久的政治斗争。俄罗斯应由谁掌握最高行政权力，亦即应实行总统制还是议会制成为斗争的焦点；而这一权力的划分问题归根结底就是宪法问题。双方争夺的焦点在于总统和议会权力的大小，特别是总统是否有权解散议会和议会是否有权批准对总理的任命及解散政府,这两者分别是总统制和议会制的根本区别。这一时期,以青年法学家、人民代表鲁缅采夫为秘书长的最高苏维埃宪法委员会及其工作组实际上进行了紧锣密鼓、卓有成效的工作,提出了若干以议会制为基础的严肃认真的宪法方案。但由于叶利钦对实行总统制的坚决态度和该委员会与哈斯布拉托夫的政治隶属关系,该委员会的方案均无法得到叶利钦的支持。1993年5月,最高苏维埃发布声明,宣布制宪工作已经结束,这等于对叶利钦下了最后通牒,强迫其接受有利于最高苏维埃的宪法方案。随着局势的不断恶化,1993年6月叶利钦在宪法问题上另起炉灶,成立了由其支持者组成的制宪会议,与最高苏维埃宪法委员会分庭抗礼,制定以总统制为基础的宪法方案。

最高苏维埃和叶利钦之间斗争的焦点并非一般的法律问题,而是政治问题,因此双方的斗争手段也并非以法律为框架,而是超出了法律所规定的范围。例如,在1993年3月公投前夕,最高苏维埃主席团审议通过了《关于俄联邦最高苏维埃警卫局条例》草案,这意味着作为立法机构的俄最高苏维埃将组建听命于自己的独立武装,成为对当时宪法的公然挑衅。[1] 这一动议尽管最终没有进入批准程序,但为当年10月与政府的武装对抗做了重要的准备。又如,1993年8月,当时的宪法规定,最高苏维埃会议有效的参会人数应为代表总数的2/3,但预感到事态对己不利的最高苏维埃自行将这一数字改为1/2,而没有按宪法要求召开人民代表大会进行讨论和表决。[2]

总统制和议会制两种政见僵持不下,引发了两派力量在各个领域的全面冲突,最终导致叶利钦于1993年9月下令停止最高苏维埃活动,并酿成了1993年"十月事件"。此后,叶利钦凭借政治上的优势,迅速推出了有关宪法的"总统方案",并于1993年12月12日对新的《俄罗斯联邦宪法》草案进行全民公决。最终该草案以58.4%的比例在公决中获得通过,并于1993年12月25日起生效。在其后的几年,俄立法机构又陆续制定了其他宪法性法律,俄罗斯宪法体系基本形成。

---

[1] 〔俄〕格·萨塔罗夫等:《叶利钦时代》,高增训等译,东方出版社,2002,第374页。
[2] 〔俄〕格·萨塔罗夫等:《叶利钦时代》,高增训等译,东方出版社,2002,第408页。

（二）宪法修改

与宪法的制定过程一样，宪法的修改过程也涉及国之根本，是一个重要的理论和现实问题，是国家政治生活中的重大事件。

根据俄联邦《宪法》第九章第 134 条的规定，修宪的动议人可以是总统、联邦委员会、国家杜马、俄罗斯政府、联邦主体的立法机构、不少于 1/5 的联邦委员会委员或不少于 1/5 的国家杜马议员。根据《宪法》第 135~137 条的规定，修宪分为三种类型。

第一种类型：第一、二、九章不能由联邦议会即联邦委员会和国家杜马进行修订，需要组建专门的修宪会议。国家杜马于 2017 年收到了由杜马议员久加诺夫等 23 位议员提交的《制宪会议法》草案，但至 2021 年 11 月只进行了一读，未能取得进一步进展。① 截至目前，俄尚未进行过此类修宪。

第二种类型：依据《宪法》第 136 条规定，第五章至第八章可由专门的宪法性法律规定修订程序，即 1998 年出台的《修宪程序法》。根据该法，宪法修正案从提交到生效有四步：第一步，国家杜马 2/3 成员同意（第 5 条）；第二步，联邦委员会 3/4 委员同意（第 6 条）；第三步，一年之内由 2/3 的联邦主体的立法机构批准（第 12 条）；第四步，由联邦委员会将宪法修正草案送交俄罗斯总统签字并公布（第 12 条）。

在 2020 年以前，有两次涉及国家政治架构的重要修宪。2008 年在时任总统梅德韦杰夫的提议下，联邦总统任期和国家杜马议员任期由 4 年分别调整为 6 年和 5 年。总统任期得到延长且长于杜马议员的任期。2013 年在普京总统的提议下，联邦最高仲裁法院并入了联邦最高法院，同时，在扩大了总统对检察院控制的同时，也扩大了检察院职权。两个最高法院的合并增加了执法的统一性，减少了法律歧义，但由于法院数量、法院院长和副院长人数的减少，其他各政治部门通过任命的方式影响法院系统的能力也有所增强。加强总统对检察院的控制，实际上也等于增加了总统的权力。

---

① Законопроект № 1046036-7 О Конституционном Собрании Российской Федерации，https：//sozd.duma.gov.ru/bill/1046036-7.

第三种类型：涉及领土变更和行政区划调整即《宪法》第65条的内容，2001年出台了《新增领土和新的联邦主体形成法》。1993~2020年，俄联邦共发生了12次领土或联邦主体行政区变化，其中有6次是由于行政单位名称变化引起的，涉及印古什共和国、北奥塞梯-阿兰共和国、卡尔梅克共和国、楚瓦什共和国、汉特-曼西自治区、克麦罗沃州等地区；另有6次是由于行政单位的边界变化引起的，涉及彼尔姆边疆区、埃文基自治区、堪察加边疆区、布里亚特共和国、外贝加尔边疆区、秋明州等地区；特别是在2014年的修宪中，克里米亚共和国和塞瓦斯托波尔直辖市进入俄联邦版图。

2020年，经普京总统提议，俄联邦《宪法》经历了自1993年以来最广泛的修订，对权力分配进行了显著的调整，产生了一系列后果。本章就其中涉及司法问题的主要内容加以介绍（见表4-4）。

表4-4 俄联邦2020年修宪中涉及司法问题的主要内容

原规定	2020修宪后的规定	评析
第83条		
总统向联邦委员会提名联邦宪法法院法官、联邦最高法院法官,任命其他联邦法院的法官	总统向联邦委员会提名联邦宪法法院的院长、副院长、法官，联邦最高法院的院长、副院长、法官,任命其他联邦法院的院长、副院长、法官	把从宪法法院和最高法院到各级地方的院长、副院长的提名权均转给了总统，而不再由该院的法官选举产生
总统向联邦委员会提名或建议解职总检察长、副总检察长,任命和解职联邦主体检察官和其他同级的检察官	总统向联邦委员会咨询之后,任命和解职总检察长、副总检察长、各联邦主体检察长以及与之平级的军事检察院和专业检察院的检察长	原来总统对各级检察长只有提名权，而任命权归联邦委员，现在总统获得了任命权
（原无此规定）	有权向联邦委员会就宪法法院、最高法院、上诉法院、终审法院的院长、副院长、法官的免职提出建议	原来总统对这些法院的正副院长、法官的免职无权过问，现在获得了建议权
第100条		
不再安排议会两院听取宪法法院的年度咨文	议会两院除可听取总统的国情咨文，还可听取宪法法院的年度咨文	实际上制造了议会与宪法法院两者间的政治张力，形成了制约

续表

原规定	2020修宪后的规定	评析
第107条 当总统拒绝已经两院通过的联邦法律时,两院应重新进行审议,如果在两院以2/3多数通过,则总统应该予以签字	总统在上述情况下可向宪法法院请求宪法审查,如宪法法院判决合宪,总统则需要签署,如判决不合宪,总统则可将法案退回杜马	增加了宪法法院对立法机关的制衡
第108条 当总统拒绝已经两院通过的联邦宪法性法律时,联邦委员会3/4多数、杜马2/3多数通过,则总统应签署	总统可寻求宪法法院裁决,流程同上	增加了宪法法院对立法机关的制衡
第118条 未具体指明联邦司法体系的具体范围	具体指明俄司法体系由联邦宪法法院、联邦最高法院、联邦普通法院、仲裁法院、联邦主体的治安法官组成	一是排除了检察院以及并未引入宪法叙述的侦查委员会、警察;二是明确了治安法官为联邦司法体系的一环,而不是地方自治的内容
第119条 (原无此规定)	要求联邦法官不得拥有外国国籍、外国永居权、外国账户	说明司法权将更多地参与国家重大决策,所以必须确保法官在身份上的本国属性
第125条 未明示宪法法院是司法系统的一部分	对此加以明示	由于宪法法院对议会的制衡有所增加,现在明示其为司法系统的一部分,也就使修改后的宪法更加符合三权分立的原则
宪法法院的组成人数为19人	宪法法院的组成人数为11人	
宪法法院不审宪法性法律	可审查宪法性法律	宪法性法律和宪法在立法程序上成为同位法,高于普通联邦法律,因此这实际上加强了宪法法院的地位
宪法法院对于侵犯公民权利和自由的案件,只审查有关的联邦法律的合宪性	在上述类型的案件中,在已穷尽国内其他司法手段之后,宪法法院还可以应申请人的要求审查具体案件的适用,以及有关规章条例的合宪性	扩大了宪法法院的审查范围和效力范围

资料来源:笔者根据有关资料整理。

通过 2020 年修宪，法院系统以及检察院系统在俄权力架构中得到了明显加强，特别是宪法法院被明确定义为司法系统的一部分，且其权力大大增强，尤其是宪法法院在处理总统与联邦立法机关在法律批准过程中的分歧时，扮演了最终裁判者的角色，将起到一锤定音的作用。同时，宪法修正案又扩大了总统对包括宪法法院在内的法院系统和检察院系统的人事控制权（第 83 条下诸条），任命权普遍由联邦委员会转到了总统手中，这本身就是对联邦立法机关和地方当局权力的削弱。

（三）宪法审查机制

和各部门法律一样，宪法在运行过程中涉及宪法的执行和对宪法执行情况的监督两个环节。对宪法的执行是所有公民和国家机关的义务，涉及立法、行政、司法各个部门和每一位公民。但对宪法执行情况的监督，则一般由专门机构负责。从司法角度来说，实现对宪法执行的监督涉及两个问题：一是当对宪法的理解出现分歧时——这也是大多数宪法案件的主要背景，由谁以及如何进行解释；二是根据对宪法及宪法解释的理解，由谁宣布某项行为合宪或者违宪。

如表 4-5 所示，世界上不同法律传统的国家对这些问题有着不同的解决方式。

表 4-5 目前部分国家的涉宪司法制度

国家	宪法解释权	涉宪诉讼审理权	制度建立时间
美国	联邦最高法院	联邦最高法院	19 世纪初
英国	最高法院	最高法院	2005 年
德国	联邦宪法法院	联邦宪法法院	1951 年
韩国	宪法法院	宪法法院	1988 年
中国	全国人大常委会	全国人大常委会①	1982 年

资料来源：笔者根据有关资料整理。

---

① 最高法院也可以出具涉宪案件的司法解释，但这一职能未列入《宪法》，因此这一解释权在位阶上低于全国人大常委会的宪法解释。

第四章 俄罗斯司法制度

从现行制度建立的时间可以看出，多数国家的有关制度都随着宪法本身的变迁而经历过重大调整，有的甚至是近二三十年才确立的。例如，英国的最高法院是 2005 年才建立的，此前一直是由上议院履行相关职能。由立法机关直接处理宪法问题，通常并不存在明确的独立司法权，但现在由法院（包括普通法院中的最高法院和宪法法院）处理宪法问题，则体现了明确的独立司法权。

在欧洲，以德国为代表的宪法法院制度是主流的涉宪司法制度，不但在二战后为西欧国家广泛采用，也在 1989 年以后为东欧国家普遍采用。俄罗斯从 20 世纪 80 年代末开始，就在探索如何对涉宪问题进行处理。1989 年设立的机制实际上也是欧洲大陆国家的模式。

苏联时期已启动宪法审查机制。1988 年 12 月根据 1977 年苏联《宪法》第 125 条，决定设立"宪法监督委员会"，由 15 个加盟共和国的 23 位法律工作者和政治学者组成，由苏联人民代表大会选出。1989 年 12 月第二届人民代表大会通过了《苏联宪法监督法》，并选举了宪法监督委员会的主席和副主席，并决定委员会的其他成员由最高苏维埃选举产生。1990 年 4 月最高苏维埃选举产生了宪法监督委员会的 19 名成员。根据当时的法律，委员会审查的范围不仅包括苏联法律，还包括立法草案以及总检察长和全苏首席仲裁法官提出的议案。该委员会存在期间即 1990 年 5 月到 1991 年 12 月，共做出了 23 项决议。1991 年"8·19事件"中，该委员会曾试图召开会议，但由于当时在莫斯科的委员会成员只有 5 人，而做出决议要求至少有 11 人到会，因此在莫斯科的委员会成员决定以个人名义向紧急状态委员会表达对局势的严重关切。1991 年 12 月，随着苏联的解体委员会宣布自行解散。

1990 年 12 月 15 日，俄罗斯苏维埃联邦社会主义共和国在宪法中首次提到了"宪法法院"。在俄罗斯苏维埃联邦社会主义共和国第二次人民代表大会对俄《宪法》的修正案中则明确写到，俄罗斯苏维埃联邦社会主义共和国宪法法院应由俄人民代表大会选举产生，并有专门法律对其活动进行规范。1991 年 5 月，第四次全俄人民代表大会讨论了建立俄联邦宪法法院的提案，但没有获得通过。1991 年 7 月的第五次全俄人民代表大会通过了该

147

提案的修订版。1991年10月30日，经全俄最高苏维埃主席哈斯布拉托夫提名，产生了15名宪法法院法官中的13人。当日，便举行了俄宪法法院的第一次工作会议，但还未及法院正式投入运作，仅仅一个多月之后，苏联便宣告解体。

俄宪法法院第一次正式会议召开是在苏联解体之后的1992年1月14日，并迎来了第一个案件，即总统叶利钦拟合并俄联邦安全部与内务部的提案。审理的结果，该提案被认定为违宪。法庭认为，在事关基本人权，如人身、住宅、通信隐私不可侵犯等权利时，将护法机关的职能加以划分并使之能够互相制衡，正是保护民主制度、防范权力僭越的要求。

叶利钦于1991年8月要求共产党停止活动，并在8~11月陆续颁布了关于俄共为"非法组织"、关于苏共和俄共财产问题、关于苏共和俄共活动问题的三道总统令。1992年1月，俄共就向俄宪法法院提出了审查上述总统令合宪性的问题。在当时政局剑拔弩张、社会严重撕裂的情况下，宪法法院做出了一项看似"和事佬"式的判决，即将政党与国家政权相绑定是不允许的，但在民主社会中禁止某种意识形态，进而禁止人们结社也是不可能的，认为参与"8·19事件"的只是苏共高层，而与基层组织无关，因此总统的禁令对共产党基层组织无效。这实际上等于说俄共只要遵守现行法律，就可以重新进行组建，这为俄共的恢复和发展提供了法律保证。

此后，宪法法院及院长在俄政治演变中发挥了重要作用。1992年12月俄联邦第七次人代会期间，俄最高苏维埃和总统叶利钦之间的矛盾已剑拔弩张，这时时任宪法法院院长的佐尔金对双方进行调停，促成人代会一方做出了可将总统免职但可暂不实行的承诺，促成总统做出了在事先协商的前提下可将总理人选提交人代会表决的承诺，从而推迟了双方总摊牌的时间。① 但随着局势的发展，宪法法院和院长在政治上越来越倾向于反总统的苏维埃一方。1993年3月26日，俄联邦第九次人民代表大会开幕，目标即为弹劾总统叶利钦，而宪法法院则对人代会持完全支持的态度。9月初，俄最高苏维埃和总统的冲突已经一触即发，此时叶利钦下令没收了宪法法院院长佐尔金的特种轿车，并撤掉

---

① 〔俄〕格·萨塔罗夫等：《叶利钦时代》，高增训等译，东方出版社，2002，第290~291页。

了宪法法院建筑物旁的警卫。[①] 1993年9月21日，叶利钦在发出解散最高苏维埃的第1400号总统令后，佐尔金于当晚宣布将对这一总统令是否合宪进行审议，对该总统令持强烈的反对态度，[②] 并认定叶利钦关于解散人民代表大会的第1400号总统令违宪。10月7日，"十月事件"以总统一方的胜利而告终，叶利钦随即宣布停止宪法法院的活动。12月12日，俄罗斯以全民公决方式通过了新宪法，其第125条对宪法法院做出了规定。与此前的宪法法院不同，1993年3月20日叶利钦宣布国家进入紧急状态，宪法法院以此为由主动出击，于三天后宣布总统令违宪。因此新宪法规定宪法法院不得"主动出击"，只能根据其他部门的请求或者告诉采取行动。宪法法院审理和裁决的对象只能是某项具体的法案，而不能是某个人或某个政党。另外，将宪法法院的法官人数由15人增至19人。1994年6月24日和7月12日，俄国家杜马和联邦委员会依各自程序通过了《宪法法院法》，该法于当月21日由总统签发。经过5年多时间的博弈，俄联邦宪法法院的机构、职能从此被确定了下来。

（四）宪法法院的组织架构和审案程序

宪法法院针对申请人（公民个人或法人）提出的司法审查请求一般可以做出两种决定：予以审理，并做出裁决；不予受理。不予受理又可分为两种情况：一种是在申请书不符合格式要求、重要信息缺失的情况下发出不予立案通知书；另一种是以决定的方式驳回申请，并说明理由。申请者在填写申诉材料后，秘书处在3天内进行核验。之后按照案由类别进入秘书处的处理程序。如果不符合《宪法法院法》规定的受理范围，或不符合格式要求，或缺失重要信息，则由秘书处通知申请人不予立案。如果符合受理范围、信息完整，就交由秘书长转呈院长以决定审理事宜。院长根据负担均等的原则将案件派发给各位法官，法官可委托秘书处对自己分配到的案件进行预研。为了提高办案效率，每个案件都会配备一名或几名法官助理。不进行开庭而直接依据案卷进行审理的案件主要是对各类法律草案合宪性的审查。开审后，则草案的各项有关

[①] 〔俄〕格·萨塔罗夫等：《叶利钦时代》，高增训等译，东方出版社，2002，第423页。
[②] 〔俄〕格·萨塔罗夫等：《叶利钦时代》，高增训等译，东方出版社，2002，第431页。

程序暂停。其他案件则在通知涉案各方到庭后开庭审理，宪法法院可要求争议的被诉方暂停有关行为。

宪法法院的枢纽性部门是秘书处。秘书处分为公法部、私法部、劳动法和社会保障法部、刑法部、国际关系部、法律信息部、公民来信来访接待部，以及为办案和会议提供保障的行政辅助部门。司法审查的申请首先由秘书处中负责各领域法律的部门进行处理。

根据《联邦宪法法院工作条例》第1节至第3节的规定，宪法法院以下列形式展开工作。一是宪法法院会议，每月一次，这是宪法法院进行案件审理的最高级会议，决定审案事宜，审理案件，做出依案卷裁决和庭审裁决。二是法官工作会议，这是处理具体案件的日常工作会议，任何法官都可以提议召开。半数法官出席会议即有效，到会者的半数表决意见一致即可做出有效决议。此外，宪法法院为工作需要，还可组成各种委员会和工作组。宪法法院每年能接到1.5万件左右的司法审查申请。2017年的申请数量为14638件。相对于不予立案通知书，以法庭"（驳回）决定"的方式办结的案件逐年增多。2011年末约2000件，2014年升至3000件，2017年为3197件。①

根据俄联邦司法部的《联邦执法情况监督报告（2017）》，依据宪法法院的判决，在2017年1月1日至2018年8月20日，需要对法律进行修订并交由杜马审议通过的案件共有31件；对有关法律修正案进行酝酿和准备工作的共有17件；要求有关机关执行宪法法院判决的有18件，这之中大部分是通过政府发布政令的方式进行，有1项是由联邦最高法院致函杜马提出立法草案，另有1项是由部分联邦委员会成员致函杜马提出立法草案。

（五）宪法法院院长和法官的产生

由于宪法法院在法律修订和总统与议会关系中所起的重要作用，其从院长到法官的人选组成一直受到各方关注。院长、副院长、秘书长的任期均为3

---

① Жалобы лучше, решений больше. 12.03.2018 г., https://rg.ru/2018/03/12/ks-v-2017-godu-vynes-rekordnoe-chislo-opredelenij-i-postanovlenij.html.

年，可以连选连任。审理程序上需要有总数 3/4 的法官到场，法庭判决才有效。从 1990 年到 2020 年，俄宪法法院一共产生过 32 位法官，至 2020 年 11 月，有 12 名法官在任。具体情况可见表 4-6。

表 4-6 联邦宪法法院法官任命与在职情况

产生时间	产生方式	人数	目前在任人数
1991 年	俄罗斯人民代表大会任命	13	3
1994~1999 年	俄联邦委员会任命	9	2
2000~2008 年	总统普京任命	6	4
2008~2012 年	总统梅德韦杰夫任命	4	3
2012 年至今	总统普京任命	0	0
总计		32	12

资料来源：笔者根据有关资料整理。

在 1991 年至 2020 年的历次修宪中，最为重大的变动有三处。其一，已如上文所述，就是法官、副院长、院长的提名人、任命人的变化，即任命权由联邦委员会向总统转移。这一变化从根本上改变了立法、行政、司法三权之间的力量对比，做出了有利于总统行政权的调整。其二，宪法法院裁决有效的要求，2014 年将 1991 年要求法官到场人数为法官总数的 3/4 改为 2/3，这降低了宪法法院做出有效裁决的难度。其三，宪法法院的法官总数，2020 年将 1991 年的 19 人改为 11 人（现仍为 12 人），这进一步降低了宪法法院做出有效裁决的难度。此时，总统已掌握对宪法法院人员的任命权，这一变化进一步强化了总统对司法部门乃至立法部门的权力优势。另外，在宪法法院法官的任期、年龄上限等方面，30 年来也出现了多次变化，具体如表 4-7 所示。宪法法院法官无任期限制是西方国家的普遍做法。俄罗斯在 20 世纪 90 年代做出了任期方面的限制，是总统与宪法法院关系紧张的结果。普京担任总统后，两者关系趋于缓和，因此宪法法院法官的任期也随即取消。

表4-7 联邦宪法法院法官及领导层提名、产生、任期、年龄上限的变化

时间	1991年	1993年	1994年	2001年2月8日	2001年12月15日	2005年4月5日	2009年6月2日	2010年11月3日	2018年7月29日	2020年
法律依据		宪法	宪法法院法	宪法法院法修正案 №1-ФКЗ	宪法法院法修正案 №4-ФКЗ	宪法法院法修正案 №2-ФКЗ	宪法法院法修正案 №2-ФКЗ	宪法法院法修正案 №7-ФКЗ	法院系统法修正案 №9-ФКЗ	法院系统法修正案 №9-ФКЗ
法官提名	全俄人代会选举	总统提名	总统提名	总统提名	总统提名	总统提名	总统提名	总统提名	总统提名	总统提名
法官产生		联邦委员会任命	联邦委员会任命	联邦委员会任命	联邦委员会任命	联邦委员会任命	联邦委员会任命	联邦委员会任命	联邦委员会任命	总统任命
法官任期	无	无	12年(不得连任)	15年	15年	无	无	无	无	无
法官年龄上限	65岁	65岁	70岁	70岁	70岁	70岁	70岁	70岁	70岁	70岁
院长、副院长、秘书长提名	法官会议选举	法官会议选举	法官会议选举	法官会议选举	法官会议选举	法官会议选举	总统提名	总统提名	总统提名	总统提名
院长、副院长、秘书长产生	法官会议选举	法官会议选举	法官会议选举	法官会议选举	法官会议选举	法官会议选举	联邦委员会任命	联邦委员会任命	联邦委员会任命	总统任命
任期	3年	3年	3年	3年	3年	3年	6年	6年	6年	6年
院长年龄上限	无	无	无	无	无	无	无	无	无	无
副院长年龄上限	无	无	无	无	无	无	无	无	76岁	76岁

资料来源：笔者根据有关资料整理。

二　俄罗斯宪法法院的政治实践

由于社会生活的复杂变化，实际上《宪法》法典的 200 余条内容每一天都在经受发展变化的社会生活的检验。每年联邦宪法法院都会收到几千个审查申请。《宪法》中的每一个条款都可能在任何时候引发争议，从而成为引发宪法审查的理由。这些争议主要是源于权力机关所做出的决定。这里的权力机关包括行政机关，也包括立法机关和司法机关；所谓"决定"，从广义上讲，既包括立法机关所通过的法律、行政机关做出的决定，也包括司法机关所做出的判决。行政机关做出的决定既包括作为具体行政行为的行政决定，也包括作为抽象行政行为的行政立法。

在宪法法院受理的大量审查申请中，大多数案件的结果只施于当事人本人，并无重大的社会影响；但也有一些案件因判定法律或行政法规违宪，必须要求杜马进行修法。2019 年，共受理 3640 个案件，做出了 41 个判决，其中 19 个判决要求对现行法律做出修改。同年，立法机构执行了 23 个 2018 年由宪法法院做出的修法判决，其中 19 个涉及联邦立法，4 个涉及联邦政府法规。[①]

另有一些案件或涉及重大经济社会政治决定，或涉及重要事件与重要人物，因此引起了广泛关注，特别是上述权力机关做出决定的早期，也是社会各界对该决定关注度最高的时期，这一时期提起的有关宪法诉讼往往也更多涉及该决定的核心内容，因此更值得研究。

（一）经济民生方面的案件

制定宪法的根本目的是保障国家生活的正常秩序，使家的各项事业得到发展，其中经济社会领域是《宪法》规定的重要领域。宪法法院直接以《宪法》为依据，为纠正权力机关在经济社会生活中的不当决定提供了一个独特而重要的途径。在这里，仅举一些近 30 年来受到一定社会关注的案件为例（见表 4-8、表 4-9）。[②]

---

① Информационно-аналитический отчет об исполнении решений конституционного суда российской федерации, принятых в ходе осуществления конституционного судопроизводства, в 2019 году.

② Праздник для каждого，https：//rg.ru/2011/10/28/sud-poln.html.

表 4-8 宪法法院受理的部分经济领域案件

时间	审查申请人性质	案由	案件号
1996 年	个人	在自有土地进行住房建设的缴税问题	постановлении от 4 апреля 1996 года № 9-П
1999 年	公司	违规征税	постановлении №11-П от 15 июля 1999
2000 年	个人	妇女提前退休问题	определении № 276-О от 21 декабря 2000
2003 年	个人	二手房的前任房主没有及时注销房产证，造成后面的房主无法申领新的房产证	постановления № 6 от 21 апреля 2003
2006 年	个人	走私车买主作为财产善意获取人的上牌照问题	определения № 167-О от 12 мая 2006
2007/2009 年	个人	对伤残和孕妇的补贴问题	постановлении № 3-П от 6 февраля 2009；постановление от 22 марта 2007 года №4-П
2008 年	个人	对罕见病的医保问题	определение КС № 676-О-П от 3 июля 2008
2010 年	个人	因偶然性的技术性失误造成当事人卷入洗钱犯罪	постановление № 13-П от 13 июля 2010

资料来源：Праздник для каждого（28.10.2011），https://rg.ru/2011/10/28/sud-poln.html。

表 4-9 宪法法院做出结论的部分社会领域案件

时间	审查申请人性质	案由	案件号
1995 年	个人	对苏联时期遭受镇压的人员进行赔偿的问题	Постановление № 8-П от 23 июня 1995
1997 年	个人	对切尔诺贝利事故人员的补偿问题	постановление № 18-П от 1 декабря 1997
2010 年	个人	在护照上标识民族归属问题	Определением № 326-О-О от 23 марта 2010

资料来源：Праздник для каждого（28.10.2011），https://rg.ru/2011/10/28/sud-poln.html。

（二）政治问题

自 1993 年俄联邦宪法法院恢复以来，几乎每次进行重大的政治改革时宪法法院都会收到相关的审查申请，要求宪法法院就这一改革是否违宪做出判决，而且往往同一项改革会牵扯多个宪法条款，或者针对同一条款的问题有多个起诉人提起诉讼。因此同一项改革也常常会引发多项、多次宪法审查的请求（见表4-10）。

表4-10 部分具有政治影响的立法与合宪性审查申请

时间	发起人	争议焦点	裁决结果	宪法法院理由
1995年4月①	最高法院和部分国家杜马议员	设立5%当选门槛是否合宪	未予受理	
1998年11月②	萨拉托夫州杜马	同上	合理	防止议会党团过于分散，造成无法运作
2005年12月③	秋明州公民格里什凯维奇（Владимир Гришкевич），右翼力量联盟 Союз правых сил（СПС）	总统是否有权任命联邦主体领导人	有权	不与联邦制原则和三权分立原则相矛盾
同上	同上	总统是否有权对失去总统信任的联邦主体领导人免职及总统是否有权在联邦主体议会两次否决总统所提联邦主体领导人人选后将联邦主体议会解散	未予受理	
2017年2月④	公民丹宁 Дадина И И	第四次参加非法集会是否入刑	是	

资料来源：笔者根据有关资料整理。

下面列举一些有一定社会影响的宪法审查案例，以说明宪法法院工作的流程。

---

① Определение Конституционного Суда РФ от 20 ноября 1995 г. N 77-О.
② Постановление от 17 ноября 1998г. N 26-П.
③ https://www.gazeta.ru/2005/12/21/last182515.shtml.
④ http://www.ksrf.ru/ru/News/Pages/ViewItem.aspx?ParamId=3315.

1. "俄罗斯共产主义工人党——俄罗斯共产主义者党"组建案

2007年7月16日，宪法法院就"俄罗斯共产主义工人党——俄罗斯共产主义者党"提出的政党组建诉讼做出了判决。

俄杜马于2001年6月通过了《政党法》，要求组建政党必须有1万名以上党员，在超过一半的联邦主体中拥有分支机构，且每个分支机构的党员人数不能少于100人。至2007年1月1日之前，若不能达到这一要求，则政党或依据1995年5月19日颁布的《社会组织法》转为社会组织，或自行解散；否则，将由法院判令注销。这实际上对组建政党提出了更高的要求，造成了俄罗斯政党数量的减少。据统计，2005年全俄共有正式注册的政党44个，到2006年初时减少到了37个，还有12个政党因人数不足已被法院判令注销，其中对6个政党的判决已经生效，对另外6个政党的判决仍在上诉期内。"俄罗斯共产主义工人党——俄罗斯共产主义者党"即为仍在上诉的6个政党之一。①

起诉人丘尔金以该党第一书记身份出庭。出席法庭审判的除法官和审查申请人，还有国家杜马在宪法法院的常驻代表、联邦委员会代表、总统驻宪法法院全权代表。争议的主要内容是《政党法》第3条（政党的定义及组织结构）、第1条第18款（注册政党所需文件）、第3条第41款（政党的注销）的合宪性。起诉人认为，对人数和分支结构的规定严重阻碍了公民通过组建政党来实现结社的权利，要求提供党员名单的做法妨碍了意识形态多样性和思想与言论自由，而在此情况下要求注销政党则不符合宪法，认为上述规定违反了俄《宪法》的第1、2、13、15、17、19、28、29、30、32、45、55等条。

宪法法院裁定：《政党法》修正案是为了形成更加具有代表性且有一定规模的政党，这与在杜马选举中设立进入门槛的目的是一致的，可以有效避免立法机关因政治力量过于分散而陷入低效和瘫痪，因此有关的法律没有违宪。

2. 2014年六个非政府组织案

"非政府组织"在俄罗斯法律中一般被称作"非商业非政府组织"，简称"非商业组织"，其活动涉及社会和政治多个方面。俄罗斯1995年5月19日出

---

① Конституционный суд РФ окончательно отказал РКРП－РПК в праве считаться партией в буржуазном государстве（16.07.2007）.

台的《社会组织法》和1996年1月12日出台的《非商业组织法》成为俄在这一领域的基本立法。2012年7月13日,俄杜马又以对已有法律修正案的形式,即《对执行外国代理人职能的非商业组织有关法律的修正案》[1],对上述两部法律进行了修订,由此进一步规范了接受境外资助并在俄境内从事政治活动的非商业组织的活动,该法律修正案通常被称为《外国代理人法》。

该法对这类社会组织在资金使用、活动计划的透明度方面都有特殊的规定,并要求其进行单独注册。这使得一些人权、环保等领域的外国非商业组织在运营时出现了困难。例如,一个专门为俄罗斯公民向欧洲人权法院提起诉讼时提供法律援助的荷兰非商业组织——"俄罗斯人权动议"——就因没有及时办理注册变更而被注销,从而引发广泛的舆论关注。

2014年4月8日,宪法法院对备受关注的几个相关案件并案宣判。这些案件涉及五个非商业组织,起诉人为一位官员、一个法人及三位公民个人,分别是俄联邦人权专员、"科斯特洛玛社会动议支持中心"基金会,公民个人库茨明娜、斯摩棱斯基、尤可切夫。这三位公民实际上分别是非商业组织"伏尔加之声""穆拉维叶可持续生态园""西伯利亚出版发展研究所"的成员。

这些非商业组织均因外国代理人身份没有及时进行有关申报而分别被判处10万~30万卢布的罚款。这一系列案件涉及经2012年7月《外国代理人法》修改过的《非商业组织法》第2条第6款(非商业组织定义问题)、第32条第7款(接受境外资金从事政治活动问题)和《社会组织法》第29条第6款(在外国资助下从事政治活动的报备问题),以及与行政处罚有关的《行政违法法》。

宪法法院判决的核心是:自由结社是俄宪法规定的公民基本权利,新法要求接受境外资金在俄从事政治活动的非商业组织就其财务、活动规划进行特殊的报备,目的是便于管理,既非禁止性规定,也不会影响其正常的运作,不具有歧视的意义,也没有损害公民进行自由结社的基本权利,因此2012年7月的修法内容并不违宪。但依《行政违法法》所进行的处罚有时效不清的问题

---

[1] О внесении изменений в отдельные законодательные акты Российской Федерации в части регулирования деятельности некоммерческих организаций, выполняющих функции иностранного агента.

（即接受某次境外资金、进行政治活动、2012年7月修法诸事件之间存在交错），且处罚过重，因此需要对《行政违法法》进行进一步修订。

3. 2005年联邦主体领导人产生办法变更案①

关于选举问题，俄联邦的两部主要法律是1999年10月6日通过的《联邦主体立法（代议）机关和行政机关组织总原则法》（以下简称《联邦主体组织原则法》）和《公民参与选举与公投权利基本保障法》（以下简称《选举保障法》）。2004年12月11日对《联邦主体组织原则法》的修订案颁布实施，其实质是取消了联邦主体居民选举产生该联邦主体领导人的方式。这引发了一系列问题。

2005年2月17日，俄罗斯秋明州杜马依据上述两部法律的最新版本，通过了"关于授予谢·萨比亚宁州长职权"的决定。秋明州公民格里什凯维奇及另外32名公民于2005年2月28日请求秋明州法院对这一法案是否违法做出裁决。但秋明州法院对此未予受理，理由是这一赋权程序源自《联邦主体组织原则法》第18条的规定；而关于格里什凯维奇的宪法权利是否受到了侵害，只能进行宪法审查，即由联邦宪法法院进行裁决。

2005年12月21日，俄联邦宪法法院对此做出裁决，认为根据联邦《宪法》第3条第3款（人民在政权问题上的最高表达方式是全民公投和自由选举）、第32条第1款（俄公民有选举权和被选举权，以及参加全民公投的权利）、第32条第2款（公民有权管理国家事务，既通过直接民主的方式，也可以通过代议方式），《宪法》对联邦主体的政权机关如何产生并未做出直接规定，因此直接选举并不是产生政权机关的唯一方式，也就是说由联邦总统推荐、再由州立法机关批准的做法并不违宪。

但在本案的裁决中，科诺诺夫和亚罗斯拉夫采夫两位法官给出了不同意见（"特别意见"），他们认为，2004年12月生效的《联邦主体组织原则法》中关于州长产生的办法有违公民的宪法权利，但两位法官的"特别意见"并不能影响宪法法院的最终裁定。

---

① Постановление Конституционного Суда РФ от 21 декабря 2005 г., N 13-П.

(三) 政治人物案件

宪法法院处理了大量与政治人物（如希望参选国家或地方领导人或议员的人）和具有政治色彩的个人（如被进行了政治解读的企业家等公众人物）有关的案件（见表4-11）。

表4-11 部分政治人物向宪法法院提交的合宪性审查申请

宪法法院做出决定的时间	主要申请人	涉及法律	争议焦点
2003年12月①	别列佐夫斯基	《刑诉法》	调查人员是否应就延长调查时间告知被调查人
2008年6月②	霍多尔科夫斯基	《刑法》第158条、第160条	被告人行为是否是为了"营私"
2013年4月	纳瓦利内	《行政处罚法》	人群聚集是否为被告人蓄意召集，抑或为参与者临时起意，自发跟随
2014年10月③	"暴力小猫"乐队	《刑法》第213条	言论自由和遵守宗教禁忌是否存在冲突

资料来源：笔者根据有关资料整理。

针对此类案件，宪法法院在一般情况下均给出不予受理的决定，并说明具体理由。在个别情况下，例如在处理"暴力小猫"乐队成员案件时，宪法法院也会给出一些额外的说明，进一步说明其对所涉及问题的一般性看法。

本文列举两位政治人物提起的合宪性审查申请，以说明宪法法院在政治生活中所起的作用。其中，别列佐夫斯基提起过一次此类申请，而纳瓦利内则提起过三次。

1. 别列佐夫斯基案

普京于2000年当选俄罗斯总统后，俄检察部门对金融寡头别列佐夫斯基提出多项指控，别列佐夫斯基遂于2001年滞留英国。他在寻求英国政治庇护的同时试图继续干预俄罗斯政治。在受到了诈骗等指控之后，2002年2月别

---

① Определение Конституционного Суда РФ от 18.12.2003, N 429-O.
② Определение Конституционного Суда РФ от 02.07.2009, N 1037-O-O.
③ Определение Конституционного Суда РФ от 25.09.2014, N 1873-O.

列佐夫斯基又受到了资助车臣叛军的指控，检察机关因此决定将对其的侦查时间延长3个月。① 这引发了别列佐夫斯基的上诉，他指责有关决定所依据的法律违背宪法，故申请宪法法院进行合宪性审查，其主要理由是出具延长侦查意见书的专家并不适格，应阻止该专家为本案提供意见。

2003年12月18日，俄联邦宪法法院发布了对此案的审查结果。申请人认为案件的侦查期限被侦查官延长，自己却未得到有关信息，这与《刑诉法》第47条（被确定为被告人的条件）、第53条（辩护人的权限）、第195条（任命法庭专家的程序）和第70条（专家的回避）是矛盾的，违反了《宪法》第45条（国家和个人对人权和自由的捍卫权利受到保护）、第48条（司法援助，以及被羁押人可以聘请辩护律师的起始时间）的内容，涉嫌违宪。但宪法法院审理后认为，根据《刑诉法》第195条的规定，在任命法庭专家的决定书中必须写明专家的名姓，其他信息都不是必需的。因此宪法法院裁决：延长侦查时间的做法合宪，驳回别列佐夫斯基的申请。

2. 纳瓦利内案

（1）纳瓦利内第一次申请②

2012年10月27日，纳瓦利内因举行未经批准的集会被莫斯科市巴斯曼区治安法官判处3万卢布罚金。处罚依据是《行政处罚法》第35条第1款（罚款上限）、第20条（不同违法行为的具体处罚金额）第2款（违反申报集会方式的组织者处1000~2000卢布罚款，参与者处500~1000卢布罚款）。但申请人认为，自己是完成单人游行后坐地铁回家，那些群众是自发跟随的，并不是其组织的游行，因此不应承担如此大额的罚金。

2013年4月26日，宪法法院对此申请做出了不立案处理。宪法法院认为，关于罚金限额的问题实际上也就是单人抗议和有组织抗议的区别问题，已经在联邦杜马议员李蒙诺夫提起的司法审查中得到了审理，该案的结论是如果是可能会吸引大量参与者的单人抗议，则发起人应尽量避免之。所以宪法法院不再对此进行讨论，故而驳回了纳瓦利内的审查申请。

---

① https：//lenta.ru/news/2002/02/28/berezovsky/.
② *Определение* от 4 апреля 2013 г. N 485.

(2) 纳瓦利内第二次申请①

2013 年 5 月，纳瓦利内创立的未经注册的党派"人民联盟"在基洛夫州的总部遭到警察搜查，物品、文件遭到扣押。警察称执法行为是由于接到电话举报，指出在该党总部内存有大量印有极端主义思想的传单。纳瓦利内和该党总部负责人布拉姆遂提起申请，请求宪法法院认定俄联邦《刑事诉讼法》第 5 条（区别罪与非罪的原则）、第 144 条（处理举报信息的程序）和第 176 条（搜查的原因）与俄《宪法》第 2、8、17、18、29、35、45、52、55 条不符，属违宪条款，申请裁定警察搜查和带走该党总部文件违宪。

2014 年 4 月 4 日，宪法法院做出不予立案的决定，认为只要警方对举报的登记符合程序，那么依据举报信息进行搜查和扣押就是合法的，不存在违宪问题。

(3) 纳瓦利内第三次申请②

2017 年 2 月 8 日，纳瓦利内因"伊夫·高什案"被基洛夫市列宁区法院判处有期徒刑缓期执行。2017 年底，他向俄中央选举委员会递交关于作为候选人参加 2018 年总统选举的申请，但于 12 月 25 日被中央选举委员会以有不可取消的待执行判决为由拒绝。此后他向联邦最高法院提起上诉，又于 12 月 30 日被驳回。此后他又向联邦最高法院再审委员会提起上诉，于 2018 年 1 月 6 日被再次驳回。

纳瓦利内以上述中央选举委员会的决定和联邦最高法院的判决违反俄联邦宪法第 32 条第 3 款（不得参选的条件）和第 81 条第 2 款~4 款（俄联邦总统的任职条件及选举程序）为由，向宪法法院申请司法审查。

宪法法院结合过往判例认为，在《联邦主体组织原则法》中对此问题已有规定，即有案在身但未在拘所关押的罪犯不能享有被选举权，因为缓刑人员如果当选，一旦在法律规定的条件下缓刑转为立即执行，其将无法继续履行职责，所负责的工作也将陷入瘫痪。

(四) 对宪法法院与俄政治关系的评述

尽管宪法法院在解决政治分歧方面起到了一锤定音的作用，但是其在判决

---

① Определение Конституционного Суда РФ от 5 марта 2014 г., № 518.
② Определение Конституционного Суда РФ от 18.01.2018 г., N 13.

或表态上也时常出现前后不一的情况，因而受到质疑。其中最主要的问题是判决与前例不符。

在俄罗斯司法体系中，尽管判例并不是主要法源，但遵守已有判例、后例遵循先例仍然是重要的司法原则之一。对于宪法法院而言，这尤其关系到其政治信誉。但在这方面，俄宪法法院却有过一些典型的违例判决。这里试举几个例子。

1. 联邦主体行政长官产生方式变更

根据1993年《宪法》，地方行政长官通过全民直接选举产生是一项重要的政治原则。1996年，阿尔泰边疆区曾拟以本区立法机关选举的方式代替全民直选，产生行政长官。但经联邦宪法法院裁决，这一做法违宪，因而无效。这在当时被认为是联邦当局捍卫民主制度和自治制度的关键一步，因此也成为重要判例。而且，针对已经在酝酿中的联邦主体领导人产生方式变更方案，宪法法院院长索罗金在2004年10月22日的第七届宪政司法国际论坛上发言时表示了谨慎的反对意见。他表示，宪法法院要通过解释宪法精神的方式保卫宪法，这并不意味着不可以改变对某些问题的态度，不过要有一定限度。① 但当2004年12月关于联邦主体领导人产生办法的修法完成后，宪法法院却没有坚持1996年的态度，而是如前文所述，在对2015年12月来自秋明州的宪法审查请求中，对修宪予以认可。2005年1月举行的涅涅茨基自治区领导人选举成为20世纪第一个十年中最后一次联邦主体领导人直选。

但是事情并未就此结束。2012年4月，在时任总统梅德韦杰夫提议下，《联邦主体组织原则法》和《选举保障法》被再次修订②，联邦主体领导人又恢复了直接选举制度，于当年10月开始施行③，并且持续至今。尽管这并不意味着联邦宪法法院2005年对秋明州公民格里什凯维奇裁定的失效——因为

---

① Глава Конституционного суда осторожно покритиковал инициативу Путина (23 октября 2004).
② Федеральный закон от 2 мая 2012 г., N 40-ФЗ "О внесении изменений в Федеральный закон "Об общих принципах организации законодательных (представительных) и исполнительных органов государственной власти субъектов РФ" и Федеральный закон "Об основных гарантиях избирательных прав и права на участие в референдуме граждан РФ".
③ 根据2013年4月2日对相关法律的修正案，北高加索六个联邦主体（达吉斯坦、印古什、卡巴尔基诺-巴尔卡利亚、卡拉恰耶沃-切尔克西亚、北奥塞梯、车臣）仍采用由当地议会选举产生联邦主体领导人的方式。

该裁定实际上认定全民直选和立法机关代选均符合宪法，但这毕竟使人感到其态度在1996年和2005年的裁决之间、在宪法法院院长的表态和实际裁决之间出现了反复，未能做到前后一致，具有消极影响。

2. 政党进入国家杜马的得票门槛问题

杜马选举一直是俄政治生活中的重大问题，自1993年至2014年曾经四次立法，四次废止。现在使用的是俄联邦成立以来的第五部《国家杜马代表选举法》。在这五部法律之间，还时常通过法律修正案的形式对该法中的部分重要条款进行变更（见表4-12）。

表4-12 俄《国家杜马代表选举法》及相关法律对政党进入门槛的规定

生效日期	废止日期	法律名称	法律编号	议会门槛	所在条款
1995年6月21日	1999年6月24日	《国家杜马代表选举法》	Федеральный закон от 21.06.1995 г. No 90-ФЗ	5%	第62条
1999年6月24日	2002年12月20日	《国家杜马代表选举法》	Федеральный закон от 24.06.1999 г. No 121-ФЗ	5%	第80条
2002年12月20日	2005年5月18日	《国家杜马代表选举法》	Федеральный закон от 20.12.2002 г. No 175-ФЗ	7%	第84条、第99条
2005年5月18日	2014年2月22日	《国家杜马代表选举法》	Федеральный закон от 18.05.2005 г. No 51-ФЗ	7%	第82条
2009年5月12日		法律修正案	Федеральный закон от 12.05.2009 г. No 94-ФЗ①	5%~7%	
2011年10月20日		法律修正案	Федеральный закон от 20.10.2011 N 287-ФЗ②	5%	
2014年2月22日	至今	《国家杜马代表选举法》	Федеральный закон от 22.02.2014 N 20-ФЗ	5%	第48、49、88条

资料来源：笔者根据有关资料整理。

---

① Федеральный закон О внесении изменений в отдельные законодательные акты Российской Федерации в связи с повышением представительства избирателей в Государственной Думе Федерального Собрания Российской Федерации от 12.05.2009 г., No 94-ФЗ.

② Федеральный закон "О внесении изменений в отдельные законодательные акты Российской Федерации в связи со снижением минимального процента голосов избирателей, необходимого для допуска к распределению депутатских мандатов в Государственной Думе Федерального Собрания Российской Федерации" от 20.10.2011 г., N 287-ФЗ.

自 1995 年起，第一部《国家杜马代表选举法》便对政党通过大选进入国家杜马做出了得票比例的限制，即"5%门槛"。部分国家杜马议员于 1995 年 6 月 21 日向联邦宪法法院提请就《国家杜马代表选举法》中的四个条款进行宪法审查，其中就包括得票门槛问题，认为这些条款违背了俄联邦《宪法》第 3、15、18、19、32、94 条的精神。1995 年 11 月 3 日，俄最高法院也就得票门槛问题向宪法法院提出质询，要求进行宪法审查。宪法法院认为，俄《宪法》并未对这一问题做出规定，议会可从政治角度进行立法加以规定。由于宪法法院只审法律问题，不审政治问题，本案不在宪法法院的权限之内，所以于 1995 年 11 月 20 日做出决定，对该审查申请不予受理。①

但 1998 年，萨拉托夫州杜马又向联邦宪法法院提请审议《国家杜马代表选举法》中部分条款的合宪性，涉及第 5 条、第 11 条第 2 款、第 14 条第 6 款、第 7 条、第 18 条、第 36 条第 3 款、第 37 条、第 38 条、第 39 条第 2 款和第 3 款、第 44 条、第 47 条、第 48 条、第 50 条、第 52 条、第 57 条、第 58 条、第 59 条、第 61 条、第 62 条第 2 款、第 63 条、第 64 条、第 65 条、第 67 条。其中第 62 条第 2 款就是杜马选举政党门槛问题。这次宪法法院受理了关于这一条款的宪法审查申请。审查的结果是该条款合宪，依据是其所指向的宪法精神，即所有政党应该被平等对待，指的是在法律面前被平等对待，而非绝对意义上的平等对待。也就是说，依据该条款，所有未达到 5%门槛的政党都应平等地按法定程序被排除在议会之外，而不能有享有特殊豁免权的政党。从这一意义上讲，该条款并未违反宪法原则。应该说，如果孤立来看，不论是 1995 年对不予受理的解释还是 1998 年认定合宪的解释都是具有说服力的。也正因为如此，在 2002 年、2009 年、2011 年等其后几次选举门槛变更后，均未再产生针对这一问题的宪法审查申请。

但是，1998 年的受理和判决与 1995 年的不予受理显然构成了矛盾，因此宪法法院又不得不在正式的判决书中对此进行解释。其大意是：宪法法院在 1995 年接到审查申请时，正值国家杜马选举期间，时机敏感，因此不能介入与选举有关的判决；1998 年接到审查申请时则不在类似敏感期内，因此可以

---

① Определение Конституционного Суда РФ от 20.11.1995 г., N 77-О.

受理本案。① 但 1998 年判决中所给出的这一理由在 1995 年的不受理意见书中却只字未提。这显然是宪法法院在受理案件时标准不一造成的。

实际上，2002~2005 年俄当局出于种种原因，曾经通过立法手段在一系列重要的政治领域进行了调整，使得政治生活中的弹性有所收紧，如在选举中"不同意以上所有人选"的选项问题、混合制选区改为单一制选区问题、最低投票率问题等，引发了多起宪法审查申请，宪法法院均以该申请不属于宪法法院管辖的范围为由未予受理，或认定有关法律修订符合宪法。这实际上等于认可了有关的修法。但 2012 年之后，这些做法又陆续有所松动，有的则恢复到了 2002 年以前的状况。在这一过程中，对于重大政治问题，宪法法院实际上予以了回避，这在很大程度上对宪法法院的权威性是一种损害。

第三节 俄罗斯的刑法及行政法制度

对国家发展进程中涉及的反腐败、国家安全等问题俄罗斯主要运用《刑法》及《行政处罚法》等。《刑法》涉及可导致自由刑（即徒刑）的刑事犯罪，《行政违法法》涉及可导致行政拘留的违法行为。也就是说，《刑法》和《行政处罚法》涉及以国家强制力对个人进行人身处罚即徒刑或拘留，是最为严重的法律措施。因此如何启动其法律程序，如何保护诉讼双方的合法权益就成了各办案机关的首要问题，这涉及以下几个部门（见表 4-13）。

表 4-13 侦办刑事和行政案件的主要部门

主要部门	刑事案件	行政案件（执行时涉及人身）
侦查部门	侦查委员会和检察院	内务部（即警察）
起诉部门	检察院	
审判部门	法院	
执行部门	监狱	看守所

资料来源：笔者整理。

---

① Постановление Конституционного Суда РФ от 17.11.1998 г., N 26-П。

当行政案件的执行不涉及人身时，如罚款、勒令改正等，则不涉及侦查、起诉、审判等上述程序和部门，只涉及受理和监督执行部门。在这些部门中，特别是在刑事案件中，检察部门是案件是否可以由侦查阶段进入诉讼阶段、是否可以实现案件司法处理的关键环节，因此又占据着格外重要的位置。刑事司法的改革实际上是以检察院改革为核心展开的；而在行政法制度的变化中，内务部、法院和各行政主管机关则扮演主要角色。

一　以检察院改革为核心的俄刑事司法改革

俄罗斯检察院与世界上多数国家的检察院相似，其基本职能就是代表国家监督法律的执行。特别是遇到事关国家和社会整体利益的问题时，也就是刑事案件时，检察院要参与诉讼；与此相应，检察院也常常在这些案件的侦查中起主导作用。但从普京执政以来，检察院的侦查职能就不断被削弱，其所扮演的政治角色日益降低，并引发了一系列政治问题。

刑事案件往往案情复杂或者涉及暴力，犯罪者存在恶意，因此首先需要"破案"。[①] 侦破过程中经常需要对嫌疑人或被告人执行搜查、扣押财产和物证、拘留、逮捕等强制措施，并动用监听等技术手段。这些措施和手段从某种意义上讲又是对基本人权的侵犯，因此需要由专门人员办理，且须经一定的批准手续。侦破和审理刑事案件一般都是针对个人的，因此会直接涉及政治人物的命运和其所在机构的前景，具有极强的政治敏感性。传统上，批准逮捕和技术侦查这两个环节上的权力都由检察院掌握，这主要体现在俄《检察机关法》第3部分第3章中。但是从2001年至2006年，这两大权力开始由检察院向其他机关转移。这可以说是过去30年中俄罗斯刑事法律制度最重要的变化。

（一）批捕权的丧失

从1961年的苏联《刑诉法》开始，对逮捕的批准就被明确为检察院的权限。这可以说是俄罗斯检察院的一项传统权力。但2000年以后这一情况出现

[①] 中文所说的"破案"在俄罗斯《刑诉法》里分为раскрыть和расследовать两个程序，但本文为叙述方便，均以"破案"或"侦破"一词表示。

了变化。

2001年，时任俄总统办公厅副主任科扎克（Д. Козак）以1991年10月通过的《俄罗斯苏维埃联邦社会主义共和国司法改革构想》为蓝本提出了"2004~2007改革构想"。在其中的司法改革中有一个重要原则，就是加强法院在司法过程中的作用，并由此开启了三项重要改革：一是在法庭审判中引入陪审团制度；二是加大法院对包括刑事侦查在内的办案全程的控制，这就牵扯到批捕权的问题；三是整合内政部、检察院等各部门的刑事侦查力量，组建独立的侦查机构。

科扎克指出，检察院既负责侦查又负责批捕，皆在其内部进行，外界难以对其批捕行为进行有效监督，因此需要改革。而根据三权分立的原则，法院具有较高的独立性，其所做出的批捕决定将更具合法性。由于当时的俄罗斯刚刚从20世纪90年代的危机中走出来，可谓百废待兴，人们对改变社会现状抱有较大的期待，因此尽管这一改革方案受到了检察系统的反对，而且当时俄罗斯的法院系统非常脆弱，资金不足，人员短缺，有大量农村法院甚至是单人法院（односоставный суд），意即只有一名法官，这也难以在批捕和审判这两个环节中形成分工，并分别进行独立决策，但这一改革还是写入了2001年12月的新版《刑诉法》中。这可以说是改变俄检察院传统的开始。

（二）刑事侦查分工的转变

尽管2001年的"科扎克改革方案"就已提出要整合俄各部门的侦查权，但由于所涉部门的反对，这一改革并没有施行。

在俄罗斯，刑事案件的侦查工作通常由侦查员和调查员进行。按2001年12月通过的俄罗斯《刑诉法》的规定，在检察院、联邦安全局、内务部、税务警察署均设有侦查员这一职务。2003年税务警察署被撤销，新设的禁毒局也设有侦查员职务（后该机构并入内务部）。不过，各部门侦查员负责的案件类别不同。依据罪名法定原则，所有涉及刑律的犯罪行为在《刑诉法》中都有一个罪名。根据不同的具体罪名，上述各机关负责侦查的案件大体上可对应如下分类（见表4-14）。

表 4-14　侦查员的办案范围

部门	犯罪类型
检察院	武装暴动、黑社会、爆炸、凶杀案等 安全机关、内务部、联邦警卫局、禁毒局、税务局、军队部门执法人员的职务犯罪
安全部	与跨国恐怖主义和移民等有关的犯罪
内务部	盗窃、诈骗、教唆、性犯罪、经济犯罪等
禁毒署	与毒品有关的犯罪
税务署	与税务有关的犯罪

资料来源：笔者根据俄罗斯《刑诉法》（2004年）第151条整理。

俄《刑诉法》也按同样方法规定了调查员的侦查领域，如表4-15所示。

表 4-15　调查员的办案范围

部门	犯罪所涉领域
内务部	《刑诉法》第150条第3款所列罪行
安全部	边检
司法部（法警）	审判秩序
海关	漏税
国家消防局	消防
禁毒署	毒品犯罪

资料来源：笔者根据俄罗斯《刑诉法》（2004年）第151条整理。

从上述列举大体可以看出，侦查员比调查员侦查的案件更为复杂、重大。在侦查员中，又以检察院的侦查员所办理的案件最为复杂、重大。因此检察院成了俄"强力部门"中威力最大的一支。但是2006年在俄最高检察院内部成立了专门的侦查委员会，其首长虽由副总检察长担任，但实际上直接受控于总统，是一个准独立机构。此时，虽然检察院名义上仍负责刑事侦查，但总检察长对大多数案件已无实际控制权。《检察机关法》中关于刑事侦查的第31条于2007年被删除，俄检察院的侦查传统就此终结。2011年，侦查委员会正式脱离检察院，成为独立机构。牵扯面最广也最常见的黑社会、谋杀等犯罪的侦查权被正式转给了侦查委员会，检察院只保留了对执法人员职务犯罪的侦查权。至此，检察院对一般刑事案件的控制权只剩下了审查起诉这一项，其职能范围大大缩小。

（三）对上述两项改革的评析

对检察院削权改革的目的是使司法过程更加透明，使侦查、起诉、审判的各个环节之间相对独立，形成制约。但不可否认，在俄罗斯的特殊环境下，这些改革也具有一定的政治意义。

叶利钦执政后期，总统和议会的斗争日趋激烈。1999年，时任总检察长斯库拉托夫以克里姆林宫装修案为由，针对总统和其身边人员发起了刑事调查，对总统的政治地位构成重大威胁。这引起了俄政治精英的普遍警觉。随后，针对总检察长的包括桃色丑闻在内的各种攻击层出不穷。2000年4月，斯库拉托夫被免职。科扎克正是在这之后提出了对检察院权力进行约束的问题。

但是在同一时期，新任总统为了对20世纪90年代以来动荡的政治、经济、社会秩序进行整顿，又格外需要检察院系统的配合，因此又不能对检察院进行过度压制。2000年4月，乌斯金诺夫出任总检察长。同年8月，最高检察院负责调查了震惊世界的库尔斯克潜艇沉没事件，协助普京向国内外展现了其善于处理危机的良好形象。11月，最高检察院对车臣重要武装头目拉杜耶夫提起公诉，总检察长担任公诉人。第二次车臣战争既是普京正式就任总统前最重要的政治建树，又是一个极具争议的政治事件。总检察长亲手将车臣头目送上法庭，从而在法律上确认了车臣战争的合法性，进一步巩固了总统的政治地位。更为重要的是，检察机关从2000年起陆续发动了对古辛斯基、列别佐夫斯基等寡头的司法行动。2004年，尤科斯石油公司被接管，公司领导人霍多尔科夫斯基入狱，俄当局对寡头的打击取得了决定性胜利，俄总统在俄政治中的地位得到了完全巩固。俄检察院在这一过程中执行了大量侦查任务，发挥了重要作用，在俄政治中树立了高度权威。正是因为有了这些建树，检察院系统对剥离刑事侦查权的方案进行了有效的抵制。2006年5月，总检察长召集了一次有关打击黑社会的工作会议，甚至有媒体就此认为检察院已经成为俄罗斯各个强力部门的"共主"。①

也正是在这种背景下，俄检察院系统的处境逐渐微妙起来。2006年6月，总检察长乌斯金诺夫在毫无征兆也没有任何解释的情况下突然辞职，改任司法部部长，并很快又改任俄总统驻南部联邦区特命全权代表。俄罗斯的司法部并不参与案件的侦查和审判，已不属于"强力部门"，特命全权代表则在一定程度上意味着离开了权力核心。与此同时，2001年，科扎克提出的剥离检察院刑事侦查职权的问题再次被提上议事日程。2006年9月，侦查委员会组建完成。从权力角度来说，2006年恰恰是检察院由"盛"转"衰"的转折点。

（四）削权引发的政治问题

检察院作为公共机关，承担着大量公共职能，必须满足公共利益的需求，但其作为具体的组织机构，也有其自身的利益诉求，这常常表现为其对更大的权力、更强的社会影响力以及更多的人员和经费的追求。这势必引发检察院和其他部门，特别是与对其实施了"夺权"的侦查委员会的竞争。检察院希望恢复已经失去的权力。

1. 检察院和侦查委员会的竞争

侦查委员会成立后，实力快速增长，在成立当年就从检察院系统划走了1.8万名工作人员和6万个案件。② 两个机构之间的竞争关系一直为世人所瞩目。在正常的工作框架下，从2007年10月总检察长对侦查委员会进行的第一次例行工作检查开始，就有舆论从两位首长所属的不同人事集团角度进行分析，认为这是前者给后者的"下马威"，是对其夺权行为的一种报复。③ 2009年，侦查委员会主任以在俄南部和北高加索执行任务时风险过高为由要求建立武装部队。这被普遍认为大大超出了刑事案件侦查的范畴，侦查委员会追求扩

---

① Апрелев П. Операция "Устинов", Журнал "Огонёк" №23 от 11.06.2006, https://www.kommersant.ru/doc/2297153.
② Карцев Д. Чапковский Ф. Контора пашет//Русский репортер, №20 (198), 24 мая, 2011, http://rusrep.ru/article/2011/05/24/contora.
③ В поисках нарушений: Генпрокуратура проверит Следственный комитет, https://www.newsru.com/russia/14dec2007/sk_chaika.html.

权的心态一目了然。这一动议立刻遭到了总检察长的明确拒绝。①

除正常的工作框架,双方人员还在执法过程中发生过多起冲突。其中社会关注度比较高的有早期案件中 2009 年总检察长以学历造假为由对前莫斯科侦查委副主任巴格麦特免职案,2012 年侦查委在莫斯科查抄赌场案中对"检察官保护伞"进行的刑事侦查,等等。双方的这种剑拔弩张之势并未随时间而减弱。2018 年 3 月发生了震惊全俄的克麦罗沃州购物中心重大火灾案。这一火灾造成 64 人死亡,其中大部分是儿童,因此引起了极大公愤。侦查委员会认为,检察院曾下达指示,不必对该企业进行消防检查,因此应该对火灾负有重大责任②,并通过法律和舆论手段对检察院进行施压。应该说,双方在上述情况中出现的对峙,在法律上均属于正常履职,但不可否认的是,这也引发了各界的政治联想。

2. 检察院恢复和扩大权力的尝试

检察院被逐步削权后,也在寻找各种机会争取"夺回"权力,同时也不断尝试开拓新的权力领域,但这些努力均未能成功。早在 2007 年 11 月,总检察长就曾向杜马提出议案,要求将已划归侦查委员会的针对部分罪行的侦查职能划转到仍分散在各部的调查员手中,同时扩大检察院对调查员的监督权,即有权终止调查员的调查活动。也就是说,虽然对最严重犯罪的侦查权已划归至侦查委员会,但检察院要设法收回对一部分非特别严重犯罪的调查权。③ 不过这一议案没有进入正式审议。长期以来,总检察长一直强调将批捕权转归法院的不合理性。2018 年 4 月,俄联邦委员会主席马特维延科曾经对将这一权力转回检察院表示支持④,但此事后来不了了之。直到 2019 年 6 月,总检察长

---

① КарцевД. Чапковский Ф. Контора пашет//Русский репортер, №20 (198), 24 мая, 2011, http://rusrep.ru/article/2011/05/24/contora.

② Генпрокуратура направила в суд третье дело о пожаре в «Зимней вишне», https://www.rbc.ru/rbcfreenews/5e4b97079a79478b1e980422.

③ Генпрокуратура намерена расширить свои полномочия, забрав их у Следственного Комитета, https://www.newsru.com/russia/08nov2007/chaika.html, 8 ноября 2007 г..

④ Матвиенко поможет Чайке: как Совфед вмешался в конфликт СК и прокуратуры. 18 апр 2018, https://www.rbc.ru/society/18/04/2018/5ad759129a79470ea23b96ee.

仍在强调检察院具有批捕权的重要性。①

2020年1月，总检察长易人。宪法修正草案并没有涉及侦查委员会，更未赋予其宪法地位，因此有舆论认为，随着总统对人事权掌控的加强，部分曾经属于检察院的权力可能会予以转回。1月21日，总检察长候选人克拉斯诺夫表示，侦查员委员会与检察院现在的权限关系未来也不会改变，排除了近期内双方权力关系发生变化的可能。② 尽管俄检察院在刑事侦查方面的权力已被大大削弱，但按照俄《检察机关法》的规定，检察院仍然在刑事案件中承担着审查起诉的职责。这也是需要总统高度重视的一项职能。

2007年在普京第二任期结束前夕，联邦安全委员会在对案件的侦查过程中发现禁毒署执行保障司司长布尔波夫具有违法窃听和收受贿赂的行为。作为布尔波夫上司的禁毒署署长契尔克索夫公开发表了一篇关于"契卡主义"的文章③，呼吁各部门要遵守游戏规则，不要视自己手中的权力为牟取私利和打压他人的工具。普京本人也直接介入此事，告诫各部门"不要越线"。④ 在侦查过程中，法院批准了对布尔波夫的逮捕，但检察院提出了反对。⑤ 侦查结束后，侦查机关向检察院提交了侦查结果和起诉材料，但检察院以证据不足为由予以发回，要求进行补充侦查。⑥ 虽然2010年布尔波夫被判处了3年有期徒刑缓刑2年，但2014年侦查委员会最终放弃了对布尔波夫的进一步侦查，宣告撤案，布尔波夫在此案中被判无罪。此案从而成为一起冤案，检察院在侦查、起诉过程中的立场受到了广泛关注。事实证明，检察院的判断是正确的。从此类案件的情况来看，由于被提起诉讼并被判刑的案例越来越多，检察院在

---

① Корня А. Идея вернуть прокурору право ареста говорит о желании «сделать все как в СССР». 09 июня 2019, https: //www.vedomosti.ru/politics/articles/2019/06/09/803798-sssr.
② Краснов: речи об изменениях после реформы разделения следствия и надзора нет, https://tass.ru/politika/7567919.
③ "Нельзя допустить, чтобы воины превратились в торговцев", Газета "Коммерсантъ" №184 от 09.10.2007 г., стр. 1, https://www.kommersant.ru/doc/812840.
④ Глас вопиющего чекиста, https://www.gazeta.ru/comments/2007/10/09_e_2228320.shtml.
⑤ Дмитрий Усов, Роман Крецул, Его должны отпустить, https://vz.ru/society/2009/9/2/323572.html, 2 сентября 2009.
⑥ Александр Бульбов слушал кого положено. Газета "Коммерсантъ" №37 от 05.03.2014 г., стр. 1, https://www.kommersant.ru/doc/2423173.

此类案件中的重要作用日益显现。

从 2008 年起，特别是普京开始第三任期后，随着反腐败力度的加大，进入司法程序并涉及刑罚的案件开始增加。2008 年，发生了侦查委侦查管理局局长助理多弗基受贿案，多弗基于 2011 年被判处 8 年有期徒刑，于 2015 年被提前释放。2014 年 2 月，发生了内务部侦查委苏格罗波夫和卡列斯尼科夫受贿案，前者于 2017 年被判处 20 年有期徒刑，上诉后改为 12 年；后者则于 2014 年 6 月自杀身亡。2016 年，发生莫斯科侦查委尼坎德洛夫受贿案，该人即为多弗基案的主任侦查官，于 2018 年 8 月被判处 5 年半有期徒刑，后经检察院批准，其于 2019 年 4 月被提前一年半释放。2016 年，又发生了警卫局副局长马克西米延科受贿案，其于 2018 年 4 月被判处 15 年有期徒刑。检察院在上述案件的提起公诉、量刑以及执行和减刑的过程中都起到了重要作用，客观上，检察院的参与有利于使案件更加透明，处理更符合法治。

二 行政处罚

在俄罗斯，对严重程度未达到《刑法》范畴的违法行为，但需要采取强制措施的，如作为惩戒措施的短期拘留、罚款、没收等，适用《行政处罚法》。《行政处罚法》包含的内容非常广泛，其中在一些与政治有密切关系的领域特别是涉及选举、集会、政党等领域，会针对政治人物和政治组织做出处罚决定。

依据《行政处罚法》第 28 条的规定，在选举活动中情节较轻的违法行为，即在选举中涉及竞选资金、违规清点选票、选民签名造假、破坏候选人登记等行为，可由检察院在接到举报或告诉后，要求负责选举工作的机构（如选举委员会）进行行政调查，并有权提起行政诉讼。也正因为如此，检察院人员经常出现在选举投票现场进行监督执法。而涉及干扰选举委员会及其成员的工作、暴力干扰选举、选举委员会人员造假、政党在选举中系统性造假等行为，则由《刑法》管辖。对于后者，具体的侦查工作主要由内务部和侦查委员会负责。

每年俄罗斯各地都有众多的各级政权的选举，违规现象时有发生。例如在 2016 年的杜马选举中，检察院就对约 1500 件违法事件进行了查处，对 386 人给予了行政处罚。①但值得注意的是,与建制外的社会知名人士有关并引发各界强烈关注的选举活动,如近年来纳瓦利内等人参加选举活动时,他们几乎都会被拘留或处以罚金,但其罪名并非选举违法,而是扰乱社会秩序,由内务部立案并向法院提起行政诉讼。

依《行政处罚法》的规定,上述的体制外政界活跃人士在集会之中或之后受到的行政处罚,一般是由内务部根据《行政处罚法》中扰乱社会秩序条款立案和起诉的。但是严重扰乱社会秩序的行为则是《刑法》管辖的内容,对此种行为的立案和起诉则必须由检察院进行。2012年"暴力小猫"乐队主唱被处以2年有期徒刑,即为这样一起刑事案件。

《行政处罚法》和《行政诉讼法》里有关于政党问题的规定,但面对政党的违法运作,主要是主管机关(司法部)进行查处,检察院、侦查委和内务部很少涉及。更重要的是,政党问题并没有进入《刑法》,也就是说,仅就政党本身的违法行为不足以触及刑律,因此不能提起刑事诉讼。现实中,检察院每年都要依据"一般监督"的原则受理关于政党问题的大量案件,尤其是强迫入党、政党分支机构和基层组织的建立和运作等问题,但检察院只能将这些问题转交司法部进行处理。将政党问题列入《行政处罚法》的声音一直存在,早在2007年,公正俄罗斯党基于政党之间的竞争问题就提出议案,希望将强迫入党的行为列入《行政处罚法》管辖范围②,但是这一提案至今未能实现。

---

① Доклад Генерального прокурора Российской Федерации Ю. Я. Чайки на заседании Совета Федерации Федерального Собрания Российской Федерации. 26 апреля 2017, https://genproc.gov.ru/smi/news/news-1186517/.

② В РФ могут ввести административную ответственность за принуждение к вступлению в политическую партию. 14 февраля 2007, https://novayagazeta.ru/news/2007/02/14/8644-v-rf-mogut-vvesti-administrativnuyu-otvetstvennost-za-prinuzhdenie-k-vstupleniyu-v-politicheskuyu-partiyu.

第五章　俄罗斯联邦制度

1993年俄罗斯宪法规定，俄罗斯是一个联邦制国家，俄罗斯联邦制的构成原则是民族区域原则和行政区域原则相结合。俄罗斯联邦主体由民族自治实体（民族共和国、民族自治州、民族自治区）和地方自治实体（边疆区、州和直辖市）组成。[①] 这种联邦主体构成形式的多样性成为俄罗斯联邦组成的主要特点。如何在多样性的基础上实现联邦权力的统一性，就成为俄罗斯在处理中央与地方关系上的关键。

在叶利钦时期，历史和现实的种种原因使俄罗斯未能处理好多样性与统一性的关系，造成中央权力软弱、地方政府自行其是的严重后果。为了改变这种局面，建立一个强有力的国家政权体系，从而为经济发展提供稳定的政治环境，普京执政以后采取了一系列有效的措施，调整中央与地方的关系，加强中央对地方权限的控制，并在此基础上重建国家垂直权力体系。梅德韦杰夫执政时期，又加强了对地方民主机构的建设。2020年普京进行宪法修改后，又进一步推进了俄罗斯联邦体制的完善，进一步提升了中央对地方垂直权力体系的权威和调控能力。

第一节　叶利钦时期条约联邦制的建立

叶利钦时期的联邦制发展经历了两个重大阶段。第一阶段是叶利钦在与苏

---

① 1993年俄罗斯宪法的中文译文，参见姜士林等主编《世界宪法全书》，青岛出版社，1997，第825～838页。

联中央争夺俄罗斯主权时,为获得地方的支持,叶利钦赋予了联邦主体极大的自主权力;第二阶段是俄罗斯独立后出现的府院之争迫使叶利钦不得不继续对地方政府进行让步。两次对地方的妥协放权极大地损害了俄罗斯联邦制度的发展,叶利钦不得不与地方签署联邦条约,划分中央与地方权限,以保障地方政府权力来换取地方对中央的忠诚。叶利钦时期的联邦制受制于俄罗斯整体政治大环境和转型带来的政治社会矛盾,中央政府缺乏对地方治理的有效杠杆,这也为随后普京的联邦制改革埋下了伏笔。

1990年5月29日,叶利钦当选俄罗斯苏维埃联邦社会主义共和国最高苏维埃主席,俄罗斯联邦的主要方向是争取更多的自主权力。1990年6月,俄罗斯苏维埃联邦共产党成立后,党内保守派获得了对俄罗斯的主要控制权。这更坚定了叶利钦摆脱苏联中央政府和共产党影响的决心。此时,俄罗斯各联邦主体成为叶利钦在与苏联中央权力斗争中主要拉拢的对象。

一 俄罗斯各联邦主体积极扩大主权

1990年6月12日,俄罗斯苏维埃联邦第一次人民代表大会通过了《俄罗斯苏维埃联邦社会主义共和国国家主权宣言》[1],宣布俄罗斯恢复主权独立状态,即俄联邦在其境内拥有"绝对主权"。该宣言还宣布俄罗斯法律优先于苏联联盟法律。代表大会还修改了俄罗斯苏维埃联邦宪法,通过了《关于俄罗斯苏维埃联邦社会主义共和国人民政权机制》的决议,禁止政党领导人同时担任国家机构领导人,以加速党政机关的分离。因此,同时兼任苏维埃主席的苏共第一书记面临双重选择,结果大部分苏共地方领导人不服从该决议,选择继续担任苏维埃主席职务。

与此同时,1990年俄罗斯各自治共和国也通过了各自的主权宣言。叶利钦当时为了与苏联中央抗衡,向各共和国建议能拿多少主权就拿多少主权。7月20日,北奥塞梯首先通过了主权宣言。随后,卡累利阿共和国于8月9日通过了类似的主权宣言。10月11日,巴什科尔托斯坦共和国最高苏维埃通过了国家主权宣言,该共和国最高苏维埃主席拉赫莫夫还宣布恢复巴什基尔在苏

---

[1] Ведомости Съезда народных депутатов РСФСР и Верховного Совета РСФСР. 1990. № 2.

维埃联盟中国家主权地位的发展方针。12月12日,图瓦共和国通过了主权宣言。5月13日,达吉斯坦共和国通过了《关于达吉斯坦苏维埃社会主义自治共和国国家地位的决议》。6月28日,阿迪格自行将行政地位从自治州改为共和国。

许多俄罗斯专家认为,苏联中央为了在俄罗斯联邦内部造成对立,因此也允许联邦内部各共和国在制度层面获取自主地位。[①] 俄罗斯苏维埃联邦人民代表大会选举后,叶利钦当选俄罗斯最高苏维埃主席,俄罗斯各共和国主权问题愈加突出。1990年4月26日,苏联最高苏维埃通过了《苏联联盟中央与联邦主体权力划分法》。该法律提高了自治共和国的法律地位,将自治共和国提升为同苏联加盟共和国一样的法律地位,各自治共和国可以绕过加盟共和国将管辖权直接归属苏联中央。而俄罗斯苏维埃联邦内的自治共和国最多,因此受到的影响也最大。1991年5月24日,俄罗斯苏维埃联邦进行了宪法修改,将"自治共和国"改为"共和国"。鞑靼斯坦、巴什科尔托斯坦、北奥塞梯等自治共和国领导人参与起草了新联盟条约。此外,北奥塞梯、鞑靼斯坦、图瓦和车臣-印古什未就是否在俄罗斯苏维埃联邦设立总统职务举行公投。俄罗斯苏维埃联邦内的共和国和其他地区的联邦主体地位不平等问题由此出现。由于这种不平等问题,俄罗斯境内各共和国都没有积极参与地方行政机构和立法机构的改革。

俄罗斯领导层允许共和国扩大主权。这样做一方面可以使俄罗斯在与苏联和苏共斗争中争取到自治共和国的支持;另一方面是出于意识形态的考虑,即民主化运动促使俄罗斯领导层对国家结构形式进行改革,改革的主要方向就是实现宪法条约联邦制。叶利钦在1990年8月6日访问鞑靼斯坦共和国时发出的"能拿走多少主权就拿走多少"[②] 的著名呼吁成为俄罗斯联邦内各共和国扩大主权运动的标志。《俄罗斯苏维埃联邦社会主义共和国国家主权宣言》中明确提出要"扩大自治共和国、自治州、自治区以及边疆区和州的权力",同时

---

① Иванов В. В. Глава субъекта Российской Федерации: политическая и юридическая история института (1990-2013), М.: Авторское, 2013. С. 32.
② Берите суверенитета столько, сколько сможете проглотить, https://yeltsin.ru/news/boris-elcin-berite-stolko-suverineteta-skolko-smozhete-proglotit/.

指出按照俄罗斯法律规定，苏联法律无权对俄罗斯这些地区的地方权力做出规定。但叶利钦在1991年4月5日召开的俄罗斯第三次人民代表大会上又表示，俄罗斯领导层没必要参与同联盟中央的主权分配之争。

俄罗斯各地区领导人希望利用主权扩张之势进一步提升自身的权力地位。1991年7月3日，俄罗斯通过法律批准了阿迪格自治州、戈尔诺-阿尔泰自治州、卡拉恰伊-切尔克斯自治州和哈卡斯自治州升级为共和国的请求，而各自治共和国举行完最高苏维埃选举后也纷纷将"自治共和国"改为"共和国"。随后，自治区的地位也发生了变化。1990年12月15日，俄罗斯修改宪法决定自治区有权利自行决定以边疆区、州或以独立的名义加入俄罗斯联邦。楚科奇随即脱离马加丹州，以自治区名义加入俄罗斯联邦。

与此同时，汉特-曼西自治区苏维埃放弃建立自治共和国的主张，并发表主权宣言，要求承认自治区与其他联邦主体具有平等地位。汉特-曼西自治区苏维埃在会议上强调，联邦各主体在秋明石油天然气开采综合体中的相互协作必须建立在与地区政府协作的基础之上。[1] 也就是说，自治区政府希望通过经济独立实现对自治区资源的调配权。1990年10月6日，秋明州苏维埃通过了《关于秋明州地位的细则》，该细则规定在俄罗斯和苏联立法机构没有对汉特-曼西自治区地位定义前，该自治区是秋明州组成主体，拥有俄罗斯法律和宪法对其赋予的权利和义务，有独立解决其管辖范围内事务的权力。关于亚马尔-涅涅茨自治区要求成立亚马尔-涅涅茨共和国的要求，秋明州苏维埃请求俄罗斯最高苏维埃对此予以否决。此外，在秋明州苏维埃中也有部分代表提出成立秋明共和国的建议。1992年底1993年初，一批来自叶卡捷琳堡的政治技术专家到达汉特-曼西自治区，根据自治区政府改革委员会的意见计划在自治区西部成立"曼西共和国"。1992年12月25日召开的曼西人文化代表大会决定成立曼西人民制宪会议。但成立"曼西共和国"的倡议立马就被汉特-曼西自治区政府和秋明州政府否决。

在1990年12月举行的俄罗斯苏维埃联邦部长会议上，亚马尔-涅涅茨自

---

[1] Заявление сессии Совета народных депутатов Ханты-Мансийского автономного округа, Новости Югры, 27 окт. 1990.

治区和汉特-曼西自治区要求于1991年执行独立的财政预算。此外，自治区要求独立于秋明州成立自治区行政机构、检察院、税务机关和仲裁法院等。1991年11月秋明州苏维埃主席团向俄罗斯总统发出请求，要求将任命亚马尔-涅涅茨自治区和汉特-曼西自治区市区行政机构领导人的权力赋予秋明州行政长官。但自治区通过决议认定秋明州的请求是非法的，且在自治区内不具有法律效应。同时，自治区开始组建自己的各级行政机构和地方自治机构。汉特-曼西自治区的地方自治机构只设到市区一级，而秋明州的地方自治机构设至村社一级。

在各联邦主体纷纷宣布主权独立的大背景下，到1991年底，俄罗斯联邦共有89个联邦主体：6个边疆区、10个自治区、1个自治州、2个直辖市、49个州、21个共和国。其中4个共和国是由自治州升级而来，车臣-印古什共和国拆分为车臣共和国和印古什共和国，5个新组成的共和国和原有的16个自治共和国共同组成了俄罗斯联邦内的21个共和国。

二 "8·19"事件加速了地方苏维埃制度的瓦解

1991年5月24日新修订的《俄罗斯苏维埃联邦社会主义共和国宪法》提到了地方行政机构和行政首脑。按照规定，由地方政府取代地方执行委员会行使地方行政权，地方政府对地方人民代表苏维埃和上级行政机构负责；地方行政机构领导人向各自的地方人民代表苏维埃提交政府工作报告；需要制定地方行政机构的组成方式和赋予领导人权力方式的法律；人民代表苏维埃、上级行政机构或法院有权撤销地方行政机构领导人做出的决议。"8·19"事件之后，叶利钦于8月22日签署了《关于俄罗斯联邦行政机构工作的若干问题》总统令，明确规定了由边疆区、州、市、自治州和自治区行政机构取代苏维埃执行委员会的行政权力，行政机构领导人取代苏维埃执行委员会主席的职务。1992年3月5日，俄罗斯联邦通过了《关于边疆区、州人民代表苏维埃和边疆区、州行政机构法》，进一步明确了行政机构的法律地位。

1991年10月11日，俄罗斯最高苏维埃通过了《关于俄罗斯各共和国行政长官的决议》。该决议规定了共和国行政长官（总统）是俄罗斯总统行政权力体系的一部分。各共和国可以自行制定行政长官的权限，宣布其为最高长官并负责领导政府工作。决议还规定了共和国领导人由最高苏维埃同意后，按照共和国法律直接选举产生。11月1日，俄罗斯对宪法进行了修改，其中新增的第15.1条对共和国行政长官做出规定：俄罗斯各共和国行政长官（总统）是共和国最高领导人和行政首长；各共和国行政长官（总统）是俄罗斯总统领导的统一行政制度的组成部分，负责保障个人权利和自由，遵守俄罗斯宪法和法律；各共和国宪法和法律保障俄罗斯及共和国的主权、经济及政治利益；各共和国行政长官（总统）选举程序和过程由共和国宪法和法律规定。此外，对第133条和第134条进行了修改，将共和国部长会议由最高苏维埃组成改为由共和国行政长官组成并领导，同时明确规定共和国部长会议（内阁）是共和国政府机构。在执行决议和政策方面，共和国部长会议不再遵循苏联代表和行政机构的指令和法律办事。如果共和国行政长官和其他地区行政机构的决议和行为违反了俄罗斯宪法和法律，总统有权终止其工作和决议。

"8·19"事件后，1991年8月23日叶利钦在俄罗斯最高苏维埃会议上签署了《关于终止俄罗斯境内共产党活动》的法令，8月25日签署了《关于苏联共产党和俄罗斯共产党财产》法令，封禁了苏联共产党和俄罗斯共产党资产。经过法院审判后，11月6日颁布的法令彻底禁止苏共和俄罗斯共产党的活动。这极大地打击了地方苏共和苏维埃二元领导模式，各地区党委第一书记职务纷纷被取消，地区行政长官和立法机构领导人成为完全独立的地区领导人。

对共产党发布禁令的做法引发了俄罗斯部分人民代表的不满。1991年12月，俄罗斯人民代表大会中的共产党人党团向俄罗斯宪法法院起诉，指控叶利钦解散苏共和俄共违反宪法。[①] 经过半年多的法律斗争后，俄罗斯宪法法院于1992年11月30日判决禁止共产党基层组织违反俄罗斯宪法，但保留了解散苏共和俄共领导机关的决定。

"8·19"事件中，部分地方领导人选择支持国家紧急状态委员会的行为进一步激发了叶利钦打破苏联地方治理模式的愿望。1991年8月21日和23

---

① 刘淑春等：《当代俄罗斯政党》，中央编译出版社，2006，第133页。

日，叶利钦分别签署两份命令，免除了 11 个[①]参与支持国家紧急状态委员会的地方执行委员会主席职务。同时，叶利钦开始着手对地方治理体系进行改革。各地区的执行委员会被行政长官取代，"州长"成为地方行政长官的正式名称。

1991 年 8 月 21 日，俄罗斯最高苏维埃通过了《关于在清除苏联国家政变影响下为保障人民代表苏维埃合法开展工作赋予俄罗斯总统附加权力的决议》。根据该决议，在未通过相关法律前，如果边疆区、州、自治州和自治区的苏维埃主席违反俄罗斯法律和执行违宪机关的决议，俄罗斯总统有权免除上述主席的职务。此外，该决议规定边疆区、州、自治州和自治区行政长官是地方行政机构领导人，是地方执行委员会的合法继承者。

1991 年 8 月 22 日，叶利钦签署了《关于俄罗斯苏维埃联邦社会主义共和国行政机构工作若干问题》第 75 号总统令，规定边疆区、州、自治州和自治区的行政职能由行政长官执行。俄罗斯在联邦主体建立起了联邦主体行政长官制度，地区行政机构从苏维埃改为地区领导人负责。根据法令，行政长官由总统经人民代表苏维埃同意后任命，政府首长必须对总统负责。同时，决议也强调了自治州和自治区的行政长官候选人必须要考虑地方民族因素，尊重地方民族传统。此外，总统可以根据自身意愿、苏维埃建议或行政长官自身要求免除地方行政长官的职务。当行政长官被免职或无法行使其权力时，俄罗斯总统可以任命任期不超过 6 个月的代理行政长官。俄罗斯境内的共和国（苏联时期的自治共和国）不适用于该法令，并且新成立的卡拉恰伊-切尔克斯共和国和印古什共和国第一任行政长官虽然是总统任命的，但也不适用于该法令。

为了协调保障俄罗斯苏维埃联邦中央与各共和国最高行政机构之间的工作，法令规定设立各共和国驻联邦中央代表处和总统驻各共和国代表处。同时为了协调与边疆区、州、自治州、自治区、莫斯科市和列宁格勒市（1991 年恢复原名圣彼得堡）的关系，由总统办公厅监督管理局派驻总统代表。总统令颁布后的 1991 年 8~12 月，叶利钦免去了各州、边疆区、自治州和自治区

[①] 1991 年 8 月 21 日免除了卡拉斯纳达尔边疆区、罗斯托夫州、萨马拉州执行委员会主席职务；1991 年 8 月 23 日免除了下诺夫哥罗德州、梁赞州、坦波夫州、图拉州、乌里扬诺夫斯克州、利佩茨克州、阿穆尔州、弗拉基米尔州执行委员会主席职务。

执行委员会主席的职务,重新任命了各州、边疆区、自治州和自治区政府领导人。

1991年10月4日,俄罗斯苏维埃联邦最高苏维埃通过了《关于政府领导人选举法》,并决定于12月8日举行地方政府领导人选举。但该决议遭到了时任总统叶利钦的反对。叶利钦以选举会阻碍俄罗斯摆脱现实危机为由,向最高苏维埃提议将选举延迟至1992年举行。而俄罗斯最高苏维埃否决了总统推迟选举的提议,直接导致叶利钦否决了《关于政府领导人选举法》,最高苏维埃不得不于1991年10月24日重新审议该法案并同意总统的提议,在法律中限制军事人员参选地方政府领导人,最终该选举法在第二次审议中获得通过。但俄罗斯自治共和国有独立制定自己选举法的权利,《关于政府领导人选举法》对自治共和国只有建议性质,不具有强制效力。

为了解决地方政府领导人选举日期问题,成立了调解委员会。1991年10月25日通过了关于颁布新法律的决议,并要求总统不迟于1991年12月1日提交选举时间表。但11月1日召开的第五次俄罗斯人民代表大会通过了《关于激进经济改革时期行政权力机构的决议》,规定到1992年12月1日前禁止举行各级选举活动(除人民代表补选和俄罗斯各共和国最高苏维埃及总统已确认的选举活动)。因此,任命州长是采取直接选举方式前的临时举措。

根据1991年11月1日通过的决议,俄罗斯人民代表大会要求总统按照地方人民代表苏维埃和俄罗斯人民代表的意见任命地方政府领导人。随后,叶利钦于11月25日发布了《关于任命政府领导人程序总统令》。1993年4月1日通过的《关于任免边疆区、州、自治州、自治区、直辖市、区、市、城市区、居民点、农村政府领导人程序法》对任命的程序做出了相应规定。

1991年12月10日,俄罗斯联邦第七次人民代表大会通过了一项新决议,宣布在举行人民代表苏维埃选举前不宜举行地方政府领导人选举。同时,人民代表大会允许地方人民代表苏维埃在通过对地方政府领导人不信任案、地方政府领导人被提前免职或没有经过人民代表苏维埃同意任命政府领导人的情况下,有权决定进行地方政府领导人的选举。到1993年上半年,有10个地区举行了地方领导人选举。1993年下半年至1995年举行了地方领导人直接选举。

1994 年 10 月 3 日，叶利钦签署了《关于加强俄罗斯联邦统一行政体系措施的总统令》，规定总统可以决定边疆区、州、直辖市、自治州、自治区政府领导人的选举。

三　中央与地方签署联邦条约

1992 年，叶利钦成立了共和国领导人委员会（Совет глав республик），1993 年成立了行政长官委员会（Совет глав администраций）。这些机构并没有发挥实际作用，只是在表面上展现中央与地方统一的景象。1993 年 8 月 23 日，叶利钦在双重权力斗争中颁布了《关于对俄罗斯联邦主体行政领导人采取法律和社会保护补充措施》的命令，希望通过加大对地方领导人的法律保护换取地方对中央的忠诚。同时，该法令再次将联邦主体行政长官纳入俄罗斯行政权力体系。此外，该法令还提高了联邦主体行政长官的薪资，并规定了如果有行政长官落选会为其保留一年的工资。

1990 年 5 月在当选俄罗斯最高苏维埃主席后，叶利钦的第一个计划就是签署联邦条约。1992 年 3 月 31 日，叶利钦和最高苏维埃主席哈斯布拉托夫与 88 个联邦主体中的 86 个主体签署了联邦条约。4 月 10 日，俄罗斯人民代表大会通过决议，将联邦条约纳入俄罗斯联邦宪法。联邦条约是三个条约的总称，包括《俄罗斯联邦中央与各民族共和国之间划分权限条约》《联邦中央与边疆区、州、圣彼得堡市和莫斯科市之间划分权限条约》《联邦中央与民族自治州和自治专区之间划分权限条约》。条约将共和国称为主权共和国。此外，在条约议定书中规定联邦中央必须确保共和国、自治州和自治区在俄罗斯最高立法机构中拥有至少 50% 的席位。

1993 年俄罗斯通过新宪法，新宪法规定，如果联邦条约规定与俄罗斯宪法有出入，则以俄罗斯宪法为基准。新宪法第 11 条第 3 款规定："在俄罗斯联邦的国家权力机构与俄罗斯联邦各主体的国家权力机构之间划分管辖对象和分权，由本宪法、联邦条约和其他关于划分管辖权对象和分权的条约规定。"

1994 年，经过漫长的谈判，联邦中央与鞑靼斯坦共和国签署了联邦条约。该双边条约成为日后一份特殊的规定共和国地位的文件。鞑靼斯坦共和国未与联邦中央在 1992 年签署条约，1993 年 12 月 12 日也未通过俄罗斯新宪法草案。

随后俄联邦中央与其他联邦主体也签署了双边条约：1994年7月1日同卡巴尔达-巴尔卡尔共和国签署双边条约，8月3日同巴什科尔托斯坦共和国签署双边条约；1995年3月23日同北奥塞梯共和国签署双边条约，6月29日同萨哈共和国签署双边条约，7月29日同布里亚特共和国签署双边条约，10月17日同乌德穆尔特共和国签署双边条约。1994～1995年联邦中央只与共和国签署了双边条约。①

俄罗斯政治学者图罗夫斯基认为，联邦条约旨在特殊条件下允许地区合并到联邦内，条约是对那些自称拥有"国家主权"的地方政府的一种妥协。② 联邦中央事实上在条约中承认了共和国的主权地位，与鞑靼斯坦共和国签署的联邦条约甚至具有国际双边条约的性质。在许多问题上，鞑靼斯坦共和国取得了属于联邦中央的权限。同时，鞑靼斯坦共和国几乎完全获得了预算自主权。1994年2月15日，俄罗斯联邦政府与鞑靼斯坦共和国签署了预算协议，鞑靼斯坦共和国只需要向联邦中央预算上缴13%的利润税、1%的个人所得税，同时根据年度协议上缴部分增值税。③ 此外，按照该协议鞑靼斯坦共和国完全保留了地区消费税收入和私有化收入，除强力部门和军工产业，几乎所有位于鞑靼斯坦共和国境内的国有资产都被纳入共和国资产内。此外，鞑靼斯坦共和国有权自行处理境内的水、森林和其他自然资源，包括石油的开采和化工制品的生产及销售。

联邦中央与巴什科尔托斯坦共和国及萨哈共和国也签署了类似的经济和政治主权条约。巴什科尔托斯坦民族组织要求共和国领导人不要签署和鞑靼斯坦一样的联邦条约。但是，民主倾向组织以及斯拉夫和鞑靼斯坦民族运动都反对与"民主俄罗斯"运动切割。巴什科尔托斯坦共和国最高苏维埃内的政治团体也发生了分裂。最终，共和国领导人做出妥协于1992年3月31日签署了联邦条约，但同时加入了附加文件。通过附加文件，巴什科尔托斯坦共和国拥有独立的司法体制，可以独立开展对外经济活动，联邦中央在共和国资产问题上

---

① 董晓阳主编《俄罗斯地方权限及其调整》，当代世界出版社，2008，第37页。
② Туровский Р. Ф. Политическая регионалистика, Издательский дом ГУ ВШЭ, 2006. С. 542-545.
③ 王浦劬等：《中央与地方事权划分的国别研究及启示》，人民出版社，2016，第191页。

做出了让步。1992年4月1日,时任巴什科尔托斯坦共和国最高苏维埃主席拉希莫夫代表共和国与中央签署了联邦条约附加文件,期限为1年。该附件也是巴什科尔托斯坦共和国实行经济独立政策的主要依据。共和国最高委员会取消了俄罗斯总统颁布的一系列法令,特别是涉及共和国资产的法令。共和国高层也积极支持经济民族主义政策,民族和地区主权思想越来越受到当地民众的支持。1993年4月25日,举行了巴什科尔托斯坦共和国全民公投,有3/4的投票者支持共和国依据联邦条约和附加文件保持经济独立,以达到保护共和国人民利益的目的。在12月举行国家杜马选举的同时,巴什科尔托斯坦还举行了关于扩大经济独立的全民公投,有79%的投票者表示支持共和国经济独立。1994年8月,在巴什科尔托斯坦共和国政府与俄罗斯联邦签署了一系列条约后,其特殊地位得到了法律上的保障。另外,这些条约也对共和国内资产进行了划分,除军工产业,其余资产全部归共和国所有。

1991年8月,在"8·19"事件发生前一周,雅库特共和国最高苏维埃主席团宣布其领土内所有国有企业和机构归共和国所有。地区领导人尼古拉耶夫向叶利钦发送了电报,内容涉及共和国资产,并通知将停止向苏联财政部运送黄金和钻石。12月,尼古拉耶夫是最早支持"别洛韦日协议"的地方领导人。此外,尼古拉耶夫向叶利钦赠送了一颗241.8克拉的"自由俄罗斯"钻石,并称:"我们加强共和国地位所做的一切努力都是为了俄罗斯的统一。"[1] 为此,1992年2月雅库特成立了"俄罗斯钻石-萨哈"公司,将钻石的开采、分类和销售产业合并,创建了钻石切割企业和珠宝生产企业。与联邦中央就权限划分和管辖范围达成协议后,叶利钦还颁布了一项法令,根据该法令雅库特的钻石配额为25%,黄金配额达到15%。[2] 1995年9月29日,尼古拉耶夫在记者会上表示,雅库特共和国选择了不同于鞑靼斯坦的主权模式,雅库特愿意在俄罗斯联邦框架内取得国家地位,同时也不隐藏追求经济独立的愿望。在宣布主权宣言前,雅库特共和国仅获取其境内工业企业4%的利润,联邦中央从未

---

[1] Иванов В. В. Глава субъекта Российской Федерации: политическая и юридическая история института (1990-2013), Авторское, 2013. С. 67.
[2] Амбиндер Л. Президентом Якутии можно быть и без выборов//Коммерсантъ. 1995. 2 сент. № 161.

考虑或解决过该问题。尼古拉耶夫认为，现在有很多方式可以解决共和国面临的问题。①

除这些协定，各地区领导人还享有重要权力。1992年2月21日，叶利钦签署了《地下资源法》，该法律定义了地下资源管理的基本规则。根据该法律规定，没有地区领导人的同意就无法解决地下资源利用的问题，签署使用地下资源的许可需要地方领导人和联邦部门负责人共同签名。

1990年初期，为了获取地方的支持，苏联中央和俄罗斯都对地方做出了许多重要让步，从而加强了地方对强力部门的影响力。地方权力机构一直在努力扩大对强力部门官员任命的干预。根据1991年4月18日颁布的《警察法》，地方领导人有权与联邦中央协商地方内务局领导人人选问题。此前，该法律规定，边疆区、州、自治州、自治区、莫斯科市和列宁格勒市的人民代表苏维埃执行委员会内务局局长由俄罗斯内务部部长经过相应地区的人民代表苏维埃批准后任命，市、区、城区的内务局局长也需要通过相关人民代表苏维埃执行委员会批准后任命。

此外，联邦主体还试图直接任命地方检察长。1993年，巴什科尔托斯坦共和国通过了《巴什科尔托斯坦共和国检察院法》，法律赋予共和国检察院特殊地位，即共和国检察院系统不纳入俄罗斯检察系统体制内。②印古什共和国提出，不仅共和国检察长任命需要经共和国同意，免除其职务也需要共和国同意。各地方对任命联邦主体检察长需要经过立法机构还是行政机构同意这一问题难以达成一致。在楚瓦什共和国，该地区立法机构拥有批准检察长任命的权力，但共和国总统根据宪法第109条第7款于1997年1月19日将共和国检察长免职，共和国总统在执行该权力时完全忽略了检察长不属于行政权力体系的事实。随后，楚瓦什共和国最高苏维埃宣布总统罢免检察长的命令无效。在俄罗斯联邦其他主体内也出现了类似的情况，地方最高领导人要求免除不符合自

---

① Михаил Николаев уверен в экономическом суверенитете, Коммерсантъ. 1995. 30 сент. № 181.
② Зинуров Р. Н. Правовой статус прокуратуры Башкортостана как субъекта федерации: Автореф. диссертации на присуждение ученой степени канд. юрид. наук/Москва, 1998. С. 4.

己心意的检察长。①

虽然联邦中央对民族共和国领导人做出了很大让步，但仍不愿将共和国的特殊性扩大到全国。联邦政策存在双重性，一部分人希望通过削弱地方权力来改变地区权力不平等的状况；另一部分人则希望俄罗斯联邦每一个主体都能获得与共和国地位相等的权限。叶利钦执政时期虽然通过与各联邦主体签署联邦条约、划分中央与地方权力，尽可能地缓解了俄罗斯联邦分立的局面，维护了国家的完整性，但联邦条约的签署在很大程度上是出于中央的妥协和无奈，缺乏协商性质。此外，没有一个稳固的中央权威作为保障，也很难让中央与地方的权限划分真正符合宪法对国家主权的规定。因此，联邦条约在实际运行中产生了多种问题。

第二节 普京时期联邦制度改革

叶利钦执政时期，由于受制于当时俄罗斯整体政治环境和转型初期所带来的诸多政治斗争的影响，俄罗斯未能处理好中央与地方之间多样性和统一性的关系，导致中央权威下降，地方主义势力兴起，俄罗斯联邦制建设出现了邦联化危机。为了重建和完善俄罗斯联邦制度，普京执政后采取了一系列措施，加强中央权威建设，调整中央与地方的关系，建立了纵向的垂直权力体系。同时，为了应对政治社会不断变化的挑战，梅德韦杰夫执政后在普京改革的基础上又进行了一定程度的调整，加强了地方民主化的建设。

一 理顺中央与地方关系

以2004年9月"别斯兰人质事件"为标志，普京对地方权力、权限的调整可分为两个阶段。2000年至2004年9月为第一个阶段，特点是巩固联邦，理顺中央与地方的关系。《俄罗斯联邦宪法》在第一章"宪法制度原则"第5条第3款和第4款中明确规定，俄罗斯联邦的联邦体制建立在俄罗斯联邦国家

---

① Кожевников О. А. Правовое регулирование назначения на должность прокурора субъекта РФ，Российский юридический журнал. Екатеринбург：Изд-во УрГЮА，2010. № 2 (71). С. 52-56.

完整、国家权力体系一致、俄罗斯联邦国家权力机关和俄罗斯联邦主体国家权力机关之间划分管辖对象和分权、俄罗斯联邦各族人民平等与自决的基础上；在同联邦国家权力机关的相互关系方面，俄罗斯联邦各主体一律平等。普京执政之初，联邦主体权限过大，显然不符合俄罗斯宪法的规定，普京正式就任俄罗斯总统后，即开始采取巩固联邦体制并加强对地方权限制约的政治举措。

（一）按地域原则设立联邦区

2000年5月12日，普京总统签发命令，决定按地域原则建立由共和国、边疆区和州组成的联邦区，批准7个联邦区的成立及其组成，并发布关于联邦区总统全权代表的条例，把国家元首在联邦主体的全权代表制改为国家元首在联邦区的全权代表制，这是普京总统加强中央对地方控制的第一步。[1] 2010年1月19日，时任总统梅德韦杰夫批准了建立北高加索联邦区的决议，即从南部联邦区分出了北高加索联邦区，俄联邦区的数量增为8个。[2]

---

[1] 其一，中部联邦区包括别尔哥罗德州、布良斯克州、弗拉基米尔州、沃罗涅日州、伊万诺沃州、卡卢加州、科斯特罗马州、库尔斯克州、利佩茨克州、莫斯科州、奥廖尔州、梁赞州、斯摩棱斯克州、坦波夫州、特维尔州、图拉州、雅罗斯拉夫尔州，区中心是莫斯科市。其二，西北联邦区包括卡累利阿共和国、科米共和国、阿尔汉格尔斯克州、沃洛格达州、加里宁格勒州、摩尔曼斯克州、诺夫哥罗德州、普斯科夫州、圣彼得堡市、涅涅茨自治专区，区中心是圣彼得堡市。其三，南部联邦区包括阿迪格共和国、达吉斯坦共和国、印古什共和国、卡巴尔达—巴尔卡尔共和国、卡尔梅克共和国、卡拉恰伊—切尔克斯共和国、北奥塞梯—阿拉尼亚共和国、车臣共和国、克拉斯诺达尔边疆区、斯塔夫罗波尔边疆区、阿斯特拉罕州、伏尔加格勒州、罗斯托夫州，区中心是顿河畔罗斯托夫市。其四，伏尔加河沿岸联邦区包括巴什科尔托斯坦共和国、马里埃尔共和国、莫尔多瓦共和国、鞑靼斯坦共和国、乌德穆尔特共和国、楚瓦什共和国—恰瓦什共和国、基洛夫州、下诺夫哥罗德州、奥伦堡州、奔萨州、彼尔姆州、萨马拉州、萨拉托夫州、乌里扬诺夫州、科米—彼尔米亚克自治专区，区中心是下诺夫哥罗德市。其五，乌拉尔联邦区包括库尔干州、斯维尔德洛夫斯克州、秋明州、车里雅宾斯克州、汉特—曼西斯克自治专区、亚马尔—涅涅茨自治专区，区中心是叶卡捷琳堡市。其六，西伯利亚联邦区包括阿尔泰共和国、布里亚特共和国、特瓦共和国、哈卡斯共和国、阿尔泰边疆区、克拉斯诺亚尔斯克边疆区、伊尔库茨克州、克麦罗沃州、新西伯利亚州、鄂木斯克州、托木斯克州、赤塔州、阿加布里亚特自治专区、泰梅尔（多尔加内—涅涅茨）自治专区、乌斯季奥尔登斯基布里亚特自治专区、埃文基自治专区，区中心是新西伯利亚市。其七，远东联邦区包括萨哈共和国、滨海边疆区、哈巴罗夫斯克边疆区、阿穆尔州、堪察加州、马加丹州、萨哈林州、犹太自治州、科里亚克自治专区、楚科奇自治专区，区中心是哈巴罗夫斯克市。

[2] 新的北高加索联邦区包括达吉斯坦共和国、印古什共和国、卡巴尔达—巴尔卡尔共和国、卡拉恰伊—切尔克斯共和国、北奥塞梯—阿拉尼亚共和国、车臣共和国，以及斯塔夫罗波尔边疆区，北高加索联邦区中心设立在斯塔夫罗波尔边疆区的皮亚季戈尔斯克。

普京总统发布的全权代表条例，确定了总统驻各联邦区全权代表的任务和职权。条例规定，总统全权代表的主要任务，是按照总统确定的国家内外政策基本方针安排联邦区的工作，对联邦中央各项决定在联邦区的执行情况实施监督，以保障总统各项政策的落实。除此之外，全权代表还要定期向总统报告联邦区保障国家安全的情况，以及联邦区的政治、社会和经济状况，以此保障总统履行其宪法职能，提高联邦国家权力机关的工作效率。条例还规定了全权代表的权利及其工作程序。全权代表接受俄罗斯联邦总统的任命，直接隶属于总统并向总统汇报工作，其任职期限由总统确定，但不超过总统履行职能的期限。

总之，联邦区的设立有助于加强俄罗斯联邦的国家体制，密切地区之间的联系，协调中央政府自上而下的行动，保障各联邦主体享有平等的权利。按照普京总统在2001年国情咨文中的评价，成立联邦区是2000年俄罗斯最重要的一项决定，而且全权代表的工作使联邦中央与各地区政权的关系明显接近了。

由于普京事先与地方行政长官就这项改革措施进行了协调，该措施基本上得到各地方行政长官的理解和支持。2000年5月25日，普京在向中部联邦区各州领导人介绍总统驻该区全权代表格奥尔基·波尔塔夫琴科时指出，地方领导人在起草关于总统驻联邦区全权代表的总统令中起了很大的作用；建立联邦区的方案在很大程度上是同地方领导人协同努力的结果。

就政治作用而言，在联邦中央与联邦主体之间设立联邦区这种新的权力实体，主要是为了强化总统对联邦主体的领导，以便加强对地方的控制。也要指出，所建立的联邦区其实只是作为中间环节对各个联邦主体进行协调管理，它本身并没有相应的机制和管理机构，也未成为一级政权机关。因此，俄罗斯联邦体制仍面临进一步改革的繁重任务。

（二）修改联邦委员会组成原则

2000年5月17日普京发表电视讲话，表示将向国家杜马提交一批法律草案。这些法律旨在巩固俄罗斯的国家体制，加强国家的统一，使执行权力机关和立法权力机关真正运转起来，使宪法规定的权力分立和保持权力机关自上而下的统一具有实际内容。

这些法律草案的内容主要包括三个方面。

一是修改联邦委员会（议会上院）的组成原则。普京认为，根据俄罗斯宪法的规定，国家杜马经选举产生，联邦委员会由执行权力机关的代表及立法权力机关的代表组成[①]，但宪法没有规定这些代表一定要由联邦主体最高行政长官和立法会议最高领导人担任。

二是关于解除地区领导人职务和解散通过违反联邦法律的地方立法机构的规定。普京认为，如果违反宪法，即使是联邦总统也可以被解除职务，这一规定也应适用于各地区和地方自治机构的领导人。

三是关于地方领导人与下属权力关系的规定。普京认为，既然联邦总统在一定条件下有权解除地方领导人的职务，那么地方领导人也应当有解除其下属权力机关领导人职务的权力。

按照这些法案的规定，联邦委员会的组成将加以改变，行政长官和立法会议的最高领导人将任命自己的代表担任议会上院议员，他们自己则不再进入联邦委员会；联邦中央将有权解除联邦主体行政长官的职务，并在地方立法会议不遵守联邦法律的情况下将其解散；联邦主体领导人可以解除地方自治机构领导人的职务，即地区、市和镇自治机构领导人的职务。[②]

普京认为，这些政治举措不仅是正确的，而且是恢复国家权力机关自上而下正常运转所必需的。国家最重要的首先是宪法秩序和纪律，不采取这些手段，无论是联邦议会、政府，还是总统都不可能明确地履行自己的职责。在严格尊重公民权利方面莫斯科和俄罗斯边远地区应该是一样的，中央和地方都必须准确理解和执行俄罗斯法律，这才是法律至上。

其中，改变联邦会议上院的组成方式是最为重要的一项改革，其目的是取消各联邦主体最高行政长官和杜马主席兼任联邦委员会成员的惯例，恢复上院作为职业化立法机关的本来面目。可以认为，这项举措是普京此次法律修改草案的核心内容。

原联邦委员会主席斯特罗耶夫认为，俄罗斯议会自苏联解体以来进行了三

[①] 《俄罗斯联邦宪法》第 95 条第 2 款规定，联邦委员会由俄罗斯联邦每个主体各派 2 名代表组成，为 1 名国家权力机关代表，为 1 名国家权力执行机关代表。

[②] "Это и есть диктатура закона" —Началась реформа государственной власти России, Коммерсантъ, 18 мая 2000 г.。

次根本性的改革。第一次改革是从选举俄罗斯人民代表开始的，以1993年秋季发生的重大事件而告结束；第二次改革是1993年组成的联邦会议，其中联邦委员会是由各地居民直接选举产生的，期限为2年；第三次改革是1995年12月5日，国家杜马通过了联邦委员会新的组成程序法，即由联邦主体执行权力机关和立法权力机关领导人组成。① 第三次改革实际也是此次议会改革的原因。

修改联邦委员会组成原则具有深远的政治意义。

一是维护了政治权力分立的原则。叶利钦时期联邦委员会组成的实际情况是：联邦主体最高行政长官既是执行权力机关的代表，同时又是联邦委员会的成员，这意味着地方最高行政长官也是自己应当执行的法律的起草者。普京认为，这违反了权力分立的原则，也不利于联邦主体最高领导人集中精力解决本地区的具体问题，因此应当消除这种明显的矛盾。

二是符合两院制议会的组成原则。俄罗斯作为一个具有多形态和多民族政治信仰的国家，应当建立名副其实的两院制议会。国家杜马首先是代表全国人民和整个国家的利益，在丰富多彩的意识形态和多元化中体现国家的统一和完整。联邦委员会则是地区的议院，应当对国家遵守"多样性统一"的基本原则进行监督，真正实施"俄罗斯各联邦主体一律平等"的原则。为此，应当成立新的联邦委员会，不是按职务，而是通过选举确定联邦委员会的人选。②

由于这涉及联邦主体最高行政长官的自身利益，俄罗斯中央与联邦主体权力机构就此展开了艰难的政治博弈，旨在改革联邦体制的三项法案几经周折才得以通过。

2000年5月19日，普京将关于改组国家政权的法案提交给国家杜马。5月31日，国家杜马一读均以绝对多数通过这三项法案。6月7日，联邦委员会召开会议，讨论通过了对普京改组上院法案的13条修改意见，主要包括保留联邦主体立法会议主席的议员资格，地方代表由州长任命且任期与州长一

---

① Строев С. Е., Не Навреди: Размышления о реформе государственного устройства России, Независимая газета, 6 июня 2000 г.．
② Лысенко В., Пять Уроков Российского Парламентаризма: И главный из них – без сильного Федерального собрания не будет процветающей России, Независимая газета, 16 мая 2000 г.．

致，州长可召回自己的代表，现任州长在其任期之内仍享有豁免权等。6月23日，普京改组上院法案得到国家杜马的批准，二读和三读分别得到302名议员和308名议员的赞同票。国家杜马批准的法案规定，每个联邦主体有2名联邦委员会议员，其中1名由立法会议选举产生，另1名由联邦主体最高行政长官推举并经立法会议同意而任命。普京所提法案的基本原则均得以保留，而6月7日，联邦委员会所提修改意见则基本未被采纳。6月28日，国家杜马又通过普京提出的关于总统可解除州长职务的法案。

2000年6月28日，联邦委员会以129∶13的表决结果否定了国家杜马所通过的上院改组法案，将法案发回国家杜马重审。7月3日，被上院驳回的法案送交国家杜马，多数议员表示，应成立协商委员会以寻求妥协方案，否则将投票推翻联邦委员会的否决。7月5日，普京首次对联邦委员会否决其法案表态，声称这是意料之中的，他将与联邦委员会和国家杜马共同寻求妥协方案。7月7日，联邦委员会召开特别会议，以129∶8的表决结果同意成立国家杜马所倡议的协商委员会。同日，联邦委员会还否决了国家杜马所通过的关于总统可解除州长职务的改革法案。

2000年7月8日，普京发表国情咨文，明确表示改革联邦委员会是为了发展议会民主和实现议会活动的职业化，俄罗斯需要建立强大有效的政权。7月12~15日，由国家杜马、联邦委员会和总统三方面组成的协商委员会就改组上院法案进行协商，在联邦委员会所提的13条修改意见中就12条达成一致，但在联邦主体行政长官可以提前召回本地区代表的问题上未能达成一致。7月17日，协商委员会最终达成妥协，同意联邦主体行政长官可以召回或撤销其任命的上院议员，但地方立法机构经2/3多数票表决后可以废除联邦主体行政长官的决定。

2000年7月19日，国家杜马通过了协商委员会认可后的上院改组法案，同时以362票的多数推翻了联邦委员会对总统有权罢免联邦主体行政长官法案的否决。7月26日，联邦委员会最终以119∶18的表决结果通过了改组议会上院的法案。8月7日，普京总统正式签署联邦委员会组成方法的新法案。

2000年8月1日，普京又签署《关于联邦主体国家权力机关组织的普遍原则》，其中规定，俄罗斯联邦中央权力机构和总统有权整顿国家的法律秩序，联邦主体领导人和地方立法机构如果违反联邦宪法和法律，总统有权解除其职务和解散地方立法机构。8月5日，普京签署俄罗斯联邦《地方自治法》，其中规定，地方自治立法机构如制定违背联邦主体法规和联邦法律的法规和条例将被予以解散；联邦主体行政首脑有权解除所属市政机关领导人的职务，但只有联邦总统有权解除联邦主体首脑及其他行政中心领导人的职务。

由此可见，普京的改革举措得到国家杜马的积极支持，却遭到由地方领导人组成的联邦委员会的多次否决。后来，各项法案经过修改后成为正式法律，普京的改革举措最终得以实施。普京取得了初步的胜利，建立了总统和联邦中央对地方官员的法律监督机制。在此之前，由于缺乏相应的法律制约，即使由当地选民直接选举产生的地方行政长官毫无政绩，或是地方立法机关通过了违反联邦宪法的法令，中央政府甚至总统都对此无可奈何。普京提出的各项法案通过后，联邦中央和总统就有权解除地方官员的职务，有权废除地方立法机关通过的违反联邦宪法的地方法规了。这次立法工作的顺利完成，有助于普京按计划推行改革联邦体制的工作。

同时，为了安抚地方领导人，也为了强化行政领导体制，普京提出成立一个名为国务委员会的机构。2000年9月1日，普京签署命令成立国务委员会，9月2日就成立了国务委员会主席团。国务委员会是咨政机构，每3个月至少开会一次，对重要法律和总统令草案、国家建设和巩固联邦制原则以及重要人事问题进行讨论。其主要任务之一是协助总统协商解决中央政权机关与各联邦主体机关之间的矛盾。国务委员会由主席及其成员组成，主席由总统担任，成员为各联邦主体的行政负责人，委员会秘书由总统办公厅一名副主任担任。国务委员会主席团由7人组成，人选由总统任命，每半年更换一次。2000年11月22日，普京在第一次俄罗斯联邦国务委员会会议上表示，国务委员会可以确定国家发展方向，但不应当取代议会和政府，战略政策则由整个联邦权力机关负责。

（三）建立统一的法律空间

建立俄罗斯联邦统一的法律空间是普京加强对地方控制的基础，是理顺中央与地方关系的主要抓手。建立统一的法律空间具有两个重点：首先要"破"，即取消不符合联邦宪法的地方性法律；其次要"立"，即通过建立新的法律来调整中央与地方的权力关系，有破有立才能构成统一的法律空间。

普京表示，修改宪法并不是刻不容缓和首要的任务，当前的重要任务是履行现行宪法并让在其基础上通过的法律成为国家、社会及个人的生活准则。《俄罗斯联邦宪法》第15条规定，《俄罗斯联邦宪法》具有最高的法律效力和直接的作用，适用于俄罗斯联邦全境。在俄罗斯联邦通过的法律及其他法规不得与《俄罗斯联邦宪法》相抵触。国家权力机关、地方自治机关、官员、公民及其团体都必须遵守《俄罗斯联邦宪法》的规定。

问题在于联邦主体所通过的法律是否符合联邦宪法。普京上台之初，俄罗斯有1000多部联邦法律，各共和国、边疆区、州及自治区有数千部法律，这些法律并不全都符合联邦宪法。这种情况对维护国家宪法的尊严、对联邦中央管理国家的能力以及国家的完整性都造成不利影响，因此必须加以改变。

《俄罗斯联邦宪法》第5条规定，俄罗斯联邦的共和国拥有自己的宪法和法律；边疆区、州和联邦直辖市、自治州、民族自治区拥有自己的章程和法律。2000年5月12日，普京总统致信巴什科尔托斯坦共和国议会，敦促它以国家基本法和联邦法律为依据来制定本共和国宪法。信中特别指出，该共和国宪法的一些条款提出要建立"具有完全国际法主权"的"巴什科尔托斯坦共和国"，这是有违联邦宪法的。

《俄罗斯联邦宪法》第85条第2款规定，在俄罗斯联邦主体执行权力机关的法规与《俄罗斯联邦宪法》、联邦法律以及俄罗斯联邦的国际义务相抵触，或者涉及侵犯人和公民的权利与自由的情况下，俄罗斯联邦总统有权中止其效力，直至由有关法院解决这一问题。普京发布总统令废除巴什科尔托斯坦共和国关于共和国总统有权在辖区内实行紧急状态的规定，因为这与联邦法律相抵触。普京还发布总统令，废除印古什共和国总统和政府以及阿穆尔州行政长官发布的一系列法律文件，宣布这些与联邦法律相抵触的地方性法律文件无效。

需要强调指出的是，联邦区总统全权代表在建立统一法律空间的政治进程中发挥了重要的作用。普京依靠联邦区总统全权代表来审查地方法律。2000年12月25日，普京与地方行政长官举行总统和联邦区全权代表工作会议。普京强调，俄罗斯的政治现状证明联邦区全权代表制度是正确的，联邦区全权代表下一阶段工作的主要任务是使地区法律符合联邦法律。2001年，普京建立的联邦区机制开始发挥实际作用。首先，普京任命的总统驻各联邦区全权代表对各联邦主体的地方权力机关进行了有效的监督，他们限期地方政府改正或取消不符合联邦宪法和法律的地方性法律法规。仅2001年上半年，联邦检察机关就对1300多项违反联邦法律的地方法律法规提起诉讼，这些受到起诉的地方法律法规绝大多数都在年内得到纠正。

另外，普京还责成俄罗斯副总检察长负责对个别地方领导人的腐败及违法行为进行调查，并根据调查结果向相应法院提起诉讼。这些措施在加强中央对地方统一管理方面是十分有效的。

总之，普京在建立统一的法律空间进程中运用了三种政治手段：直接颁布总统令废除违宪法律；依靠总统驻联邦区全权代表审查地方法律；责令检察机关监督和调查地方领导人。三种政治手段取得了良好的政治效果。

2001年4月3日，普京在国情咨文中指出，总统驻联邦区全权代表的工作使联邦政权与各地区政权明显接近了；在地区立法符合联邦立法方面，全权代表做了积极的工作，他们和总检察院及地区检察院起了关键作用；过去各联邦主体通过的不符合联邦宪法和法律的3500多项法规，其中4/5经过修改后已合规。2002年4月18日，普京在国情咨文中谈到，虽然过去签署划分中央和联邦主体之间管理对象和职权范围的协议在特定历史时期是必要的，但这些协议实际上导致各联邦主体之间的不平等，从而最终导致不同地区公民之间的不平等。因此到2002年，叶利钦时期签署的此类42个协议已经在28个联邦主体被废除了。

2003年5月16日，普京在国情咨文中宣布，俄罗斯已经从法律上和事实上恢复了国家的统一，巩固了国家权力，因此可以对中央与地方的权力进行认真细致的划分。过去个别地区实际上是不受俄罗斯联邦法律制约的，现在这种局面已被消除。对所有地区来说，《俄罗斯联邦宪法》和各项法律的至高无上已成为生活准则。

为了建立统一的法律空间，在取消不符合联邦宪法的地方性法律的同时，还需要通过新的法律来调整中央与地方的权力关系。在2001年国情咨文中，普京具体地提出了改革联邦之间关系的三项任务：通过联邦法律划分联邦中央和地方管理机关之间的权限,并确保中央和联邦主体在其共同管辖范围内具有明确的权限;明确联邦各部和主管部门与地方分支机构的组成和活动办法,理顺联邦执行权力地方分支机构体系的秩序;整顿联邦预算关系,从立法上明确划分各级权力机关在资金和税收方面的责任,在预算津贴和地方拨款问题上建立透明机制,尤其是对那些需要中央给予高额补贴的联邦主体。

不仅如此,普京还关注地方自治的立法基础。普京认为,联邦地方自治法和联邦主体的有关法规不仅与地方自治的现状不协调,而且彼此之间也不协调,其中一个原因是地方权力机关之间的权限不明确。所以,联邦立法者必须明确地方自治的结构,用法律的形式把已证明有生命力的地方自治形式固定下来。新版的《俄罗斯联邦地方自治组织总原则》以及各地区的立法起到了对权力机关进行社会监督的重要作用。根据宪法和原本的有关法律,市(非直辖市)及市以下实行地方自治,这些地方自治机构是独立的,通过选举产生,上级无权干涉它们的工作。严格说来,它们不属于权力体系所辖范畴。普京提出的关于地方自治的法律,意在将这一级自治机构全部纳入统一的权力机构体系。

值得注意的是,中央与地方的权限结构划分是比较复杂的政治难题。一方面,《俄罗斯联邦宪法》确立了中央与地方的权限分权框架。第 71 条规定了属于俄罗斯联邦管辖的 18 项职权[①],第 72 条规定了属于俄罗斯联邦和俄罗斯

[①] 1. 通过和修改俄罗斯联邦宪法与联邦法律,监督其执行情况。2. 联邦体制和俄罗斯联邦领土。3. 调解和维护人和公民的权利与自由;俄罗斯联邦国籍;调解和维护少数民族的权利。4. 确定联邦立法、执行和司法权力机关系统及其建立和活动的程序;成立联邦国家权力机关。5. 联邦国家财产及其管理。6. 确定俄罗斯联邦在国家、经济、生态、社会、文化和民族发展方面的联邦政策和联邦计划的基本原则。7. 规定统一市场的法律原则;金融、外汇、信贷及关税调节,货币发行,价格政策原则;包括联邦银行在内的联邦经济部门。8. 联邦预算;联邦税收与收费;联邦地区发展基金。9. 联邦动力系统,裂变材料;联邦运输,交通道路,信息和通信;宇宙空间活动。10. 俄罗斯联邦的对外政策和国际联系,俄罗斯联邦的国际条约;战争与和平问题。11. 俄罗斯联邦的对外经济联系。12. 防务和安全;国防生产;规定买卖武器、弹药;军事技术装备和其他军用器材的生产及其使用程序;有毒物质、麻醉剂的生产及其使用程序。13. 俄罗斯联邦的国家边界、领海、领空,特别经济区和大陆架的地位的确立与保卫。14. 司法制度;检察机关;刑事、民事诉讼和刑事执行法;大赦和赦免;民事、民事诉讼和仲裁诉讼法;知识产权的法律调节。15. 联邦冲突法。16. 气象服务,标准,标准仪器,公制,计时;大地测量和绘图;地名;官方统计和簿记核算。17. 俄罗斯联邦的国家奖励和荣誉称号。18. 联邦的公务。

联邦各主体共同管辖的 14 项职权[①],第 73 条规定在俄罗斯联邦管辖范围之外和俄罗斯联邦对其与俄罗斯联邦各主体共同管辖的对象所拥有的权力之外的所有国家权力由俄罗斯联邦各主体行使。另一方面,即便如此,俄罗斯很多联邦主体领导人仍然提出,应进一步从法律上划分中央和地方的职权,尤其是属于联邦中央与地方共同管辖的职权,而不能仅仅依靠总统驻联邦区全权代表来进行协调。为此,普京又专门发布总统令,成立一个主要由联邦主体代表和中央各部门代表参加的讨论联邦中央与各主体职权划分问题的政策建议委员会,具体研究有关问题。

就经济分权而言,普京旨在理顺中央和地方的利益分配问题。叶利钦在 1997 年的国情咨文中谈到联邦制的经济条件时指出,联邦关系尚未建立起来的最明显表现是,俄罗斯联邦、联邦主体对各自所管辖的事务和由它们共同管辖的事务分工不明确,相应权限的财政和资金保障也不确定。联邦权力机关和联邦主体权力机关签署的条约以及俄罗斯联邦政府和联邦主体执行权力机关之间的协定使问题的尖锐程度得到了一定的缓解。但总体上看问题仍然没有解决。某些联邦主体权力机关把经济联邦制理解为可以违背改革的大方向,包括可以保留命令式经济管理方式。政府应当在很短的期限内建立起一套全新的联邦制预算体系,应考虑各地区的现有权限,消除不平等现象,这种不平等主要表现在对个别地区提供优惠的经济待遇。[②] 俄罗斯决定采取四项改革措施:第一,调整预算结构和实现财政体制的分权化;第二,完善和改进财政支出权限

---

① 1. 保证共和国的宪法与法律、边疆区、州和联邦直辖市、自治州和民族自治区的章程、法律以及其他法规符合俄罗斯联邦宪法和联邦法律。2. 维护人和公民的权利与自由;维护少数民族的权利;保障法治与公众安全;边界地区制度。3. 土地、矿藏、水资源以及其他自然资源的拥有、使用和支配问题。4. 国家财产的划分。5. 自然资源的利用;保护环境和保障生态安全;特殊自然保护区;保护历史文物。6. 培养、教育、科学、文化、体育运动的普遍问题。7. 卫生保健问题的协调;保护家庭、母亲、父亲和子女;包括社会保障在内的社会保护。8. 采取同灾祸、自然灾害和流行病做斗争的措施,消除其后果。9. 确定俄罗斯联邦税收与税费的一般原则。10. 行政、行政诉讼、劳动、家庭、住宅、土地、水、森林、矿产、环境保护法。11. 司法和护法机关的干部;律师业务,公证制度。12. 保护人数不多的民族的世袭居住环境与传统生活方式。13. 规定组织国家权力机关和地方自治机关体系的一般原则。14. 协调俄罗斯联邦主体的国际交往和对外经济联系,履行俄罗斯联邦签署的国际条约。

② Порядок во власти, порядок в стране. Послание Президента РФ Федеральному Собранию, Российская газета, 7 марта 1997 г..

的划分；第三，进一步界定并划分税收权限和收入来源；第四，拉平预算条件。① 以上措施有效地缩小了各地区间发展的差距，有利于理顺中央与地方之间的利益关系，缓解社会和政治的紧张局势。

二 改革地方权力机关的组建方式

（一）改革地方领导人产生的方式

在 2000~2004 年 9 月普京加强对地方控制的第一阶段，通过设置联邦区和任命驻联邦区全权代表，使联邦中央拥有了对地方当局进行控制的行政管理机制，从而为普京管理国家和推行其他联邦制改革提供了保障；将裁定地方领导人、地方议会违宪行为的权力收归联邦中央所有，建立了联邦中央约束地方精英的法律干预机制；通过改组上院组成方式，将地方领导人的影响力限制在处理地方事务上，削弱了地方精英干预联邦中央的能力，同时使联邦委员会（议会上院）成为真正意义上的立法机关。普京总统第二任期开始后，以 2004 年 9 月 "别斯兰人质事件" 为契机，推出改变地方行政长官产生方式的改革措施，从而触及中央与地方关系的最核心问题，并事实上掌握了对地方行政长官的任免权。② 确立地方权力机关的组建方式是普京加强对地方权限控制第二阶段的根本特点。

"别斯兰人质事件"发生后，2004 年 9 月 4 日，普京发表告全民书，表示俄罗斯的政治体系不适合社会发展的现状，俄罗斯应建立一个更为有效的安全体系，使护法机关在面临新威胁时能够采取有效的行动。普京指出，俄罗斯必须建立有效的应对危机的管理体系，包括在护法机关运作方面采用全新的方法。③

2004 年 9 月 13 日，普京召开政府扩大会议，强调俄罗斯目前最重要的任务是捍卫国家统一、加强国家机构建设、恢复公民对政府的信任和重塑维护国内安全的有效机制。普京表示，国家团结与统一是战胜恐怖主义的重要条件，

---

① 唐朱昌：《从危机到治理：俄罗斯中央和地方关系制度变迁评析》，《学习与探索》2006 年第 3 期。
② 潘德礼：《解析普京的联邦制改革》，《俄罗斯中亚东欧研究》2005 年第 3 期。
③ Владимир Путин выступил с обращением к россиянам, http://www.rian.ru.

第五章　俄罗斯联邦制度

没有团结与统一，这一胜利就无从实现。政府机制的一体性是巩固国家的最重要因素。《俄罗斯联邦宪法》第 77 条第 2 款规定，在俄罗斯联邦管辖范围之内和俄罗斯联邦对其与俄罗斯联邦主体共同管辖的对象所拥有的权力范围之内，联邦执行权力机关与俄罗斯联邦主体的执行权力机关组成俄罗斯联邦统一的执行权力系统。在政治活动中这一理念体现为：中央政府与各联邦主体所在的地方政府，无论在处理联邦事务还是在处理联合管理的事务方面都要体现出一体性，应在一个完整的、相互依存的系统中来运作。普京认为，俄罗斯尚未建立起这样的政权体系。反恐是整个国家面临的重要任务，这需要动员一切力量，首先要确保自上而下的各级政府采取统一行动。

普京认为，为保障国家政权的一体性，推动联邦制的发展，中央与地方必须联合参与地方政府的组阁。因此，各联邦主体的高级官员应该由国家元首提名，并由该地区的立法会议最终选举产生。也就是说，地方政府的组成将与俄罗斯联邦政府的组成原则相一致。同时，各地方政府负责人应与其下辖的自治地区政府密切合作，协助其日常工作，并在法律允许的范围内对地方自治政府的组成施加更大的影响。①

普京此次新一轮改革的最重要举措就是改革各联邦主体执行权力机关的组建方式。普京提议，要改变地方最高行政长官的直接选举制度，用任命联邦政府总理时所采用的方式来替换全民投票选举制。各共和国、边疆区和各州的最高行政长官在形式上由地区立法机关选举产生，俄罗斯联邦总统将负责向地方立法机关提名候选人。地方行政领导人的免职制度也将与此相似：总统下达免职令，地方议会加以批准。普京认为，必须在比例制选举的基础上产生议会，议员将只能在由政党提名的候选人中选举产生，单席位选区和无党派的自荐候选人将不复存在。今后，执政党领导人将领导地方议会。②

2004 年 9 月 28 日，普京总统向国家杜马提交修改俄罗斯联邦主体领导人选举程序的法案。为了寻求更广泛的支持，尤其是赢得西方的理解，10 月 21 日，普京表示，自苏联解体以来俄罗斯一直在寻求最佳的社会组织形式，尽管

---

① Путин объявил о перестройке государства после трагедии в Беслане, http：//www. newsru. com.
② Анатолий Костюков, Реставрация-Президент обнародовал план государственного переустройства, Независимая газета, 14 сентября 2004 г..

俄罗斯具有幅员辽阔、民族众多等特殊性，但是俄罗斯在政治领域和经济领域的改革不会超出现行宪法和背离民主的原则。

2004年10月29日，国家杜马以365人赞成、64人反对、4人弃权的投票结果一读通过该法案。法案规定，联邦总统应在联邦主体原领导人任期届满前35天提出新的候选人；如果地方议会两次否决总统提出的候选人，总统可以解散地方议会；联邦主体最高领导人的任期不得超过5年。12月11日，该法案获得国家杜马通过。12月27日，普京发布总统令，对提名地方行政长官人选的方式做出明确规定。

第一，提名地方行政长官。在各联邦主体地方行政长官任期届满前90天内，总统驻各联邦区全权代表以及在该地方议会中占多数议席的政党，有权分别提出该联邦主体地方行政长官候选人的名单；候选人名单经由总统办公厅转交俄罗斯总统，总统可以从中挑选一位候选人，也可以责成总统办公厅主任重新提出地方长官候选人名单。

第二，地方议会批准地方行政长官。地方议会应在总统提出候选人后的14天内对该候选人进行讨论，如果该候选人获得地方议会法定多数的赞同，即被认为获得任命，任期为5年；如果该候选人先后三次被地方议会拒绝，则总统有权解散该地方议会，并在规定期限内举行新的地方议会选举。

第三，现任地方行政长官可以申请留任或提前辞职。现任地方行政长官在其任期结束前可以提出继续留任或提前辞职的请求，由俄罗斯联邦总统做出决定。如果俄罗斯联邦总统提名现任地方行政长官为新一届行政长官候选人，经地方议会通过，该行政长官可继续留任，任期5年。

第四，解除地方行政长官的方式。如果地方行政长官失去总统信任或出现工作不当或受到司法机关起诉，俄罗斯联邦总统有权提前解除其职务，并提出新的地方长官人选。地方议会也有权对地方长官提出不信任案，但俄罗斯联邦总统可以解除该地方行政长官的职务并提出新的候选人，也可以驳回地方议会提出的不信任案。[1]

---

[1] 邢广程等主编《俄罗斯东欧中亚国家发展报告（2005）》，社会科学文献出版社，2006，第109页。

实际上普京的这项政治改革改变了整个国家的执行权力体系，其影响力远远超出反对恐怖主义的政治范畴。就根本意义而言，确立地方权力机关新的组建方式，是普京希望更快地实现强国富民的战略目标。只要普京认为俄罗斯的联邦制度难以同这个战略目标相适应，按照他一贯的执政风格，政治改革迟早会进行。这是俄罗斯政治发展的大背景，也是观察俄罗斯政治形势走向的总思路。

普京在2003年国情咨文中提出三大任务，在2004年国情咨文中提出社会经济领域的一系列改革要求，这些都是为了解决国家的发展问题。普京认为，要实现上述发展目标，俄罗斯必须使政治资源尤其是权力资源实现最大限度的优化，使之运转起来非常灵活。优化政治资源也是普京这项政治举措的主要目的。由联邦总统提名地方领导人，然后由地方立法机构加以确认，这实际上是使地方的政治资源和政治倾向都可与中央的权力相匹配，以便有效地控制分立主义倾向和地方主义倾向。普京还设立了地区和民族政策部，该部门主要是从民族和解出发来调节中央和地方的关系，显然也是其优化政治资源的重要措施之一。

在比例制选举的基础上产生立法机构，如此，在俄罗斯的现实条件下国家的政治资源就都集中在几个全国性政党的（也就是联邦中央的）手中了，地方议会也被普京的"统一俄罗斯"党所控制，从而"垂直行政体系"和"垂直立法体系"都在普京的政治运作中得以建立。

需要指出的是，此次的政治改革与恐怖主义和反恐斗争并没有直接关系。普京政权酝酿地方行政长官选举改革方案时日已久，"别斯兰人质事件"给这些理念赋予了新的含义，并为它的实施提供了更广阔的政治可能性。[①]

（二）俄罗斯联邦主体合并事宜

"别斯兰人质事件"以后，俄罗斯联邦主体的合并也被提上议事日程。2004年10月13日，"统一俄罗斯"党总委员会成员弗拉季斯拉夫耶夫在接受采访时说，联邦主体合并是俄罗斯政治改革中最重要的一项，在众多联邦主体中，只有不超过10个联邦主体有能力自给自足，在这样的情况下国家不可能正常运转和管理。[②] 2005年4月4日，时任总统办公厅主任的梅德韦杰夫在接

[①] Вера Кузнецова, Андрей Денисов, Иван Гордеев, Проект "Россия" —Президент перестраивает систему власти, Время новостей, 14 сентября 2004 г..

[②] http://www.people.com.cn/GB/guoji/1029/2918066.html.

受采访时发出警告说，除非政界和商界的精英合作共事，否则俄罗斯可能被解体为数个不同的国家，为此，克里姆林宫正在考虑将89个联邦主体合并成数个超级行政区域的计划，这可能是在"现存宪法框架下发展联邦体制的一种方法"。① 这里，梅德韦杰夫把合并联邦主体作为防止国家分裂的重大措施提出，说明此事已引起俄罗斯政权上层的高度重视。当时，还提出过几种设想或方案。前国家杜马副主席尤利耶夫提出，全俄应只设12个大区；自由民主党领导人日里诺夫斯基提出，全国应缩编为15个地方行政区；俄罗斯学者舒拉耶夫建议，以铁路局分布为基础，在全国设17个联邦主体；国家杜马第一副主席斯里斯卡则提出，联邦主体的数量应缩减一半，"最好的方案是俄将有35~40个联邦主体"。② 这说明，合并联邦主体的任务已经被提上议事日程，但最后的方案还没有形成。

普京在2005年4月25日的国情咨文中提出，"推进联邦主体合并"是俄罗斯联邦制度面临的重要任务。普京表示，联邦主体合并是一件很复杂的事，在某些情况下合并可以集中国家资源来管理面积广大的领土。总体来看，联邦主体合并的原因主要有三点：第一，联邦主体形式多样，数量过多，不利于维护统一；第二，联邦主体规模大小不等，联邦主体之间经济差距扩大，不利于俄罗斯经济发展；第三，联邦主体居民生活水平差距拉大，不利于政治稳定。联邦主体合并具有宪法和宪法性法律规定的坚实基础：第一，俄罗斯宪法第65条第2款规定，接受新的主体加入俄罗斯联邦和在俄罗斯联邦成立新的主体，要按联邦宪法法律规定的程序进行；第二，2001年12月17日，普京签署了联邦宪法性法律——《有关接纳新主体加入俄罗斯联邦和在俄罗斯联邦成立新的主体程序法》；第三，"别斯兰人质事件"后，2005年10月31日，俄罗斯政府出台了《程序法的补充修改法》。联邦主体合并的法定程序主要经过四个阶段：第一，《关于在俄罗斯联邦组成中成立新主体动议》的提出阶段；第二，议案提交相关联邦主体全民公决阶段；第三，新联邦主体联邦宪法

---

① http://news.xinhuanet.com/world/2005-04/05/content_2788731.htm.
② http://news.xinhuanet.com/world/2005-04/20/content_2853780.htm.

性法律草案的制定阶段；第四，宪法性法律的通过阶段。① 也就是说，决定进行合并的联邦主体须向俄罗斯联邦总统提出合并请求，然后在相关联邦主体内就合并问题举行全民公决。全民公决获得通过后，经由俄罗斯联邦议会上下两院批准，制定新联邦主体联邦宪法性法律，相关联邦主体即可合并为新的联邦主体。

"别斯兰人质事件"以后，分别将11个联邦主体合并为5个联邦主体：2005年12月1日成立彼尔姆边疆区，合并彼尔姆州和科米—彼尔米亚克自治区；2007年1月1日成立克拉斯诺亚尔斯克边疆区，合并克拉斯诺亚尔斯克边疆区、泰梅尔自治州及埃文基自治州，7月1日成立堪察加边疆区，合并堪察加州与科里亚克自治区；2008年1月1日成立伊尔库茨克州，合并伊尔库茨克州和乌斯季—奥尔登斯基布里亚特自治专区，3月1日成立外贝加尔边疆区，合并赤塔州和阿加布里亚特自治专区。

联邦主体合并的政治意义在于优化管理，以便更有效地执行社会经济政策，提高民众生活水平。新的克拉斯诺亚尔斯克边疆区的成立就有助于开发东西伯利亚的新油田。同时，就政治意义而言，这也加强了联邦中央对地方权限的控制，有助于巩固联邦制。

普京通过两个阶段的政治举措，实现了国家权力的统一和对地方权限的制约，避免了地区主权化。正如普京所言，国家及其体制和机构在俄罗斯人民生活中一向起着极为重要的作用。有着强大权力的国家对于俄罗斯人来说不是什么不正常的事，不是一件要去反对的事，恰恰相反，它是秩序的源头和保障，是任何变革的倡导者和主要推动力。普京实现了自己的这一执政理念，也为继任者奠定了良好的政治基础。

三 梅德韦杰夫时期加强地方民主机构的建设

梅德韦杰夫就任总统后，在2008年和2009年的总统国情咨文中提出了俄罗斯加强地方民主机构建设的一系列举措。

---

① 刘向文、张璐：《俄罗斯联邦主体的合并及其对我国的启示》，《郑州大学学报》（哲学社会科学版），2007年第6期。

（一）强调宪法有关联邦制度的基本原则不可动摇

这些基本原则包括以下几点。

第一，明确规定国家的完整统一和联邦中央的全权地位。宪法规定："俄罗斯的联邦体制建立在俄罗斯联邦国家完整和权力体系一致"的基础上；"俄罗斯联邦保障自己领土的完整和不受侵犯"；联邦总统和政府根据宪法"保障在俄罗斯联邦全境实现联邦国家权力的全权"。

第二，强调国家的主权属于联邦。宪法规定："俄罗斯联邦在其全部领土上享有主权。"宪法不仅完全取消了过去苏联宪法中关于各民族共和国拥有退出联邦自决权的规定，而且也删去了1993年制宪会议通过的宪法草案中关于"共和国是俄罗斯联邦版图内的主权国家"的提法。这意味着俄联邦各主体不具有退出联邦的宪法权利。

第三，强调联邦主体一律平等。"在同联邦国家权力机关的相互关系方面，俄罗斯联邦各主体一律平等。"宪法还强调，联邦主体未经中央同意不得改变自身地位。

（二）加强地方民主机构建设的具体举措

第一，对俄罗斯联邦主体立法权力机关代表人数的规定实行统一标准。

第二，地区议会中的所有党派都可以建立议会党团。所有政党都有权用自己的代表去填补空缺的常设代表席位及领导岗位。

第三，在尚无此项规定的地方，在地区选举中支持率超过5%的政党应有权在联邦主体的立法机构中拥有代表席位。

第四，在国家杜马中没有代表，但在联邦主体立法机关有党团的政党无须为参加相应地区的选举征集签名。市政选举也可以遵循这一原则，未来应完全废除征集签名这种政党参加选举的准入方式。

第五，各级立法权力机关每年至少召开一次会议，专门听取在立法机关中没有代表的政党的意见和建议。保证非议会政党有经常参与中央和地区选举委员会工作的机会。

第六，彻底整顿地方选举的提前投票制度。在竞选活动中，为所有政党提供平等使用市政设施开展宣传活动的机会。

第七，在所有联邦主体通过保障地区议会政党活动均可得到大众新闻媒体平等报道的法律。实施这些保障机制时应考虑到每个地区传媒市场的特点，以及地方社会和文化的特性。

第八，把地方执行权力机关必须向地区议会做年度报告的条款写入联邦主体的章程和宪法。

第九，完全通过党派名单来选举各级代表权力机关。

第十，继续并加强政治竞争"技术保障"方面的工作。采用电子手段计票和处理各选区信息将有助于打击竞选中的腐败行为。[①]

（三）强调宪法法院在塑造俄罗斯联邦制度健康发展方面的重要作用

俄罗斯司法机构[②]中宪法法院的地位非常重要。宪法法院不仅是司法机构、是司法权力的一部分，而且是国家机构的一个组成部分。[③] 在俄罗斯总统1994年7月21日签署批准的《关于俄罗斯联邦宪法法院的联邦宪法性法律》中，对俄罗斯联邦宪法法院的组织和法官的地位、诉讼的一般规则，以及就某些种类的案件进行审议的诉讼特征做出了详细规定。这些法律条文是基于司法权的特点和性质而制定的。可以说，俄罗斯宪法法院在塑造联邦制度、实施宪法监督等方面发挥着不可替代的作用。因此，加强宪法法院的作用在俄罗斯政治体系现代化的改革中具有重要意义。正如普京所言，宪法法院是有效捍卫宪法的工具。宪法法院不仅建立了捍卫宪法的有效机制，而且使俄罗斯第一次出现了在法律基础上既能限制立法权力又能限制执行权力的国家机关。宪法法院已经在俄罗斯国家权力机关系统中占据了稳固而确定的位置。[④]

俄罗斯的联邦制是由宪法确立的。宪法法院在其确立过程中起到了特殊作用。宪法法院的决定起到平衡各级权力机构间利益冲突的作用。这既涉及联邦和地方权力机关之间的纠纷，也涉及有关地方自治制度方面的各种争论。

[①] Послание Федеральному Собранию Российской Федерации, 12 ноября 2009, http://www.kremlin.ru/transcripts/5979.

[②] 根据1993《俄罗斯联邦宪法》第118条第1款规定：俄罗斯联邦境内的司法审判权只能由法院行使。俄罗斯的法院系统由宪法法院、最高法院和最高仲裁法院组成。这三大法院的权限、组成和活动程序由联邦宪法性法律规定。其法官均由联邦委员会根据总统的提名任命。

[③] Кряжков В. А., Лазарев Л. В., Конституционная юстиция в Российской Федерации, 1998, с. 60.

[④] 〔俄〕普京：《普京文集：文章和讲话文集》，中国社会科学出版社，2002，第458~460页。

在所有联邦制的国家中，司法机关在解决中央与地区争端中发挥着关键作用。而在俄罗斯，这一权力大多落到了总统和政权机关的手中。显然，宪法法院在这一点上应有更大的权力空间。梅德韦杰夫提出，在联邦区中设立联邦地区法院的建议，主要任务就是处理联邦主体的基本法规与国家法律之间冲突的问题。

（四）梅德韦杰夫关注联邦执行权力的统一

这主要是指力图在划分联邦与地区的权力方面实现最佳平衡，找到联邦执行权力机关地区分支机构的最佳设置方案，以及与地方执行权力机关有效合作的方法，并且要提高联邦主体立法机构向国家杜马提交提案的质量。

俄罗斯现行宪法规定："联邦执行权力机关为行使自己的权力，可以在地区建立自己的机关并任命相应的负责人员。"这就是说，俄罗斯联邦执行机关可以在联邦主体建立自己的区域性机构。同时，俄罗斯又是一个联邦制国家，联邦各个主体拥有独立的执行权力，这是国家权力纵向分权的表现。因此，联邦执行权力的统一问题显得较为重要。梅德韦杰夫希望在这个问题上提高执行权力的工作效率。①

四 这一时期俄罗斯联邦制度改革的成效及意义

总体上来说，俄罗斯现行的联邦制既是民族区域和行政区域的结合体，也是中央集权与地方分权的混合体。俄罗斯中央与地方关系的博弈一直没有停止过。自苏联解体后，民族分离主义和地方主义问题凸显，中央与地方在政治、法律和经济三个方面展开激烈斗争。经过叶利钦、普京、梅德韦杰夫的调整，特别是普京上台后实施的一系列强硬改革措施，中央与地方的关系趋于稳定，并得到了健康发展。普京在前8年任期内完成了联邦制的法律制度建设，对叶利钦遗留的联邦制进行了巩固和重塑，从宪法层面加强了联邦法律权威和政治权威，为政治行为层面的改革奠定了制度和法律基础。

---

① 例如，俄罗斯紧急情况部在俄罗斯联邦主体内建立了紧急情况部的区域机构，共有6个区域机构中心。这对在第一时间内处理各地紧急情况提供了机构设置的保障。为了协调中央机构与区域机构之间的关系，更好地发挥区域机构的作用，俄罗斯设立了"联邦执行权力机关地区会议"，颁布了《联邦执行权力机关地区会议条例》。这是一个咨询机构，没有实际行政约束力，但是具有重要的沟通与协调职能。

第五章　俄罗斯联邦制度

正如梅德韦杰夫在 2009 年的国情咨文中所指出的，实施地方自治制度和巩固国家的联邦性质对俄罗斯具有基础性意义。俄罗斯对这些问题采取的政策在很大程度上是借鉴其他国家的联邦制形式，经过不断尝试才制定出来的。像俄罗斯这样多主体、多民族、多宗教的国家在世界上也没有第二个。因此，俄罗斯所做的事情是开先河之举。① 的确，俄罗斯的联邦制度是难以用经典的联邦制的定义进行分析的。

（一）目前俄罗斯联邦制至少在形式上具备了联邦制度的基本特征

国家结构形式是由法律规定的，因而法律制度最能体现出一个国家的结构形式特点。联邦制度要求在两级政府之间实现权力的划分，只有宪法才能以必要的方式准确地分配这一权力。② 所以，判断俄罗斯国家结构形式首先应将法律制度作为切入点。

首先，俄罗斯宪法中没有宣布俄罗斯联邦主体共和国是主权国家，只宣布俄罗斯联邦是主权国家。另外，宪法中也没有规定作为联邦主体的共和国有任意退出俄罗斯联邦的权利。其次，宪法规定了俄罗斯联邦在其全部领土上享有主权，同时保障自己领土的完整和不受侵犯。最后，宪法规定俄罗斯联邦制度是建立在国家完整、国家权力体系一致、国家权力机构和联邦主体国家权力机构之间划分管辖对象与分权、联邦各族人民平等与自决的基础之上。

经典意义上的联邦制度至少有两级政府，即一个中央政府和若干地方政府。两级政府按照宪法赋予的权利而运作。在两级政府之间存在宪法意义上的立法、行政权力与税收来源的正式分配。存在两院制的立法机构，而且在两级政府就各自宪法权力发生争执时有一个仲裁机关进行裁决（在俄罗斯是宪法法院）。③ 俄罗斯联邦制度基本具备上述特征。

《俄罗斯联邦宪法》第 71 条和第 72 条分别规定了俄罗斯联邦管辖领域和

---

① Послание Федеральному Собранию Российской Федерации, 12 ноября 2009, http://www.kremlin.ru/transcripts/5979.
② 王丽萍：《当代国外联邦制研究概述》，《政治学研究》1996 年第 4 期，第 48 页。
③ 〔英〕戴维·米勒、韦农·波格丹诺编，邓正来主编《布莱克维尔政治学百科全书》，中国问题研究所等译，中国政法大学出版社，1992，第 255 页。

俄罗斯联邦与联邦主体共同管辖范围。但宪法没有对联邦主体管辖范围做具体的规定，只是规定了除联邦和联邦主体共同管辖以及联邦中央独立管辖领域外的一切权力由联邦主体负责。这里联邦主体管辖范围主要由叶利钦时期中央与地方签署的联邦条约作为法律基础，但2017年最后一个与联邦中央签署联邦条约的鞑靼斯坦共和国取消续约后，联邦条约成为历史。

地方权力机构的选举经历了2000～2004年的直接选举时期、2004～2012年的任命选举时期和2012年至今的恢复直接选举时期。当前俄罗斯联邦主体行政领导人由选民直接选举产生，但部分市区级地方自治机关的领导人是由当地立法机构间接选举产生。俄罗斯在地方选举中设立了资格审查制度，不过，世界上多数国家的选举制度都采用了审核或门槛制度，以便提高选举效率，因此，不能将资格审查制度本身视为一种集权手段，而是应观察在这种制度下采取了哪些政治技术手段达到了集权控制的效果。

《俄罗斯联邦宪法》第125条规定宪法法院可以审核共和国宪法、联邦主体宪章，以及联邦主体就属于俄联邦权力机构管辖的问题和属于俄联邦权力机构与联邦主体权力机构共同管辖的问题所颁布的法律和其他法规。同时，宪法法院还负责解决联邦国家权力机构和联邦主体权力机构之间的职权争端。

综合来看，俄罗斯宪法和法律基本按照联邦制原则设计了俄罗斯的国家结构形式，因此在法律制度层面，俄罗斯是一个联邦制国家。

（二）俄罗斯联邦制度的调整完善效果显著

巩固联邦、理顺中央与地方的关系是着眼于整顿叶利钦时期的政治秩序，重新确立中央与地方关系的制度框架；深化调整、确立联邦主体执行机关的组建方式则侧重于制度框架确立后的运行机制。两个阶段的政策调整目标就是要保证权力统一，加强权限制约。需要指出的是，这两项政策目标是相辅相成的关系：加强对地方控制，首先需要保障中央与地方的权力统一，理顺中央与地方的关系，在此基础上才能明确中央与地方的权限划分，从而有效地制约地方权限。其次，权力统一是权力制约的前提和基础，权力制约又是权力统一的手段和目的，两者互为影响，辩证统一。

俄罗斯中央集权式的中央与地方关系渐趋稳定，中央对地方的控制能力加强。随着一系列加强国家垂直权力体系措施的实施,联邦中央与地方之间形成了双方都可以接受和遵守的规则——联邦中央在政治上加强管理,地方当局在经济领域拥有自主权,地方当局和地方精英对联邦中央和总统表现出尊重和服从,叶利钦时期时常出现的那种公然挑战联邦中央和总统管理的现象再没有出现过。垂直权力体系的建立同时带来了俄联邦制的重要变化。

(三) 在国家治理的实践中形成了具有俄罗斯民族国家特点的联邦制度

俄联邦制度的调整和完善是根据俄罗斯民族国家原则的特点进行的。

第一,分权原则。俄罗斯宪法把国家权力分为中央权力、中央—地方共有权力、地方权力三部分。从整个权力划分的范围看,联邦中央的权力是极为广泛的,地方管辖的对象基本上是地方性事务,中央的权力对地方具有很强的制约性。

第二,民族区域和行政区域并存原则。苏联解体表明,以民族为主体建立的联邦制不但未能达到解决民族问题的预期目的,反而在多民族国家引发了民族矛盾和冲突。在联邦构成中过分突出民族因素造成的消极后果:一是民族自治实体自高自大,易产生离心倾向;二是不同的民族自治实体之间互相攀比;三是自治实体和非自治实体之间因地位不平等而产生矛盾。为消除传统的以民族因素为基础的苏维埃联邦制弊病,俄罗斯的联邦主体不再突出民族因素。宪法确立了多样化的联邦主体,包括民族国家实体(民族共和国)、行政区域实体(边疆区、州、中央直辖市)、民族区域实体(自治州、自治专区),并规定行政区域实体和民族区域实体都是联邦主体,各主体在联邦关系上地位平等。

第三,自治原则。叶利钦指出:"没有一套生机勃勃的地方自治制度,巩固国家的完整性无从谈起。"宪法规定:"地方自治在城市居民区、农村居民区以及其他地区考虑到历史和地方传统实行……其主要任务是保障居民独立地解决地方性问题和对地方财产的拥有、使用和分配。"联邦权力机关只设到州中心一级,以下是地方自治,改变了过去一统到底的局面。

第四,集中原则。在分权基础上集中也是俄罗斯联邦中央处理民族和地方关系的一个举措。宪法规定联邦主体的法律和法规不得与联邦宪法和法律相抵触,俄罗斯联邦全境都必须执行俄罗斯联邦总统的命令和指示。对地方的分立行为，联邦中央在和平手段不起作用的情况下，有权给予坚决打击。①

（四）在形成自身特色的同时，俄罗斯也面临克服消极因素的挑战

第一，三个不同层次民族自治实体划分存在弊端。民族共和国、民族自治州和民族自治区三个不同层次的民族自治实体划分的根据是主体民族人口多少、地域大小和发展水平，但是民族自治区既受联邦中央管辖，也受所在的边疆区或州管辖，因此它不能与同为联邦主体的边疆区和州处于平等地位。不同类型的联邦主体和复杂的行政区划，为联邦中央协调中央与各主体之间的关系、主体与主体之间的关系造成极大的困难。

第二，"大俄罗斯民族主义"问题仍然存在。"大俄罗斯民族主义"在俄罗斯一直拥有较为广泛的社会基础，主张取消民族共和国、民族自治州和民族自治区或者全力保护俄罗斯人的利益，建立以俄罗斯族为主体的共和国的声音总是或多或少地存在，这对巩固俄罗斯国家统一和民族团结存在消极影响。

第三，普京执政以来，重建强有力垂直权力体系的重要手段是依靠"统一俄罗斯"党的组织机构。俄罗斯联邦主体行政长官是以在地方议会选举中获得多数席位的政党推举候选人的方式产生。当前，"统一俄罗斯"党已经占据俄罗斯76个联邦主体的行政长官席位。因此，从某种意义上看，俄罗斯联邦中央与地方的分权原则能否更好地实现取决于"统一俄罗斯"党的现代化建设。

第四，处理好分权与集权的关系是俄罗斯联邦制度需要长期探索的难题。

联邦主义最早产生于欧洲，并经历了从神学联邦主义到政治联邦主义的转变。在单一制与联邦制两种国家结构形式之间，联邦制国家虽然被视为一种"未完成的国家"，但联邦制对于多样性与差异性的包容却使其获得了维系政治体系的巨大潜力，以及将联邦制原则运用于民族国家构建和区域一体化的巨大空间。② 从联邦制的历史作用来看，它发扬了中央集权制和联邦制的长处，避免了二者的缺陷。它运用类似中央集权制政府式的最高国家权力有力地维护了国家的统一和政治稳定，运用联邦制式的分权发挥了地方政府的积极性，并

---

① 赵龙庚：《俄联邦中央处理民族和地方问题的基本原则》，《中国人民大学复印报刊资料·民族研究》1998年第1期。
② 王丽萍：《欧洲联邦主义：传统与理念》，《政治学研究》2007年第4期。

在一定程度上保障了民众的民主权利，同时，避免了中央集权制权力过分集中带来的僵化与官僚主义，也防止了邦联制权力过度分散造成的政治分裂与混乱。[①]

因此，在俄罗斯这样一个幅员辽阔的多民族国家，适合以联邦制而不是单一制的国家机构形式进行治理。俄罗斯的联邦制度还将继续完善，而完善联邦制度的基本原则应该是在地区无政府状态与过度集权这两种极端做法之间寻求适宜的制度安排。

联邦制度的精髓在于纵向分权，但它并不排斥中央集权。当然，过度的中央集权同过度的地方自治一样有害，处理好分权与集权的关系才是联邦制度的应有之义。以美国为代表的西方发达联邦制国家经历几百年的探索才找到适合的运行机制，俄罗斯联邦制度的调整和完善远未达到最佳状态。建立一种中央同地方互相协作、顾及双方利益的有效机制是俄罗斯联邦长期的历史任务。

第三节 普京新时期联邦制度的完善

俄罗斯现行宪法于1993年12月12日经全民公投后通过，历史上曾经历多次修订。叶利钦执政时期修改了宪法中部分联邦主体的名称，[②] 但未改变宪法中对总统和议会的规定。2008年，时任总统梅德韦杰夫对俄罗斯宪法做出了较大改动，将总统任期从4年延长至6年，将国家杜马代表任期由4年延长至5年，并规定政府每年需要向国家杜马做报告。2014年，俄罗斯宪法经历了两次修改，将最高仲裁法院并入最高法院，赋予总统和联邦委员会对检察官的任免权，规定总统有权任免联邦委员会10%的代表。2020年的宪法修改涉及俄罗斯宪法地位、国家性质、领土、家庭、道德、社会保障、民族、国家权力制度、公务员准则等，无论是在广度上还是在深度上都远超前几次修改。在国家权力结构改革方面，普京重点对俄罗斯联邦体制、总统制度、政府组成、

[①] 张定河：《论美国联邦制的确立及其历史作用》，《历史研究》1992年第6期。
[②] 分别是现今的印古什共和国、北奥塞梯-阿兰共和国、卡尔梅克共和国。

议会制度、司法制度、地方自治制度进行了调整。在联邦层面进一步加强和巩固了总统权力，改善了长期处于弱势地位的立法机构，增加了俄罗斯权力机构之间的协调性，加大了对权力体系任职人员的约束力。在地方层面，垂直权力体系涵盖范围进一步扩大。普京通过修宪将地方自治机关纳入公共权力体系，增强了联邦对地方自治机关的控制。2020年宪法改革是对俄罗斯国家权力体系的一次全面调整，因此对俄罗斯联邦制的影响也是综合性的。

《俄罗斯联邦宪法》一共由九个章节和结论性过渡条款构成。本次宪法改革对其中第三章至第八章做出了修改，包含联邦体制、总统制、政府、议会制度、司法制度和地方自治制度。本次宪法改革共有46条法律条款被修改，增补了64款具体规定。俄罗斯宪法改革内容是以普京在2020年1月15日对联邦会议发表的国情咨文为基本原则，即保障俄罗斯宪法具有无可比拟的优先地位；对俄罗斯总统候选人以及涉及国家安全和主权部门的官员选任采取更严格的要求；在国家和市政地方间建立统一的公共权力体系；提升地方参与中央决策的权力；加强俄罗斯议会权力；提高联邦委员会同总统的协商权；加强宪法法院的作用。在国情咨文的基础上，国家杜马在二读时对宪法修改内容进行了补充。这六章的修改内容均涉及对俄罗斯联邦制的调整，本节对本次宪法改革的内容进行阐述。

一　宪法修正案对维护俄罗斯国家主权和领土完整做出要求

修正案在宪法第三章联邦体制中加入了保护俄罗斯国家主权和领土完整的规定，不允许采取分割俄罗斯联邦部分领土的行为（除俄罗斯联邦同邻国划界、标界和重新划界），也不允许呼吁采取此类行为。同时，修正案还规定中央可以在地方设立联邦直辖区。除了关注领土主权，宪法修正案还强调要保护俄罗斯文化和语言主权。规定俄罗斯联邦的文化是其多民族独特的遗产，国家必须对文化提供保护和支持。俄语作为国家语言，同时也是各民族共同的语言，是俄罗斯联邦多民族平等联盟的一部分。

此外，俄罗斯也规定了宪法高于国际法的原则，以后任何国际法或国际规则如果被俄罗斯宪法法院裁决违宪，将不得在俄罗斯境内实行。同时，如果俄罗斯宪法法院裁决任何外国或国际法庭对俄罗斯的仲裁决议违反了俄公共司法程序，也不得在俄罗斯境内实行。也就是说，俄罗斯宪法高于国际法和国际条约，俄罗斯公共司法程序和判决也高于任何外国法庭和国际法庭的判决，外国对俄罗斯的任何裁决如果违反俄罗斯的宪法将全部失效。

宪法修正案在联邦中央职责中明确加入了俄罗斯联邦必须采取措施防止外部势力干涉国家内政的条款，规定了俄罗斯总统领导的联邦安全会议的责任是协助国家元首维护国家利益，保障个人、社会、国家安全，保护俄罗斯联邦主权的独立性和国家领土完整，预防国内和外部威胁。修正案要求所有俄罗斯公职人员不能具有双重国籍、外国居留权和外国银行账户，严格限制外国势力对俄罗斯精英进行控制。

二 增强总统权力，平衡行政、立法和司法权力

宪法修正案在保持总统最大权力的前提下对俄罗斯国家权力体系进行了再平衡，赋予了政府、联邦会议和宪法法院更多的责任。

（一）关于总统和联邦政府的关系

宪法修正案第四章中首先明确指出，总统统一领导俄罗斯联邦政府。其次，对总统和总理管辖部门进行了明确划分。总统管辖和任免负责国防、安全、内务、司法、外交、紧急情况、公共安全领域的行政机构领导人，总理管辖和领导政府其余行政部门。在2020年1月成立的米舒斯京政府中，总理只负责管辖卫生、文化、教育、高等教育和科学、经济发展、财政、远东和北极发展、自然资源和生态、工业和贸易、能源、数字发展和大众传媒、公共住房和建设、农业、体育、交通领域的行政部门。

总统向国家杜马提名和任命政府总理的权力没有发生变化，但将总统有权免除政府总理职务一条写入宪法。同时，宪法修正案规定了总理不再向总统提名政府内阁成员人选，改由向国家杜马提名政府内阁人选，经国家杜马批准后由总统直接任命，且总统没有不批准的权力。然而，修正案也新规定了总统无须总理提议或通过国家杜马就可以直接免除政府内阁成员的职务，同时，总统有权力批准总理和政府内阁辞职的规定也被保留。这也意味着不论政府内阁成员由谁提名或由谁批准，任命和免职的权力始终由总统掌握。

(二) 关于总统和联邦会议的关系

宪法修正案赋予联邦会议监督总统管辖部门和总理管辖部门的权力，明确了联邦委员会和国家杜马有权行使议会监督权，包括有权对国家机关和地方自治机关领导人就职权管辖范围的问题提出质询。首先，总统在任命自己管辖部门候选人前需要与联邦委员会（上院）协商，达成一致后总统才能任命其管辖部门人员。其次，联邦总理要向国家杜马（下院）提名总理管辖部门候选人，经过国家杜马的批准后才能交由总统任命。但联邦委员会和国家杜马有的只是人事协商和批准权，提名和任免权都掌握在总统手中。另外，联邦委员会的协商权与国家杜马的批准权也有所不同，"协商"意味着在人事决定过程中不需要采取类似投票的具有法定效力的方式。相对于国家杜马投票决定政府总理和内阁人选，联邦委员会与总统的协商方式更加松散和灵活。

虽然国家杜马拥有了批准总理提名的内阁部长候选人的权力，但为防止国家杜马与总理在人事问题上相互掣肘导致政府内阁长期无法正常运转，修正案规定了在国家杜马三次否决总理提名的内阁候选人的情况下，总统有权直接从总理提名的候选人中任命俄罗斯联邦政府副总理和联邦部长；如果国家杜马三次否决总理提名的候选人并造成俄罗斯联邦政府 1/3 成员的职位空缺，俄罗斯联邦总统有权解散国家杜马并确定新的选举。

(三) 关于总统和司法机构的关系

宪法修正案对俄罗斯司法机构的重新规定主要集中在宪法法院和俄罗斯检察院的有关条款上：一方面规定了总统任免宪法法院、最高法院领导人和检察院各级检察官的程序；另一方面扩大了宪法法院的仲裁范围和权力。

本次改革将宪法法院和最高法院领导人的提名和批准任命权分别交给了总统和联邦委员会。根据原宪法规定，联邦委员会在批准并任命总统提名的宪法法院和最高法院法官候选人后，宪法法院和最高法院的主席和副主席职位由新当选的法官在内部投票中决定。修正案规定，总统可以直接向联邦委员会提名宪法法院和最高法院主席、副主席以及法官的人选，经联邦委员会批准后任命，将法院领导人的决定权交给总统和联邦委员会共同管理。同时，修正案还规定了总统有权直接任命其他法院主席、副主席和法官。更为重要的是，本次改革规定了总统和联邦委员会免职宪法法院、最高法院和上诉法院领导人及法官的权力。在法官做出损害法官名誉和尊严的行为以及做出宪法法律规定的其他法官不能涉足的行为时,总统拥有向联邦委员会提议终止俄罗斯联邦宪法法院主席、联邦宪法法院副主席、联邦宪法法院法官、联邦最高法院主席、联邦最高法院副主席、联邦最高法院法官以及上诉法院主席、副主席和法官的权力。该条款对俄罗斯司法法院法官的行为做出严格约束,打破了之前法官地位不可动摇的规定。

宪法修正案将俄罗斯检察院定义为联邦统一的中央机关,并规定检察院负责监督《俄罗斯联邦宪法》被遵守和执行的情况,监督宪法对公民自由及权利的保障情况,并根据其职权履行职责,提起刑事诉讼。此外,修正案对联邦各级检察院人事任免做出了较大改变。根据规定,联邦总检察长、副总检察长、军事检察长、联邦主体检察长及其平级的检察长人选从总统向联邦委员会提名改为总统同联邦委员会协商后由联邦委员会任命,同时将这些检察官的免职权力从联邦委员会移交至总统,即总统不用与联邦委员会协商就可以直接免除这些检察官的职位,联邦委员会无须再经过联邦主体的同意即可任命联邦各主体检察长。

在扩大宪法法院仲裁权限和范围方面,修正案规定,宪法法院是俄罗斯联邦宪法最高监督司法机构,主要任务是通过宪法诉讼程序行使司法权力,保护基本宪法体制,保障人和公民的基本权利和自由,保障《俄罗斯联邦宪法》在俄罗斯全境具有至高无上的地位和直接影响。宪法法院成为审核俄罗斯所有法律以及国际法和国际裁决是否合宪的最终仲裁机关。根据修正案的新规定,宪法法院可以对联邦宪法法律、联邦法律、联邦主体法律、总统和政府法规、修宪草案以及联邦会议通过的法律进行审核,这些法律法规如果判定违宪将不得生效。另外,宪法法院还可以裁决对俄罗斯有效力的国际法和国际条约是否可以在俄罗斯境内实施,以及判定国际法庭和外国法庭对俄罗斯的裁决是否有效。

（四）关于总统和地方的关系

宪法修正案将国务委员会的设置写入宪法,意味着地方参与中央决策的权力比之前更大了。国务委员会是普京根据联邦会议两院的要求在2000年9月成立的,总统担任委员会主席,成员由各联邦主体领导人、联邦委员会主席、国家杜马主席和国家杜马党团领导人组成,主要的职责是协调公共权力机构之间的运作和相互关系,决定俄罗斯联邦内政外交的基本方针以及国家社会经济发展的优先方向,但2000年成立时,国务委员会没有被纳入宪法规定的框架内。国务委员会此次被写入宪法,地方领导人不仅在地方拥有权力,还可以在总统的领导下共同参与国家决策。

尽管俄罗斯议会的权重增加了,但议会有的仍是批准和协商的权力,最终提名和任免权还是掌控在总统手中,俄罗斯距离真正的议会制组阁还相差甚远。而且修正案在保留总统对政府总理、总统管辖机关和司法机构人事提名权的同时增加了总统直接免除以上机关领导人职务的权力,确保了总统拥有最大核心权力。宪法改革只是加强了议会的监督权力,俄罗斯仍然是一个总统制国家。

此外,宪法改革将任免总检察长、联邦主体检察长的权力从联邦委员会转由总统行使,联邦委员会只能与总统协商检察院相关人事问题,实现了总统对俄罗斯检察系统的绝对控制,也使地方检察系统独立于联邦主体政府之外。联邦中央可以更好地不受制约地对地方行政机构开展监督,可以对一些不服从中央权威的地方领导人展开独立调查。

三 建立公共权力体系

首先,2020年修宪草案将"公共权力"概念引入俄罗斯宪法。将中央国家权力机构、联邦主体国家权力机构(州政府)、地方自治机关(地市级以下政府)和其他国家权力机构统一纳入公共权力体系。俄罗斯的地方自治机构主要指市级和市级以下单位的政府和议会。公共权力概念最重要的一点是将地方自治机构纳入国家统一控制范围。根据俄罗斯宪法第一章第12条的规定,俄罗斯地方自治机关不被列入国家权力机关体系,所以从法理上联邦中央机关无权干涉和调配地方自治机关。公共权力体系概念的引入可以让联邦中央在不违反宪法的情况下统一调配中央和地方机关的工作。也就是说中央和地方权力可以相互转让,中央既可以赋予地方一定职权,也可以在地方行使国家权力。

其次,修正案规定了地方自治必须在市政体制和联邦法律规定的形式下实行,地方自治机关结构由居民依据联邦法律规定的俄罗斯联邦地方自治机关的一般原则确定,改变实行地方自治的区域边界也必须依照联邦法律规定的程序进行。在联邦法律和俄罗斯联邦主体法律赋予的条件下地方自治机关享有部分国家权力。修正案明确了国家权力机构有权参与地方自治机关的组建,并且可以任命和免职地方自治机关官员。

实际上,在联邦制度调整完善的政治实践中,俄罗斯已经在积极探索如何建立公共权力体系,其代表性举措是恢复联邦主体行政长官直接选举和建立对联邦主体行政长官候选人资格审查制度。

恢复联邦主体行政长官的直接选举主要有以下原因。首先,2011年"统一俄罗斯"党在国家杜马选举中失去绝对多数席位,从上届的315席下降至238席。其次,2011年12月10~24日,俄罗斯爆发了大规模的抗议活动,反对政治腐败和垄断,其中抗议的对象直指普京。

为了缓解社会政治矛盾,梅德韦杰夫于2012年5月2日签署了修改俄罗斯联邦主体国家权力机构组成基本原则和保障公民基本选举权利的法案,恢复了联邦主体行政长官直接选举机制,宣布俄罗斯联邦主体行政长官由俄罗斯公民以普遍、平等和直接的原则选举产生。联邦主体行政长官的候选人可以由政党提名或者以自我提名的方式进行。

2013年4月2日和2015年2月3日,普京又陆续颁布法律,允许联邦主体自行决定产生地方行政长官的方式,可以选择直接选举也可选择议会选举。最终有7个共和国和3个自治区选择由议会选举产生地方领导人,具体方式为总统向共和国和自治区立法机构提交3名候选人,最后由立法机构选举出行政长官。

俄罗斯还建立了对联邦主体行政长官候选人资格审查制度。"市政过滤器"机制是在2012年5月2日梅德韦杰夫签署的地方恢复直选法令中出现的,该机制的直接设计者是时任总统办公厅第一副主任、主管国内政治和政党选举的沃洛金,实际上这是一项对参加联邦主体行政长官候选人参选资格的审查制度。申请登记参选的各党派或独立候选人除了要征得总统认可,还要在参选联邦主体内收集市政机构代表的签名。根据法律规定,"市政过滤器"分三层筛选候选人:第一层,申请登记的候选人需要在所参选联邦主体内收集5%~10%的市政代表和领导的签名;第二层,在这些代表和领导签名中还必须包括

5%~10%的市政区（муниципальный район）和城市区（городской округ）立法机构代表和行政领导人签名（只有联邦级城市和没有居民点的州没有这层审查，如莫斯科市、圣彼得堡市、塞瓦斯托波尔市、马加丹州）；第三层，在不少于3/4的市政区和城市区收集签名。各联邦主体可以自行规定第一层和第二层签名数量比例的大小，但在3/4地区收集签名这一层地方没有权利改变。

虽然2012年恢复了地方领导人直选机制，但这种直选机制与叶利钦时期的直选相比是一种有限直选的方式，候选人需要通过地方代表的严格审查才能有资格参加地方领导人选举。一方面该审查机制可以提高地方领导人的选举质量，提高选举效率；另一方面这一审查程序也为联邦中央操控地方选举提供了有利空间。

四 新国务委员会成为中央参与地方治理的重要平台

2020年12月19日，普京签署颁布了《国务委员会法》[①]，并于12月21日签署了有关国务委员会人员组成的法令。普京亲自担任国务委员会主席。新国务委员会的基本组成结构没有发生变化，仍然由主席、秘书、主席团和各成员组成。主席由俄罗斯联邦总统担任，主要负责确定会议召开的时间、地点、会议议程并主持会议。国务委员会秘书此前由总统办公厅挑选一名总统助理担任，新法律中将任命秘书的这项权力交给了国务委员会主席，主席可以从成员中挑选一人任命。

国务委员会主席团由委员会主席任命，主要负责审议国务委员会成员提交的工作规划和会议议程并筹备会议决议。新国务委员会主席团人数不再被限制为8人。根据2020年12月21日普京发布的总统令，主席团成员共有28人，包括委员会秘书和27名联邦主体领导人。同时，新法律规定了主席团会议文件以主席签署会议决议的方式公布，增加了主席团会议的规范性。此外，主席团可以邀请政府、各部委、地方政府和地方自治政府、社会组织代表参加主席

[①] Федеральный закон от 08.12.2020 г. № 394-ФЗ О Государственном Совете Российской Федерации, http://www.kremlin.ru/acts/bank/46186.

团扩大会议。

新国务委员会取消了协商委员会，成立了三个下属委员会：协调和评估联邦主体行政机构工作绩效委员会、公共权力机构协调运行保障委员会和社会经济领域委员会。新国务委员会在协调公共权力机构和评估地方领导人工作效率方面与总统办公厅存在职能重复，所以公共权力机构协调运行保障委员会由总统办公厅主任瓦伊诺负责，协调和评估联邦主体行政机构工作绩效委员会由总统办公厅第一副主任基里延科负责。值得注意的是，以上两个委员会成员不仅有国务委员会成员，还加入了部分政府部门领导人、联邦总检察长、联邦会议部分职能委员会领导人，使国务委员会真正成为一个跨部门的协商机构。社会经济领域委员会由18个与其相关的委员会组成，分别由各地区领导人担任主席，主要负责领域为经济、民生、科学、文化、社会治理等问题，成为一个由地方领导参与的"影子内阁"。

虽然《国务委员会法》删除了国务委员会是具有咨询协商性质机构的说法，但从其基本职责和工作范围来看，该机构仍是以咨询和协商为主的机构，并且直接服务于总统。新国务委员会服务总统的基本任务主要有两个，即协助总统和向总统谏言。在协助总统方面，除原有的帮助总统解决中央和地方权力机构之间的分歧，还新增了国务委员会需要协助总统维护公共权力机构的正常运行；协助总统制定内政和外交的基本方针以及国家社会经济优先发展的方向；协助总统在地方设立联邦直辖区。在向总统提出建议方面，除国家重大问题、巩固联邦体制和地方自治体制，新国务委员会还需要提出涉及国家社会经济发展目标的建议、区域和地方自治单位发展方向的建议、建立发展机构之间协调机制的意见，以及提高地方领导人和官员工作效率的建议。此外，新法律保留了国务委员会根据总统提议审议国家重大法律草案、讨论来年联邦预算草案和预算执行情况以及讨论人事政策的权力。

依照上述基本任务，《国务委员会法》还新增了国务委员会的具体职能，主要包括讨论内外政策及国家和地区社会经济发展方向；审议中央、联邦主体和地方自治机关运行中存在的问题；审议中央和地方权力转移的问题；参与制定和批准联邦主体政府和地方自治政府工作绩效指标并予以监督；制定对联邦主体和地方自治机关的激励措施；监督联邦主体工作绩效状况；分析国家和地方自治管理情况。

相较于2000年成立的国务委员会，中央对地方政府和议会不遵守宪法和联邦法律的行为实行了更严格的审核制度，俄罗斯法律空间不统一的问题已经解决，所以新国务委员会删除了讨论地方机关遵守国家宪法和联邦法律情况的职能。新法将国务委员会的工作重心转移到了如何让地方更多参与国家内外政策制定和国家社会经济建设问题上。当然，解决央地关系中存在的问题始终是国务委员会的重要职责，但当前的央地矛盾已经不是地方不服从中央管理的问题，而是中央与地方社会经济发展差距加大的问题。新国务委员会的成立更多是为配合"单一公共权力体系"这一概念，将整个俄罗斯权力空间统一，做到权力能上能下，集中调配资源解决央地社会经济差距问题。

综合来看，新国务委员会主要是一个参与地方治理的协商机关。虽然赋予其讨论外交政策的权利，但没有设立有关制定外交政策的专门委员会，其主要结构和职能还是围绕公共权力和国内经济民生展开。此外，新国务委员会也不是一个权力机构，只有立法动议权，做出的决议必须通过国家议会、政府和地方议会的立法程序，以联邦法律、政府令和地方法律的形式发布才能产生效力。

第六章 俄罗斯寡头政治与精英政治

无论是寡头政治还是精英政治，本质上都是一种相对的非组织形态的政治参与构成形式，并对政治体系运行产生相应的影响，因此，从政治参与的视角来看待与分析这两种政治现象，获得更加清晰判断的概率更高，下文也将以此为主要线索对过去 30 年俄罗斯的转型历程加以梳理。在转型形态最为剧烈的叶利钦时期，寡头政治的特点最为鲜明，甚至可以称为历史级现象，寥寥几个超级大亨就可以主宰一个大国的政治系统，国家权力架构呈现极端的、病态的状态。直到普京政府执政，寡头干政的局面才得以遏制与消解，而后随着普京总统政治权力的稳固与强化，俄罗斯的政治权力中坚开始逐步转为精英政治，较之前的寡头，精英形态明显更利于秩序和稳定，也更适合转型期的国家治理，俄罗斯的社会发展也进入了由乱到治的阶段。但同时，精英阶层的强化和固化也带来了相应的阶层间流动性不足的问题，使得由治到滞的隐患日益突出。

第一节 寡头政治的形成和形成根源

一 寡头现象的出现与形成

伴随着寡头不同的发展与形成阶段，叶利钦政府与寡头的相互关系也相应地进行了几次大的调整。在寡头的起步阶段，当年的投机者靠着新旧政权更迭所形成的空隙赚钱，力量尚小。而叶利钦政府正面临千头万绪的制度建设任务，根本无暇顾及寡头现象；随着私有化等经济改革措施开始运转，完成原始积累的投机者开始以大亨的身份越来越深入地介入经济转轨过程，并逐渐在上流社会崭露头角。但此时的他们还需要仰仗政权，并通过不断的间接公关来获得叶利钦政府对他们收购企业、拓展业务的放行，直到这时政府对大亨们还保持着绝对的优势。直至1995年，在沉重的经济压力与愈发不利的政局形势下，窘迫的政府才终于使得大亨们获得了与政府直接对话的机会。这次对话及随后产生的"贷换股"计划具有标志性的意义，从此大亨们具备了影响高层决策的能力，政府也开始将寡头作为一支政治势力予以正视；到了1996年大选，两者之间的关系发生了质的变化，双方成为政治同盟，大亨们作为叶利钦政府最重要的依靠力量之一，开始以"寡头"的面目示人，寡头的力量自此在一定程度上形成了对政府的优势，这种态势一直持续到叶利钦政府的结束。

（一）寡头的起步阶段——变动之秋的投机者

寡头的发迹史可以追溯到苏联末期。高度集中、运转僵化的苏联经济体制在20世纪80年代中期开始松动，出现了许多诸如"合作社经济""共青团经济"的经济现象，地下、半地下的经济活动空前活跃。及至戈尔巴乔夫政权于1987年6月在中共中央全会上通过了《根本改革经济管理基本原则》的决议后，苏联形同铁板一块的经济体制开始了更大规模的调整，并在1988年通过了《企业法》等一系列文件。此后，苏联许多部改为大型康采恩，部长、副部长变成了康采恩董事长，财政局局长变为银行行长，物资局局长变为交易市场总经理，石油部改为石油公司，苏联的计划经济开始被注入更多的市场经济元素，这也同时为嗅觉灵敏、善于钻营的投机者提供了生存发展的契机。

在这一时期，后来的俄罗斯寡头们无一例外地均开始投身市场经济的浪潮中，并近乎天才般地整合利用各类资源，成功地挖掘到了自己的第一桶金。这期间也是投机者们最为分化的一段时期，他们分散在各个领域各显其能，而后随着攫取利益的机会集中，投机者才从各个领域聚合起来。按照出身的不同，投机者大致有三种不同的发展路径。

第一种可谓是白手起家类型。如斯摩棱斯基，即后来的首都银行总裁，在

20世纪80年代曾因"盗窃国家财产"——7公斤油墨——而被判处2年监禁。在随后的日子里斯摩棱斯基也很难再找到公职的岗位,这也恰好给了这位精明的商人以破釜沉舟的勇气。此后,斯摩棱斯基开公司、办产业,从建小别墅出售开始逐步拥有了自己的银行产业。与此同时,苏联末期的经济渐呈失控局面,有门路的人开始大肆利用计划体制的价格双轨制漏洞进行进出口贸易,从国外进口计算机、复印机、香烟、奢侈品等物资,在国内以高价销售,同时又以极低廉的价格收购石油、矿石等资源性产品,按国际价格出口。当然这种行为必须以非法的"灰色"手段来操作,所得利润也不能"见光"。斯摩棱斯基的银行此时就为此提供了一个安全的避风港,大笔的黑钱在这里洗白而无从查证,操作者斯摩棱斯基自然也赚得盆满钵满。

另一位寡头——弗里德曼也同样具有超乎常人的钻营本能。弗里德曼在读书期间就组织同学倒卖各种演出门票,并发展成跨院校的倒票网络。进入合作社工作后,弗里德曼尝试过诸多的生意:快递业务、公寓出租、出售西伯利亚披肩,甚至给别人的实验室养小白鼠,并在一项擦窗户的业务中获得了可资起步的收入。此后,弗里德曼进入了高盈利的进出口领域,凭借高超的攻关能力疏通了自外贸部门到海关的层层关卡,到1991年,其就已成了百万美元级别的富翁。

第二种是出身体制内的类型。以霍多尔科夫斯基为例,霍多尔科夫斯基曾是门捷列夫化工学院的共青团团委副书记,这在苏联的体制中是有希望成为接班人的第二梯队干部。随着戈尔巴乔夫改革的推进,共青团组织成了改革的先锋力量,打印社、旅行社、咖啡馆、舞厅等大批小企业的兴起造就了热闹一时的"共青团经济",霍多尔科夫斯基就是在这时投身商界的。与斯摩棱斯基和弗里德曼不同,霍多尔科夫斯基属于"官商"性质。他的好友聂夫子林回忆说:"在某种程度上说,霍多尔科夫斯基是被共青团和共产党送到私营部门来的。"[①] 在私人商贩还不被认可的苏联,这一点为霍多尔科夫斯基带来了巨大的便利。当时的一个公职客户曾这样评价过他们的合作:"他

[①] 〔加〕克里斯蒂娅. 弗里兰:《世纪大拍卖:俄罗斯转轨的内幕故事》,刘卫、张春霖译,中信出版社,2004,第110页。

们是众所周知的团干事，是文雅、淳朴的年轻人，而不是那些卑鄙的窃贼。"[1] 依靠体制内的关系和这种同一圈子内的信任感，霍多尔科夫斯基找到一条致富的捷径，即非现金信用与现金的兑换。苏联时期，各国有单位存在着两笔账目，即现金账目与非现金信用账目，因同属计划体制下的国有企业间大量的相互往来业务可以用非现金信用账目来抵冲，而随着经济体系的松动，现金变得越来越珍贵，现金对应于非现金信用的非公开的兑换价格也越来越高，但即便如此，非现金信用要想兑换成现金也是难上加难的事情，因为这种兑换受到计划部门的严格限制。霍多尔科夫斯基的切入点即在此处，他可以通过内部关系来实现此类掮客职能，从而赚取巨额差价。之后，霍多尔科夫斯基同样步入了外贸领域，通过倒卖电脑等产品换取超额的非现金信用，再兑换出现金，从而获得双重收益。由此，短短数年霍多尔科夫斯基即进入了富豪的行列。

和上述两种出身相比，第三种类型是获利最快、发展最为顺利的类型，波塔宁就是其中的代表。波塔宁出身于苏联的高官家庭，可资利用的人脉广泛，可借助的关系众多，在发展的起点上就与前二者大不相同。因此，波塔宁虽然"下海"较晚（1990年成立了自己的第一家公司——英杰尔罗斯），但发展异常迅猛，很快就成为俄罗斯商界的顶级人物。

这一时期的投机者有着鲜明的钻营特征。此时苏联的体制还在发挥作用，经营私人商业还具有很大的政治风险，因此投机者还不能完全放开手脚，而是战战兢兢、偷偷摸摸地"钻漏洞""挖墙脚"，寻找获利的机会，这种不事生产、专事投机的特点也在一定程度上决定了投机者日后经营中的寄生劣根性。

日后的寡头在此阶段的另一特征是规模小且分散，还没有形成合力。作为早期的投机者，他们虽然可以称得上是富人，但资本毕竟有限，尤其面对强大的国家机器时，几乎没有任何的话语权；同时他们分散在各个经济领域，互不通气，基本没有形成可资协同作战的利益群体。如果按照这样的轨迹运行下

---

[1] 〔美〕戴维·霍夫曼：《寡头：新俄罗斯的财富与权力》，冯乃祥等译，中国社会科学出版社，2004，第102页。

去，很难想象他们会在短时间内发展成为寡头，真正的机会还是出现在苏联解体后的社会经济转型中。

（二）寡头的壮大阶段——经济转轨中成长起来的大亨

苏联解体后，俄罗斯社会经历了急剧的转型，旧的规则与秩序被打破，新的规则和秩序却还没有建立起来。此时的叶利钦政府面临着建立一个全新的俄罗斯社会的迫切挑战，在各种因素的促使下，叶利钦政府选择了一条激进的转型之路。

激进的经济政策一时间使国家的经济生活出现了严重的混乱，国民经济凋敝，人民生活水平下降；但之前就已受过市场经济历练的日后寡头却在这种环境中游刃有余，开始大肆地浑水摸鱼，并很快就发现并把握住了两条攀上金山的脉络——掌握金融命脉与利用私有化。显然，这样的途径必须建立在政府决策失误或纵容的基础上，遗憾的是当时的俄罗斯政府却切实地给他们提供了得偿所愿的机会。

1. 对金融命脉的掌握

苏联的经济体制是一种高度指令性的计划经济，它的一个鲜明特点就在于社会生产能力所形成的产出最终以"产品"而非"商品"的形式出现，"产品"可用于直接的交换环节，理论上甚至可以不需要等价物即货币的存在。因此，金融手段在苏联的经济生活中远没有在市场经济国家中使用得广泛与深入，维系经济生活的重心还是在于计划制定部门。①

苏联解体后，叶利钦政府实行了旨在迅速向市场经济过渡的"休克疗法"，在紧缩银根的同时，全面放开商品市场，允许价格自由浮动，期望"看不见的手"可以发挥魔力，使市场自发地发挥效力。② 但问题在于，急剧的经济体制转型割断了原有的经济脉络，却没有相应地确立起新的动力源与运行结构，原有的各级计划部门失去了效力，新的适应市场经济的货币政策等刺激手

---

① 即苏联的国家计委，该部门是当时国家经济发展的动力源。本文为此重点参阅了〔比〕厄内斯特·曼德尔的《权力与货币——马克思主义的官僚理论》，孟捷译，中央编译出版社，2002；邢广程的《苏联高层决策 70 年：从列宁到戈尔巴乔夫》，世界知识出版社，1998；〔英〕诺夫的《政治经济和苏联社会主义》，上海译文出版社，1983。

② 关于对"休克疗法"的理解，本文主要参阅了〔波〕科勒德克的《从休克到治疗》（刘小勇等译，上海远东出版社，2000）等书。

段建设却严重滞后,金融领域的先天不足与后天失调在很大程度上造成了俄罗斯经济转轨之初的混乱局面。

政府作用的缺失使得投机者有了大举进入号称经济血脉的金融领域的机会,后来的寡头这时敏锐地把握住了这一契机,纷纷组建了自己的银行,并在极短的时间内得以飞速成长,使自己成为俄罗斯社会转型之后的第一批金融大亨。

据统计,日后的"七大寡头"中除阿列克别罗夫的卢卡伊尔集团主要靠石油产业,其他寡头均靠经营银行起家。在从全俄2000多家商业银行评选出的最大的100家银行排行榜中,波塔宁的奥涅克辛姆银行为全俄最大的私人银行,在商业银行中排行第三,仅次于国家储蓄银行和国家外贸银行。1996年9月30日,其银行资产为15.1万亿卢布,所吸存款额9万亿卢布;霍多尔科夫斯基的梅纳捷普银行位列第六,在私人商业银行中排行第三,位于奥涅克辛姆银行和国际商业银行之后,1996年9月30日,梅纳捷普银行资产超过10.6万亿卢布,存款额7.8万亿卢布;斯摩棱斯基的首都银行位列第八,1996年9月30日其资产为9万亿卢布,存款额超过3.36万亿卢布;古辛斯基的桥银行位列第十七,1996年9月30日其资产额为4.5万亿卢布;阿文和弗里德曼的阿尔法银行位列第二十一,1996年9月30日其资产超过3.1万亿卢布,存款额为1.5万亿卢布。

大亨们的银行事业之所以能如此顺风顺水,很大程度上是利用了转型之初的政府缺位,结合自身的投机甚或非法手段获得了数额巨大的灰色收入。全权委托银行制度就是大亨们与政府职能进行结合而获利的典型事例。

1993年,为保证出口部门的信贷资金,俄罗斯实行了全权委托银行制度。全权委托银行相当于政府的一种全权机构,负责为专业的进出口公司提供出口信贷和结汇,进行海关外汇监管和国家外汇管理;为国有企业和国家专项纲要贷款;经管国库,为预算收入和支出服务,管理国税、国债、关税;从事有价证券业务等。中央银行原则上选择了那些能够稳定货币—信贷体系、自身能够承受高风险,且作为国家投资传导器的大型商业银行为全权委托银行。俄罗斯约有100多家大银行被批准为"全权委托银行"。7人集团中的奥涅克辛姆银行、梅纳捷普银行、首都储蓄-农业银行、桥银行、阿尔法银行均被列入"全权委托银行"的清单。根据1994年5月24日联邦政府与奥涅克辛姆银行签订的协议，政府赋予该银行以下职能：作为政府的办事机构，银行从事与为对外经济关系服务有关的业务。具体而言，奥涅克辛姆银行获得了以下业务：开设财政部的外汇账户，为银行的出口商客户开设专门账户以进行外汇结算；实行对外贸易的国际结算；在国际外汇和信贷市场、有价证券市场开展业务，以保证有效使用国家外汇资金为重点的外贸业务服务。从业务性质和范围来看，全权委托银行基本上从事的是中央银行的金融业务，由于有国家为后盾，使其在市场竞争中处于垄断地位，一方面得以及时规避市场风险，另一方面也最大限度地赚取了超额利润。例如，1992年俄中央银行的利率是120%，而商业银行的贷款利率却高达240%～300%。这意味着这些大银行仅靠发放贷款业务一项就可坐收100%或100%以上的利润。

按照功能的标准，全权委托银行实际上履行了国库的功能，即由私人和股份银行充当国库角色和履行中央银行的某些职能。全权委托银行利用预算资金进行经营性甚至投机性业务，同时由于政府将支配预算的职责交给了银行，银行也具有了国家机构的色彩。[①]

这种局面的出现显然与改革步骤的不协调有着很大关系，金融开放与微观经济环境改善这相辅相成的两方面没有同步发展，反而为投机者提供了先天的便利条件，得以利用巨大的金融漏洞轻松地发财。投机者如同寄生虫一样附着于国民经济的血管上大肆攫利，并在势力壮大之后掌控了国家经济的血脉。这是在混沌的转型社会中获得暴利的最有效的捷径。俄罗斯最精明的大亨很快就意识到了这一点，并由此开始步入影响国计民生的核心经济领域。

还有一个突出的特点也在这一时期出现，那就是大亨们开始走向联合。共同投身金融领域使得他们从经济的各个角落聚合在一处，虽然彼此或多或少存在一些利益冲突，但新贵的社会基础都还不稳固，需要共同加固，更重要的是他们彼此之间存在着广泛的利益空间，这促使他们明白了合作的益处，因而大亨们选择了协同动作，共同去向政府争取更多的利益，由此，金融大亨群体迅

[①] 关于全权委托银行的详细介绍，请参阅董晓阳《俄罗斯利益集团》，当代世界出版社，1999，第31～34页。

速成为俄罗斯社会中一股"不容忽视的力量"。

2. 利用私有化

势力局限在金融领域不会满足大亨们的欲望,作为一个超级大国的继承者,俄罗斯异常巨大的财富蕴藏在它庞大的工业体系与自然资源之中,这些资源才是新生大亨们更加梦寐以求的追逐目标。这时,同样诞生不久的叶利钦政权给大亨们提供了一个千载难逢的契机,这就是俄罗斯国有财产的私有化。

1991年颁布的《俄罗斯联邦私有化法》对私有化的定义是:"国有企业和市政企业的私有化,是指把国有的和市政所有的企业、车间、设备、厂房、设施和其他财产以及股票出售给公民、股份公司(合伙公司),变为私有。"① 按照时间进程与实施范围,俄罗斯私有化可以分为小私有化和大私有化。小私有化指商业、服务业企业及小型工业、运输业和建筑业企业的私有化,这一进程从1992年起到1993年已基本完成。大私有化则要复杂得多,其中又可以分为三个阶段:第一阶段为"证券私有化",通过发给公民私有化证券无偿转让国有财产;第二阶段为"货币私有化",通过出售企业股票有偿转让国有资产;第三阶段为"个案私有化",停止大规模私有化,转为按"点状方案"有选择地个别地进行国有企业的股份制改造。② 从1992年初到1997年7月,通过小私有化和大私有化两大阶段完成了国有资产大规模的私有化改造,并转入个案私有化阶段。到2002年1月1日,共有13万家国有企业实现了私有化,占私有化之前全部国有企业总数的66%。国有成分从1990年的88.6%下降到10.7%,私有成分从1.2%上升到75.8%,集体与其他混合成分从10.2%变为13.4%。俄罗斯以非国有制为主导的多元化所有制体系为基础的市场经济框架基本形成。

私有化作为俄罗斯经济转轨的一揽子政策之一,其用意在于确立激励机制,刺激市场效能发挥作用。但同其他相关政策一样,私有化的推行也有过快过猛之嫌,其结果是良好预期实现甚少,被扭曲、被利用的现象却比比皆是。其中最为恶劣且影响深远的后果就是财富被不公正、不公平地迅速集中在投机者手中。"在私有化实际不受管制、极不平等并往往是非法进行的国家里,例

---

① 《俄罗斯联邦私有化法律法》,〔苏〕《苏维埃俄罗斯报》1991年7月17日。
② 此处对私有化进程的详细总结参见潘德礼主编《俄罗斯十年:政治·经济·外交》,世界知识出版社,203,第454~455页。

如俄罗斯，一种倒置的合法性金字塔尤其难以成立。……比较的调查一再表明，在多数的社会里，赚得的或继承的私人财产，还有企业家，都能获得一定的合法性。然而，俄罗斯资本家并不能指望获得这种合法化。他们以这种方式积累起来的新财富常常受到指责，被视为非法侵占公共财产所得；同时还能造成人们对市场经济的不信任，把它看作黑手党式的经济，还有对容忍甚而造成这种黑手党经济的民主制的不信任。"①

自 1992 年 10 月开始发行私有化证券，短短数年内经过合法的和不合法的买卖，有 50% 以上的私有化证券集中到 600 多家投资基金会，在"证券私有化"结束的 1994 年，丘拜斯就表示俄企业的股份将不可避免地集中在 10%~15% 的少数人手中。同时，市场的活力却没有得到应有的释放，经济持续萧条，国家财政出现了难以维系的局面。

而此时的金融大亨们已经积蓄了相当可观的实力，在国家经济、政治双双陷入危局的情况下，大亨们终于等到了良机，一个可以摘取俄罗斯工业皇冠明珠的机会。于是在 1995 年，私有化进入关键的第二阶段——"货币私有化"的时候，大亨们开始高调介入。

（三）寡头的形成

这一阶段是寡头形成的关键阶段，寡头先是利用政府财政出现危机、难以维系的局面，开展了一次大胆而关键的进取计划，得以实现了资本的急速扩张；其后又毅然投身政治漩涡，助力叶利钦连任成功，最终得以混迹于政坛高层，实现了从经济领域到政治领域的跨越，也完成了从工商巨头到寡头的身份转换。

1. "贷换股"计划——资本的进取

大亨们利用"货币私有化"实现资本积累的手法用趁火打劫来形容并不为过。趁着政权羸弱，急需注入能量之际，大亨们直接亮出了改变游戏规则的砝码，即自己提出改革的具体方案，并要求政府接受。这些方案做得很具欺骗性，却实实在在地改变了国家政策的性质，一旦成功，政府的政策实际上就被纳入大亨们所设计的发展轨道，即政策开始为这一小撮人服务，大亨们也就达到了"要对私有化过程本身私有化"的目的。

---

① 〔日〕猪口孝等编《变动中的民主》，林猛等译，吉林人民出版社，1999，第 230~231 页。

1995年3月30日，波塔宁作为发言人向俄罗斯政府内阁的全体成员说明了"贷换股"计划的方案，陪同在场的大亨还有霍多尔科夫斯基和斯摩棱斯基。波塔宁的方案是：由几个俄罗斯顶级大亨组建的财团可以为政府提供9.1万亿卢布（相当于18亿美元）的贷款，作为交换，财团将获得一批重要企业中国家股份的管理权，这些企业包括诺里尔斯克镍业公司、尤科斯石油公司、国家电力公司等。8月31日，叶利钦签署了第889号总统令，批准了此次"贷换股"计划，其基本思路和原则与波塔宁的方案没有大的区别。政府将把一批重要企业中的国家股份交给财团管理，以换取贷款。但其形式稍有变化，国家将拍卖这些国有股份的管理权，而不是直接与财团交易，以确保公正与公平。这是典型的掩耳盗铃的做法，因为参与拍卖的公司被严格限定为提出此项计划的几个大亨的公司，所谓拍卖完全是一场内部人的交易。

计划规定，国家将在前3个月里支付债权人很低的利息；贷款期限为1996年9月，也即大选之后；此后，政府将有两个选择：一是偿还贷款，收回股份；二是把股份出售。其中重点在于，如果政府选择出售股份，由于这些股份已经被作为贷款的抵押，政府需要向债权人支付企业私有化价格与该债权人提供给政府贷款之间差额的30%。而且更为重要的是，该债权人将作为政府的代理人来组织第二次拍卖，这样势必会形成又一次的内部人交易。

根据这样的计划，第一轮拍卖的胜出者被允许廉价售出其手中的政府贷款抵押的股份，与明眼人预测的一样，他们把股份卖给了自己人。例如，霍多尔科夫斯基在1995年贷给政府1.59亿美元，凭此获得了尤科斯45%的股权。一年以后，霍多尔科夫斯基利用一个空壳公司以1.6亿美元将这笔投资买下并转入自己账下，政府在这次交易中的获利几乎为零，霍多尔科夫斯基却获得了这家大型石油公司45%的股份。

同样狡猾的方案是，他们使政府通过一项法令：债权人可以通过发行新股票的方法偿还子公司的债务。这条看似不起眼的规定其实却隐藏了深远的布局，那就是新股的发售可以稀释原有的股本结构，国有股占优势的局面将有机会被打破，这使得这些握有大量机动资本的大亨可以趁机加购股票，从而取代国家成为这些企业的最大股东。

实际情况也确实如此，霍多尔科夫斯基在稀释股票的过程中，又加注投资了 1 亿美元，从而买走大部分的新股，使自己在尤科斯石油公司的股份达到了 51%，实现了自己掌控企业的预谋。波塔宁表现得更为夸张，他一年前贷给政府 1.3 亿美元购得辛丹卡石油公司 51%的股权，一年后则用 1.298 亿美元将股权转到了自己的名下，而又仅仅一年后，波塔宁将辛丹卡 10%的股份卖给了英国石油公司，其价值达到了 5.71 亿美元。1997 年，波塔宁又得到了梦寐以求的诺里尔斯克镍业公司 38%的股份，而出价仅为 2.5 亿美元，相比他为此贷给政府的 1.7 亿美元仅高出了 8000 万美元。诺里尔斯克镍业公司是俄罗斯最大的有色金属采掘企业，号称俄罗斯工业的明珠，其价值可以以成百上千亿美元来衡量。别列佐夫斯基同样以微小的代价获得了巨大的收益，他在 1995 年贷给政府 1.001 亿美元获得西伯利亚石油公司 51%的股权，在 18 个月之后以 1.1 亿美元使这部分股权归为己有。

俄罗斯的这些金融大亨到这个时候就已经演化成了拥有金融—工业集团的巨头了，不仅操控着国家的金融血脉，而且已经在逐步攫取国家的工业核心，这些大型的金融—工业集团各自形成了一张不断蔓延的巨网，在不断吞噬国家财富的同时，也开始扩张自己的政治诉求。他们贿赂官员，安置权力掮客，并大举进入传媒领域，以控制舆论，提升影响。有学者曾这样概括典型的俄罗斯金融—工业集团的特征："（1）集团的头头通常是银行和金融控股公司的大亨；（2）集团中包括一个或几个部门的工业公司，以及商业和配套的企业；（3）加入集团的企业按照封闭型或开放型股份公司的形式组织起来（在后一种形式下，其股票可以在俄罗斯或国外的金融交易所上市）；（4）通常金融集团与政府有着私人的联系，即在政府中有其代表，或者在集团领导班子中有前政府高级官吏；（5）金融集团之间为争夺控制原全民所有的蛋糕中最诱人的那块而争斗，同时又被错综复杂的相互参与的金融关系网联系在一起；（6）集团还控制着各种传媒。"[①] 这时的金融大亨已经没有争议地晋升为经济领域的巨头，初步具备了与核心权力层进行讨价还价的实力，更进一步的发展就只待与最高权力的结合了。

寡头的进取与政府的孱弱在这段时期形成了鲜明的对照。叶利钦政府此刻

---

① 李建民：《俄罗斯金融寡头暨官僚资本主义探源》，《东欧中亚研究》1997 年第 5 期。

内忧外患，车臣战争、经济发展陷入困局、总统身体健康恶化等一系列严重问题使叶利钦政府的民望达到了历史低点，议会中以俄罗斯共产党为首的左派势力日益壮大，取代叶利钦政府似乎已是大势所趋，不容逆转。在这种情况下，找到新的强有力的盟友是叶利钦政府的当务之急，而从叶利钦政府中获益最丰富、最有能量的金融—工业巨头无疑也具有与叶利钦合作的最大意愿与实力，双方一拍即合，迅速整合资源，在1996年共同与左派展开了大选决战。

2. 决战大选——寡头的形成

俄罗斯学者罗伊·麦德维杰夫曾谈道："所有学者都认为，1996年初是俄罗斯'寡头资本主义'制度建立的时间。"[1] 本文也赞同这样的时间划定。1996年2月，在瑞士达沃斯举办的世界经济论坛上，以别列佐夫斯基、古辛斯基为首的俄罗斯金融—工业巨头决定组成一个同盟，以打败俄罗斯共产党领导人久加诺夫，帮助叶利钦赢得总统大选。随后加入这个同盟的还有霍多尔科夫斯基、斯摩棱斯基、波塔宁、弗里德曼等巨头，他们为丘拜斯的私有财产保护基金会投入了500万美元用以支持叶利钦的竞选。这个小群体的合作组织因而也被称为"达沃斯同盟"。

当时的俄罗斯政治局势已经呈现一边倒的局势，久加诺夫当选总统的呼声高涨，俄共在议会选举中也大获全胜。在1995年12月17日举行的杜马选举中，俄共获得了22.3%的选票，得到了157个代表议席，占450个杜马议席中的1/3强，一跃成为议会第一大党。而叶利钦此时似乎已经处在被遗忘的边缘，1996年1月，距离大选仅剩半年的时间，叶利钦的民调支持率只有5.4%。可就是在这样不利的局势下，叶利钦集团与巨头们的合作展现出了超乎想象的巨大能量，实现了惊人的大逆转。

这期间巨头们充分利用自身的资源提供了巨额的资金支持，并全力配合开展媒体攻势，在俄罗斯全国范围内掀起了一场轰轰烈烈的选举游说大战。他们找到了丘拜斯，找到了季亚琴科，找到了伊留申，[2] 成立了专门的竞选小组，

---

[1] 〔俄〕罗伊·麦德维杰夫：《普京——克里姆林宫四年时光》，王晓玉等译，社会科学文献出版社，2005，第286页。
[2] 塔季扬娜·季亚琴科，叶利钦的女儿，负责与叶利钦的沟通工作；维克多·伊留申，叶利钦的助理，协调克里姆林宫内部事宜，两人都是关键人物。

统筹安排，协调动作。在随后的日子里，竞选小组高效运转，用尽各种或明或暗的手段，终于成功拉下了久加诺夫，帮助叶利钦成功连任（见表6-1）。

叶利钦打败了久加诺夫，演绎了一段在西方观察家眼中都堪称不可思议的神话，"达沃斯同盟"在竞选成功后有3个人进入叶利钦的政府，实现了资本与权力的高度结合，资本的支持稳固了政治势力，政治的回馈更是加剧了资本的扩张，此后"达沃斯同盟"的财团一度控制了50%的俄罗斯经济。澳大利亚外交官格伦·沃勒在俄罗斯住了10年，他的长篇著作《俄罗斯的精英》关注到了财富与权力的联姻以及金融和政治利益的合并："这个关系简直像乱伦，大多数私营金融团体的资本都是通过他们接近党和共青团所得到的特权或与俄罗斯政府部长的政治交往得来的。"①

表6-1　1996年俄总统选举结果

第一轮选举结果		
	比例%	选票数（百万张）
参选率	69.81	75.7
叶利钦	35.28	26.7
久加诺夫	32.03	24.3
列别德	14.52	11.0
亚夫林斯基	7.34	5.6
日里诺夫斯基	5.70	4.3
第二轮选举结果		
	比例%	选票数（百万张）
参选率	68.89	74.7
叶利钦	53.82	40.2
久加诺夫	40.31	30.1
二者都不选	4.83	4.4

资料来源：冯绍雷、相蓝欣主编《转型理论与俄罗斯政治改革》，上海人民出版社，2005，第165页。

---

① 《私有化是一个什么过程（二）》，《中华工商时报》2004年10月9日。

经此一役，俄罗斯的金融—工业巨头在人们的称谓中被冠以了一个新的称呼——"寡头"。正是在这一过程中，他们表现出来的巨大政治影响力，以及随后获得的政治地位使他们拥有远远超过一般经济巨头影响社会的能量，从而形成了一个独特的群体——"俄罗斯寡头"。至此，俄罗斯寡头初步构建起了自己横跨政治、经济两个领域的权钱一体的王国，并不断扩张着自己的势力。

自1996年大选之后，俄罗斯寡头进入了全盛时代，不仅操纵国家的经济政策，大肆攫取私人利益，他们的代表人物波塔宁和别列佐夫斯基还分别进入政坛的核心圈子，分别出任副总理和安全委员会副秘书长，从而对国家的大政方针进行全方位的影响。寡头势力迅速膨胀，以至于可以公开叫板上至总理的行政权力，甚至干涉总统继承人的安排。寡头"干政"到如此程度，是俄罗斯社会的特有现象，也是"俄罗斯寡头"区别于经典意义的经济寡头的根本特征。按此逻辑，就可以将"俄罗斯寡头"定义为：拥有巨额财富、把握国民经济要害、可直接干政的一小撮顶级大亨。他们人数有限，不过寥寥数人，在俄罗斯通常有"七大寡头""八大寡头"之说，他们势力庞大，被戏谑称为"政治局候补委员"。因此相对应于经典意义上的经济寡头可以做这样一个稍有些夸张的概括："俄罗斯寡头"不仅是俄罗斯经济生活中的寡头，某种程度上也是俄罗斯政治生活中的寡头。

二 俄罗斯寡头政治形成的根源

在叶利钦的第一任期内，俄罗斯寡头基本上已完成从发展到形成的过程，本部分将力图通过对这一阶段俄罗斯社会转型的形势与过程进行梳理，来分析俄罗斯寡头产生的根源。为使分析的脉络更加清晰，本文将首先分别在经济、政治两大领域内寻找线索，然后重点分析其中政治领域的因素。

在本文看来，促使俄罗斯寡头现象产生的要素中，来自政治领域的因素尤为关键。其一，俄罗斯寡头虽然出身于经济领域，但其可以被冠之"独特现象"，与标准的经济寡头有所区别，其特点即在于俄罗斯寡头的"干政"属性。换句话说，如果抛却政治要素的话，俄罗斯寡头也就没有特性而言了。其二，在政权有足够的权威与意愿的情况下，经济政策方面的失误及所造成的后果通常来讲并非不可弥补,恶果的扩大一般是建立在政治不作为与纵容的基础上的。其三,俄罗斯寡头与俄罗斯的政治、政权、政策有着不可分割的紧密联系,寡头成长历程中,最关键的几个步骤都是由政权关键性的有利决策所推动,而政权在推进政策与派系斗争方面对寡头的利用与依赖也同样显而易见,寡头与政权有着近乎伴生的关系。其四,寡头作为权力竞技场中的一支力量存在,权力局势的变化会直接改变财富格局,寡头势力的消长也同样会影响权力版图。其五,寡头的发展前景很大程度上取决于政权的发展方向。基于这些原因,本章将对俄罗斯寡头成因的政治促动因素予以特别的关注。

需要说明的是,前文的历程描述中主要是从寡头自身的主观动因来展现其形成轨迹,而在此部分的根源分析中,将侧重从客观环境中来寻找原因,尤其是政局的变化及执政者的执政思路、具体政策等因素的变化对寡头形成起到的作用。纵观俄罗斯寡头的形成过程,可以发现,外部环境的促进比寡头自身的进取更具有决定性的意义。换言之,寡头之所以取得堪称奇迹的成果,可谓是时也势也,单单凭借精明或运气根本不可能成就俄罗斯寡头群体的出现。

(一) 不当的经济政策刺激与纵容了资本的畸形扩张

俄罗斯在20世纪经济转轨过程中,寡头的崛起有两个鲜明的特征:一是它具有令人炫目的速度;二是它的逆势而动。具体地说,寡头只用10年左右的时间就成为世界级的富豪,完成了西方国家资本家通常需要奋斗百年才能获得的成果,但这种成果不是建立在国家经济腾飞的基础之上,恰恰相反,俄罗斯的经济形势当时正深陷危机。经济学原理强调好的经济结果应该是形成帕累托最优,即部分人获益的同时应该不妨碍他人的获益。换言之,共同获益的状态是才是最优,俄罗斯寡头的崛起显然是与这条原理背道而驰的。俄罗斯寡头飞速成长的代价是国有资产的迅速流失,国民经济的持续萎靡,因此,俄罗斯这种经济模式又被冠以"掠夺式资本主义""强盗式资本主义"等名称。经济发展出现了这样的情况,转型过程中不当的经济政策自然其责难免。

1. 激进的经济转轨为投机者攫利创造了机会

叶利钦后来在回忆中说:"16个中央银行代替了原来统一的银行,没有私人经营的传统,在波兰有强大的私人经济成分,而在俄罗斯却没有。没有一分钱的外汇,没有黄金储备,没有能力在国际金融市场上吸引游资。除此之外,我们没有时间再等了，我们再也不能什么也不做，只是解释为什么不能做任何事。"① 这段话很典型地道出了转型之初俄罗斯政府高层的心态，那就是无论怎样，首先要去做。当时的改革主将盖达尔在一篇文章中也表达了同样的态度："我们是在非常有趣的形势下开始改革的，当时我们可以花许多时间列举我们缺乏什么条件以及为什么不能进行改革。我自己就可以头头是道地解释为什么在1992年不能进行改革。在议会中得不到稳定的支持，没有正常的、有效能的政权机制（军队、海关、警察机构），这些机构已经被90年代初的政权危机所伤害。"②

这种急切的心情推动俄罗斯在20世纪90年代初期开展了一场暴风骤雨式的经济改革，以"休克疗法"、大规模私有化为核心的经济转轨被迅速实施，这种罔顾实际条件、缺乏细致研究与安排的激进做法很快导致经济生活出现混乱，在国民经济大幅下滑、良性微观经济环境难以建立的同时，也滋生了大量寄生性投机的机会。

而在混乱的局面下，这些机会往往同腐败、贿赂、内幕联系在一起，这也决定了这些机会的阴暗属性，它们产生的利润通常不是生产与创造出来的，而是靠挖国家墙脚、巧取豪夺国家资财获得的。③ 这时典型的投机机会就是利用早期的价格双轨制从事外贸活动和稍晚的时候进入金融业。

后来的寡头几乎都是在这一时期赚到了自己的第一桶金，从而得到了更为重要的金融优势。如前文所言，"休克"的经济肌体此刻最需要的就是营养

---

① 〔俄〕鲍里斯·叶利钦：《午夜日记——叶利钦自传》，曹缦西等译，译林出版社，2001，第105页。
② 〔俄〕鲍里斯·叶利钦：《午夜日记——叶利钦自传》，曹缦西等译，译林出版社，2001，第207页。
③ 俄罗斯国内学者曾形容这时形成的是官僚资本的资本主义。他们认为："这是在国家官僚集团的积极参与和倡导下实现'原始积累'的一种特殊途径。在戈尔巴乔夫执政的后期，已经出现了官僚资本的最初因素，而盖达尔的自由化政策则推动了官僚资本主义的普遍且实际上是无节制地形成，并且出现了私人官僚资本、国家官僚资本主义以及国家垄断官僚资本主义（金融—工业集团）等表现形式。盖达尔及其同僚不顾俄罗斯的现实情况，在尚没有形成像样的企业家阶层的条件下推行无节制的自由主义政策，只能有两个社会群体大展身手：唱主角的是经济管理官员，他们有必要的社会关系，有专业知识；唱配角的则是地下经济，即'影子经济'的代表人物，他们从勃列日涅夫当政时期就大批成长起来了。"参见俄学者诺·亚·西蒙尼亚的文章《俄罗斯官僚资本主义的形成（1992—1998）》。

源——资金，但仓促上阵的改革设计者对此并没有周密的安排，只能将经济血脉的控制权拱手相让。经济改革出现失误与漏洞在所难免，但设计师必须要有前瞻性的安排，用补救措施把失误限定在可控的范围之内，可是俄罗斯经济转轨的冒进使得人们没有时间与机会去做好准备，一时间千疮百孔的漏洞全部暴露出来，补救措施根本就跟不上新漏洞的出现，这在客观上为精明的投机者提供了最好的浑水摸鱼的条件。

2. 造就大亨是经济政策的初衷之一

求大求强一直是俄罗斯人的追求，经济方面也不例外。早在转型之初，决策者们就希冀在短时间内造就俄罗斯的世界级企业。1993年12月5日，叶利钦颁布俄罗斯历史上第一个鼓励创建金融—工业集团的第2096号总统令，与总统令同时出台的还有《关于金融—工业集团及其建立程序》的临时条例。[①]

1994年2月，叶利钦提出1994年应成为"金融—工业集团年"，并在此后两年中连续出台了《促进金融—工业集团建立并展开活动的措施》（1995年4月）、《关于金融—工业集团的联邦法》（1995年11月30日）、《关于促进银行与产业界一体化》（1996年4月）等十几个法令、总统令与行政法规。于是巨头经济迅速崛起：1993年全俄只有1家金融—工业集团，1994年便有了7家，1995年有21家，1996年有37家，1997年已有近60家，并进一步从中产生了"巨人中的巨人"。[②]

出身于国营大托拉斯的切尔诺梅尔金总理在上台伊始便表示："我们国家有强大的基础设施，不应变成小商小贩的国家……想用小店铺把我们国家包围起来并在此基础上振兴经济、改善生活的做法不会成功。"1994年在结束证券私有化之际，以经济学家阿甘别吉扬为代表的一批学者也表示反对分散化，主张"把国有大型企业改组为集生产、销售、金融活动为一体的金融—工业集团"，认为这种组织"应在今后俄罗斯的经济中占优势"。经济学家什梅廖夫也提出，俄罗斯今天的主要任务是"组织强大的工业—金融集团"。在这种思想指导下，一批大型企业集团的合并重组得以上马，国家具有竞争力的经济资

[①] 《俄罗斯总统和政府法令汇编》1993年第49期。
[②] 李建民：《俄罗斯金融寡头暨官僚资本主义探源》，《东欧中亚研究》1997年第5期。

源被私人迅速整合。

俄罗斯政府的大集团战略无疑有增强国家经济竞争实力的考虑,我们此处姑且不去理论其动机的正确与否,只是讨论这种行为的实际后果。在近乎失控的经济转型过程中,在缺乏运作经验、缺乏操作能力的情况下,尤其是具有前提意义的金融链条被少数大亨把握的状况下,大集团战略实际上是为金融大亨成为金融—工业集团巨头打开了方便之门。

值得注意的是,即使是国家的巨额财产轻易地变为少数个人财产这样的结果,俄罗斯的决策者们也是能够接受的,因为他们的逻辑在于,国有财产私有化是必经之路,因此出现私企巨头并不可怕,重要的是能够让企业产生活力,产生民族经济的竞争力。这样的思路与资本的进取结合在一起,直接促成私人拥有了金融—工业集团。

图6-1表明了金融—工业集团组建前的产业分布状况,此时金融集团与工业集团、政治集团、强力集团分列为四大势力。金融—工业集团组建的后果之一就是打破了先前的格局,金融集团与工业集团的合并大大增强了金融—工业集团自身的影响力。

图6-1 俄罗斯最初的资本集团分布

资料来源:О. В. Крыштановская, Бизнес—элита и олигархи: итоги десятилетия, http://www.hse.ru/journals/wrldross/vol02_4/kryshtanovskaya.pdf。

3. 监管乏力是养虎为患的重要原因

监管的乏力是由多种因素造成的,单从经济政策制定的角度而言,没有严密科学的制度设计和制度安排显然是监管乏力的重要原因。在俄罗斯的经济转轨过程中,改革方案设计能力不足一直是影响转轨顺利进展的重要因素。

制度设计的缺陷首先就体现在对金融业的管理与规范上,金融贸然开放却没有相应的监管措施跟进，这在很大程度上刺激了"国家预算无偿赠予"这一荒唐局面的出现。[①] 以全权委托银行为例，作为担负国家预算结算的全权委托银行竟然没有严格的资金流动监管纪律和审核程序，这不可避免地导致国家财富被挪用及流失。在其后的货币私有化进程中，国有企业的资产评估、买家的授信资质审定都没有统一的、完整的制度，至于行业规划、反垄断条例等保障性的规章、法规的建设更是严重滞后。

监管的"软骨症"因制度设计能力的缺陷变得更加严重，寡头的势力则日益扩张，及至1996年大选之后，寡头获得了更多的资源，开始跳出单纯的经济领域，经济政策的制约就更无从谈起了。

可就是在这样相当严峻的情况下，俄罗斯当局还是缺乏应有的警惕，叶利钦就曾为寡头进行过辩解："在今天的俄国，乃至在全世界，'寡头'这个字眼用于我们商界代表人物的时候必定带有犯罪的色彩。然而这些代表人物与犯罪活动绝对没有任何关系。他们不是江洋大盗，不是黑手党头目，他们是与国家有着紧密、复杂关系的大资本代表。正是这一点引起了社会对他们的关注，正是这一点促使新闻记者、护法机构几乎在显微镜下面研究他们的生活和活动。事实上，大资本对政权的影响在任何一个国家都是不可避免的，问题的症结只在于这种影响采取了什么方式。"[②] 以点及面，由此可以看出，当局对于转轨进程的理解以及在把握局势的能力方面有着很大的不足。

（二）政治需要的催生最为关键

在此需要强调一点：俄罗斯的社会转型首先是政治制度的变革，其次才是生产方式的变革，改变政治制度一直是叶利钦等变革者的第一目标。在俄罗斯社会转型的过程中，追求这一目标的实现是贯穿始终的主线，经济增长方式的调整不过是为实现首要目标而采取的手段，尤其在转型的初期，经济改革基本上是围绕政治诉求展开的，私有化也好，出现大亨也好，都可以看作当局有意识用来彻底诀别苏联制度的手段。

[①] 所谓"国家预算无偿赠予"是指私人银行承担了输送国家预算的准国家银行的职能后，利用国家的资金进行投机与炒作的行为。

[②] 〔俄〕鲍里斯·叶利钦：《午夜日记——叶利钦自传》，曹缦西等译，译林出版社，2001，第105页。

1. 经济转轨背后的政治理想

苏联的迅速崩塌出乎很多人的意料，似乎是在一夜之间，一个新的制度、新的政府就出现了。茫然是此刻俄罗斯大地上最主要的情绪，人们不知所措、无所适从，各种思潮、团体、组织都处于混沌与萌芽时期，没有谁能够形成完整的势力。这对于当政者来说是一个最重要的时机：一定要在其他势力形成壮大之前实现自己的政治抱负，占据所有的盲区。以"休克疗法"和私有化为主要特征，并以建立西方式的市场经济为目的的经济转轨就是在这种具有强烈政治需求的背景下进行的。

号称俄罗斯"私有化之父"的丘拜斯后来说："每个工厂把国有资产转移到个人手中都是对共产主义的摧毁，毫不夸张地说，我们就是这样理解当时的形势的。我们多工作一天，就可以把10个、20个、30个的企业私有化。在那个阶段，根本不管这些企业到了谁的手中，也不管谁得到了资产。得到资产的那个人是否做好了接受的准备也绝对是无关紧要的事。"[1]"私有化的目的就是在俄罗斯建成资本主义，并且要在突击性的几年中完成在世界其他地方用了数百年才完成的那个工作定额。"[2]

在这样的政治理想的驱动下，俄罗斯的经济转轨几乎以一种不计代价、不计后果的状态全速推进，每一份资财的私有就意味着一个旧势力的消失，每一张私有化证券就意味着产生一张新制度的投票，同样，每一个大亨的诞生也意味着当局一个强有力的同盟者出现。从这个意义上就很好理解，当局对每一个企业家、大亨与巨头都有着很大的政治期望，他们身后也有很大的政治助推能量的存在。

也可以这样说，在很大程度上新生代政客是新生代大亨的制造者，其目的在于迅速制造出自己的同盟军与支持者，因为在未来的征途上，面对度过适应期，重新集结起来的其他势力，新生代政客的力量并不占优势，他们的政治成果随时有被倾覆的危险。

---

[1] 〔美〕戴维·霍夫曼：《寡头：新俄罗斯的财富与权力》，冯乃祥等译，中国社会科学出版社，2004，第189页。

[2] 〔俄〕罗伊·麦德维杰夫：《俄罗斯往何处去——俄罗斯能搞资本主义吗?》，徐葵等译，《中国保险报》2000年9月22日。

2. 成就巨头是政治斗争的筹码

经过最初一段时间的分化整合，俄罗斯政坛的各种力量在1994年前后又重新活跃起来，并形成了复杂的派系斗争局面。按照经济领域的划分，有学者提出三大派系的说法，即"派系是按照产业部门组成的，其中有三个最主要和最大的派系，即原料出口、金融—贸易、工业派系"。[①] 而综合整理此三大派系的政治主张，又可以按照政治利益划分出若干势力集团，公认的集团包括：推动经济转轨的"青年改革派"，总统身边握有实权的"主战派"，以共产党为首的左派，推崇民族主义的极右派等。其中"青年改革派"是当时推动社会转型的动力源，他们的理想是把俄罗斯打造成完全西方式的社会，他们也是最坚定的坚持与旧制度彻底决裂的群体。总统身边的"主战派"是主张以强力来实现统治的实权派，他们较少有浪漫的政治理想，更关注现实权力的把握，他们利益与总统高度关联。与"青年改革派"政治理念冲突最大的是以俄共为首的左派，双方立场相反，势同水火，两者之间的斗争是20世纪90年代中期俄罗斯政治斗争的焦点。但在经济形势不断恶化的背景下，"青年改革派"获得的支持越来越少，左派逐渐获得了明显的优势。至1996年初，距离最为关键的总统大选还有半年的时间，左派取得了压倒性的优势，在议会大选中获得了1/3强的议席，取得最终的胜利似乎已经指日可待。俄罗斯议会1993年、1995年的选举结果见表6-2、表6-3。

表6-2 1993年俄罗斯议会选举结果

政党	百分比(%)	比例席位(席)	单一选区席位(席)	总席位(席)
俄罗斯选择	15.51	40	30	70
自由民主党	22.92	59	5	64
俄共	12.40	32	16	48
农业党	7.99	21	12	33
亚博卢	7.86	20	3	23

---

① 〔俄〕诺·亚·西蒙尼亚：《俄罗斯官僚资本主义的形成（1992—1998）》，〔俄〕《自由思想——21世纪》2000年第3、4期。

续表

政党	百分比(%)	比例席位(席)	单一选区席位(席)	总席位(席)
俄罗斯妇女	8.13	21	2	23
统一和谐党	6.76	18	1	19
民主党	5.52	14	1	15

资料来源：笔者根据有关资料制作。

表6-3　1995年俄罗斯议会选举结果

政党	百分比(%)	比例席位(席)	单一选区席位(席)	总席位(席)
俄共	22.30	99	58	157
自由民主党	11.18	50	1	51
我们的家园——俄罗斯	10.13	45	10	55
亚博卢	7.99	31	14	45

资料来源：笔者根据有关资料制作。

面对这样的威胁，为了保住已经取得的政治果实、遏制政治局势出现"开倒车"的可能，"青年改革派"做出了一次被称为"浮士德交易"的选择。所谓"浮士德交易"就是指浮士德以把自己的灵魂交给魔鬼的代价换取愿望的实现，"青年改革派"这次的交易砝码则是用廉价出售国家最有价值的企业来换取商界巨头的支持。此时的商界巨头已经成长得渐趋失控，获得这些资源后必然如虎添翼，难以驯服，但两害相权取其轻，"青年改革派"还是选择了交易。这就是"贷换股"计划得以实施的至关重要的政治原因。

后来丘拜斯就此曾有过清楚的阐述："只能是这样一种私有化，在其过程中我们能够运用某种巧妙的手段把我们人数众多的敌人中的某些人变为自己的拥护者。显然，在此阶段谁也无法让实行私有化企业的厂长们成为拥护者。……也就是说，只剩下了一个潜在的同盟者——购买者。……这时波塔宁在政府的发言中提出了抵押拍卖的建议。我立刻明白，我将尽一切力量支持这项建议。抵押方案能让购买者自动成为我们的拥护者。""如果我们在1995年末向本国的银行家们提出这样的价格（来实现抵押拍卖），就会使潜在的购买者立刻变成我们的敌人。"①

"青年改革派"做出这样的决定，除了与商界巨头具有先天的联系之外，很重要的原因还在于"青年改革派"的势单力薄，这其中的因素有先天的也有后天的。先天因素在于"青年改革派"是由一群饱读西方经典的青年书生构成，缺乏社会实践、缺乏政治斗争经验、缺乏深厚的人文关怀，书生意气且韧性不足，这使得"青年改革派"不能给人以信任感，而且他们对复杂事务的处理能力也远远不够，可以说，先天不足就决定了"青年改革派"难堪大用、在复杂的权力争夺格局中很难摆脱被利用的命运。转型初期的两个"青年改革派"代表人物——布尔布利斯与盖达尔——的不够成熟就被叶利钦看在眼中。"这些细节证明了根纳季·布尔布利斯的工作风格，他不喜欢作为一个阶级的官僚群体，蔑视机关事务工作。他喜欢盖达尔的那些部长慷慨激昂的斗志，这些人真想用牙齿撕碎官阶森严和垂直领导的日益衰微的那一套。"②后来，盖达尔的任性辞职也给叶利钦造成了很大的被动。"可以说，盖达尔的班底书生气十足地决定'洗手不干，远离肮脏的政治'，把全部政治倡导权拱手让给自己的上司——这便是盖达尔等犯下的策略性错误，为此我们全体付出了极高的代价。"③

"青年改革派"的后天失误则主要表现在不擅妥协、四处树敌与不注意培养团队两方面。叶利钦曾回忆说："盖达尔的人没有到全国各地走一走——根本没有时间。从一开始他们就认为哈斯布拉托夫的议会是向他们施加压力的工具，是所有反动势力的象征，而对这些反动势力则应进行斗争。他们对鲁茨科伊也持这种态度。……在第六次代表大会之前，上述所有的不利情况更加严重了。到这时情况已很清楚，人们已不把盖达尔政府看作独立自主的经济班子，而是把它当作布尔布利斯的一支队伍。而布尔布利斯本人同议会的所有派别、同副总统、同以尤里·彼得罗夫为首的总统办公厅都闹翻了。这简直就像幼儿

---

① 〔俄〕阿纳托利·丘拜斯主编《俄罗斯式的私有化》，乔木森、冯育民等译，新华出版社，2004，第158~159页。
② 〔俄〕鲍里斯·叶利钦：《午夜日记——叶利钦自传》，曹缦西等译，译林出版社，2001，电子版。
③ 〔俄〕鲍里斯·叶利钦：《午夜日记——叶利钦自传》，曹缦西等译，译林出版社，2001，电子版。

园的某种游戏那样把一伙人分成'自己人'和'外人'。"① 这段话很清楚地描绘出了当时"青年改革派"在政治圈子里的姿态，这也就很容易理解为什么"青年改革派"在很短的时间内就处于四面楚歌的境地了。另外，"青年改革派"在培养自己的团队方面也很不成功，缺乏与民众的沟通，缺乏对政治主张的努力宣讲，始终未能形成有影响力的政党，在政界的声音日渐衰弱，其作为国家转型之初的主要推动力量迅速偃旗息鼓、政见从此不见朝堂是很不正常的，对国家政策保持延续性与稳定性也是很不利的。

这样一个文弱的势力集团选择了同咄咄逼人的商界巨头合作，谁会占上风就没有悬念了。于是在成功遏制了左派登台后，另一股新的势力——寡头——站到了前台。叶利钦这时评价说："……在大选期间，金融资本变成了政治资本。银行家们开始试图公然地、直接地对政权机构施加影响，在政治家的背后操纵国家。我们才刚刚摆脱叛乱的威胁、'左派'复仇的威胁，我们才刚刚建立起公民社会的正常制度，可突然间又出现了新的、危险的挑战。"②

3. 羸弱的政权需要资本的合作

寡头势力做大的第三个政治的因素在于羸弱的政权已经没有办法独立地管理国家，必须要有大资本势力的介入才可以勉强维持。在货币私有化进入1995年时，预算需要从当年私有化中筹集8.7万亿卢布，但国家财产委员会才拿到了微不足道的1400亿卢布。全国的工资和养老金都无法支付，此时是银行家为政府提供了一个一举把全年的所有私有化收入筹集起来的方案。大选结束之后的情况更加恶化，一方面寡头的势力更加强大，国家的经济命脉已经尽在他们的掌握之中；另一方面选战后的国家经济治理上升为政权的主要任务，寡头的重要性更加突出，以至于有很多观察人士认为，国家已经成了寡头的人质。

此时的寡头不仅控制了诺里尔斯克镍业公司、辛丹卡石油公司、尤科斯石油公司、西伯利亚石油公司等国际级核心工业企业，还掌握着帝国银行、

---

① 〔俄〕鲍里斯·叶利钦：《午夜日记——叶利钦自传》，曹缦西等译，译林出版社，2001，电子版。
② 〔俄〕鲍里斯·叶利钦：《午夜日记——叶利钦自传》，曹缦西等译，译林出版社，2001，电子版。

首都储蓄-农业银行、俄罗斯联合进出口银行、梅纳捷普银行、阿尔法银行等顶级金融机构，构成了数个准卡特尔的大型垄断企业集团。

与此同时，寡头还刻意收拢控制媒体资源。经过几年的竞争和反复的分化组合，俄罗斯天然气集团、桥媒介集团、罗戈瓦斯汽车集团和奥涅克西姆银团成为控制俄罗斯媒介的四强。维亚西列夫的天然气集团握有《消息报》《劳动报》《工人论坛报》《农村生活报》，以及杂志《专业》《因素》，还握有普洛米修士广播电视台100%的股份、独立电视台30%的股份、公共电视台3%的股份以及全俄29家地区报纸和电视台。古辛斯基的桥媒介集团掌握着《今日报》《公共周报》《新报》，以及杂志《总结》《人物》，更重要的是拥有在俄国内外颇有影响的独立电视台、莫斯科之声电台，桥媒介集团被称为俄罗斯媒介帝国。别列佐夫斯基的罗戈瓦斯汽车集团掌握高层人士必读的报纸《独立报》和《星火》杂志，购买了莫斯科第六电视台30%的股份，垄断了俄罗斯公共电视台的人事和报道权。

波塔宁的奥涅克西姆银团虽然1993年才成立，但在资本迅速增值之后不甘处于劣势，连续抢占媒体滩头，《文学报》和杂志《专门家》先后落入其手。1997年其攻势尤为猛烈。4月击败俄罗斯天然气集团，拿到《共青团真理报》20%的股份，同年还成功地出版了新报《俄罗斯电讯报》。据业内人士称，银团投入该报资金之多，在不盈利的情况下也足够生存3年。至此，奥涅克西姆银团一举跃居传媒界四强之一。卢日科夫也构筑了为其服务的强大的舆论王国。他掌握《莫斯科晚报》《莫斯科真理报》《钟声报》三份报纸以及中心电视台、有线电视台某些频道及莫斯科市属广播网。

通过对媒体的控制，寡头有了更多与政权叫板的资本。因为在转型期的社会中，社会共识还没有形成，社会的群体意识很容易被传媒所影响甚至蛊惑，因此，本身就有"第四权力"之誉的媒体在转型社会中的作用尤其重大。

这是一个恶性循环的怪圈，国家政权越衰弱，寡头的势力就越强大；而寡头的势力越膨胀，政权的能力就越萎缩。对当局执政能力持续弱化的原因分析，俄罗斯科学院院士西蒙尼亚认为："俄罗斯形成资本主义的这种形式有其重要特点，就是国家政权的不团结和软弱无力造成了两个后果：其一是官僚的手脚充分自由，实际上不受高层政权的监管；其二是官僚资本的派系林立，官僚资本各派系之间的尖锐对抗实际上构成了 1994~1998 年俄国内政治斗争的主要内容,并且在对外政策方针的改变和转折中得到了反映。"①

西蒙尼亚院士道出了其中的一个重要原因,那就是政权的内耗大大损害了其执政能力,但俄罗斯政府衰弱至此,连私人财团都可以凌驾其上,而这又发生在一个有着悠久集权历史、当今又是按照现代政府的架构构建权力实体的国度中,应该有更为复杂的原因,至少还有以下两点因素值得关注。

第一,政府中的领导力量或曰推动力量过于弱势。这段时期的政策策动源——"青年改革派"充满了浪漫的改革幻想,崇尚自由主义经济思想,而不注重打牢政治基础。信奉自由主义的盖达尔完全认识不到强有力的强制机关的必要性。仅凭缺乏基础与手段的理想显然不能统领各方势力,平衡各方利益。祸乱始于首,软弱的领导者是导致强有力的权力体系难以支撑的关键。

第二,行政体系建设不力。现代社会的权力组成结构中,由文官集团组建的行政体系发挥着基础性的关键作用,所有政策、指令的贯彻与执行都需要由行政体系来完成。一个完善的行政体系应该是注重规则、专业、效率的管理体系,即需要官僚个体的专业化、知识化,官僚机构运行规则的程式化与纪律化,官僚机构组织原则的等级化与非人格化,满足这些条件的完善的官僚系统将组成一架高效、精确、严密,不受个人因素干扰的社会控制与管理的机器。②

这样一部完善的管理机器对于俄罗斯这样的转型国家来说无疑会具有关键性的、前提性的意义,理应成为转型政策的优先项目。遗憾的是,俄罗斯在此方面的建设却严重滞后。直到 1994 年 1 月 3 日叶利钦才颁布了《关于加强俄罗斯联邦统一执行权力机构的措施》的总统令,对州、自治州、边疆区、自治区的行政长官做出专门的规定。而文官制度建设的基础性法令——《关于国家公务员制度的基础》——到 1995 年 7 月 31 日才成为联邦法律。直至第二任期,叶利钦才在 1997 年国情咨文中再次指出,俄罗斯将对国家管理的原则

---

① 〔俄〕诺·亚·西蒙尼亚:《俄罗斯官僚资本主义的形成(1992—1998)》,〔俄〕《自由思想——21 世纪》2000 年第 3、4 期。
② 〔德〕马克斯·韦伯:《经济与社会(上卷)》,林荣远译,商务印书馆,1998,第 246 页。

和方法进行重大改革，按新的方式重组国家机关，并改变联邦政府、总统办公厅、地方政权机构的行政职能，建立一个高效精干和受社会监督的国家机关。①

1997年3月17日，叶利钦签发了《关于完善联邦执行权力机关机构的命令》，要求政府协调联邦执行权力机关在以下几个主要方面的工作：经济改革；社会领域、住房和建设政策的改革；科学领域和基础设施部门的改革；民族政策、地区政策、与独联体国家的合作和护法工作。责成政府总理在政府的职权范围内协调在对外联络、国防和国家安全方面实施国家管理的联邦权力机关的工作。命令规定，俄罗斯政府总理有8个副手，其中包括2个第一副总理，责成总理分派他们各自的职责。命令还要求，把俄联邦对外经济联络部改为俄联邦对外经济联络和贸易部；把俄联邦邮电部改为俄联邦国家邮电和信息委员会；把俄联邦建设部改为俄联邦国家住房和建设政策委员会；把俄联邦国家科学技术委员会改为俄罗斯科学技术部；把俄联邦国家反垄断政策和支持新经济结构委员会改为俄联邦反垄断委员会；取消俄联邦工业部，俄联邦国家林业、制浆造纸和木材加工工业委员会，将其职能转交给俄联邦经济部；取消俄联邦国防工业部，将其职能转交给俄联邦经济部和俄联邦国家邮电和信息委员会；取消俄联邦渔业委员会，将其职能转交给俄联邦农业和食品部及俄联邦国家环境保护委员会；取消俄联邦总统下属信息政策委员会，将其职能转交给俄联邦国家邮电和信息委员会。命令要求在俄联邦国家国有财产管理委员会下属的俄联邦破产事务管理局的基础上，成立俄罗斯在破产事务和整顿财政方面的一个联邦部门。② 这次调整发生在大选之后，有着明显的论功行赏特征和协调各派势力的意味。

有突破性的行政体系调整出现在1998年，上任不久的基里延科总理提出了自己的行政改革方案。首先，政府机构大大精简，从56个部委减少至35个部委，副总理减少到3个，取消第一副总理和政府办公厅，成立由8人组成的政府主席团，并设想大幅减少政府机构人员，要裁员20万人，从

---

① 参考并整理于 М. А. Краснов, История попыток административной реформы（1991–2001гг.）, http://www.ilhh.ru/projects/govern/krasnov/krasnov/html。

② 俄通社-塔斯社莫斯科1997年3月18日俄文电。

而压缩预算支出400亿卢布，相当于预算支出的8%。其次，实行部长负责制，取消行业主管局，将其职能移交给各部。但基里延科政府很快下台，行政改革也不了了之。

行政体系握有执行权力，它的建设如逆水行舟不进则退。俄罗斯行政建设的迟滞不仅使自身执政能力大为削弱，而且公职人员开始大规模腐化，更加加剧了政权的衰弱。有资料显示："1999年腐败直接造成的损失保守估计也在200亿美元左右，与1999年政府预算收入相差无几。"[①] 第二年的形势愈发糟糕，"仅在2000年的11月，公职人员利用职务之便犯罪就达5.1万多起，其中团伙犯罪1210起，私吞或盗用公款31444起，造假账6907起，滥用职权7175起，行贿受贿4634起。19209名违法犯罪的公职人员被查处，13481人被追究刑事责任。其中，国家权力机关代表34人（包括各级别议员14人），信贷和银行系统工作人员284人。腐败还表现为滥用职权、非法动用资金。犯罪团伙成员还企图利用腐败的公职人员打入权力机关。"[②] 对行政系统重视不够是导致俄罗斯政权力量衰弱的重要原因之一。

第二节　寡头政治的发展与特性分析

一　寡头政治的发展

在助力叶利钦赢得大选之后，随着选战红利的派发，寡头的势力达到了全盛时期。在经济方面，寡头获得了更多的扶植政策，之前诸多的禁锢在这一时期相继被取消，寡头旗下的金融—工业集团得以空前壮大；政治方面，寡头正式涉足政坛，出任高官，开始把影响力直接作用于政府决策。此时的寡头终于拥有了足以影响国家走势的巨大能量，一度成为国家最为核心的领导力量之一。

---

① 〔俄〕俄罗斯外交与国防政策委员会：《俄罗斯战略：总统的议事日程》，冯玉军等译，新华出版社，2003，第122页。
② 〔俄〕列昂尼德·巴里诺夫：《腐败威胁到俄罗斯国家利益》，〔俄〕《独立报》2001年1月11日。

（一）瓜分战利品，寡头进一步壮大

作为获得寡头支持的代价，俄罗斯政府的政策在很大程度上开始越来越明显地倾向于寡头的利益。首先是加大了扶持金融—工业集团的力度。1996年4月1日，叶利钦发布《关于鼓励金融—工业集团建立和活动的措施》的第443号总统令，进一步提出了一些刺激金融—工业集团发展的办法，其中包括从1997年开始在国家预算草案中列出用于国家支持金融—工业集团的资金；对参与国家项目的金融—工业集团给予预算支持；最重要的是明确要求俄罗斯政府采取措施，促进资产向金融—工业集团的中央公司集聚。为此规定，在必要时必须保障金融—工业集团中央公司对集团中国有股份的委托管理，参与金融—工业集团的国有企业有权将国有企业的不动产划入金融—工业集团中央公司的固定资产，租赁或抵押给金融—工业集团的中央公司。1993年出台的总统令和临时法规对金融—工业集团的建立和运行还有许多限制。1995年1月16日，俄罗斯政府发布《关于促进建立金融—工业集团的纲要》；11月30日，叶利钦总统签署《俄罗斯联邦金融—工业集团法》（简称《金融—工业集团法》），进一步放宽和简化金融—工业集团建立的程序和条件，取消了1993年法规中包含的限制，金融—工业集团发展的政策环境进一步改善。

一是取消对加入金融—工业集团企业国有股份的比例限制。1993年，俄罗斯禁止国有股超过25%的股份公司组建或加入金融—工业集团。如果根据这个规定，一些大型股份制企业集团都不能归入金融—工业集团范畴。例如，天然气工业总公司、俄罗斯统一电力系统、俄罗斯电信投资公司、鲁克石油集团公司、尤科斯石油集团公司、俄罗斯石油公司、石油产品运输集团公司、石油管道运输公司、诺里尔斯克镍业公司等。这些股份集团多是根据叶利钦总统1992年11月16日第1392号总统令在原有政府部门的基础上建立的，其中国有股份全部超过25%。

二是取消对金融—工业集团组织形式的限制。1993年只允许股份公司加入金融—工业集团，同时规定金融股份公司不得加入；加入金融—工业集团的其他信贷和投资机构不得掌握超过所加入集团10%的股份；职工超过2500人的企业、在地方和共和国市场占主导地位的企业不得加入金融—工业集团；金融—工业集团成员企业不得超过20个，职工总数不能超过10万人。1995年的《金融—工业集团法》和政府纲要法规取消了上述限制，集团成员企业之间可以交叉持股，数量不限，允许金融—工业集团组织形式多样化。进入金融—工业集团的可以是任何股份公司及其子公司、除社会团体和宗教组织外的所有商业和非商业组织、外国商业和非商业组织等。多个金融—工业集团中央公司也可以联合签署协议组建新的财团或银团。《金融—工业集团法》将金融—工业集团的概念规定为：金融—工业集团是以一个总公司和若干个子公司在组建金融—工业集团合同的基础上全部或部分联合自己物质的和非物质的资产的法人总和。

三是允许不同所有制和不同法律属性的企业组建金融—工业集团。1993年法规只允许开放式股份公司组建金融—工业集团，1995年《金融—工业集团法》允许不同法律属性的组织组建和加入金融—工业集团。

四是出台诸多优惠政策。首先，税收优惠。采取的举措包括对金融—工业集团的最终总产值征税；对金融—工业集团的有价证券业务的税收提供优惠；在法律规定的范围内，对跨国金融—工业集团在成员国范围内合作供货提供关税优惠和特惠。其次，扩大国家担保范围。国家为金融—工业集团发行的有价证券提供担保。再次，给予资金支持和投资优惠。国家为金融—工业集团所实施的项目提供投资贷款和其他财政援助，对进口项目所必需的设备提供国家财政支持；为提高金融—工业集团中从事投资活动的银行的投资积极性，俄罗斯中央银行还向其提供减少义务储备定额、改变其他定额的优惠。最后，《金融—工业集团法》还允许地方政权在其权限范围内组建地区性和跨地区金融—工业集团，并为其提供必要的其他优惠政策和支持。例如，莫斯科市规定除国家提供的优惠，莫斯科市对那些有利于解决莫斯科城市发展急需任务的金融—工业集团给予工业用地和住宅用地优先考虑和优惠照顾等。

五是俄罗斯政府在制定的金融—工业集团发展纲要中还规定了金融—工业集团组建和发展的速度。1995年建立10~15个，1996年建成50~70个大型金融—工业集团，在短期内建立100~150个在规模上可以同国际主要集团公司相比的金融—工业集团。

首先，为加大对大型代理银行的扶植，新的法令规定有资格成为代理银行的需要自有资金超过1万亿卢布。1996年,这样的银行有13个,包括奥涅克西姆银行、俄罗斯储蓄银行、外贸银行、英科姆银行、国家储备银行、帝国银行、莫斯科国际银行、俄罗斯信贷银行、首都农业储蓄银行、梅纳捷普银行等。代理银行负责经营联邦预算资金的财政和贷款业务、国际金融组织资金的金融和贷款业务以及总统和总理委托的其他业务。大致包括以下9项内容:国内的国家外汇债券业务;运出作为抵押物的贵金属;调节外债,其中包括苏联欠外国的商业贷款、清偿债务人所欠债款;配置和管理包括欧洲债券在内的国际债券;配置临时闲置资金;为国际金融组织的贷款提供服务,例如吸收国际金融经济组织、外国政府、国际公司、外国投资基金、银团和公司等的金融资源,为国际金融组织、外国国家出口组织和其他金融组织出资的项目提供服务等;集中掌管国家间合同范围内的对外经济活动;履行黄金交易的金融业务结算;政府委托的个别业务和结算。

从代理银行的职能可以看出,它们在这些业务运作中可以赚取巨额利润,达到较快资本扩张的目的。例如,截至1997年1月1日,前第一副总理波塔宁领导的私人银行——奥涅克西姆银行中的国家预算资金总额甚至超过国有的俄罗斯储蓄银行1倍。其经营国债1年,就可获利10亿美元。仅1996年一年内,该银行经营的国际海关委员会的资金就达46万亿卢布。[①] 1993年才成立的奥涅克西姆银行在短短两三年的时间里利用国家资金扩张了自有资金,一跃成为俄罗斯第三大银行。由于有政权的精心扶植和政策的大幅度倾斜,金融—工业集团发展较快。1995~1996年,金融—工业集团的生产规模从26万亿卢布增长至100多万亿卢布,在国民经济总产值中所占比重从2.5%增至10%。[②] 这些大银行可以动用的资产达3000亿美元。

其次,给予特殊政策以加快金融资本向工业资本的渗透。1997年12月17日,俄罗斯对阻碍金融财团向工业领域跨行业渗透的《金融—工业集团法》条款进行了修正。1995年《金融—工业集团法》第3条第2款规定,不允许参加一个以上的金融—工业集团。这使金融资本的流动和集聚、金融资本与工

---

① 〔俄〕《莫斯科共青团报》1997年8月7日。
② 〔俄〕《消息报》1996年11月2日。

业资本实现最大限度的横向结合受到制约。实践中，金融财团实际上已经打破这个约束，参加了跨行业、跨国家的金融—工业集团。一个银行参加几个甚至十几个金融—工业集团，形成了不少以金融财团为轴心的跨行业金融—工业集团。例如，"国际俄罗斯"金融—工业集团的主导银行是波塔宁领导的奥涅克西姆银行，这个集团联合了石油化工、有色和黑色金属、交通运输、进出口行业。1997年通过的《关于对〈金融—工业集团法〉的修改和补充》规定，允许银行和其他信贷组织参加一个以上的金融—工业集团。

刻意的扶植使得寡头聚敛了更多的资源与财富，俄罗斯学者估计，到1998年，仅13家最大的金融—工业集团的产值就占国民生产总值的21.94%，这些集团的银行存款额和集团下属企业实现的产值超过了2080亿美元。[①] 俄罗斯寡头形成阶段的划分可见表6-4。

表6-4 俄罗斯寡头形成的阶段

年份	阶段名称	经济精英的特点	经济阶段的特点
1982~1989	共青团经济的创建	经济试验者从权贵阶层分立	高利润的部门被垄断
1990~1992	权贵阶层对国有财产的侵吞	形成授权者阶层	金融及监管领域被瓜分，金融资本开始集中
1993~1994	公开的工业私有化	形成经济精英	莫斯科的银行家开始争夺企业
1995~1998	拍卖国有财产	形成寡头	国有大型企业被莫斯科的银行家所掌握，形成了金融—工业集团的纵向联合体

资料来源：О. В. Крыштановская, трансформация бизнес-элиты России: 1998-2002, http://www.socis.isras.ru/SocIsArticles/2002_08/Kryshtanovskaya.doc。

（二）寡头的内耗与洗牌

俄罗斯寡头在帮助叶利钦赢得大选之后的一段时间内各自忙于收获胜利果实，彼此之间也进入了一个短暂的蜜月期。这时寡头的势力发展进入了全盛时期，不仅国家经济政策的制定需要他们的首肯，而且几个代表人物更是直接出

[①] 〔俄〕切尔尼科夫等：《谁主宰了俄罗斯》，李建民等译，经济科学出版社，2000，第31页。

任高官，开始直接影响国家政策的走向。例如，寡头一度的合作伙伴与代言人丘拜斯出任政府第一副总理兼任财政部部长，掌管全俄的经济命脉；寡头波塔宁直接出任副总理，别列佐夫斯基则出任国家安全委员会副秘书，都可谓权倾一时，手眼通天。但寡头这种相安无事的局面并没有维持多长时间，对利润无止境追求的属性很快就引爆了寡头之间激烈的利益冲突，俄罗斯民间把这一冲突称为"银行家的战争"，冲突破坏了寡头的团结，大大损耗了"交战"各方的利益，也迅速破坏了刚刚有了些眉目的经济秩序，甚至政局稳定也因寡头的巨大破坏能量而受到危害。随之而来的席卷全球的金融危机使俄罗斯的政治经济形势更是雪上加霜，政局动荡不稳，经济滑至历史谷底。在此大背景下，俄罗斯的寡头发生了分化与重新整合，寡头集团内部的势力进行了一次大的洗牌，一些寡头逐渐淡出了这个圈子，整体实力有所下降，这也为日后寡头遭到清算埋下了伏笔。

1. "银行家的战争"

引爆"银行家的战争"的导火线是一家名为通信投资公司的公开私有化，两名寡头——古辛斯基与波塔宁——围绕这家公司的归属展开了激烈的角逐。通信投资公司是一家拥有88家地方电信公司和作为长途及国际电信营运商的通信公司，通信投资公司在这些子公司中各拥有38%的股份与51%的投票权，这使它在理论上可以控制几乎整个俄罗斯电信行业，这样的获利机会自然谁也不想放过。古辛斯基旗下的媒体在总统大选中摇旗呐喊，贡献良多，此时想要以此作为待分一杯羹的筹码，并为此在前期投入了大量的精力，而几乎同时，波塔宁集团也决心不放过这个获得巨额利润的机会，双方进行了激烈的对峙，并找到丘拜斯来做仲裁。丘拜斯作为"青年改革派"的领军人物，本身与寡头就是一种相互利用的关系，此刻大权在握，正急于摆脱"贷换股"的污点，需要树立一个干净的、公开的竞拍典型，因此，丘拜斯力主拍卖将公正地对所有人开放。

1997年7月25日竞拍的结果是，波塔宁集团以18.7504亿美元打败了古辛斯基集团的17.1亿美元的竞标价格，赢得了通信投资公司的控股权，同时，这也使得"达沃斯同盟"就此瓦解。古辛斯基的媒体工具随即对波塔宁与拍卖委员会进行了一系列攻击，之后，更多的寡头与利益集团卷入了争斗,"银行家的战争"爆发了。

古辛斯基一方的攻势从置疑竞拍过程开始,逐步引申到了对联邦资产局局长阿尔弗雷德·科赫的攻击。1997年7月28日,属于古辛斯基集团的《今日报》发表社论,认为波塔宁与科赫交往过密,其中隐藏了许多不为人知的私下交易。科赫是"青年改革派"的重要成员,科赫遭到攻击实际上也把"青年改革派"引入了争斗。

这时寡头之间的气氛变得空前紧张。有知情者描述道:"说起来真可笑,人们都说7个银行家统治着国家,他们又互相憎恨,相互之间有利益冲突。当他们围着一张桌子坐在一起时,你从空气里都能感到紧张的气氛。"①

8月18日,《今日报》抛出了重磅炸弹,指出科赫曾经从一家神秘的瑞士公司领取过10万美元的稿费,名义是准备写一本关于俄罗斯私有化的书。这一指控极具杀伤力,"青年改革派"成了众矢之的,此后的批评不断升级。作为反击措施,"青年改革派"则设法让别列佐夫斯基丢掉了国家安全委员会的官职。及至11月12日,古辛斯基的电台又披露了第二桩稿费丑闻:5名"青年改革派"人士,包括丘拜斯本人、科赫在内,只是撰写了某一本书的部分章节,就各自获得了9万美元的稿酬,总计稿酬达到45万美元之巨,而该书的出版商——斯格德尼亚出版社由波塔宁的奥涅克西姆银行持有51%的股份。"青年改革派"遭到了致命的打击,稿费风波涉及的团队随即被解散,丘拜斯也被解除了财政部部长的职务。

从7月开始的斗争到11月告一段落,虽历时仅4个月,其破坏性却相当巨大。首先,争斗使寡头的同盟分崩离析,寡头所拥有的巨大经济实体之间的冲突严重扰乱了市场秩序;其次,争斗使新任期的新政府濒临垮台,经济改革进程受到很大的挫折;最后,主要通过媒体进行的争斗造成了社会氛围的整体不信任感,使社会陷入了无所适从的境地,直接危及了民众对经济复兴的信心,这也是随后经济危机爆发的重要社会心理因素。

2. 金融危机的冲击

对寡头造成真正大规模冲击的还是1998年爆发的金融危机。这次危机的

---

① 〔美〕戴维·霍夫曼:《寡头:新俄罗斯的财富与权力》,冯乃祥等译,中国社会科学出版社,2004,第373页。

第六章 俄罗斯寡头政治与精英政治

发生应该是内外条件共同作用的结果，外部因素为席卷全球的金融风暴，内在基础则是俄罗斯国内脆弱的财经环境。经历了政局动荡与"休克疗法"的冲击后，俄罗斯经济一直处在勉力维持的局面，收入颓势不止，债台高筑，俄罗斯政府全部收入在1992~1994年下降了相当于国内生产总值的3.7个百分点；1994~1996年又下降了32.5个百分点。在1997年，联邦政府的收入不足国内生产总值的12%，比预算目标低约30%，收入中有20%的收入是冲销相互税务、支付债务和其他非资金性交易的资金，而不是向预算上缴的资金。而1998年头5个月国家预算收入为1250亿卢布，实际收入为800亿卢布。另外中央银行原行长杜比宁5月7日指出，1998年度预算用于偿付外债的支出已接近预算的8.4%。[1]

尽管经济低迷，但人们对1996年大选过后的经济走势还是抱有期待的。政府保持了连续性，避免了政策剧烈转向的可能，大的金融—工业集团形成了合力，有利于经济稳定，经济发展的惯性要求触底反弹等，这些都展现出了经济短期向好的迹象。但随即出现的"银行家的战争"打乱了这一趋势，寡头之间开始相互争斗，新上任的政府破产，理顺国民经济的工作又陷入停滞。这次事件较为充分地表明，寡头的贪婪本性与国家整体利益有着不可调和的矛盾，寡头不会为国家大局做出妥协，也不具有克服短视的能力。盖达尔对此评价道："坦率地说，我没有预计到这场冲突会发展得这样迅速和激烈。我们没有估计到，这些所谓的寡头是多么缺乏战略眼光，他们在很大程度上根本搞不清楚自身的利益是什么。他们是最富裕的人，如果俄罗斯市场衰落了，他们将是最大的受害者。我们并不奢望他们能有多么高的道德水准，但我们的确曾以为他们会比实际上表现得更明智些。"[2]

寡头的急功近利还表现在经营的手法上，他们过度专注于投机。在1997年上半年，俄罗斯的实际经济增长率为零，反映俄罗斯50种主要股票的"莫

---

[1] 黄保林：《风也萧萧，雨亦飘飘——俄罗斯经济形势回顾与展望》，《国际展望》1999年第2期。
[2] 〔加〕克里斯蒂娅·弗里兰：《世纪大拍卖：俄罗斯转轨的内幕故事》，刘卫、张春霖译，中信出版社，2005，第246~247页。

斯科时报指数"却上升了140%，一些股票市价上涨5～10倍。① 金融泡沫危害极大，很容易形成金融市场的剧烈动荡，但此刻在俄罗斯大地上自恃可以呼风唤雨的寡头却是有恃无恐，其结果自然是遭到了市场的严厉惩罚。1998年5月受各种不利消息影响，俄罗斯金融市场开始出现剧烈波动，再贴现率由30%提至50%，再提至150%，一天期银行间拆借利率涨至100%～120%。随后再贴现率回落至60%，6月25日又提高到80%。7月初，国债收益率高达90%，后又突破110%大关，经济形势岌岌可危。

直到7月中旬，国际货币基金组织的紧急援助方案推出，表示将为俄罗斯提供总价226亿美元的贷款，并马上提供第一笔48亿美元用来支持俄罗斯中央银行的货币储备后，市场才稍稍松了一口气。

但好景不长，到8月初，反映100种工业股票的"俄罗斯交易系统—国际文传电讯"综合指数下跌55%，跌破俄交易指数3年前开业的起点，各种传闻、谣言、消息漫天飞，不利消息接踵而至。穆迪投资服务公司与标准普尔先后降低了对俄罗斯及其主要银行的信用指数，各种资金都在陆续撤出俄罗斯市场。8月13日，国际金融投资巨头索罗斯在英国《金融时报》上发表了一篇著名的文章，他指出："俄罗斯金融市场已经进入终结阶段。"该文产生了巨大反响，引发了俄罗斯金融市场的挤兑狂潮，政府的最后努力也就此宣告失败。8月17日，政府宣布卢布汇率变更，从1美元兑换6.18卢布贬值为1美元兑换9.5卢布。到9月2日，政府彻底放开外汇兑换牌价，卢布突破了1∶20的大关。这一年，在全年国民生产总值下降4.6%的同时，经济界和民众一度丧失了对卢布的信心，导致卢布大幅贬值，由最初的1美元兑换6.18卢布到1999年1月6日的1美元兑换20.65卢布，再到1999年5～6月1美元兑换24～25卢布。

在金融危机的狂潮下，俄罗斯寡头遭受了他们追逐财富路上空前严重的挫折。其中斯摩棱斯基的损失尤为惨重，他不像其他寡头那样涉猎了诸多经济领域，而是一直只专注于金融事业，首都储蓄-农业银行就是他的核心资产，因

---

① 黄保林：《风也萧萧，雨亦飘飘——俄罗斯经济形势回顾与展望》，《国际展望》1999年第2期。

此在金融危机中他几乎遭遇了灭顶之灾。在金融危机中,首都农业储蓄银行资不抵债,拒绝偿付贷款,被政府托管。"这个拥有1200家分支机构、有570万存款者,以及无数自动取款机、信用卡的银行业巨人成了全盘皆输的一个象征。"[①] 之后不久,俄内务部调查局开始调查斯摩棱斯基非法经营案件。为此,斯摩棱斯基不得不跑到维也纳去避难。随着案件调查的深入,1999年春天,俄总检察院冻结了斯摩棱斯基的股票,并对其进行国际通缉。后来,基于种种原因,俄检察机关撤销了对他的起诉。之后,斯摩棱斯基的生意越来越差,已经很难再现当年之勇了。

另一个寡头维诺格拉多夫是国际商业银行的老板,在1998年金融危机中,国际商业银行遭到致命的打击,所欠23万储户的存款无力偿还。在俄中央银行没收了国际商业银行的营业执照后,1999年维诺格拉多夫申请破产。2001年,俄罗斯审计院指控他非法转移资产,但司法机关没有追究其刑事责任。在"七大寡头"中,维诺格拉多夫输得最惨,有人揶揄说,正如维诺格拉多夫的姓氏(俄语意为葡萄)一样,他已是一串烂掉的葡萄。

其他几个寡头,如霍多尔科夫斯基、波塔宁和古辛斯基的银行以及梅纳捷普银行、俄罗斯联合进出口银行也都受到严重冲击,实际上已处于破产的边缘,只是依靠赖账与欺骗苟延残喘。

经济实力方面的下滑也导致了寡头在社会生活中影响力的下降,寡头把危机的爆发归咎于政府,认为有独立意志而管理水平低下的政府是危机产生的根源,国家的权力应该由更专业、更有水准的寡头或其代言人来掌握。政府则认为,寡头的肆意妄为才是导致危机的最有破坏性的力量。由此,政府与寡头的较量拉开了帷幕。

二 寡头政治的特性分析

俄罗斯寡头的本质属性即在于其"干政"的特点,俄罗斯寡头之于标准意义上的经济寡头的区别也正在于此。

[①] 〔美〕戴维·霍夫曼:《寡头:新俄罗斯的财富与权力》,冯乃祥等译,中国社会科学出版社,2004,第441页。

（一）具有强烈的政治色彩

1. 得益于政治而需要"干政"

俄罗斯寡头的成长历程清楚地表明，政策因素与政局因素对寡头取得如此的地位起着关键性的作用。寡头从政治改革中得到了最大收益，自然希望对这个带来最大收益的因素加以夯实直至牢牢掌握。具体来讲，至少以下三方面的原因可以说明寡头干政的主观逻辑。

其一，从基础的层面上讲，所谓改革的大政方针决定了国家经济的发展方向与路径，这是寡头得以产生和壮大的前提条件，也是他们进一步发展的根本性保障。这一点可以概括为寡头干政的政策动因。

1996年4月在总统选举前三个月，俄罗斯几大日报同时刊登了13个"大银行家"致叶利钦与俄共领袖久加诺夫两人的公开信，这13人中包括所有的超级寡头如别列佐夫斯基、古辛斯基、斯摩棱斯基、波塔宁、霍多尔科夫斯基等人，他们请求叶利钦与久加诺夫握手言和，保持国家稳定，保持政策稳定。公开信还威胁说："对那些表现得毫无原则性及和解能力的政客，我们有足够的办法和意志去对付他们。"从这一事例可以明显看出寡头对国家发展方向的强烈关注与不惜代价干政的决心。

其二，从具体的层面上讲，国家经济领域出台的法令法规对寡头的具体经营有着巨大的影响，最有把握使政策向自己利益倾斜的办法无疑就是让自己成为规则的制定者。实现这个目标的最好途径就是直接进入政府或操纵政府，使政府为自己服务。既上场参赛，又充当裁判，在这样的状态下，寡头才能毫无悬念地永远立于不败之地。这一点可以概括为寡头干政的政府动因。以波塔宁和别列佐夫斯基为例，1996年大选之后，二人直接进入政府高层，此举为他们带来了巨大的收益。

波塔宁被任命为第一副总理的消息公布的当天，仅几小时之内其所经营财团的企业股票即出现暴涨，抵押给波塔宁财团的诺里尔斯克镍业的股票上涨了4.6%，全天上涨8%，其他金融—工业集团的股票也紧随上升。叶利钦总统还签署总统令，向波塔宁财团所属的诺里尔斯克镍业提供优惠税收政策和6.9万亿卢布的财政支持。波塔宁进入政府后，其财团便在"投资竞标"中，以23000万卢布廉价获得诺里尔斯克镍业38%的股份。其时参加竞标的均是波塔宁财团所属企业，其他财团则被排除在外。波塔宁财团而后又瞄准辛丹卡石油公司。波塔宁财团事先设定了特殊条件，要求参加竞买的企业必须是已经占有辛丹卡石油公司最大的采掘企业切尔诺戈尔石油公司 13% 及以上股份的财团，而当时只有波塔宁财团的国际俄罗斯石油公司握有该企业 15% 的股份。最后波塔宁财团仅用 1 亿美元就买断了辛丹卡石油公司 34% 的股份。波塔宁的奥涅克西姆银行则不仅成为国家许多部门的代理银行，掌握国家预算和外贸资金，而且参与武器进出口业务。从 1996 年 8 月波塔宁当上第一副总理至 1997 年 3 月被解职不到一年的时间内，奥涅克西姆银行资产急剧扩大，从排行第五迅速上升为排行第三。

别列佐夫斯基担任国家安全会议副秘书后，个人财富猛增。在《福布斯》杂志 1997 年评选的世界 200 名富翁排行榜上，别列佐夫斯基名列第 97，拥有私人财产 30 亿美元。1997 年 1 月，别列佐夫斯基进入俄罗斯 10 大政治家行列。同年 10 月，美国一家杂志评选世界最有影响力的人物，俄罗斯只有总统叶利钦（第 14 位）和别列佐夫斯基（第 31 位）榜上有名。[①]

无论是游说、威胁、利诱还是利用其他手段，必须想尽一切办法保持对政府的影响力，这是俄罗斯寡头的生存方式所决定的。关于这一点，波塔宁认识得很清楚。在竞选时，波塔宁就与其他金融—工业集团的代表商量说，大银行家中必须有一人到政府里去任职。此想法得到了大银行家的支持，并集体决定荐举波塔宁入阁。波塔宁担任第一副总理后，在对俄罗斯报界的谈话中也毫不掩饰地表示，并不担心在副总理的岗位上被指责利用权力为商业银行谋利。"请大企业家进入政府是完全符合逻辑的步骤，因为这可以带来具体的好处，并且我会在任职期间依靠商界同行的支持。"[②]

从副总理的岗位卸职后，波塔宁的商业利益立马就受到影响，1997 年 5 月 12 日，叶利钦总统发布《关于加强对联邦预算资金使用的监督措施》的总统令。而后，俄罗斯政府紧急事务委员会决定从全权委托银行制向执行联邦预算的国库制过渡。1998 年 8 月 28 日，俄罗斯政府通过了《关于加快向执行联

---

① 〔俄〕《总结》1997 年第 11 期。
② 〔俄〕《每日商报》1996 年 8 月 16 日。

邦预算的国库体制过渡的措施的决议》,规定自1998年1月1日起实行收入和预算资金的国库制。1997年8月19日,俄罗斯中央银行宣布,中央银行准备为俄罗斯海关委员会提供账户服务,撤销以前在私人商业银行设立的海关委员会账户,将其转移到中央银行。这对12家掌管海关委员会资金的银行,特别是波塔宁的奥涅克西姆银行是一个打击。仅11月从奥涅克西姆银行转往中央银行的海关资金就达3万亿卢布,至12月又有17万亿卢布转往中央银行。但此时波塔宁重又施展能量,以不为人知的手段成功干扰了这一进程。1998年1月,全权委托银行制并没有被废除,公开的理由是中央银行还没有做好充当国库的技术准备。因此,原来的全权委托银行制由指定和自选改为招标。有幸获得全权委托银行殊荣的只有十几个大财团。这样,奥涅克西姆银行等仍然可以经营国家的预算资金并利用国有资金投机。①

其三,寡头干政也是出于保护已获成果的考虑。俄罗斯寡头几乎均是一夜暴富,短短数年便聚敛了大量财富,其中有太多不能见光的事情,每一处的败露或被追究都有可能导致寡头的倾覆。能够横跨政经两界,干涉甚至操纵政府当然是确保果实的最有效办法。此点可以概括为寡头干政的安全动因。

别列佐夫斯基在接受英国《金融时报》记者采访时就曾公开承认,他与支持叶利钦竞选的其他金融—工业集团人士和竞选班子成员"得出结论,必须进入政府以保护俄罗斯的资本主义,商界认识到如果商界得不到巩固,如果我们不是强大和果断的就会丧失机会,要让俄罗斯自动地向市场经济过渡是不可能的。因此,必须运用我们的全部权力去实现这一过渡"②。

出于上述动机,俄罗斯寡头干政的意愿与动作随着其实力的上涨日益增强,高潮出现在帮助叶利钦连任之后。这段时期寡头在俄罗斯政坛可谓翻手为云、覆手为雨,在斗垮了几乎是唯一可以与其一较高下的劲敌——"青年改革派"的领军人物丘拜斯之后势力达到了巅峰。

1997年9月17日,丘拜斯为摆脱金融—工业集团的一些压力,强调国家不能容忍银行家和那些大型企业向政府施加压力的企图,指出他们应当为国家

---

① 〔俄〕《今日报》1997年9月9日。
② 〔英〕《金融时报》1996年11月1日。

效力。同年12月，丘拜斯再次强调，政权为金融—工业集团服务和金融—工业集团为政权服务两种做法都是错误的，商业应与权力相分离，其各自的任务和决策方式不同，国家不能不帮助企业和财团，但当金融—工业集团已经壮大时，国家绝不应成为这些集团的附庸。① 涅姆佐夫在其任第一副总理期间，多次指出俄罗斯是在搞半掠夺式的资本主义、寡头资本主义。涅姆佐夫认为俄罗斯存在三条道路：一是走权贵官僚资本主义道路；二是走寡头资本主义道路；第三条道路可称为大众资本主义，即一切权力、资产和金钱属于多数人民。第三条道路是俄罗斯应当追求的。涅姆佐夫在一次谈话中还批评称，别列佐夫斯基拥有特权，因为他可以直接接触国家领导人。由有对政权施压手段的人制定游戏规则，是野蛮的资本主义。现在俄罗斯正在摆脱这种资本主义。1997年11月，当别列佐夫斯基被解除安全会议副秘书职务时，涅姆佐夫再次称这是为摆脱寡头资本主义迈出的重要一步。②

1997年11月5日，在丘拜斯等人的要求下，叶利钦总统签署总统令，解除别列佐夫斯基俄罗斯国家安全会议副秘书的职务，另有任用。此举在俄罗斯政坛引起轩然大波，舆论哗然。当时的俄罗斯第一副总理丘拜斯和涅姆佐夫对外界宣布，别列佐夫斯基被解职与其利用公职参与商务活动有关。别列佐夫斯基却自有说法，他否认滥用职权经商，称丘拜斯和涅姆佐夫对他的这点指控不值一驳，他担任公职期间完全遵循俄罗斯的法律规定，并将其所有股份交由公司代管。别列佐夫斯基坚信其被解职另有缘由，并抱怨其被解职的程序不公。他认为是丘拜斯这样的官僚直接进入总统办公室，让总统签署总统令，这是罪恶之源。别列佐夫斯基还透露，丘拜斯曾说过，他有办法签署任何总统令和进行任何人事变动。随后寡头利用媒体与在议会中的势力对丘拜斯等人展开攻击。9月15日，叶利钦亲自出面会见六大财团代表，劝说他们与政权合作，不要动丘拜斯等人，但仍无济于事。

1997年11月11日，俄罗斯《人物》杂志主编、《新报》评论员亚历山大·明金在"莫斯科回声"电台披露俄罗斯第一副总理兼财政部部长丘拜斯

---

① 〔俄〕《莫斯科共青团报》1997年12月19日。
② 〔俄〕《莫斯科共青团报》1997年12月18日。

等5名高官索取高达45万美元稿费的丑闻，每人已获得9万美元，但所著《俄罗斯私有化史》一书还未见踪影，并指责丘拜斯等人变相受贿。参加本书撰写的都是搞私有化的官员，除俄罗斯"私有化之父"丘拜斯，还有政府副总理兼国有资产管理委员会主席博伊科、联邦破产委员会主席莫斯托沃伊、总统办公厅第一副主任卡扎科夫，以及前政府副总理兼国有资产管理委员会主席科赫等。据俄罗斯《今日报》等报透露，该书只有9个印张，相等于每行字价值72美元，可谓"一字千金"，真正成了"金书"。①

11月13日和15日，叶利钦下令解除了俄罗斯副总理兼国有资产管理委员会主席博伊科、联邦破产委员会主席莫斯托沃伊和总统办公厅第一副主任卡扎科夫的职务。叶利钦以现在尚找不到合适的人选接替丘拜斯，其辞职将"引起权力机构不稳并给国家经济带来严重损失"为由拒绝解除丘拜斯职务。叶利钦在向总检察长调阅了有关稿酬事件的材料后公开表态认为，"这不是违法行为，而是国家官员的不正当行为"，同时打电话批评了丘拜斯。②

1997年11月25日，丘拜斯被撤销了财政部部长职务。12月2日，叶利钦利用会见18名年轻企业家的机会再次向财团发出警告，指出财团可以指望与总统和政权合作，但不要幻想凌驾于政权之上，不管对哪级政权这样做都是无益的。③

但1998年3月，叶利钦最终还是改组政府，彻底撤销了丘拜斯等人的职务，寡头也获得了一场关键战役的胜利，他们的干政能力震惊了所有人。

2. 无法"干政"则依附于政治

俄罗斯寡头的政治属性决定了他们与政权有着极高的关联度，这种密切的关联是驱使寡头干政的主要动因。换言之，只要寡头与政权"血脉相连"的状况不改变，寡头干政在一定意义上就是不可避免的。

鉴于此，在根源性因素没有消除的情况下，只是依靠强力手段对寡头干政进行惩戒，但很难达到一劳永逸的效果。在与政权相结合的出发点没有改变的

---

① 〔俄〕《今日报》1997年11月13日。
② 俄罗斯俄通社—塔斯社，1997年11月15日俄文电。
③ 〔俄〕《俄罗斯报》1997年11月26日。

情况下，对政权实行控制的企图受挫后，寡头自然地转向了与政权曲线合作的方式，即开始依附于政权，完成了一个态势上截然相反的逆转。

这种极端性是俄罗斯寡头的一个重要特性，是其与生俱来的生成性质所决定的。"近则不逊，远之则怨"，缺乏独立品格的资本集团很难担负起创造与维护良性经济环境的使命。

（二）具有强烈的历史色彩

俄罗斯寡头的这种特性具有强烈的历史色彩，如今，俄罗斯寡头已经进入衰退期，在未来虽然不排除大资本重新干政的可能，但届时的大资本无论是自身的成因、结构还是干政的手法、方式都会与这一时期的寡头有着很大的不同。这一时期的俄罗斯寡头只属于一个特定的年代。

1. 特定时代的产物

俄罗斯寡头是一个特定时代下的特定产物。俄罗斯迅猛的社会转型、缺乏经验与调整能力的经济政策、独特的权力分布状态、特殊的人文环境等，只有这些因素同时出现并结合在一起，才有可能产生俄罗斯寡头这种现象。

如同其他的时效性事务一样，时代属性使俄罗斯寡头现象很难在日后被复制，缺乏后来者也很有可能导致俄罗斯寡头现象就此被定格在阶段性的时间里。

2. 对特定时代具有特定作用

从前文的分析中可以看出，俄罗斯寡头的出现在很大程度上是政权扶植与栽培的结果，这其中不可否认曾有良性动机的存在，而扶植与栽培的持续也从侧面证明了良性动机至少有所实现，因此，对于俄罗斯寡头在特定时代发挥的特定作用应该比较全面地加以看待。

不可否认，俄罗斯寡头现象给国家带来的危害与损失要远远大于收益。寡头为一己私利严重干扰政局，控制政策，甚至试图私有化政权，无论是在结果上还是在后果上都给俄罗斯造成了严重的损害。但从当时政权的逻辑来看，寡头带来的"弊"可以视作寡头带来的"利"的代价，一定程度上是政权可以接受的，毕竟扶植策略的初衷还是有所实现。

政治方面，左派与右派水火不容，寡头势力在争斗中站在了"反左"的一方，并获得了阶段性的胜利。这对于"反左"阵营显然是有功绩的。

经济领域，20世纪90年代当政者有两大经济使命，即通过私有化为经济注入生命力和增强民族经济的竞争力，在完成这两个目标的过程中，寡头势力都起到了先锋作用。

到2000年，俄罗斯最大的64家公司的总销售额为1090亿美元。其中470亿美元主要由俄罗斯天然气工业股份公司和统一电力公司之类的国有企业创造，但私有大型企业则拥有620亿美元的销售额，超过销售额的半数。

政权刻意扶植的金融—工业集团也成了俄经济中最活跃的部门，尤其是在经济总量下降的背景下其业绩显得更为突出：1996年全俄工业生产下降5%，而金融—工业集团的工业产值却猛增3倍，从26万亿卢布跃增到100万亿卢布以上，在GDP中的比重由2%升至10%，在全俄投资平均下降18%的情况下，15个金融—工业集团基本投资增长率却达到250%。当年全俄外贸出口增长8%，而一些金融—工业集团则增长28%。这些企业债务低，管理好，具备高技术开发潜力，甚至可以说是俄罗斯现代企业经营的典范。

（三）具有很强的不稳定因素

俄罗斯寡头的第三个特性在于他们的不稳定性。相比于西方国家的工商巨头，俄罗斯寡头虽然飞速崛起，但同时他们也可以迅速垮台，今天还风光无限，转眼间就烟消云散，稳定性之差可以说为世界之冠。究其原因，以下几点是其中重要因素。

1. 出身"原罪"说

俄罗斯寡头的成长史基本上就是一部对国有资财的盗窃史，尽管手法比较隐秘与高明，但在有决心的追查面前还是会破绽百出，无所遁形。对寡头而言，对历史的清算永远是悬在他们头上的一把利剑，出身的"原罪"是不可能除掉的污点，也是使他们永远处于不稳定状态的最重要的根源。

图6-2显示了1993~2001年俄罗斯经济精英的变迁情况，仅仅8年就只剩半数的人还保持着原来的地位。

2. 立身于政权需求

政权的策动是成就寡头的关键因素，寡头与政权的需求密不可分。这种情况下，一旦政权的需求发生变化，寡头的立身之本就会发生动摇，这也是寡头很难保持稳定的重要原因。

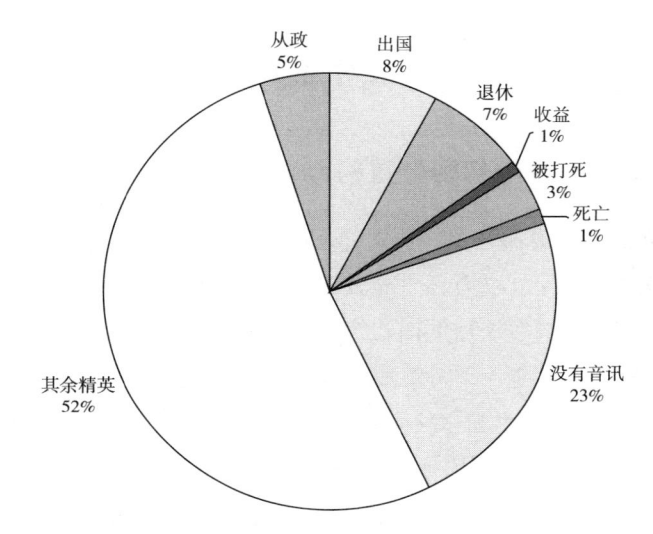

第六章　俄罗斯寡头政治与精英政治

图 6-2　1993~2001 年俄经济精英的变迁

资料来源：О. В. Крыштановская, Бизнес-элита и олигархи: итоги десятилетия, http://www.ecsocman.edu.ru/images/pubs/2006/11/03/0000293665/2002_ n4_ p3-60.pdf。

3. 置身在核心经济领域

俄罗斯是一个市场能力偏弱的转型国家，促进经济繁荣需要国家力量的必要介入，这就要求国家必须具有把握经济重心的能力。而俄罗斯寡头的核心资产恰恰处于国家的核心产业中，国家与寡头的经济利益构成了难以调和的矛盾，随着国家执政能力的增强，寡头处在了与国家争利的边缘，随时有可能遭到沉重打击。

4. 寡头集团内部的利益纷争

当年"银行家的战争"凸显了寡头的劣根性，即目光短浅、相互争利、贪婪而缺乏团结，很难形成合力，容易被各个击破，这是寡头固有的属性。资本聚积形成了数量很少的寡头后，在利益归属非此即彼的局面下，寡头之间就基本失去了团结的余地。所谓的"囚徒困境"会导致相互的不信任与争斗，此特性也为俄罗斯当权者所发现并利用，在普京政府打击寡头的过程中也印证了这一点。

265

第三节 普京对寡头政治的规制

一 对寡头干政的规则与重构

寡头盛衰的分水岭是 2000 年普京政府的上台，刚刚登上权力之巅的普京即在国情咨文中讲道："权力真空导致私人公司和机构攫取国家职能。它们控制着自己的影子集团、势力集团以及通过非法手段获取信息的非法安全机构。"这种情况必须改变，"国家职能和国家机构之所以有别于商业机构，是因为国家职能和国家权力机关不能被收买或出卖，不能被私有化或转让"。[①]普京的讲话表达了其将整饬国家权力格局、改变混乱局面的决心。

普京政府确定了重塑权力体系的执政理念以后，打击寡头势力就成为迫在眉睫的任务。在稍稍整合了权力资源后，普京政府在第一时间即发动了对寡头的讨伐。

在打击寡头的手法运用上，普京采取了定缓急、分步骤、分化孤立、各个击破的办法。首先划定规则，掌握主动。普京约集寡头谈话，传达了新政府的新规矩，即要么保住财富而远离政治，要么染指政治而失去财富，守规矩者可以在一定程度上既往不咎，玩火者将受到惩罚。其次选择逾界冒尖者进行打击，以杀鸡儆猴，在重创寡头势力的同时，震慑余者不可过界。最后则疏浚通渠，理顺权力结构，控制经济走势，实现对寡头势力的釜底抽薪。

（一）划定规则

2000 年普京上任伊始，就召集了 20 余位最有影响的寡头进行了一次"准施政演讲"，在座谈中，普京清楚地表达了其施政理念中对大资本的态度，即可以发财，但不可以干政；既往可以不咎，但新恶必将严惩。普京谈道："在我们国家，人们将那些躲在暗地里从背后对政治决策施加影响的大企业代表理解为寡头。而这一寡头集团根本不应当出现。不过，大生意及俄罗斯资本家的

[①] 见弗拉基米尔·普京 2000 年 7 月 8 日对联邦会议所做的国情咨文《俄罗斯国家：强国之路》，http://www.pravda.ru/archive/days/2000/july/08/17-13-08-06-2000.html。

第六章　俄罗斯寡头政治与精英政治

代表不仅有权利存在,而且还有权获得国家的支持。"[①] 此次座谈明确地划定了各自活动的界限,表明了将对逾界者加以惩戒,获得了道义上的主动权。

(二) 惩戒违规者

在转型社会诸事失范的情况下,媒体的蛊惑能力有着超乎想象的巨大能量,普京此时需要做的就是断绝寡头的反击途径,因此,握有强大媒体资源且不守规则,并对当局指手画脚的古辛斯基和别列佐夫斯基就首当其冲地成为普京政府的第一批打击对象。[②]

古辛斯基早在1993年就盯上了传媒业,出资在俄罗斯独立电视台开辟新频道,后来又购买了该电视台77%的股份。随后,他又控制了《今日报》和《七日》周刊,收购了著名的"莫斯科之声"电台,并与美国人合办《总结》周刊。到了20世纪90年代中期,古辛斯基成了俄罗斯的传媒大亨,个人财产高达4亿美元。同样,别列佐夫斯基为向政府施加影响,收购了俄公共电视台16%的股份、电视六台29%的股份,并握有《独立报》《星火》周刊的控股权。

在2000年的总统选举中,古辛斯基态度暧昧,其倾向更接近于中左联盟,对普京政府则缺乏配合。大选之后,古辛斯基的媒体王国依旧没有表现出顺服的姿态,反而对政府不当事宜的批评变本加厉。2000年5月9日,在普京就任总统后的第一个阅兵仪式上,《今日报》就发文指责阅兵方队的排序,无中生有地抨击普京对方队的排序别有用心。在之后报道库尔斯克号核潜艇事故时,古辛斯基控制的媒体大量肆无忌惮的攻击言论更是呈铺天盖地之势,使新政府陷入了极其被动的境地。不配合的媒体左右视听,影响民意,严重地干扰了普京的新政步骤,双方的矛盾开始激化。

2000年5月11日,俄执法部门强行搜查了古辛斯基旗下的"梅地亚—桥"集团。同年6月12日,俄总检察院指控古辛斯基侵吞国有资产,并下令将其逮捕。6月16日,蹲了三天大牢的古辛斯基被取保候审,之后就神秘失踪。2001年11月,俄罗斯向国际刑警组织发出了对古辛斯基的国际通缉令。

---

① 〔俄〕《独立报》2000年12月26日。
② 关于普京控制媒体的战略安排,请参见 Политический ежегодник "Политическая элита",第139~140页。

同年12月12日，古辛斯基在西班牙落网，但西班牙警方拒绝了俄方的引渡请求并将其释放。2003年8月23日，古辛斯基在希腊再次被捕，不久后又被释放。目前，古辛斯基躲藏在以色列，其风光一时的势力已烟消云散。

所谓擒贼擒王，政治斗争中最有效的打击手段也在于先破首脑。作为寡头干政的代表人物，尽管别列佐夫斯基在普京登台之初给予其重大帮助，但根本立场上的冲突使得两人的决裂很快就出现了。

别列佐夫斯基可以说是叶利钦时期最具有政治影响力的寡头，在经受住了寡头内讧与金融危机的冲击后，他的经济实力与政治资本得以进一步扩张，俨然成了寡头群体在政界的代言人。随着叶利钦政治资源的日益萎缩，别列佐夫斯基的影响力逐步达到顶点，成为幕后的"国王的缔造者"。"就在切尔诺梅尔金被正式解职之前，别列佐夫斯基在接受媒体采访时向公众预言将有重大的职务变动，同时他还声称正在积极准备2000年的总统选举以保证权力的连续性，此外他还对将参加2000年总统选举的每一个候选人指手画脚地进行圈点评论，称没有一个人适合，暗示2000年应该由新人来领导国家。其言词间干预政治、操纵政治的霸气十足。"①

在选择叶利钦继承人的问题上，别列佐夫斯基体现了巨大的能量，他先后参与扳倒了基里延科政府与普里马科夫政府，并在辅佐普京上台的过程中起到了显著的作用。别列佐夫斯基这样做的目的当然在于可以继续操控政府，因此在普京执政后，别列佐夫斯基以一种想当然的姿态继续干涉政治，也由此别列佐夫斯基遭到了新生代政权不遗余力的打击。

2000年3月，在一次记者会上别列佐夫斯基表达了继续干政的意愿，他强调，他与普京有着良好的关系，每天进行一次电话交谈，但他又警告说，没有寡头的支持，普京政权将不复存在，寡头在俄罗斯新时期的地位也将继续上升。"就我个人而言，将不会有什么改变。寡头的作用将会增强。"②

这一警告对于新政权显然起了相反的作用，政权开始对别列佐夫斯基流露

---

① 谢林、王新东：《对垒：俄罗斯首富霍多尔科夫斯基的政治命运》，新华出版社，2004，第142~143页。
② 〔英〕卡瑟琳·丹克斯：《转型中的俄罗斯政治与社会》，欧阳景根译，华夏出版社，2003，第300页。

出敌意，随后俄税务总局就对伏尔加汽车公司逃税案展开调查。该公司1999年年产"拉达"轿车65万辆，却虚报产量为20万辆，从而大量逃税，该公司的后台老板就是别列佐夫斯基。

此后，在车臣政策与联邦关系方面的不同见解使双方矛盾进一步升级。2000年5月30日，别列佐夫斯基在公开场合批评政府，指责普京政府将摧毁俄罗斯的民主制度，行政改革将毁掉地方行政精英。7月19日，别列佐夫斯基在国家杜马大会上以不同意普京推行改革政权结构和打击寡头政策为由，当场辞去杜马议员职务，将矛盾公开化，扬言要创办反对党。别列佐夫斯基公开声称："我不想参与这样的闹剧，我也不想在我的手中亲自将俄罗斯变成一个集权的国家。"[①]

2000年11月，俄总检察院开始传讯别列佐夫斯基，指控他的罪名是：他控制的两家在瑞士注册的公司内外勾结，把俄罗斯航空公司在境外的几亿美金票款清洗并据为己有。别列佐夫斯基于2001年5月潜逃到英国。2003年3月26日，别列佐夫斯基在伦敦被捕。俄总检察院曾准备将其引渡回国，尽管别列佐夫斯基说服英国政府同意了他的政治避难要求，但这个昔日在克里姆林宫最著名的代表人物、号称寡头"教父"的风云人物也就此远离了人们的视线。

在此期间，普京还曾敲山震虎，对其他跃跃欲试的寡头进行了震慑。2000年6月27日，"阿尔法"集团下属的秋明石油公司被警方搜查。7月11日，俄总检察院强行调阅了俄石油天然气公司的文件。一系列的举动有效地遏制了寡头重新联合起来的倾向。

二 控制战略资源与尤科斯事件

普京政府采取的具有根本意义的步骤是由国家重新控制核心工业，尤其是要拿回对自然资源的控制权，使政权牢牢把握住经济发展的命脉。这次站到普京政府面前的是已成为俄罗斯首富的霍多尔科夫斯基。

继别列佐夫斯基之后，霍多尔科夫斯基在政界日趋活跃，不仅在议会选举

[①] 〔英〕卡瑟琳·丹克斯：《转型中的俄罗斯政治与社会》，欧阳景根译，华夏出版社，2003，第193页。

中广泛撒网，而且在所辖企业的经营手法上日趋明显地表现出"国际化"，即以国际资本的介入来换取自身资本的安全，以经济影响力换取在政治方面更大的发言权。在2003年的卡内基基金会的演讲中，霍多尔科夫斯基放言："俄罗斯社会将要适应这样一个事实：人们可以拿钱去做他们想做的任何事。"① 此时，霍多尔科夫斯基的挑衅恰恰与普京政府树立权威的需求结合在了一起，羽翼渐丰的普京政权毫不犹豫地选择了出击。

2003年10月25日，俄联邦安全局拘捕了俄国第二大石油公司尤科斯公司的老板霍多尔科夫斯基。霍多尔科夫斯基当时是俄国首富，拥有83亿美元的资产，他是乘坐私人飞机在新西伯利亚机场降落加油时被捕的。这是自普京打击"寡头"以来最为激烈的一次斗争。

早在2003年7月2日，尤科斯公司的股东、有"钱柜"之称的"梅纳杰普"集团总裁列别捷夫以经济罪名被正式拘捕。10月25日，警方又以突然行动拘捕了霍多尔科夫斯基，指控他犯有严重的欺诈、侵占和逃税罪，检察机关指控霍多尔科夫斯基和列别捷夫利用俄罗斯进行私有化之机在俄罗斯境外建立了一个巨大的欺诈网络，通过欺诈的手段获得俄罗斯企业的所有权。他们以极低的价格收购了国有化肥公司"阿帕帝特"20%的股份，当法院裁定收购行为非法后，他们又将这笔资产成功地转移到海外。他们还利用建立空壳公司和设立空头账户等手段，通过转让定价的方式交易产品，逃漏税款，在1998年至2003年期间，共逃税、漏税1500亿卢布。

2005年5月13日，俄罗斯莫斯科仲裁法院裁定，尤科斯石油公司应支付拖欠尤甘斯克公司的售油款624亿卢布（约22.3亿美元）。5月31日，俄罗斯莫斯科地方法院分别判处霍多尔科夫斯基和列别捷夫9年监禁。8月1日，莫斯科一家法院宣布尤科斯公司破产。

按照法院计划，在经过一年的破产清算后，尤科斯公司剩余的资产包括几处石油储备、1302家加油站、5个原油加工厂以及两家石油开采企业将偿还给债权人。舆论普遍认为，这些资产将很可能被俄罗斯当时最大的两家能源公

---

① 谢林、王新东：《对垒：俄罗斯首富霍多尔科夫斯基的政治命运》，新华出版社，2004，第154页。

司，即国有的俄罗斯石油公司和俄罗斯天然气工业股份公司获得。这也就意味着霍多尔科夫斯基近20年累积的财富成了南柯一梦，重又被政权夺回。

三 新时代的权力支撑点

研究者普遍强调，普京最重要的权力支撑点在于他所出身的强力集团，正是强力集团经过力量的重新整合后全力辅佐普京，才形成了普京政府对其他势力集团的绝对优势地位。本文同样认可强力集团对普京的关键作用，但同时也认为，普京一直在有意识地理顺权力支撑点的构成，试图建立稳定的、制度化的权力结构，这种努力可以在他对行政体系建设、政党组织构建等诸方面推行的改革中看出端倪。

（一）强力集团的崛起

普遍认为，普京之所以能够如此顺畅地解决掉寡头问题，除了因为寡头内耗而大伤元气之外，普京身后强力集团的支持也至关重要。随着普京政治地位的稳固，尤其是打压寡头成功后，普京背后那个几乎不为外人所知的神秘权力集团——"西罗维基"（俄语意为"强力集团"）开始浮出水面。这个权力集团是以原克格勃成员为核心的政治团体，这些曾经是苏联解体后最大"失意者"的强力部门成员，在普京迈向权力顶端的过程中重新团结起来，获得了复活。

俄罗斯女社会学家奥尔加·克雷什塔诺夫斯卡娅采访了数以百计的"西罗维基"成员，并据此得出结论说，苏联解体后，原克格勃成员成了最大的"失意者"，但一个同僚总统让前克格勃找到了自信，他们"团结起来，全力支持普京"。"西罗维基"在俄政坛最高层的比例从1988年的4.8%上升到了2003年的58.3%。奥尔加指出，"西罗维基"的"成员性质单一，非常团结……对普京高度忠诚，很少有人贪污"。"西罗维基"现在最大的任务就是跟寡头政治进行斗争。①

强力集团自身有着得天独厚的资源，其系统庞大，组织严密，拥有调查与秘密行动的特权，是国家暴力机关的力量内核，也是国家权力体系中的重要一极。但在构建国家的权力时，强力部门通常都会被加以严格的限制，使其中立

---

① 新加坡《联合早报》，http://www.zaobao.com/special/newspapers/2003/11。

化,成为一个没有独立意识的执行部门,重要的原因即在于防止其挟权力反噬。俄罗斯在转型之初,"青年改革派"完全遵循西方政府的构建原则,对军队、安全部门等强力集团实行国家化,并刻意限制其权力范围,因而有强力部门是最大的"失意者"之说。及至克格勃出身的普京成为总统之后,派系斗争与国家治理的双重压力使普京与强力集团自然而然地走到了一起,于是总统得到了能够贯彻其意图的力量,强力集团获得了政治生命,双方的结合迸发出了巨大的能量,获得了远超其他势力集团的优势。

普京对强力部门扶植有加,逐年加大对强力部门的财力投入,同时不仅提拔了大量有强力部门背景的人进入高级领导层,而且在国家的重要企业也安排了许多强力集团的骨干。

同 2003 年相比,在 2004 年的联邦预算非利息支出中,对强力部门的支出比重从 30.5% 上升到 31.8%,同时地方援助开支比重从 37% 下降到 35.7%,而科研、文化和社会集团开支比重从 16.3% 下降到了 16%。①

2005 年的联邦预算中强力部门的开支(国防、维护稳定和国家安全)达 9264 亿卢布,超出所有社会性开支(社会政策开支为 1721 亿卢布、教育支出为 1545 亿卢布、保健开支为 712 亿卢布、文化与传媒支出为 385 亿卢布)的 1 倍还多。②

围绕在普京周围的强力集团已掌握了俄罗斯最赚钱的石油、天然气、核燃料、钻石、武器、航空以及运输等企业。据不完全统计,截至 2005 年,俄政府有 1/4 的精英出身克格勃,超过 2000 个最具影响力的政府和行业机构控制在前克格勃成员手中。在普京任命的由 24 人组成的联邦安全委员会中,多数成员是前克格勃官员;内阁 12 个部长中有 4 人属于"西罗维基",有 11 人兼任 6 家国有公司的董事长,12 人分别是不同公司的董事成员。另外,还有 15 位克格勃出身的高官担任了 6 家国有公司的董事长,并分别占有各大公司的 24 个董事席位。没有担任政府官职的所谓"纯粹"经济界人士阿列克谢·米

---

① 〔俄〕米哈伊尔·杰里亚金:《后普京时代——俄罗斯能避免橙绿色革命吗?》,金禹辰译,社会科学文献出版社,2006,第 72 页。
② 〔俄〕米哈伊尔·杰里亚金:《后普京时代——俄罗斯能避免橙绿色革命吗?》,金禹辰译,社会科学文献出版社,第 73 页。

勒（天然气工业股份有限公司总裁）、谢尔盖·波格丹奇科夫（俄罗斯石油公司总裁）等同样也是克格勃出身。①

正是因为构筑了新的权力支撑点，普京政府才得以从容应对寡头。至普京第一任期末，第一批俄罗斯寡头已基本上丧失了对政权操纵的能力，甚至可以认为，20 世纪末那种模式的俄罗斯寡头已经不复存在，政府在对寡头的斗争中获得了压倒性的胜利。就像流亡在外的别列佐夫斯基所坦言的："无论是 1996 年那样的寡头政治，即克里姆林宫在几个大的商业集团的利益之间搞平衡，还是 1999 年那样的寡头政治，即克里姆林宫与相处友好的寡头一起联手反对那些不友好的寡头都不复存在。总之，通常概念意义上的寡头政治无论如何也不会再有了。国家从寡头手中把财产抢回来所用的时间要比寡头把国家财产搞到手所用的时间少得多。现在大资本家已经不再是通过总统来管理国家，而只能羞答答地建议总统来领导他们。"②

（二）行政体系的构建

强力集团创建了一种不同于商业寡头的经济利益和政治权力相结合的模式，这同样也存在出现强力寡头的潜在威胁，利用强力集团打造纵向管理体系只能是权宜之计，构建高素质与高效能的行政体系才是解决此问题的正途。普京政府对此显然高度重视并进行了一系列的推动工作。

赴任之初普京就在新年献词中指出，需要"使国家政权机关和管理机关结构合理化，提高国家公务员的专业素质、纪律性和责任心，加大反腐败的力度。……以选拔优秀专家原则为依据改革国家干部政策"。③

2000 年 5 月 13 日，普京发布关于成立联邦区的总统令，决定将全国划分为七个联邦区，并派驻总统全权代表。5 月 17 日和 19 日，普京先后向俄罗斯议会提交了《联邦委员会组成原则修正法案》《俄罗斯联邦主体国家立法与执行权力机关基本原则的修改与补充法案》《俄罗斯联邦地方自治设置原则的修正法案》三项法案。普京采取的主要措施如下。

其一，在联邦中央与联邦主体之间设立一种新的权力实体——联邦区，用

---

① 〔俄〕《商务周刊》2006 年第 21 期。
② 〔俄〕《政权》2000 年 12 月 26 日。
③ 〔俄〕弗拉基米尔·普京：《千年之交的俄罗斯》，〔俄〕《独立报》1999 年 12 月 30 日。

以强化总统对联邦主体的集中领导。同时，为了安抚地方领导人，也为了完善行政领导体制，普京提出成立由总统直接领导的、由联邦主体行政长官参加的国务委员会，直接商讨、解决全联邦以及中央与地方的关系问题。2000年9月2日普京签署命令，成立了国务委员会主席团。

其二，改变联邦会议上院——联邦委员会的组成方式，目的是取消各联邦主体行政长官和地方杜马主席兼任联邦委员会成员的惯例，恢复上院作为职业化立法机关的本来面目。实际上使地方官员的影响力只限于地方事务，而无法对中央决策的实施以及重要联邦法律的通过形成压力。

其三，建立总统和联邦中央对地方官员的法律监督机制。此前，由于缺乏相应的法律制约，即使由当地选民直接选举产生的地方行政长官毫无政绩、即使地方立法机关通过违反联邦宪法的法令，中央政府甚至总统也对此奈何不得。而相关法案通过后，联邦政权、俄罗斯总统在法律上便拥有了整顿秩序的可能性。[1]

2001年3月28日，普京总统签署命令，同时对五个强力部门负责人进行调整。原安全会议秘书谢·伊万诺夫改任国防部部长，"团结党"议会党团领导人格雷兹洛夫任内务部部长，原内务部部长鲁沙伊洛改任安全会议秘书，弗拉德科夫任联邦税务警察总局局长，亚·鲁米扬采夫为动力能源部部长。[2]

2001年8月，普京下令成立由时任总理卡西亚诺夫牵头的公务员改革问题委员会和由时任总统办公厅第一副主任梅德维杰夫牵头的部门间改革方案筹备工作小组，签署了《俄联邦国家公务员制度改革构想》，要求该委员会讨论重组国家机构等法律规章制度。

2002年8月12日，普京签署总统令，具备过渡性质的《国家公务员公务行为准则》开始实施。

2003年7月23日，普京签署《关于2003~2004年推进行政改革的措施》的总统令。包括如下内容。

其一，确定行政改革的优先方向，包括限制国家介入企业的经济活动，其

---

[1] М. Э. Дмитрьев, Административная реформа: от служения государству к обслуживанию общества, http://umnyi.narod.ru.

[2] 转引自冯绍雷、相蓝欣主编《转型理论与俄罗斯政治改革》，上海人民出版社，2005，第218页。

中包括停止多余的国家调控；杜绝联邦执行权力机构的功能和权限的重复；在经济领域发展可自动调整的组织体系；划分有关经济活动的调控、监督和控制、国有资产管理、国家机关向公民和法人提供服务方面的功能；结束联邦执行权力机构和联邦主体执行权力机构的职能划分进程。

其二，命令俄联邦政府成立行政改革委员会，其成员组成包括：俄联邦总统办公厅代表、联邦执行权力机构负责人、俄联邦主体执行权力机构、地方自治机构代表；协同制订行政改革委员会条例。

其三，俄联邦政府首脑每季度向总统汇报本命令的执行情况。[①]

在2005年的国情咨文中，普京进一步强调要改善公务员待遇："与此同时，预算部门的实际工资还不及20世纪80年代末的水平，其平均工资更是低于俄罗斯的平均水平；全国统一工资等级表的18个等级中有12个等级是在基本保障线以下。这即是说，大多数财政供养人员陷于贫困境地的可能性相当大。如此窘迫的处境妨碍了他们有效地、创造性地工作。……我认为，必须在3年内将这些部门人员的实际收入提高至少50%。这意味着近年内他们工资收入水平的增长速度至少应超过物价涨幅的50%。"[②]

经过数年的努力，俄罗斯的行政体系建设有了初步的格局，虽然距离实现完善的行政效能还有很长的路要走，但这方面的每一步进展都会对遏制专权、保障社会良性运转有所帮助。

（三）政党型组织的组建

在转型的俄罗斯社会里，政党建设一直是政府中主导力量的薄弱环节，作为现代政治组织中最常见也是最有效的集合力量的方式，组建能够保障政治意志长存的政党是普京政府所必须面对的课题。

普京在上任之初，从政党中可以汲取的力量还相当有限。从表6-5和表6-6中可以看出，当时普京集团在议会中尚不具备优势，这与其民众支持率形成巨大的反差。

[①] М. А. Кроснов, О проекте административной реформы, http://www.niiss.ru.

[②] 《普京2005年国情咨文》。

表 6-5　1999 年俄罗斯议会选举结果

单位：%、席

政党	百分比	议会席位
俄共	2 2.49	114
"团结"运动	23.32	73
"祖国—俄罗斯"运动	13.33	66
右翼力量联盟	8.52	29
日里诺夫斯基联盟	5.98	17
"亚博卢"	5.93	20

资料来源：笔者根据资料整理。

表 6-6　2000 年俄罗斯总统选举结果

	百分比（%）	选票数（百万张）
参选率	68.7	75.1
普京	52.9	39.7
久加诺夫	29.2	21.9
亚夫林斯基	5.8	4.3
图列耶夫	2.9	2.2
日里诺夫斯基	2.7	2.0

资料来源：笔者根据资料整理。

2001 年 7 月，经过多年讨论反复修改的《俄罗斯联邦政党法》正式颁布。其中规定，成立全国性政党的条件之一是党员总数必须在 10000 人以上，在半数以上联邦主体设有分支机构，且每个分支机构的人数不得少于 100 人。只有符合这些要求的政党才能注册并推举自己的候选人参加议会选举。2004 年对《俄罗斯联邦政党法》进行修订时又将这些指标提高到党员总数不少于 50000 人，在半数以上联邦主体设立分支机构，且每个分支机构的人数不少于 500 人。2005 年 4 月出台的新《选举法》还将进入国家杜马门槛的投票比例从 5% 提高到 7%。上述这些措施使得社会上各种政治力量不得不进行重新整合，为培育全国性的大党创造了条件。2003 年只有四个政党进入议会。

2001 年，政党建设具有转折性意义的局面出现了，作为政权党的"统一俄罗斯"党蓬勃发展起来。从最初的"团结"运动到"团结党"，然后与"祖国"

党和"全俄罗斯"党合并成为"统一俄罗斯"党,到 2003 年议会选举前夕该党成员有 60 万名,2004 年 6 月增加到 80 万名,到 2006 年 4 月,已超过 100 万名。从第四届杜马选举开始,"统一俄罗斯"党一直为杜马第一大党。

(四)掌握经济命脉与不"干政"的寡头

在分析普京对待寡头的思路时必须认清一点,普京并不想也不可能完全铲除大资本,普京所要对付的只是破坏规则、对政权和政策构成威胁的大资本。普京本人对此曾表示:"当然,我们今后仍将致力于提高国家机关的威望,仍将支持俄罗斯实业界。不过,家财亿万的商人和各级官员都应该知道,如果他们利用特殊的相互关系获取非法利益,国家不会对他们的行为视而不见。"①

在与寡头的斗争中,普京充分认识到了掌握经济命脉的重要性,这是国家避免被寡头要挟的基本条件。为此,普京政府先后采取了诸多手段来重新控制国家的经济大权。

第一种方式是直接剥夺不驯服的寡头的资产,先后有古辛斯基、别列佐夫斯基、霍多尔科夫斯基等被规制,其核心资产西伯利亚石油公司、尤科斯石油公司都陆续被国家控制。

第二种方式是加强国有企业的规模与实力。2004 年 8 月初,普京签署了一项命令,限制对 549 家具有战略意义的企业进行私有化。9 月 14 日,在召开政府扩大会议的第二天,普京同意了总理弗拉德科夫的提议,决定让俄罗斯天然气垄断企业——天然气工业股份公司和 100% 国家控股的俄罗斯石油公司合并,组建俄能源领域的"航空母舰"。

第三种方式是委派心腹直接管理战略行业。总统办公厅主任梅德维杰夫从 2002 年起就一直担任天然气工业股份公司的董事会主席。2002 年 6 月,总统顾问伊万诺夫出任重要的军工集团阿尔马斯—安泰防空武器康采恩董事会主席。2003 年 4 月,普京的外事顾问普里霍季科成为战术导弹武器集团董事长。2012 年,总统办公厅副主任谢钦任俄罗斯石油公司总裁,总统顾问舒瓦洛夫任俄罗斯铁路公司董事。总统办公厅副主任苏尔科夫正式担任石油产品运输公司董事长。总统办公厅主任顾问什科洛夫和专家局局长德沃尔科维奇都是石油

---

① 《普京 2006 年国情咨文》。

运输公司董事会成员。"别斯兰人质事件"后，普京的另一名顾问维·伊万诺夫开始担任俄国家民航公司董事会主席。

第四种方式是逐渐施加压力，各个击破，使寡头让出在战略行业的控制权。2005年9月，俄罗斯最大的国有天然气公司——俄罗斯天然气工业股份公司宣布将以130.01亿美元兼并阿布拉莫维奇的西伯利亚石油公司。

2002年，在普京进一步镇压寡头和促进国有化之际，阿布拉莫维奇开始了自己的"洗白"计划。他卖掉了在俄罗斯铝业公司、俄罗斯航空公司和汽车控股公司的全部股份。同年，阿布拉莫维奇携妻小6人移居伦敦。

2005年10月，阿布拉莫维奇将在西伯利亚石油公司所持有的全部股份售给俄天然气工业股份公司，彻底放弃了自己在俄罗斯的所有企业。至此，阿布拉莫维奇不再控制任何一家实体，除了他自己的MILLHOUSE投资基金之外。

2007年1月31日，位列俄罗斯富豪排行榜前十位的两大著名寡头、"因杰尔罗斯"控股公司合伙人波塔宁和普罗霍罗夫宣布战略分手，各自重组自己完全控股的公司，价值300多亿美元的共同资产在年内分割完毕。"因杰尔罗斯"公司将由波塔宁一人所有，普罗霍罗夫将把其持有的"诺里尔斯克镍业"公司（诺镍）股份转售给对方，自己得到联合企业内的所有能源资产，其余资产主要是"极点"黄金开采公司、俄罗斯银行、"普罗夫媒体"集团、"动力机车"集团、"开放投资"房地产公司，将对等平分，各自独立管理。

波塔宁在接受媒体采访时表示不排除其控制的诺里尔斯克金属集团被国有化的可能。他称希望私有财产法律制度能被遵循，其确信国家应解决那些社会自身无法解决的问题，而不是插手那些市场能成功处理的问题。

他在回答关于俄政府回购诺里尔斯克股份的可能性的提问时称，若诺里尔斯克真的被国有化，其不会将此视为个人悲剧，而是将此看成商业环境的改变。他还向媒体表示："若没有政府的支持，大的项目很难得以实施，但不能将此与国有化问题混淆。诺里尔斯克应是个私营企业，而政府应支持我们。"

第五种方式是对不干政、表示效忠的寡头，普京政府正视他们的经济影响

第六章 俄罗斯寡头政治与精英政治

力,对其经营依然给予支持,并视为政权的支撑力量之一。如科甘、普加乔夫、杰里帕斯卡等人即属此类。[①]

因此,在当今的俄罗斯仍然有规模巨大的大资本存在,他们依然有着对政府施加影响的实力,只不过是运作的方式变得更加委婉,也更加巧妙。沿袭既往的称谓,我们把他们定义为"新兴寡头"或"隐形寡头"。

俄罗斯卡内基基金会的分析人士利普曼曾说过:"我们再也看不到那种公开的、四处炫耀的影响力。就像我们以前说的那样,他们能用脚踢开克里姆林宫的大门。"但据一份世界银行的报告,23位寡头或者他们的金融集团仍然继续控制着俄罗斯经济的重要行业。而且有分析人士称,即使是在联邦政府层面,寡头也没有完全消失或者完全遭到政府摒弃。弗里德曼的工商集团阿尔法集团还从政府那里获得经营俄罗斯谢里米特沃机场的合同;经营汽车工厂的德里帕斯卡集团也成功地游说政府暂时保持进口车关税不变。

与以往不同的趋势是,寡头正在寻求与政府的双赢局面。有资料显示,为了继续控制俄罗斯经济,许多寡头越来越在减税、投资贷款和补贴等方面求助于地方政府,这使他们的生意具有竞争力而且可以不引人注意。世界银行将此称为"占领",在这种情况下会有效地排挤外资企业的进入,形成隐蔽的贸易壁垒。据世界银行对俄数百个企业的研究表明,已有七个地区被大型的私人商业集团所"占领"。

[①] 弗拉基米尔·科甘,圣彼得堡工业建设银行总裁。他同当时担任圣彼得堡市第一副市长的普京的关系非同一般,普京家的存款就存在科甘的银行里。对科甘来说,普京办公室的门对他始终是敞开的。另一方面,普京的许多助手都来自圣彼得堡,因此很多事情不用找普京,科甘就可以达到自己的目的。科甘同政府副总理兼财政部部长库得林、政府负责国防工业事务的副总理克列巴诺夫关系都很好。俄罗斯国际工业银行总裁谢尔盖·普加乔夫与普京关系密切,是同普京交往最为亲密的俄罗斯商界巨头之一。关于普京同普加乔夫的交往有许多传说,并被蒙上了一层神秘的色彩。《莫斯科共青团真理报》说,许多消息来源均证实,普加乔夫可以自由进入克里姆林宫面见总统,普加乔夫"有时候"还要向普京就一些政治问题提出建议。奥列格·杰里帕斯卡是俄罗斯铝业公司总裁。据2007年2月12日《莫斯科共青团真理报》报道,拜国际铝价高涨之赐,杰里帕斯卡个人资产已达212亿美元,一跃超过了前首富阿布拉莫维奇,成为俄罗斯新首富。

第七章　俄罗斯社会治理

苏联解体 30 年来，俄罗斯社会领域经历了不断转型的过程。在此过程中，俄罗斯的中产阶级开始崛起，成为一股不可忽视的政治力量；俄罗斯的社会自组织方兴未艾，公民的积极性在政治和社会事件中被激发出来。与此同时，俄罗斯社会领域也体现了国家在场的特点，政权通过制度构建和社会治理实践，将中产阶级的政治行动和社会自组织限制在可控的范围之内，以期实现政治和社会的稳定。

第一节　俄罗斯中产阶级的崛起及其政治影响

关于民主转型和民主巩固的话题一直是学界讨论的焦点，特别是苏联解体、东欧剧变至今的 30 年间，关于俄罗斯政治和社会转型的研究热度有增无减。俄罗斯在经历了大规模的民主化后，并没有发展成为成熟的民主国家，反而停留在威权体制，并有民主倒退的趋势。这不仅违背了西方转型理论的一般性原则，也让民主化在何种状态下能够巩固成了值得商榷的问题。转型理论认为，威权主义的起点是极权主义，终点是民主政治，威权体制只是一个过渡的不稳定状态。这一过程中出现的与转型理论不匹配的变数正是威权主义实现的多样性。就此，有必要在威权主义和民主之前加上各种修饰，包括竞争性威权主义、选举式威权主义、委任式民主、未完成民主和低度民主等。实际上，给予这样的限定词，一定程度上已经承认了威权主义不是必然要向民主过渡的。

伴随着"主权民主"、"可控民主"和普京主义的出台，俄罗斯与西方的意识形态之争又拉开了帷幕。

然而，发起于2011年底2012年初的"为了诚实的选举"社会运动、2017年3月的反腐大游行，以及2021年1月21日的声援纳瓦利内的大游行，表露了威权体制的不稳定因素——俄罗斯存在自下而上的革新力量，威权转型存在可能性。按以往的经验，转型的发生或靠自上而下的政治改革，或靠自下而上的社会运动。2011年12月的游行由莫斯科和圣彼得堡等大城市蔓延至地方乡镇，无论从范围还是影响力看，均为普京当政以来所罕见。与此同时，列瓦达民调中心、全俄舆论中心和公众舆论基金会公布的数据显示，中产阶级是游行的主力军，有超过一半的游行者是拥有稳定工作、宽裕生活并接受过良好教育的中产阶级。因此，部分西方研究者认为，俄罗斯中产阶级作为新兴力量登上了政治舞台，开始寻求国家的变革，有望成为动摇普京体制的关键性群体。这符合现代化理论的预期——中产阶级是反对威权政府的先锋力量，中产阶级的壮大能够推动民主转型。可是，按照这一逻辑，又如何解释2013年6月之后陡然减少的游行数量、2014年克里米亚事件之后的亲普京大游行、2018年3月普京的高票当选，以及2020年6月的宪法修正案全俄公投结果？普京的声望居高不下，游行者的诉求不是改弦更张，不是要求颠覆现有体制，而是寻求公平、清廉并获得更多福利保障和政治权利。这是本质上完全不同的两种诉求，对当权者而言，改变现有政权模式的诉求难以满足，但给予民众更多的利益保障是可以实现的。鉴于此，中产阶级是否在充当民主转型的推动力？较之其他阶级，中产阶级是否更支持民主道路？其内部是否牢固、团结、同质并具有凝聚力？本文希望从中产阶级的概况（价值观念、政治诉求、内部结构）、中产阶级参与的政治运动等方面进行剖析，结合俄罗斯宪法修正案后的政治社会形势，以求重新评估中产阶级对俄罗斯政治转型的意义。

一　俄罗斯中产阶级的概况

阐述俄罗斯中产阶级概况，首先要明确"阶级"和"中产阶级"的界定：有马克思主义阶级论，也有韦伯的财富、声望和权力三要素论；有米尔斯的西方中产阶级界定标准，也有俄罗斯科学院制定的符合自身社会发展阶段的俄式中产阶级界定标准。从历史视角来看，在沙俄和苏联时代，存在对中间阶层或中等收入群体的讨论，并有"贵族中产""红色中产"等称谓，带有鲜明的时代特征。本文以此为出发点，论述不同时代背景下俄罗斯中产阶级的规模，并对当代俄罗斯中产阶级的职业分布、价值观念和对国家的构想等进行分析。

（一）俄罗斯中产阶级的规模

针对沙俄时代，历史学家迈克尔·林奇（Michael Lynch）根据1897年的人口普查数据，以社会地位和职业将俄国人口划分为以下几个大类：上层阶级是皇族、贵族、高级神职人员，占总人口的12.5%；中层阶层为商人、普通官僚、专业人士（医生、律师、经理），占1.5%；工人阶级包括工厂工人、工匠、士兵、水手，占4%；最为庞大的是农民，占82%。[①] 此时的俄国社会类似于一个封建的金字塔，处于顶端的贵族和高级神职人员是由底端劳动群众支撑起来的。贫苦农民、工厂工人等通常被控制在辛苦劳作、宗教和暴力威胁之下。与已经完成了资产阶级革命的英国或法国社会相比，俄国的中间阶层规模小、社会地位低，夹杂在上层阶级与劳动阶级之间，几乎可忽略不计。可见，19世纪末20世纪初的俄国不具有较为成熟的商品经济和独立身份的中产群体，仍然处于封建体制和小农经济当中。

到了20世纪30年代，劳动合作组织不断涌现。在集体农庄内部，大多数人处在中等收入水平。学者马强的记载是："大家生活得都差不多，如果用比例来算，5%的人生活得非常好，10%的人非常不好，而其余85%的人生活在中等水平。"[②] 这是按收入水平和生活条件来划分，中等收入群体占了最大的比例，体现的是集体主义和平均主义，但并不表明中产阶级力量强大，此时的中等收入群体与中产阶级的概念相差甚远。

直至20世纪90年代初，在经历了私有化改革之后，俄罗斯的阶级结构才发生了质的变化。苏联时期的专业者群体，如科学家、教师、高级技术员、政府雇员等在改革中寻找新政权的归属，极少数人成为寡头和"新俄罗斯人"。部分人在私有化过后，由于无法适应市场的竞争性，收入和生活条件急剧下

[①] http://alphahistory.com/russianrevolution/russian-society/.
[②] 马强：《"俄罗斯心灵"的历程——俄罗斯黑土区社会生活的民族志》，北京大学出版社，2017，第187页。

降。以科学家为例，叶利钦政府缩减了科研经费，致使大量科学家和研究员失业，留任者也不一定能按时领到工资。这部分人或转行，或移民欧美国家。1995年的科研人员总数只是1990年科研人员总数的55%，流失了近一半的人。2000年前后，科研人员总数不到1990年的47%，这对俄罗斯科研实力造成一定程度的打击。原中产人群退出后留下的空位由市场型中产人群占据。表7-1是俄罗斯社会学者多博林科夫和克拉夫琴科参照物质条件，以1991年为基数，比较1998年叶利钦改革后的中产阶级内部成分变化。

表7-1 俄罗斯中产阶级内部成分的变化（1991~1998年）

单位：%

	中产阶级上层	中产阶级中层	中产阶级下层	穷人
新贵	38.5	34.4	16.4	2.6
旧富人	49	24.5	9	8.4
稳定者	5.2	24	35.7	24.1
受害者	6.3	15.6	30.3	40.9
新穷人	1	1.3	6.9	18.2
旧穷人	0	0.2	1.7	5.8

资料来源：〔俄〕弗·伊·多博林科夫、阿·伊·克拉夫琴科：《社会学》，张树华等译，社会科学文献出版社，2006，第296页。

表7-1中的新贵指的是1991~1998年新加入中产阶层的人；旧富人是指苏联时代就掌握财富并保留至今的人；稳定者是生活不好不坏，能够维持中产地位的人；受害者与新贵相反，是那些在改革中损失了财产的人；新穷人是指遭受不可接受的打击而陷入赤贫的人；旧穷人是指物质水平没有多少起色，始终是社会底层的人。从上述数据可知，改革前后中产阶级内部成分有质的变化。其中34.4%是因私有化改革而致富得以进入中产中层的新贵，而38.5%得以进入中产上层，新贵称得上是社会改革的赢家，抓住机会得到了财富。形成对比的是，中产阶级有一部分人向下流动，分别为下层中产37.2%（下层当中的受害者+新穷人）和穷人59.1%（穷人当中的受害者+新穷人）。除此之外，接近一半的中产阶级上层都是苏联时代的旧富人，还有部分中产下滑至贫困阶层。新穷人中较为瞩目的一个群体是受过高等教育的知识分子，这印证了

私有化对原中产人群带来负面影响的结论。新穷人努力培养子女，不甘于沉在社会底层。在普京时期，随着国家经济稳定发展，部分人重新获得中产的身份。

20世纪90年代俄罗斯社会最显著的变化之一，就是中产阶级的两级化。1998年金融危机爆发后，有部分新贵和上层中产跌入中产下层或者赤贫阶层，特别是那些从事市场经营的人。中产阶级缺乏稳定的核心群体，向下流动性越强，预示着其抵御风险的能力越差。从社会的总体结构来看，中产阶级远远算不上社会的大多数，连较多数都达不到。部分中国学者认为，俄罗斯的社会上层占居民总数的5%，中层占20%左右，70%~75%则落入贫困阶层。[①] 俄罗斯科学院社会学所1998年的调查结果基本吻合这一比例，超过一半的人口集中在底层和中下层，处于7~10级阶位的人数达到72.7%，社会结构呈现的是正金字塔形（见图7-1）。如果是中产阶级社会，社会结构应该呈橄榄型，所以从规模上看，叶利钦时期的中产规模不大。同时期美国中产阶级规模达到了65%，韩国则是60%以上，俄罗斯落后不少。

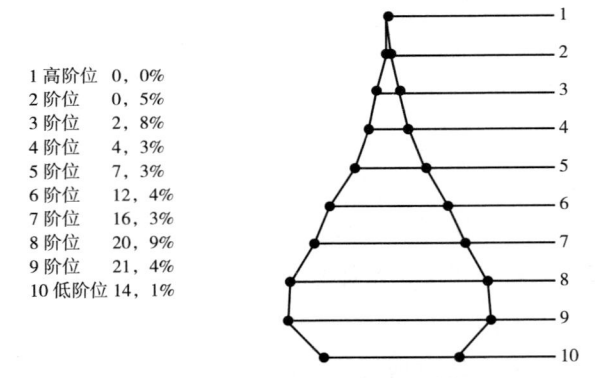

```
1 高阶位    0,0%
2 阶位     0,5%
3 阶位     2,8%
4 阶位     4,3%
5 阶位     7,3%
6 阶位     12,4%
7 阶位     16,3%
8 阶位     20,9%
9 阶位     21,4%
10 低阶位   14,1%
```

图7-1 俄罗斯社会结构模型（1998年）

资料来源：М. К. Горшков，Н. Е. Тихонова. Средний класс в современнэй России. Институт социологии РАН. 2016. С. 311-313。

---

① 上述数据来自董晓阳主编《俄罗斯利益集团》，当代世界出版社，1999，第53页；冯绍雷、相兰欣主编《转型理论与俄罗斯政治改革》，上海人民出版社，2005，第41页；陆学艺主编《当代中国社会阶层研究报告》，社会科学文献出版社，2002，第67页。

关于普京时期俄罗斯中产阶级的规模,学者们各持己见。独立社会政策研究所(The Independent Institute of Social Policy,NISP)认为,符合以下三条中的两条标准即为中产——受过专业教育,或拥有白领工作,或拥有足够的经济自由来做出某些人生选择,比如为自己的孩子选择一所学校。按这一标准,富裕的俄罗斯人占总人口的10%,中产阶级约占20%,剩下70%的人生活在接近或完全贫困之中。[1] 学者欧塞·斯卡拉坦(Ovsey Shkaratan)也认为,俄罗斯中产阶级占总人口的22%左右,其中4%属于上层中产阶级,包括高级经理人和富人。这些数据较为保守,似乎普京时期与叶利钦时期相比,中产规模没有扩大。然而,普京的第一、第二任期是俄罗斯经济发展速度最快的时期,凭借石油、天然气等大宗商品高价的支撑,仅在2000~2007年,俄罗斯人的实际工资就增加了2.5倍,全国新增30万个就业岗位,中产阶级的规模无疑是扩大了。俄罗斯战略研究中心(The Centre for Strategic Research)以年收入来划分中产阶级,其根据皮尤全球调查中心(Pew Global Attitudes Project)和世界银行的数据将2011年俄罗斯中产阶级的年收入标准定为2万美元,大城市则为3万美元,共有29%的家庭(1500万个家庭)达到了年收入2万美元,而18%的家庭(950万个家庭)达到了年收入3万美元,[2] 保守估计,中产阶级占总人口的30%。

由于划分标准的不同,对中产阶级的规模也众说纷纭。在能源价格和国际制裁的影响下,卢布的汇率跌宕起伏,再加上家庭规模和所在地区的发展程度不同,中产阶级成了最难以界定的群体。但不可否认的是,采用复合型指标比采用单一指标来划分要精准得多。奥夫恰罗娃与马列娃就设计了一个复合型指标,包含收入和财产状况、教育和职业、自我评定等元素。其中收入和财产状况不得低于全国人均收入、可用的耐用消费品不得低于全国人口的中位值,职业是非体力劳动者,教育要求是完成了中等以上教育,自我评定的得分不得低

---

[1] https://imrussia.org/en/society/467-in-search-of-russias-middle-class.
[2] Мария Привалова,Средний класс России:фантом становится реальностью,https://www.rbc.ru/economics/25/04/2012/5703f6969a7947ac81a67519.

于 4 分。① 如果一个人或一个家庭达到了所有这三个指标，就是"核心中产阶级"；达到了其中两个指标，是"半核心中产阶级"；只符合一个指标则是"边缘中产阶级"。如表 7-2 所示，根据收入和财富状况得以进入中产梯队的群体从 2000 年的 21.2%增长到 2011 年的 28%；而根据教育程度或职业来界定，中产梯队群体从 2000 年的 21.9%跌落至 2011 年的 20.8%；在自我评定方面，2000 年尚有 39.5%的人认为自己是中产阶级，但到 2004 年降至 15.9%，2011 年又恢复到 25.2%。由此，核心中产阶级的规模在 3%~7%，没有超过 7%这一数值，半核心中产阶级 2011 年为 10%。

表 7-2　2000~2011 年俄罗斯中产阶级占总人口的比例

单位：%

标准条件	2000 年	2004 年	2007 年	2011 年
收入和财富状况	21.2	21.3	23.2	28
教育程度和职业	21.9	18	16.9	20.8
自我评定	39.5	15.9	25.4	25.2
核心中产阶级	6.9	—	3.6	5
半核心中产阶级	—	—	11.9	10

资料来源：笔者根据相关资料整理。

上述划分标准的最大优点就是能够清楚地得知，以收入和财富状况、教育程度和职业、自我评定和综合指标各有多少符合要求的中产群体。俄罗斯科学院社会学所也使用这几个指标，但不是划分为"核心""半核心""非中产阶级"，而是分为"核心中产阶级"（ядро）、"边缘中产阶级"（периферия ядра）、"潜在或外围中产阶级"（потенциальный）以及"其他阶层"（остальное население）。其中核心中产阶级地位最高、人员稳定性最好，而边缘中产阶级则缺乏稳定性，容易跌入潜在或外围中产阶级群体。严格意义上

---

① 关于自我评定方面的打分标准，可参见俄罗斯科学院社会学所 2014 年的报告和提哈诺娃 2016 年论文中的具体表述，Тихонова, Влияние кризиса на жизнь российского среднего класса, Общественные науки и современность, № 4, 2016, С. 52-60。

讲，中产阶级只包括"核心中产阶级"与"边缘中产阶级"两个群体，"潜在或外围中产阶级"只是离中产标准最近、最有潜力进入中产范畴的群体，他们的分布如表7-3所示。

表7-3 2003~2015年俄罗斯中产阶级的分类及规模

单位：%

年份	核心中产阶级	边缘中产阶级	潜在或外围中产阶级	其他阶层
2003	11	18	23	48
2008	14	20	17	49
2009	11	15	25	49
2010	15	21	20	44
2011	15	18	23	44
2013	18	24	18	40
2014	16	26	19	39
2015	18	26	56	

资料来源：2003~2014年数据来自 М. К. Горшков, Н. Е. Тихонова, Средний класс в современной России: 10 лет спустя Аналитический доклад（Москва: Институт социологии Российской академии наук, 2014）, С. 2-28.；2015年数据来自 Н. Е. Тихонова, Влияние кризиса на жизнь российского среднего класса, Общественные науки и современность, № 4, 2016, С. 52。

由此得出了中产阶级的人数变化曲线，如图7-2所示，在2003~2015年的12年间，中产阶级人数稳步增多，2014年的中产人数占总人口的42%，较之2003年的29%有大幅的增长，2008年前后的金融危机使得中产人数减少，但不影响之后的增长。同时，核心中产阶级的人数也基本呈增多趋势，从2003年的11%增长到2015年的18%，除了2008年，在2014年前后也有过减少。由此可知，该群体比普通的中产阶级更容易受到国际局势的影响。

在收入标准上，如表7-4所示，核心中产阶级的人均月收入中位值是20000卢布，而边缘中产阶级是15000卢布，这一数值由俄罗斯科学院社会学所的提哈诺娃根据人数比例和中位数得出。结合10年前的数据可知，中产阶级和其他阶级的平均收入差距正在缩小。从2003年到2015年秋季，

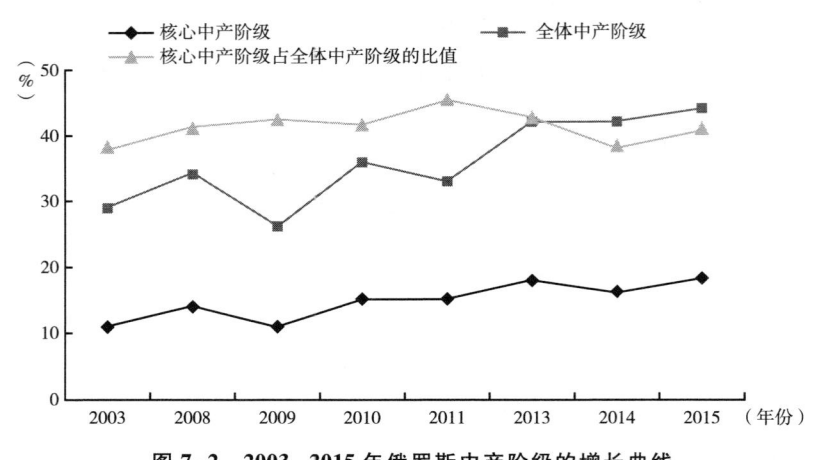

图 7-2　2003~2015 年俄罗斯中产阶级的增长曲线

资料来源：笔者根据资料自制。

非中产阶级的收入增加了 5.76 倍，而核心中产阶级的收入增加了 3.97 倍，边缘中产阶级的收入增加了 4.4 倍。

表 7-4　2014~2015 年俄罗斯中产阶级的人均月收入

单位：卢布

	中产阶级		其余人口
	核心中产阶级	边缘中产阶级	
2014 年			
人均月收入	23918	16694	11943
月收入中位值	20000	15000	10000
2015 年			
人均月收入	22597	17073	13410
月收入中位值	20000	15000	11500

资料来源：Тихонова, Влияние кризиса на жизнь российского среднего класса, Общественные науки и современность, № 4, 2016, С. 52。

在年龄分布上，18~25 岁以及 31~40 岁的中产阶级分别占总数的 20% 和 27%，说明中产阶级年轻化趋势明显（见表 7-5）。而列瓦达民调中心将2011~2013年的大游行界定为以中产阶级为主力的游行,其中18~39岁的人占了游行总人数的56%。由此可印证这样的观点,即青年一代的中产阶级更激进、更具反抗精神。还需要关注的是,在普京当政第一年出生、成长于普京时期的130万青年人并在2018年获得了投票权的年轻人有130多万。这一群体中的大多数人都接受过高等教育,是中产阶级的潜在人群,他们也频繁出现在游行队伍当中。

表7-5 2014年俄罗斯中产阶级的年龄段

单位:%

年龄	占中产阶级的比重	占全体居民的比重
18~25岁	20	13
26~30岁	13	9
31~40岁	27	19
41~50岁	17	19
51~60岁	13	16
>60岁	10	14

资料来源:〔俄〕М. К. Горшков,, Н. Е. Тихонова, Средний класс в современной России: 10 лет спустя Аналитический доклад, С. 13。

(二)职业分类

职业分类可引用公共经济学或政府经济学的方法,将其分为公共部门的中产阶级和私人部门的中产阶级。所谓公共部门的中产阶级是指国家部门的中产阶级,包括政府公务员、法官、检察官、军人、安全部队成员、国有企业雇员、官方媒体人士,由政府支付工资补贴的专家、教师、医生,以及地方自治机构、教会神职人员和政府资助的非营利组织的工作人员等。私人部门的中产阶级也称为非国家部门的中产阶级,包括在市场经济中自负盈亏的商户、外资企业雇员、中小企业老板、专家和技术工人等。俄罗斯学者多博林科夫等的分类方法也与此极为类似——市场型中产阶级和非市场型中产阶级。两个部门对经济增长的影响不一致,市场型中产阶级的影响是正向的,而非市场型中产阶级的影响是负向的。换句话说,市场型(私人部门)中产阶级的规模扩大,有利于经济增长，而非市场型（公共部门）中产阶级的规模扩大则会阻碍经济增长。① 因此，有必要扩大私人部门的中产阶级规模、限制公共部门的中产阶层规模。目前，美国社会结构最为突出的特征就是在电子、计算机等高新科技领域私人部门从业者持续增多，成为核心中产阶级的重要组成部分。芬兰的核心中产阶级集聚了专家、经理人和企业主，而边缘中产阶级则多是公务员、教师和小商户等。② 俄罗斯则朝相反的趋势发展，如图7-3所示，68%的核心中产阶级和43%的边缘中产阶级集中在公共部门，而在私人部门只有13%的核心中产阶级和15%的边缘中产阶级。这一不合理的结构分布容易导致经济增长缺乏动力和阶级结构的畸形发展。

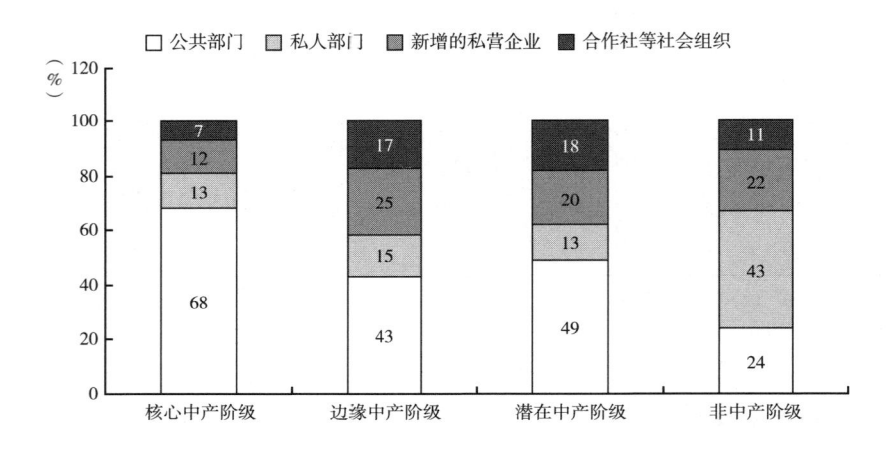

图7-3 2014年俄罗斯中产阶级的部门分布

资料来源：М. К. Горшков, Н. Е. Тихонова, Средний класс в современной России: 10 лет, спустя Аналитический доклад, С. 30。

如果按时间和职业细分，成长最快、占比最大的首先是公共部门的中产阶级，在2007~2011年的短短4年间，国有部门、安全机构官员、公

---

① 〔俄〕弗·伊·多博林科夫、阿·伊·克拉夫琴科：《社会学》，张树华译，社会科学文献出版社，2006，第280~283页。
② M. Kibinen, "The New Middle Classes and the Labor Process," *Acta Sociologika*, No. 34, 1989, pp. 54-70.

共部门管理者和国有企业当中的中产阶级数量翻了1倍还多——2007年只有33.7%，到2011年就达到了76.6%，直接影响到社会结构和群体间的力量对比（见图7-4）。其次，军队和安全部门的中产比例也在上升，从2007年的24.9%增长到了2011年的44.0%——将近一半的人员达到中产标准。由此可知，普京对军队建设和安全部门的重视程度。这一群体的福利条件、社会地位以及自我认同都有大幅度的提升，对从叙利亚战场归来的3.8万名军人都给予了相当于二战老兵的退伍待遇。再加上近些年全力组建的有40万人的国民近卫军和信息战部队，未来军队和安全部门的中产阶级规模将进一步扩大。由此可见，政府在极力培育国家部门的中产，使其成为整个中产阶级的核心力量，这不得不说是一招极为成功的"收买"策略——这一群体的职业背景、晋升渠道和福利条件依赖于普京体制，不太可能寻求对现有政权体系的改变，也不可能成为威权转型的主要推动力。

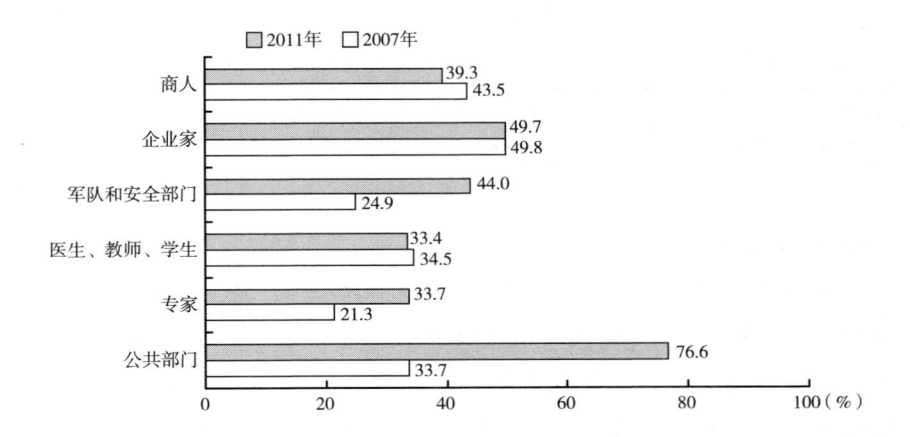

图7-4　2007年、2011年俄罗斯各个职业当中的中产阶级比例

资料来源：Л. Н. Овчарова, Социально-экономическая стратификация и гражданское общество, Центр анализа доходов и уровня жизни НИУ ВШЭ, 2013, С. 10。

在总比例一致的情况下有升必有降。2007年商人群体当中的43.5%是中产阶级，而到2011年这一比例降到了39.3%，降幅是最大的。他们遭受的经济危机和制裁损失最大，面对市场的动荡也最为脆弱，其中部分人已陷入破产危机，滑入赤贫阶层。因此，商人和企业家群体对普京的支持度最低，他们失望于政府的政治经济表现，对普京承诺的未来经济改革极不信任。他们中的很大一部分人反对普京当选，带动整个私营部门都对普京政权有反感情绪。如表7-6所示，商人和企业家群体对普京参加2018年总统大选的支持率最低，反对的人数也超过其他职业群体。显然，如何改善与私人部门群体的关系将成为普京政权的难点和重点。

表7-6 对普京参加2018年大选的态度（按职业划分）

单位：%

	总体	退休者	失业者	熟练工人	非熟练工人	职员	商业部门专家	预算部门专家	公务员	商人和企业家
支持	47	63	40	41	42	43	45	46	50	35
反对	12	11	16	13	9	10	13	11	12	26
没有态度	41	26	44	45	49	46	42	42	38	39

资料来源：数据来自全俄舆论中心2017年5月29日的调查，参见曲文轶《经济因素、普京的政治支持及2018年大选》，《国际经济评论》2018年第2期，第102页。

（三）价值观念和政治态度

后苏联空间的中产阶级普遍存在"政治惰性"，是"沉默的大多数"，俄罗斯亦不例外。在近20年来的杜马和总统选举当中，中产阶级的低投票率愈演愈烈，因此有必要深入了解中产阶级的价值观念和政治态度，探求其低投票行为的内在动因。戈尔什科夫在2006年做过一个包括莫斯科、圣彼得堡、图拉、罗斯托夫等大中城市的中产阶级民主观调查，发现其政治兴趣极低，是冷漠者、中立者，偏保守主义，也是亲普京者。如表7-7所示，他们不太愿意将自己界定为民主主义者还是共产主义者，他们宁愿"无主义"。

第七章　俄罗斯社会治理

表7-7　俄罗斯中产阶级所支持的意识形态现状

单位：%

意识形态	1999年	2003年	2006年
自由主义	14	6	12
共产主义	3	2	3
社会民主主义	6	4	4
爱国主义/民族主义	5	5	7
共识政治	24	11	11
其他	1	1	2
没有倾向	36	51	53

注：本表引自原文，数字相加均不为100%，笔者未做修改，特此说明。

资料来源：М. Горшков, Городской средний класс в современной России: Аналитический Доклад (Москва: Институт социологии, 2006), С. 48.

对比美国学者布莱恩·罗森菲尔德（Bryn Rosenfeld）对2011~2014年参与游行人员的调查（如表7-8所示），发现抗议人群比普通大众更有意识形态倾向，他们的意识形态界定一定程度上已经非常明确了：民主主义者和自由主义者超过了共产主义者和民族主义者。这其中，30%的公共部门中产者自认为是民主派，而私人部门中有39%的中产者持这种观点。可见，职业性质和部门分类对其意识形态施加了影响，即便同样参与游行的人，也对"民主主义"和"民主派"有不同的认识。

表7-8　2011~2014年俄罗斯参与抗议游行人员的意识形态

单位：%

意识形态	2011年	2012年	2013年	2014年
民主主义者	37.8	31.4	28.9	37.2
自由主义者	31.2	27.0	23.1	25.2
共产主义者	12.6	18.2	17.1	7.4
社会民主主义者	9.5	10.4	9.9	8.9
民族主义者	6.1	12.7	11.7	7.4

资料来源：Bryn Rosenfeld, "Reevaluating the Middle-Class Protest Paradigm: A Case-Control Study of Democratic Protest Coalitions in Russia," *American Political Science Review*, Vol. 111, No. 4, 2017, pp. 648-649.

倘若只围绕民主观这一方面，则可将俄罗斯中产阶级的民主观与整个欧洲的民主观做一对比。戈尔什科夫在2006年对俄大城市中产阶级的调查中，专门列出了对民主观的调查，针对的是民主不同要素的重要性（如表7-9所示）。欧洲社会调查小组在2012年开展的29个国家民主观调查也列出了"民主不同要素的重要性"一项，并加上了"如何评价民主"以及"如何预估民主的未来走向"两个问题。从两者的调查结果来看，双方都认为司法独立、新闻出版自由、法律面前人人平等是民主不可或缺的因素。如俄罗斯的数据显示：法律面前人人平等（52%）、司法独立（34%）、新闻出版自由（27%）。然而，在政治反对派的功能和自由选举方面，俄罗斯与大部分欧洲国家出现了分歧——对于政治反对派的功能，只有15%的俄中产阶级认为是值得重视的，比普通大众的17%还要低；"自由公平的选举"是仅次于"法治"而最多被欧洲民众选择的。但在俄罗斯，对自由选举的重视程度几乎排在倒数。这一结果与提哈诺娃2010年的研究结果相同：中产阶级认为，反对派的存在有其合理性，但其作用不是批评政府，而是协助政府更好地工作。此外，与普通大众相比，中产阶级对员工参与企业管理（6%对10%）和减少收入不均（14%对19%）等更为淡漠，这符合其阶级属性。鉴于此，俄罗斯中产阶级重视实质民主胜过选举民主和价值民主，体现的是民主的"工具性"和"投机性"。

此外，社会学所综合社会学研究中心主任彼图科夫对政治态度进行了分析，51%的核心中产阶级和48%的中产阶级选择了"政治自由和民主"，较之普通大众多了近10%。然而在具体实践中，75%的中产阶级选择"忽略错误而支持现政权"，52%的人选择"俄罗斯需要强权"，69%的人选择"稳定比改革更重要"等等，选择"现政权必须被推翻"的人最少（见表7-10）。尽管这一数据的可信度值得商榷，但无可否认这些代表了大部分中产者的政治态度和选择倾向，普京依然是中产阶级认可的领导人，中产阶级的这一态度有利于普京政权的巩固。

（四）中产阶级的国家构想

俄罗斯科学院社会学所在2014年的报告中对中产阶级理想的国家形态进行了排序，排在第一位的是"社会正义、人人平等"，其次是"俄罗斯恢复大国地位""回归国家传统、道德价值观""人权、民主和言论自由"，但

表 7-9 "以下选项哪个让你第一眼就意识到这就是民主"（2006年，多选题）

单位：%

民主因素	普通大众	中产阶级
支持不同政党的权利	27	29
自由选举	10	10
司法独立	29	34
宗教自由	34	43
政治反对派是为了监督政府	17	15
罢工的权利	19	22
新闻出版自由	21	27
最重要议题上的全民公投	18	23
员工参与企业管理	10	6
加入任何政党的自由权利	3	4
减少收入不均	19	14
法律面前人人平等	47	52
直选总统	25	34

资料来源：М. Горшков, Городской средний класс в современной России: Аналитический Доклад, С. 23。

表 7-10 中产阶级的政治选择（2014年，多选题）

单位：%

政治选择	所有居民	中产阶级	核心中产阶级
忽略错误而支持现政权	73	75	79
现政权必须被推翻	27	24	20
俄罗斯需要强权	59	52	49
政治自由和民主	40	48	51
稳定比改革更重要	70	69	78
国家需要改革	29	31	22

资料来源：Петухов, Политические и социальные перемены в Стране и их Восход Среднеклассника, Москва, Институт социологии, 2014。

支持在国家对经济干预最少的情况下实行自由市场、与西方和解等以及"新的革命"的人不多（见表7-11）。由此可见，中产阶级仍然是保守的、重视稳定胜过民主自由的群体。莫斯科卡内基中心与列瓦达中心合作的调研则得出相反的结论,民众迫切期待改革:42%的人支持决定性的、大规模的改革,41%的人赞成渐进式的改革,1/5受访者认为有必要保证自由和公平的选举,1/3的莫斯科人认为未来应该提高国家服务质量和对企业的扶持,只有11%的人拒绝改变。[①] 尽管无法判断两个报告中哪个结论更精准地反映了中产阶级的心态,但可以肯定,中产阶级确实一方面寄希望于改革,希望打造更为开放和自由的市场,减少垄断和腐败,保持经济的繁荣;另一方面又惧怕改革带来的动荡,对现有的福利、机会和好处不忍放弃,以及对能否建设民主的政体感到迷惑与不安。倘若大多数中产阶级偏向保守,则会拒绝风险,继续支持普京的强人统治。

表 7-11　中产阶级希望呈现的未来国家形态(2014年,多选题)

单位:%

未来国家形态	中产阶级	所有人口
正义社会、人人平等	49	56
俄罗斯恢复大国地位	35	31
回归国家传统、道德价值观	34	32
人权、民主和言论自由	33	27
社会稳定,没有革命和动荡	27	29
强硬的力量来保证社会秩序	16	21
俄罗斯是俄罗斯人民的民族国家	16	20
解决人类面临的全球性问题,如生态问题	14	12
自由市场、私人财产权、最低限度的政府干预	14	10
与西方和解,加入西方共同家园	10	6
新的革命	1	2
上述项目都不符合	2	3

资料来源:М..К. Горшков, Н.Е. Тихонова, Средний класс в современной России: 10 лет спустя Аналитический доклад, С. 101。

① Andrei Kolesnikov, Denis Volkov, "Do Russians Want Change?" http://carnegie.ru/commentary/75261.

二 中产阶级与社会运动

中产阶级表达自我诉求的方式有多种，比如参与竞选活动、加入政党、提交请愿书等，最为激烈的是参加抗议游行。后苏联空间国家近些年爆发的"颜色革命"让人重新认识到了社会运动对政治转型的影响力。查尔斯·蒂利（Charles Tilly）认为，社会抗争必须从规模和强度上都达到一定标准才会促成威权转型。在强度方面，地方性的抗议通常对威权政体的威胁有限，必须由地方性抗议迅速扩散为全国性的抗议，且抗议中心要在首都，而且是较大规模的抗议才会引起政府的重视。甘森（William Gamson）的研究表明，人员规模少于 1 万人的抗议活动只有 30% 的成功率，而人员规模多于 1 万人的抗议活动的成功率能达到 2/3。[①]

从诉求方面看，抗议一般从经济诉求开始，威权统治者为了获得政治合法性，通常要促成比较高的经济增长率，一旦遇到经济危机等不可控的因素往往容易引发民众的抗议。但要想促成威权主义转型，必须拥有政治诉求，政治利益具有排他性，不能轻易被收买。因此，抗议政治学提出的模型是：抗议兴起后，将经历经济抗议、政府回应、政治抗议，最终达到政治转型和宪政改革的目的。[②] 于俄罗斯而言，近 10 年来的抗议活动确实从经济诉求转变为政治诉求，这印证了抗议政治学的模型，然而政治诉求也有程度差别，抗议人群更是有多种组合方式。因此，判断一场社会运动能带来多大的政治影响力，要结合多方面的因素考量。

本文遵循这一思路选取两个案例。第一个案例是 2011 年底的反杜马选举舞弊游行，该案例有突发性、缺乏组织性等特点，没有明确表现出是哪些团体或者政党在其中发挥领导作用，但这是普京时期第一个大规模的以中产阶级为以主力的抗议游行，对于中产群体而言有特殊意义。第二个案例是 2018 年 7 月至 9 月发生的反对退休制度改革游行，该案例由体制内反对党和体制外反对

[①] William Gamson, *The Strategy of Social Protest*, Belmont: Wadsworth Publishing Company, 1995, p. 51.

[②] 谢岳：《社会抗争与民主转型：20 世纪 70 年代以来的威权主义政治》，上海人民出版社，2008，第 226~235 页。

派发起和组织，以中年中产群体和即将退休的中产群体为主力，对这一案例的分析能够考察体制内和体制外反对派的区别，以及在国家与社会力量的反复博弈中中产阶级如何变更自己的政治态度。

（一）2011年底反杜马选举舞弊游行

2011年12月4日是俄罗斯国家杜马的选举日，在投票和计票期间，有媒体发现存在偷票、记空票和虚假计数的情况，以暗箱操作来获得统俄党的多数票。12月5日，针对选举舞弊的第一次游行在莫斯科爆发。次日，游行规模进一步扩大，约有1000人集中在胜利广场上，包括反对派领导人涅姆佐夫和纳瓦利内，并与防暴警察和内务部人员发生冲突。此事在社交媒体上迅速扩散，吸引了更多人加入抗议。到了12月10日，抗议不仅在莫斯科继续进行，还扩展至全国50多个大中城市。其中在圣彼得堡有10000人、在叶卡捷琳娜堡有4000人、在西伯利亚有3000人等，远东的符拉迪沃斯托克（海参崴）也有超过1000人参加，这一天全国总计有100人被捕入狱。此时，脸书等社交媒体的传播效果进一步显现，组织者在这些平台上发布游行时间、地点和准备工作，使得事件进一步发酵，并在12月24日达到了顶峰。这一天，在莫斯科萨哈罗夫院士大街举行了普京时期以来最大规模的一次游行，主题为"为了诚实的选举"，莫斯科内务总局统计有超过2.15万人参与，但实际参与的人远远不止这个数目。抗议游行一直延续到2012年3月总统选举结束。在这一过程中，政府以强硬手段抓捕和镇压组织游行的人士，但也表现了一定程度的让步，比如对部分地区重新计票、在投票站安装摄像头以及恢复地方直选等。结果统俄党依旧成为议会第一大党，普京也再次当选总统。

列瓦达民调中心对这一系列的游行展开了调查，其中包括抗议的人群组成和抗议者的目的。尽管在调查中并没有特意选取中产阶级作为对象，但可以从职业、受教育程度和收入等选项中筛选出中产群体。调查发现，一半以上的游行参与者都有大学文凭，2012年9月这一比例为53%，而至2013年6月这一比例为71%，表明有越来越多的高学历者参与了游行。相对来说企业主和小型公司的所有者参与游行的人数比较少，只有8%~10%。2012年9月参与游行人员中在私人部门的从业者占32%，到2013年6月这一比例上升到51%。①这印证了私人部门比公共部门参与游行的人数比例更高的观点。在收入方面,4%~7%的参与者能支付食物费用但支付不起衣物费用,35%~58%的参与者能买得起电视机、冰箱等高档耐用品,16%~31%的人能够买得起车。由此可知,抗议者大部分介于中、低收入之间,属于"边缘中产阶级"和"潜在中产阶级"(见表7-12)。

表7-12 抗议者的群体属性

单位:%

群体属性	2011年12月	2012年2月	2012年9月	2013年1月	2013年6月
支付不起衣食费用	3	2	1	1	1
支付得起食物费用但支付不起衣物费用	4	5	7	5	7
有足够衣食,买不起电视机、冰箱	21	25	29	19	17
买得起冰箱电视,买不起车	39	41	45	58	35
买得起车	27	24	16	16	31
买得起任何想要的东西	5	3	3	1	8
很难回答	1	0	0	0	2

资料来源:Левада-центр. Опрос на митинге оппозиции 12 июня. 17.06.2013, https://www.levada.ru/2013/06/17/opros-na-mitinge-oppozitsii-12-iyunya/。

在抗议诉求方面可以清晰地看到,"对政府不满""对政府迫害反对派感到不安、愤怒""道德责任感"是一半以上人群的参与动机,"要求政权更迭"的诉求也排在前列。民众陷入了政治厌倦期,对于政府官员在"在电视上侃侃而谈""装满自己的口袋""帮助其他国家"没有好感,② 希望能够看到中产阶级的上升空间,改变垄断式的经济和政治权力模式(见表7-13)。还值得注意的是,10%左右的人选择了"跟从朋友去参与",这是典型的机遇螺旋效

---

① Левада-центр. Опрос на митинге оппозиции 12 июня. 2013, https://www.levada.ru/2013/06/17/opros-na-mitinge-oppozitsii-12-iyunya/.

② Andrei Kolesnikov, Denis Volkov, "Do Russians Want Change?" http://carnegie.ru/commentary/75261.

应。社会抗争本身能够带来持续的抗争机会，刺激其他群体的抗争行为，一起抗争事件会引发另一起类似的抗争事件，它的反面则是沉默螺旋。螺旋效应在苏联解体前后发挥了作用，到这一阶段又出现了：大部分人都不行动，原本有行动意向的人也退却了，只要有人行动起来，剩下的人就会不断效仿，大规模的抗议就此爆发。

表7-13 抗议者的参与动机

单位：%

参与动机	2011年12月	2012年9月	2013年1月	2013年6月
对政府不满	73	40	68	70
对政府迫害反对派感到不安、愤怒	—	—	—	60
道德责任感	—	29	34	53
要求政权更迭	—	26	46	46
对抗议游行的支持	—	25	19	37
许诺的改革是虚假的，民众没有参与权	52	11	22	16
跟随身边的朋友和亲人去参与	10	10	3	6

资料来源：Левада-центр. Опрос на митинге оппозиции 12 июня. 17.06.2013. https://www.levada.ru/2013/06/17/opros-na-mitinge-oppozitsii-12-iyunya/。

然而，公共部门的中产阶级与私人部门的中产阶级是否具有同样的政治动机呢？从美国学者罗森菲尔德的统计来看，两者的行动出发点并非一致：私人部门中产阶级中有33%的人要求推翻普京政权，而这一比例在公共部门中产阶级中只有26%；私人部门中产阶级22%的人因经济要求而示威，而公共部门中产阶级中这一比例为30%。可见公共部门的中产阶级是要求政府给予更多好处，而私人部门的中产阶级有更多的政治诉求。从参与规模上看，两者也有显著的差别。如图7-5所示，55.9%的示威者属于中产阶级，而整个俄罗斯的中产阶级占总人口的比例不超过一半，因此，中产阶级的参与度比其他阶层更为活跃。其中，公共部门的中产阶级参与者比例为14%，私人部门中产阶级则有42%的参与率，大大扩大了整个中产阶级的参与规模。按照这一逻辑，只要提升公共部门中产阶级的比重，降低私人部门中产阶级的比重，就能有效地防止发生类似的抗议运动。对那些参与抗议游行的公共部门中产人士，政权可以通过取消其职务、地位、特权和晋升机会来达到让其屈服的目的。如此一来，自下而上的动员就可以被有效管控。

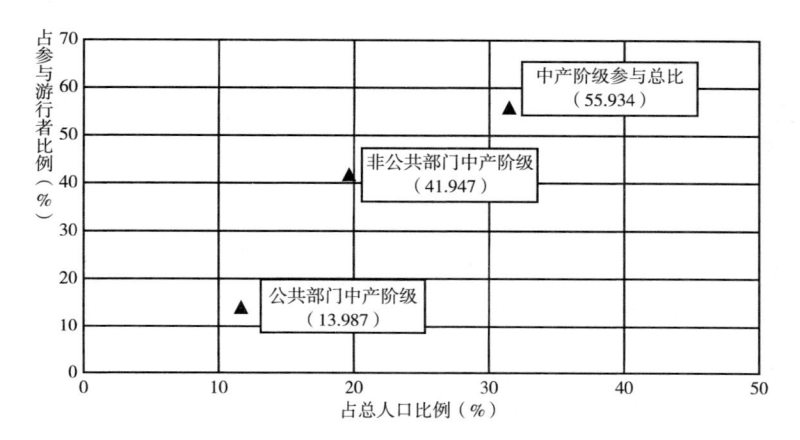

图 7-5　中产阶级及内部不同群体参与游行的比例（2011~2013，%）

资料来源：Bryn Rosenfeld，"Reevaluating the Middle-Class Protest Paradigm: A Case-Control Study of Democratic Protest Coalitions in Russia，" *American Political Science Review*，2017，Vol. 111，No. 4，p. 644。

并非所有的集会游行都是为了抗议。克里米亚事件后，俄罗斯出现的大规模游行是支持政府的。虽然有部分人认为政府借克里米亚事件裹挟了民意，打着人民的旗号来满足当权者的野心，"克里米亚不是俄罗斯民众的诉求，是来自政府的礼物""以自由换克里米亚"，[①] 但大多数人认为这捍卫了俄罗斯的尊严，是对过去错误的一种纠正。中产阶级中有参与反政府游行的人，也有参与支持政府集会的人。2012 年"欧洲晴雨表"的调查表明，尽管中产阶级比普通大众更为追求自由，但同样比普通大众更为支持政府。这看似矛盾的结果却表明了中产阶级内部的分裂，在对待政府的态度上中产阶级两极分化严重。诚如安德烈·科列斯尼科夫所言，中产阶级在参与反对派集会时表现活跃，在支持政府的集会上同样活跃（见表 7-14）。

---

① Andrei Kolesnikov，"The Russian Middle Class in a Besieged Fortress，" April 6，2015，http://carnegie.ru/2015/04/06/russian-middle-class-in-besieged-fortress-pub-59655。

表7-14 中产阶级参与反普京和支持普京的游行集会（2011～2012年）

单位：%

参与者	中产阶级	全体居民
参与反政府游行示威活动的人	15.9	2.1
参与支持普京游行集会的人	8.4	0.9

资料来源：Eurobarometer, "Russia Survey 2012," https://www.gesis.org/eurobarometer-data-service/survey-series/central-eastern-eb/sampling-fieldwork/。

对此现状的另一种解读是中产阶级的民粹化。民粹主义在俄罗斯有三种含义：第一种是指19世纪俄国知识分子群体企图以广大人民的力量，依托村社制度来实现社会主义的运动，包括赫尔岑、车尔尼雪夫斯基的"到民间去"运动和"土地和自由"运动等，这也被称为经典的民粹主义；第二种则接近于当代西方学界的定义，指大众力量反精英、反全球化、排外和民族情绪的政治社会态势，也叫平民主义，其所发起的民粹运动有可能引发社会动荡，侵蚀政权的合法性，是一种自下而上的颠覆力量；第三种则是现代化发展和民主政治的新产物，民粹主义作为政治工具，领导者通过迎合中下层民众、宣扬平均主义来赢得选举，或利用外交安全困局来激发民众的民族主义和爱国热情，达到聚集在领袖周围的"旗帜效应"，以此转移国内矛盾，即成为"执政集团借以掩饰国家和公民的隔阂、维持现状的手段"。[1] 俄罗斯中产阶级民粹化体现在两个方面：一方面，中产阶级认为政治腐败和选举不公侵害了自身利益，迫切希望政治清廉和公平选举；另一方面，又在克里米亚事件、美欧经济制裁、英国间谍门事件和俄罗斯运动员兴奋剂事件上支持普京，反对来自西方的威胁。由此可见，普京对于中产阶级的民粹化具有"可控性"，[2] 通过控制民意，激发民意，培养有利于自己的民意，在此基础上要求按民意行事，体现了民粹主义的政治手段。照此趋势，中产阶级内部的分裂将更加严重，在处理与政府的关系方面将更加被动和被操控。

---

[1] 关贵海、林文昕：《俄罗斯民粹主义：现象、根源与特点》，《国际政治研究》2017年第2期，第29页。

[2] 费海汀：《俄罗斯民粹主义的历史比较》，《国际政治科学》2017年第4期，第122页。

(二) 2018年7月反对退休制度改革游行

2018年7月17日，俄罗斯杜马通过了退休制度改革方案，其中最引人注目的是对退休年龄的推延，男性退休年龄延至65岁、女性延至63岁。值得注意的是，俄罗斯民众的人均寿命是73岁，延迟退休就意味着大部分人退休后只有10年左右的养老金领取时间，并且意味着新旧劳动力更新换代变缓，不利于青年人的就业。就此，针对退休年龄推迟的抗议游行不断出现。7月28日，约有1.2万人在莫斯科街头进行抗议，远东地区和西伯利亚十多个城市也爆发了示威活动，一部分市政厅收到联名上书抗议，普京支持率跌至自2008年经济危机以来的最低谷。以即将退休的老年人和正处于职业生涯黄金时期的中年人为主的中产阶级首次成为抗议的主力。作为普京的主要支持者，他们是总统选举中普京的大票仓，而现在变成了主要的反对者。抗议的组织者包括俄共等体制内反对派政党，也包括纳瓦利内等体制外反对派，一些地区性非营利组织表现活跃。可以说，除了"统一俄罗斯"党，几乎所有体制内外的政党和社会团体都对这一改革提出了抗议。抗议的主题从反对改革方案到反对统俄党和政府，乃至出现了"要养老金还是要普京"这种二选一的口号。

面对席卷整个政治谱系和社会各个阶层的抗议活动，普京在8月29日做了全国电视讲话，提出一系列让步性措施，比如将女性退休年龄改为60岁，多子女的女性可提前退休；北方少数民族退休条件不变，增加临近退休人员的失业救济金等；另外还对辞退临近退休者的行为追究法律责任。自此之后抗议游行活动有所减少。9月27日，杜马全会三读通过了养老金改革法案。10月3日，俄罗斯联邦委员会批准了这一法案。随后普京签署了这一法案，同时也签署了拒绝录用临近退休人员的刑事处罚法案。至此，退休制度改革方案引起的风波才告一段落。

上述事件从发生到高潮至最终平息折射出俄罗斯政治体制中的一系列特点。首先是俄罗斯共产党积极强势的表现。历史原因，俄共党员老龄化最为严重。也正由于代表临近退休和退休者群体的利益，俄共在此次抗议游行的组织中表现得尤为出众，从始至终俄共都表达了反对延长退休年龄的态度，并组织了超过2个月的抗议游行，这一系列表现都突破了俄共的传统形象，不再是普京的"啦啦队"和杜马的"橡皮图章"，而成为政治力表现强势的反对派。其次是政府对俄共及其领导的抗议做出让步。除了普京在8月末的电视讲话，早在8月初俄罗斯中央选举委员会就批准了俄共要求的全民问卷投放。俄共及其地方组织提出的游行方案几乎在联邦和地方政府层面都得到了通过，强力部门对游行当中提出的反普京、反政府的口号保持了克制，并未逮捕或者采用暴力手段冲击抗议人群。杜马在8月下旬的养老金改革辩论会按照俄共的建议进行了媒体直播。在现有政治体系下，体制内反对派有一定的政治空间，这是俄罗斯政治体制较为灵活的一面。最后是即便面临不断的抗议活动，由统俄党占绝对多数的杜马仍然顺利通过了退休制度改革方案，反映出杜马是执政者意志的体现，杜马在民众心中的形象受到损害。民众意识到杜马不能代表其利益，下一届杜马选举的投票率可能会继续降低。此外，政权针对纳瓦利内等体制外反对派则实施了强硬措施。纳瓦利内通过网络等渠道宣布将于9月9日组织全国大游行并得到了青年人的响应。然而早在游行前，纳瓦利内及团队的核心成员就遭到了逮捕和关押，组织过程也受到强力部门和地方政府的严密监视。需要注意的是普京在其中扮演了"裁决者""安抚者"的角色。总统发言人佩斯科夫一直强调普京并未参与退休制度改革方案的制定，这为后者作为最终的"裁决者"打下了基础。在全国抗议游行高潮之时，普京的全国电视演讲一定程度上熄灭了民众的怒火，也直接促成了游行活动的降温，一系列让步措施也让改革方案似乎变得可被接受。普京的民意回暖，支持率得到巩固，这不得不说是一种双赢的局面。

此次游行与2011年的游行相比有很大不同。第一，这是一次有组织、有目标的抗议活动，俄共是其中影响力最大的组织者，目标是阻止退休制度改革法案的签署。第二，政府在处理抗议的过程中体现了弹性，不再一味地压制和拘捕，而是做出一定的让步和通融。第三，在这次游行中未发现中产阶级内部有什么分歧。由于退休制度改革法案对所有公民都适用，无论是公共部门还是私人部门的中产阶级都是反对法案的，目标和态度都比较一致。此次游行中政府处理的相同之处就是对体制外反对派依然采取强力手段。无论是哪一次游行，纳瓦利内等体制外反对派组织的活动不仅得不到批准，而且对其组织者还要施以抓捕和判刑，反映了政府一贯的强势态度。

除了上述两次较大规模的抗议，中产阶级也参与了其他的集会和运动。但是，2019年7月至9月在反对莫斯科杜马竞选不公的游行当中，除了部分私营企业主，大部分的游行队伍中并未出现中产阶级群体。究其原因，可能是中产阶级内部基本达成了共识，即尚未出现比普京更适合的领袖人选，也没有比威权体制更适合的政权模式。因此，中产阶级参与社会运动的动机不断减弱，极有可能重新成为沉默的大多数。

结合上述俄罗斯中产阶级的规模、政治态度、职业分类和未来期许，可以得出以下结论。

第一，中产阶级崛起趋势不可逆转。俄罗斯中产阶级与西方国家一样，要求公平选举、开放而自由竞争的市场以及更高的政治地位，这是其与生俱来的阶级属性。但是，俄罗斯的特殊性就在于中产阶级对威权体制转型的态度不一致，有以下三类：一是希望改革威权体制，改变空有民主政体之表而无多元主义之里的局面；二是希望维持威权体制和强人政治，不改变现有的垂直体系架构，但要求更多的政治权利、自由市场和法治，建设真正的公民社会；三是不诉求对现有局面的任何改变，即便改变现状，也应该是政客的事，普京可以是自由主义者、民族主义者、帝国主义者或社会主义者，也可以是主要的改革者。这直接导致中产阶级分为相互对立的三个派别：民主派、中间派和政治保守派。目前来看，中间派和政治保守派占据了上风，对未来的"求变"诉求远不及"求稳"诉求。

第二，中产阶级内部结构异质化，导致意见和行动的分裂。这一群体中，公共部门的中产阶级是由国家财政支付薪水、获得职业地位和晋升渠道的政府公务员、国有企业管理者、强力部门从业者，以及从政府这里获得资助的非营利组织、国有媒体人员和教会神职人员，他们是保守派和中间派，不寻求颠覆政权，但希望有一定程度的改革以使自身得到更高地位和更多利益。他们依赖于普京体制，是维护政权的中坚力量，也是威权转型的主要阻碍力。而中小企业从业者、外资企业雇员、个体商户等私营部门的中产阶级群体是经济危机和西方制裁的主要受害者，也是长期遭受经济垄断和寡头资本主义迫害的群体，他们成为抗议游行的主力，是威权体制转型的主要推动力。倘若无法实现经济结构的调整和治理能力的提升，这一部分群体很有可能结成政治联盟而成为体制外反对派，充当威权体制掘墓人的角色。此外，还有在私营媒体工作、不受政府资助的社会组织工作和对以纳瓦利内为代表的反对派抱有同情的中产阶级，他们是主要的自由派力量，也是《非营利组织法》和《外国代理人法》的管控对象，他们的诉求是完全颠覆现有体制，结束普京统治，但他们仍然是社会上的少数派，不足以撼动普京坚实的民意基础。

第三，普京着力培育公共部门的中产阶级，使其居中产阶级的核心地位，成为中产阶级的多数，特别是通过军队和中央公务员队伍建设来加强垂直权力体系，稳固现有权力模式。目前来看，这一举措卓有成效。公共中产的规模不断扩大，超过一半的核心中产阶级都在公共部门工作，极大地影响了整个中产阶级的政治态度、价值观念和独立属性。普京得以借助这一群体的力量来主导整个中产阶级的政治态度和政治行为，中和中产阶级内部的反对力量。私人部门中的中产阶级规模不断缩减，生存和发展空间受限，除一部分人得以进入核心部分，其他主要集中在中产阶级的边缘部分。长此以往，这一群体的诉求将被湮没，政治影响力不被重视。中产阶级内部的异质化正是公共部门中产阶级规模膨胀的必然结果，中产阶级不仅充当社会稳定器，还将充当威权体制的稳定器。在整个中产阶级内部，稳定超过变革、发展超过民主、秩序超过公平的政治立场有所加强。

第四，延续这样的中产阶级建设模式将不利于经济发展和社会稳定。公共部门的中产阶级规模扩大不能带来经济增长，只有私人部门的中产阶级才是经济增长的引擎，中产阶级结构的不合理也反映了俄罗斯寡头能源经济结构的畸形。延续目前的结构，势必会威胁到经济增长和产业结构调整，反过来也会限制中产阶级自身的成长。如同俄科学院社会学所所长戈尔什科夫所言，按照目前的社会经济结构继续发展下去，中产阶级增长能量已经耗尽了。鉴于此，应该保障公共部门和私人部门中产阶级人数的均衡增长，赋予私人部门更多的发展动力和公平竞争机会。只有这样，才能从根本上解决抗议活动频发的问题，实现国家政治生态的稳定发展。

第二节 俄罗斯社会自组织的发展

苏联解体30年来，当代俄罗斯社会经历了深刻而又广泛的社会转型。在转型社会中，苏维埃时代纵向的人际结合方式正向横向的人际结合方式转变。

这种转变为俄罗斯市民社会独立的"公共领域"的形成奠定了基础。俄罗斯社会横向的人际结合很大一部分有赖于社会自组织的推动,这表现为非营利组织数量的增加、公益和慈善事业的发展。进入普京新时期,社会自组织又找到了新的空间——互联网,"网络公共领域"的形成为社会自组织提供了更多的可能性。社会自组织可为解决当前俄罗斯社会因转型和变革而产生的社会问题和道德失范提供有效路径。

一 俄罗斯社会自组织的发展脉络

当今俄罗斯非营利组织的发展并不是无源之水、无本之木。"自由自组织的社会不是一下子建成,也不是可以与自己的历史根源割裂开来的。俄罗斯的公民社会不是今天才有的,制度也不是从国外搬来的。公民社会的开端可以上溯到久远的农村、城市的自治管理和阶层代表制等因素。"[1] 聚焦今日俄罗斯社会自组织的发展,需要回溯俄罗斯社会自组织的发展历程,才能对俄罗斯社会的特点有更为深刻的认识。

(一) 社会自组织的萌芽阶段

早在14~15世纪,俄国出现了手工业者和商人居住的城市,城市内形成了行业组织,但是自治权力极为有限,同时也出现了一些独立的个人和像旧礼仪派教徒那样具有特殊思想的教会组织。17世纪,作为舆论界(公共领域)代表的神职人员、军役人员和城关工商区居民委员会成员被邀请参加缙绅会议,可以代表本群体的利益发言,但是他们处于从属和依附地位,没有监督政府行政机构的权利。

伴随着知识分子以及社会舆论的产生,在18世纪下半叶,社会自组织的萌芽出现。18世纪60年代至19世纪60年代是俄罗斯社会自组织形成的第一个阶段,主要以科学、文学艺术、慈善、休闲组织的建立为标志。从这个时期开始,社会思潮异常活跃,知识分子已经成为推动最高政权进行社会政治改革的力量。同时,叶卡捷琳娜二世"开明君主专制"政策也促进了第一批社会

---

[1] Общественная палата Российской Федерации: Доклад о состоянии гражданского общества в Российской Федерации за 2006 год. М., 2007.

自组织的产生，主要是精英群体的社会自组织。①

1801~1860年农奴制改革之前，在莫斯科、圣彼得堡和近50个城市成立了近100个合法的社会自组织。其中最为著名的就是俄罗斯地理学会（1845年建立），该学会致力于研究俄罗斯帝国的地理、民族和资源。这个学会进行了诸多实地考察活动，在"大变革"时代（19世纪60~70年代）成为自由派官员聚会的中心，积极推动国家政权、社会结构、法律体系的结构性改革。在这一时期，俄国另一部分社会自组织产生于城市自治，商人、小市民和手工业者这三类的居民各有各的组织——商人联合会、小市民联合会和手工业者联合会。这三类联合会由等级居民自愿参加，具有互助功能和慈善功能。② 在僧侣阶层也有联合会和兄弟会组织。

18世纪至19世纪上半叶，社会舆论界缩小为贵族、神职人员和商人。1861年改革以后，它有所扩大，开始囊括所有居民社会群体（除被雇佣的劳动者）的代表。1905~1907年革命后，议会产生，社会舆论界开始正式吸纳获得了选举权的社会各阶层代表，其中包括农民和工人。

在革命前的俄国，国家力量没有进入社会保障领域，社会保障主要是通过互助组织来完成的，这些组织提供物质帮助（如贷款、津贴和失去劳动能力者补贴的发放）以及精神帮助（建立图书馆，筹办戏剧、音乐会和晚会）。这些组织通常是职业群体：商人、手工业者、医生、医士、教师及其他人③。

在1891~1892年的大饥荒中，社会团体帮助政府应对饥荒。工业革命和铁路建设让俄国产生了科学技术协会，全民卫生保健和民族教育的发展促使医学协会、教育协会和教师团体的成立。1864年的法制改革催生了传播法律知

---

① 这些社会自组织包括：1765年在圣彼得堡成立的"自由经济协会"；1771年成立的附属于莫斯科大学的学术协会"自由俄罗斯大会"；同时期还成立了"学术友谊协会"，这个协会倡导自由精神，探讨学术问题，促进学术书籍的出版。
② Общественная палата Российской Федерации: Доклад о состоянии гражданского общества в Российской Федерации за 2006 год, М., 2007.
③ Туманова А. С., Благотворительность и общественное призрение в истории России X — начала XX в.: институционализация в контексте общественного развития, Потенциал и пути развития филантропии в России, под ред. И. В. Мерсияновой, Л. И. Якобсона, М., Издательский дом ВШЭ, 2010, С. 104-105.

识的法律协会。到19世纪90年代，社会积极性被充分调动起来，致力于普及民族教育的协会增加了10倍，医学协会增加了3倍，全国一半以上的医生都被吸纳进来。农业协会也大幅增加，到了20世纪初已经有200多个农业协会。①

（二）社会自组织的大发展阶段

20世纪初至十月革命前，俄国社会自组织步入了一个新的发展阶段。这是与整个国家的工业化和都市化联系在一起的，城市逐渐"西方化"，形成了公共交往领域，公民之间缩小了文化差异，信息交流加快。20世纪初，除社会保障领域，城市和乡村经济、教育和医疗、文学和艺术、科学和启蒙等领域也都形成了广泛的社会自组织网络。1906~1909年，全俄形成了4800个社会自组织。外省的城市在一战前已经形成了近百个协会组织（坦波夫有70个，喀山有100个），而在首都地区已经有几百个这样的协会组织，如在莫斯科有近600个，圣彼得堡也接近这个数字。② 一些全俄的协会开始扩张，在外省、城市或者城区建立地方组织，如俄国技术协会在1905年前后已经拥有38个分会，俄国音乐家协会有20个分会，并出现了新的组织形式，如体育教育和发展协会、师范协会等。慈善组织的代表大会聚拢了社会各界人士，如医生、自然科学家、人类学家等，将社会各界的利益相关者聚集起来。在临时政府时期（1917年2~10月），在法律层面建立了慈善和社会自组织的合法体系。一系列组织（全俄医生协会、自由经济协会）都被纳入临时政府的掌控之中，而临时政府的建立也利用了市民社会的资源。

革命前的俄国市民社会发展是由近代以来工业化和现代化进程推动的。其中，帝俄时代社会现代化的实质在于形成了个性意识、小型民主家庭、市民社会和法治国家的雏形。在社会现代化过程中，市民和农民在法律、社会及政治关系上从最高政权的臣民变成了国家的公民。先是各集体组织转化成等级，后

---

① Туманова А. С., Общественные организации и русская публика в начале XX века, М., Новый хронограф, 2008, С. 45-47.
② Туманова А. С., Общественные организации и русская публика в начале XX века, М., Новый хронограф, 2008. С. 7.

来等级又转化成职业团体和阶级。① 在20世纪初，俄国存在着许多市民社会的要素：大量自愿形成的社会自组织，其中包括妇女组织；具有批判性思维的舆论界人士以及为国家政权所认同的社会舆论；1905年以后，还包括自由刊物、政党等。当时，俄国基本形成了保障社会思想、愿望和要求由社会向权力机关传达的机制，以及对权力机构执行情况进行监督的立法机构和报界。② 这些市民社会的因素、社会自组织的进程随着十月革命的到来戛然而止。

（三）社会自组织的国家化

1917年10月至20世纪80年代中期是俄罗斯社会自组织的第三个阶段，特点为市民社会体系的国家化。十月革命中断了近代以来俄国社会自组织的发展路径，一些反对或不利于巩固社会主义制度的社会团体被解散。③ 20世纪20年代是苏联社会领域发展的特殊年代，在没有国家机构进入的领域社会自组织人数增多，各种知识分子的创作团体广泛建立。20世纪20~30年代，这些社会自组织关注国家和社会在社会主义建设中棘手的问题，如消除文盲和酗酒、教育、养成健康的生活习惯、改善环境和公民权利等。在很多国家缺场的领域，社会性组织扮演了补充性的角色。但这些组织的活动并没有得到政权的支持，苏维埃政权对新的社会志愿运动以及成员的可靠性存有怀疑和忌惮。

从20世纪20年代开始，社会自组织在资金、人员构成和活动内容受到控制。在20世纪20年代末30年代初，苏维埃政权制定了一系列法令，限制社会自组织的活动范围，加强国家监管，统一社会自组织的政治方向。从这一时期开始，社会自组织被置于苏共的绝对领导下，建立了苏共主导型的社

---

① 〔俄〕鲍里斯·尼古拉耶维奇·米罗诺夫：《俄国社会史（帝俄时期：十八世纪至二十世纪初）》下卷，张广翔等译，山东大学出版社，2006，第310页。
② 〔俄〕鲍里斯·尼古拉耶维奇·米罗诺夫：《俄国社会史（帝俄时期：十八世纪至二十世纪初）》下卷，张广翔等译，山东大学出版社，2006，第271页。
③ 1917年12月24日，俄联邦内部人民委员部颁布了《苏维埃权责法》，赋予地方政权机关解散那些鼓励人们与新制度敌对或号召推翻新制度的社会团体；1918年8月，司法人民委员会通过关闭宗教团体和慈善团体的决定；根据1918年12月全俄中央执委会命令，解散了全俄中学教师联盟；1919年，青年共产主义联盟第二次代表大会决定终结过去全部青年组织的活动。参见黄晓勇主编《中国民间组织报告》，社会科学文献出版社，2008，第355页。

会组织体系。①社会自组织的人数急剧减少，一些知识分子创作协会、组织和联盟被取消，代之以全苏范围的协会，这些协会丧失了志愿组织和自主活动的特点，成为国家机构的附属。

到 20 世纪 20 年代末，社会保障组织只剩下了红十字会和"孩子们的朋友"协会。② 革命前的科学协会只有俄罗斯地理学会和部分医学学会还在运转。在苏联时期有一些伪非营利组织成立，如苏联国防和航空化学建设促进会、无神论者联合会、"消除文盲"协会、苏联电影爱好者协会等。这些大型的社团吸纳了几千万公民，被视为社会主义建设的"传送带"，可以调动民众的志愿精神。③ 它们的存在和活动都依靠政府的支持，民主的组织原则和财政独立的宣誓只具形式主义的意义，党组织和社会自组织的领导机构基本吻合，这正是苏维埃社会性的特点。④ 不可否认的是，"自主组织的萌芽在许多正式职业的、青年的、艺术创作的、科技的、体育的和其他的组织中生发"⑤，体现了个人利益、群体利益和志愿性。这些组织在苏联解体后继续存留，成为当代俄罗斯非营利组织的重要组成部分。

从"解冻"时期开始，科学、文化和教育领域的社会活力增强，在这些领域建立的协会有所增多，在社会政治生活中的影响逐渐增大。在 20 世纪 60~80 年代，苏联新建了 40 个联合会，其中包括老战士联合会、电影爱好者联合会、工艺美术师联合会、动物学家联合会、儿童基金会、和平基金会和文

---

① 有固定会员或章程的社会组织包括：苏共、工会、共青团、各种行业组织和协会、艺术创作协会、劳动志愿者组织等；社会自办机构，如村委会、住宅管理委员会、街道委员会、学生家长委员会、文教和医疗机关所属的各种委员会、同志审判会和维持社会秩序的人民志愿纠察队；群众性社会运动团体，如拥护和平者运动、妇女运动、老战士和老模范运动等。参见黄晓勇主编《中国民间组织报告（2008）》，社会科学文献出版社，2008，第 357~358 页。
② Коржихина Т. П. Извольте быть благонадежны! М., РГГУ, 1997, С. 288.
③ Якобсон Л. И., Санович С. В. Смена моделей российского третьего сектора: фаза мпортозамещения//Общественные науки и современность, 2009, № 4.
④ Киселева Н. В. Возникновение советского феноме на массовых добровольных обществ. Ростов-на-Дону: Рост. гос. ун-т, 1998, С. 204.
⑤ Общественная палата Российской Федерации: Доклад о состоянии гражданского общества в Российской Федерации за 2006 год, М., 2007.

化基金会等。① 在20世纪70年代，在体育、旅游和音乐领域出现了互助组织和俱乐部。这些组织中绝大部分都没有登记，虽受到了来自政府的压力，但苏联公民有了不利用国家资源也能成为社会自组织主体的可能性。在这个时代，持不同政见者可以组织运动，可以创作艺术作品，发表并传播政论性言论，对现行的体制进行批评。他们试图建立政治的、法律援助性的组织，但受到了当局的压制。

（四）社会自组织的复兴

俄罗斯社会自组织的第四个阶段是20世纪80年代末至今。自20世纪80年中后期开始，苏联面临着经济停滞和政治危机，在对社会政治和经济系统的改革道路进行了一场大讨论之后，确立了国家在经济和社会生活领域收缩的观点。20世纪80年代中期以来，各种社会自组织纷纷成立。② 在戈尔巴乔夫改革和民主派向苏共夺权的背景下，一批致力于政治民主、市场经济的非正式组织开始出现，与西方非营利组织以社会为取向不同，这一时期的苏联非正式组织多以政治目标为取向，③ 成为社会上推动改革的重要力量。苏联解体以后，苏维埃时期的很多组织随着社会主义制度的瓦解而消亡，一些政治性较弱的行业性或志愿性组织在新时期得以继续存留和发展。苏联解体之初，政局动荡，政府无力解决层出不穷的经济与社会问题，大量公民自助组织应运而生。国家在社会文化、人文领域的财政预算缩紧，催生了大量保护文化、艺术、教育和科学的社会自组织。对弱势群体的优待政策也催生了该群体社会自组织

---

① Коржихина Т. П., Степанский А. Д. Из истории общественных организаций//Историки спорят/под ред. В. С. Лельчука. М., Издательство политической литературы, 1988, С. 431.
② 1985年，全苏戒酒协会成立；1986年，苏联戏剧联合会、全苏音乐协会、全苏战争和劳动老战士协会、苏维埃文化基金会成立；1987年，苏联工艺美术师联合会、全苏电影爱好者协会、莫斯科残疾人协会、苏维埃儿童基金会、苏维埃和平基金会成立。20世纪80年代末，几十家生态保护组织，几百家青少年、家庭俱乐部和慈善组织成立。据统计，这些组织的活动吸引了7%~8%的14岁以上的市民参加。参见 Коржихина Т. П., Степанский А. Д. Из истории общественных организаций, Историки спорят, под ред. В. С. Лельчука, М., Издательство политической литературы, 1988, С. 97。
③ 1991年8月19日以前，以政治为取向的组织约占90%，包括民主派、民族爱国派、左翼社会主义等，以行业或群体利益为取向的组织约占10%，包括工人组织、企业家组织、合作社工作组织、妇女组织等。参见黄立茀《苏联社会阶层与苏联剧变研究》，社会科学文献出版社，2006，第559~569页。

的诞生,如残疾人联合会。诚如俄罗斯社会学家克沃尔措夫指出的那样:"第一批真正的非营利组织……其大规模的发展是在 1991~1993 年期间,那时非营利组织(非国家组织)这一术语已得到广泛应用。"① 20 世纪 90 年代,俄罗斯市民社会活跃的另一个重要因素就是外来的模式。国外资本进入了社会领域,不仅带来了社会自组织的方式方法,还通过各种项目培育积极分子、志愿者等,西方的非营利组织对俄罗斯进行文化输入。而此时,国家在第三部门的角色是一个和善的不干涉者,对非营利组织的财政支持也很少。② 90 年代中期以后,俄罗斯对非营利组织的管理有了法律和制度的保障,俄罗斯非营利组织的发展开始进入制度化阶段。俄罗斯宪法③和民法④对市民社会自组织的活动权利有明确的规定。除此之外,俄罗斯还制定了三部专门性法律:《俄罗斯联邦社会联合组织法》⑤《俄罗斯联邦慈善法》⑥《俄罗斯联邦非营利组织法》⑦,随后,逐年根据非营利组织的发展不间断地对法律做出调整及修正。

进入 2000 年以后,俄罗斯非营利组织的资金主要来源从国外转向国内,境外资本的影响力减弱,公民的自组织能力增强(首先是中产阶级),对商业

---

① 俞可平主编《市场经济与公民社会:中国和俄罗斯》,中央编译出版社,2005,第 164 页。
② Якобсон Л.И., Санович С.В., Смена моделей российского третьего сектора: фаза мпортозамещения, Общественные науки и современность, 2009, No 4.
③ 《俄罗斯联邦宪法》第 30 条规定:"每个公民都有联合结社的权利,以及成立工会组织以保护其权益的权利,保障社会联合团体组织活动的自由,任何人不被迫加入任何团体组织或留在其中。"
④ 于 1995 年 1 月 1 日实施生效的《俄罗斯联邦民法典》第一部分第二章中有关于非营利组织规定的专门章节,其中列举了俄罗斯非营利组织的种类,各种类型非营利组织民法地位的基本特点,接受和使用资产的程序,以及其他的一些标准。
⑤ 1995 年 5 月 19 日颁布施行的《俄罗斯社会联合组织法》主要是调整公民实现结社权产生的社会关系,只涉及非营利组织的一种类型,即由公民发起的社会联合组织。
⑥ 1995 年颁布的《俄罗斯慈善法》奠定了现代俄罗斯慈善事业的法律基础,这部法律确立了慈善活动和目标的概念、慈善组织的概念,确立了一系列社会和国家对慈善组织活动的监控机制,以及国家权力机构和地方自治机构能够对慈善活动进行支持的合法形式。
⑦ 1996 年 12 月 1 日出台的《俄罗斯非营利组织法》主要规范了非营利组织活动的基本方面,其中确立了非营利组织的法律地位,组织成立、活动、改组和撤销的程序,以及筹集和使用资产、创立者及组织成员的权利和义务、组织管理的基础,国家和地方政府支持其活动的形式,等等。

领域慈善活动的积极性提高，第三部门的凝聚力提升。① 这也成为俄罗斯社会自组织的新特点，这里包含着国家权力对俄罗斯外部国际环境应对和对内部社会领域治理的考虑，如今世界社会的发展趋势和社会自组织、公民意识的提升与俄罗斯社会领域的现状存在张力。2000 年，普京当选总统后颁布了一系列法规，以加强国家权力机构对政治活动的规范化管理和调控。其中，2001~2002 年颁布了《俄罗斯联邦政党法》和《俄罗斯联邦公民选举权和公决权保障法》，在法律层面上将社会团体与政治组织（政党）加以区别。2005 年以来，受"颜色革命"影响，普京政权开始限制非营利组织的发展。2005 年俄国家杜马和联邦委员会先后审议通过了《对俄罗斯联邦部分法律文件进行修订》的联邦法，对有关组织的法律和政策进行了补充和修改。梅德韦杰夫当选总统以后，试图改善对非营利组织发展严格控制的状况。他曾多次表示不应过分限制市民社会的发展，并应从立法上对市民社会的建立予以保障。2012 年，普京再次入主克里姆林宫，面对选举时出现的高涨的反对声浪和日益变化的政治局势，俄罗斯政府对非营利组织特别是从外国获取资源的非营利组织进行了严格限制。与此同时，扶持并资助"社会非营利组织"，使公民的积极性成为爱国主义意识形态和政权稳定性的基石。

纵观俄罗斯市民社会发展，其是与俄罗斯近代以来的现代化进程紧密相连的。新兴的资产阶级需要舆论支持，将公共领域、社会领域作为争取权益的平台；十月革命以后，俄罗斯市民社会缓慢发展的势头被遏制，社会主义体制下形成了自上而下的"行政吸纳社会"的模式。苏联解体以后，西方市民社会理念和非营利组织伴随着政治民主化和经济市场化进入俄罗斯，一大批新型的非营利组织如雨后春笋般涌现。但作为舶来品，这些非营利组织与俄罗斯薄弱的市民社会基础是不相适应的，民众对非营利组织不甚了解，缺乏信任。非营利组织的发展还需要各方的扶持。另外，虽然冷战已经结束，但俄罗斯与西方在大国博弈中仍是对立的两极，西方通过非营利组织向俄罗斯进行政治渗透，这在"橙色革命"和俄选举后的抗议集会中都有很明显的体现。俄罗斯政府

---

① Якобсон Л.И., Российский третий сектор: от импорта к импортозамещению, Некоммерческий сектор: экономика, право и управление. Материалы международной научной конференции, М., ГУ ВШЭ, 2007, С. 43-58.

十分警惕这种行为，对非营利组织特别是对外国非营利组织和接受外国资金和财产的社会组织采取了紧缩限制的措施。

二 俄罗斯社会自组织现状

国际上对社会自组织的命名有很多种，通常采用的名称主要有"非政府组织"（NGO）、"非营利组织"（NPO）、"第三部门"（公司和行政机构之外的组织）、"市民社会的组织"（CSO）等，每一种社会自组织的命名都有其侧重点。在俄罗斯，社会自组织普遍被命名为"非营利组织"①。"非营利组织"这个名称强调了社会自组织与企业和公司等市场组织的区别，突出其非营利性。《俄罗斯联邦非营利组织法》中规定，非营利组织是"不以获取利润为自己活动的基本目的，且不在成员中间分配利润的组织"。② 俄罗斯并未用西方更为广泛使用的"非政府组织"来命名社会自组织，这也是俄罗斯社会自组织与政府部门、政治组织密切关系的写照，但从俄罗斯出台的相关法律条文来看，非营利组织从目的和类型上具有市民社会自组织的非营利性和非官方性。非营利组织致力于解决俄罗斯的社会问题和促进市民社会发展，其类型包括社会或者宗教的组织（协会），俄联邦各少数民族公社、哥萨克协会、非营利组织联合会、非营利组织的自治机构、社会自治机构、慈善机构以及一些基金会、社团和联合会，也包括其他符合联邦法律的组织形式。③

（一）非营利组织的数量与规模

截至2021年8月，共有210417个非营利组织在俄司法部注册。④ 其中包括宗教组织、职业联盟、非商业基金会、哥萨克协会、社会基金会、民族协会、民族文化自治协会以及其他类型的非营利组织。

在俄罗斯，由于种种条件的限制，还有很多非营利组织没有在司法部注册，不具备法人资格。近年来，正式注册的非营利组织并没有增多，许多并未

---

① 许多中文文献将 некоммерческая организация 直译为"非商业组织"，而本文认为将其译为"非营利组织"更符合国际惯例，强调社会组织的非营利性特点，而并不是强调其非经济部门的形式。
② 法律文本引自 http://www.consultant.ru/popular/nekomerz/71_1.html#p71，第2条第1款。
③ 法律文本引自 http://www.consultant.ru/popular/nekomerz/71_1.html#p71，第3条第2款。
④ 参见 http://unro.minjust.ru/NKOs.aspx。

注册的非营利组织没有被纳入统计范畴。俄联邦社会院认为,俄罗斯非营利组织的数量被大大低估了。另外,并非所有正式注册的非营利组织都会开展活动,据不完全估算,真正开展活动的组织不超过注册数量的40%。[①]

根据"公民社会指数"[②]的测评,可以发现俄罗斯社会自组织发展的优势与不足。较为完善的方面有:非营利组织制度化程度高,有领导或集体决议机构;大多数非营利组织确立了民主决策机制;非营利组织非常积极地发展和扩大各领域之间的关系,它们定期会面、交换信息,有的还成立了联合会。不足的方面有:无论是非营利组织的工作者还是志愿者,其在非营利组织的工作并不是全日制的;非营利组织的积极性只限于社会领域,而对政治领域态度相对冷淡;很多非营利组织运作并不规范,不公布财政报告,不出台规范成员行为的规章制度,有的还存在腐败问题;非营利组织的影响力不大,在解决社会问题的时候起不到主体作用,在实践中很难与政府机构对话或合作解决社会问题;公民对非营利组织的信任度很低,俄公民多是参与非正式的慈善活动、非组织化的捐赠;社会自组织收入不稳定,多数组织的收入来源都是依靠会员缴纳的会费,有多个收入来源的社会自组织很少。

目前,俄罗斯非营利组织在解决社会经济发展和国家治理方面发挥的作用越来越重要,非营利组织和政权之间逐渐建立起事务性的对话关系,构建了社会和国家合作的基本框架。在社会领域,公民的积极性正在政治领域发挥影响力,如对生态问题、城市规划、地方发展、对行政机构的监督等方面。俄罗斯社会领域的突出特点是民众有着参与社会自组织的需求,但是对社会自组织缺乏认知和信任,从而使公民的社会参与、政治参与受阻。

(二) 网络公共领域的形成:以"为了诚实的选举"抗议活动为例

网络公共领域的兴起、网络公共领域的形成是当代俄罗斯政治和社会领域

---

① Общественная палата Российской Федерации: Доклад о состоянии гражданского общества в Российской Федерации за 2010 год, М. , 2010. C. 24.
② "公民社会指数"(Civil Society Index:CSI)是测评世界各国公民社会状态的指标体系。评估公民社会指数的5个维度为社会参与(吸引民众加入社会和政治组织行动的吸引力)、组织性(公民社会基础结构的组织化水平)、实践性的价值(呈现社会中价值结构的水平)、影响(公民社会的社会和政治影响)、环境(影响公民社会行动的社会经济环境),由这几个维度构成的"钻石图"可最为直观地反映社会领域的现状。

的一个突出特点。20世纪末以来，互联网快速发展，网民和网站的数量剧增，互联网渗透俄罗斯社会生活的各个方面，不仅改变了人们以往的交往方式、信息传播方式和社会认同方式，也成为影响政治进程的重要因素。特别是2011~2012年爆发的"为了诚实的选举"运动凸显了网络公共领域的作用。

根据相关报告①，在"为了诚实的选举"运动爆发前夕的2011年9月，俄本土的社交媒体Вконтакте和Одноклассники的访问量分别达到3430万次和2700万次。在地域分布上，莫斯科和圣彼得堡这两座城市的确也是社交网络普及率最高的地区，如Вконтакте的用户占该地人口比重的30%~40%。两地Facebook用户的数量占全国一半以上。在年龄分布上，社交网络使用者多以青年人为主。Вконтакте上35岁以下的用户占90%以上，Facebook上45岁以下的使用者占70%以上。总体来看，社交网络使用者年龄层集中在18~44岁。这些年轻的用户非常活跃，能够捕捉到鲜活的社会问题和形成某种舆论趋势。"为了诚实的选举"运动便是在这个背景下展开的。

1. 中产阶级登上政治舞台

2011年末国家杜马选举后至2012年3月总统大选前后，俄罗斯爆发了大规模的以"为了诚实的选举"为口号的民众抗议示威活动。抗议活动的参加者认为选举有大量造假、舞弊的行为。

2011年12月4日，俄罗斯第六届国家杜马选举结果公布。观察和监督选举的非营利组织"声音"（Голос②）联合其他组织制作了"舞弊地图"（карта нарушений），选举舞弊视频在互联网和社交媒体上广泛传播，激起了民众的愤怒。当天傍晚，莫斯科和圣彼得堡爆发了游行示威。到12月10日，在俄罗斯的99座城市和境外的42座城市都爆发了游行，此次抗议活动是近10年规模最大的抗议示威活动。2012年2~3月，在总统选举前后，俄罗斯又爆发了一系列大规模的抗议游行活动。2月4日，在莫斯科波洛特广场举行抗议活动的参与者达到12万人。同时，在俄罗斯和国外的100多个城市也爆发了游行示威活动。俄罗斯总统选举后，抗议活动又达到了高潮。3月5日，总

---

① Социальные сети в России сегодня: цифры, тренды, прогнозы, http://snce.ru/ru/socialnye-seti-v-rossii-segodnya-cifry-trendy-prognozy.

② 该词在俄语中也有"选举"之意。

统选举结束的第二天,大规模游行示威活动再次爆发。

以 2011 年 12 月 24 日在萨哈罗夫院士大街"为了诚实的选举"抗议活动为例,根据列瓦达中心所做的调查①,在 791 位被调查者中,大多数都是社交媒体和互联网的使用者,其中 37% 的被调查者会定期在社交媒体中讨论政治问题。从年龄分布上看,主要集中于 25~39 岁这个年龄段,这与社交媒体使用者的年龄段基本吻合。在这些受调查者中,绝大多数受过高等教育(70%),或者正在接受高等教育(占 13%);职业分布较为广泛,有专业人士、官员和商人;经济收入较高,68% 的受调查者自认为有较强的消费能力,可以买一些较贵的商品;这些受调查者不属于任何一个政党或政治运动,大部分人(69%)认同政治自由和民主的观点。基于类似的抗议集会参与者社会构成的调查,有些媒体认为这是俄罗斯"中产阶级"登上政治舞台的标志。②甚至被新马克思主义的社会学家阐述为"这是中产阶级对政治统治的向往"。③虽然,俄罗斯中产阶级的划分标准和构成特征在学术界还没有形成共识,但网络公共空间内有一定的经济基础、善于表达政治意愿、具有强烈公民意识的网民特征与中产阶级的特征基本吻合。

与 2004 年爆发的示威游行相比较,那时还主要是退休人员发泄不满,年轻人还没有冲到前线。而在 2011~2012 年"为了诚实的选举"抗议活动中,在这个被称为寻求"政治解冻"的活动中,青年人对自身利益的诉求明显增加。这个群体的人并不准备采用激进的手段来捍卫自己的理想,大部分人的积极性来自符号性的抗争(符号化为自由和民主)。④

2. 作为政治动员工具的社交媒体

这次活动与以往反对派的抗议示威活动最大的不同在于组织和动员机制,

---

① Официальный сайт Аналитического Центра Юрия Левады(Левада-Центр),http://www.levada.ru/26-12-2011/opros-na-prospekte-sakharova-24-dekabrya 26 декабря 2011 г..
② Шустер С., Революция в России готовится в Twitter, Facebook и Youtube от 16.11.11,http://www.inopressa.ru/article/16Jar2012/time/twitter.html.
③ Мусихин Г. И., Очерки истории идеологии, М., 2013, С. 19.
④ Бараш Р. Э., Интернет как средство смоактуализации и революционной самоорганизации, Власть, 2012, № 10(3). С. 104-105, http://www.isras.ru/files/File/publ/Barash_Internet.pdf.

逐渐兴起的社交媒体成为组织和动员的重要工具。如果在 20 世纪 80 年代末 90 年代初苏联解体前后的政治运动中，因电视作为政治运动的有效传播工具那个年代被称作"电视民主"时代的话，那么在 2011～2012 年的"为了诚实的选举"抗议活动中，互联网、社交网络则被视为重要的传播工具，可视为已进入"互联网民主"的时代。在"为了诚实的选举"抗议活动中，社交媒体和有众多用户的网站（Facebook，Вконтакте，Twitter，LiveJournal，Youtube，论坛、博客等）成为组织和进行街头抗议集会的必需工具。[1] 这些社交媒体和网站不仅成为各种反对派信息的集散地，而且通过社交媒体平台彼此交流形成认同感，最终使抗议活动从线上走到线下。

根据全俄舆论研究中心的调查结果[2]，在 1991 年，电视是俄罗斯人最大的新闻信息源，占 67%；而在 2012 年 2 月，集会游行的参与者中有 70% 是通过互联网新闻得知消息的，其他 22% 和 8% 的参与者分别是通过社交网络和博客获得的消息。互联网成为反对派集会游行动员、信息发布的主要平台。[3] 在"为了诚实的选举"抗议活动中，网络特别是社交网络成为反对派发布信息和讨论政治话题的主要媒介。如 Вконтакте 上比较著名的讨论群有"人民反对骗子和小偷""反对者运动的合作""反对者图片""政治幽默"。这些讨论群动辄就能吸引上万甚至十几万的用户加入讨论。在 Facebook 上，讨论群"我们曾在并将会在波洛特广场"成为发生在莫斯科的反对派示威活动的信息发布中心。

英国社会学家吉登斯依据电视等电子媒体的发展提出了传递经验（mediated experience）[4] 的学说，即指通过信息沟通而形成超越身体经历和在场事务的缺场经验，是人们通过信息沟通而相互影响和持续传导的动态经验。而在互联网、社交媒体中传递经验，比起当年吉登斯所依据的电视媒体，无论

---

[1] Зайцев Д. Г., Карастелев В. Е., Протестное движение в России 2011–2012 годов: проблема субъектности, Государство и общество в пространстве власти и политических коммуникаций. Политическая наука. Ежегодник 2013, М., РОССПЭН, 2013, С. 231–266.

[2] Пресс-выпуск N2370, Всероссийский центр изученияобщественного мнения (ВЦИОМ), 13 августа 2013, http://wciom.ru/iNdex.php?id=459&uid=114345/.

[3] http://wciom.ru/index.php?id=268&uid=112492. Табл. 2.

[4] 〔英〕安东尼·吉登斯：《现代性与自我认同》，赵旭东、方文译，生活·读书·新知三联书店，1998，第 25～29 页。

在传递内容和形式上，还是在传递速度、广度和深度上都已经有了巨大的扩展和提升。"网络群体可以在很短的时间迅速放大，在沟通和传播效率上也会成倍放大。因此，网络群体表达出来的社会认同是一种潜力无限的强大的社会力量或社会权力。"① 在社交媒体上的信息传递和动员则更为便利。在当今的俄罗斯社会，熟人之间的信任度较高，信息通过作为熟人圈子的社交媒体传递和传播更容易获得信任。在"为了诚实的选举"抗议活动期间，各种传闻经常是起源于"我的一个熟人"。② 在传播方式上，选举舞弊和示威游行现场的照片和视频在社交媒体上流传，对于民众有更强的冲击力和感染力，这会让民众形成对"为了诚实的选举"抗议活动的感性认同。

"感性认同具有强大的整合功能，它不仅可以使人们在面对面交往的在场群体中实现团结，还能作为宗教的现代形式在广阔的社会空间掀起狂热的集体兴奋。在网络交往中，这种集体兴奋不仅可以引发网络信息以排山倒海之势不可阻挡的快速宣泄，而且可以直接引起数以万计社会成员投入实际的集体行动之中。"③ 社交媒体上的"经验传递"形成了政治反对派的"感性认同"，并通过社交媒体、网络平台形成了集体兴奋，最终引燃了线下的政治实践。俄民众以示威游行集会的形式抗议官方宣布的投票结果，最终发展成为声势浩大的反对派运动。

3. 网络公共领域的形成

在新的信息技术条件下，社交媒体重塑国家政治议程，并促使网络公共领域的生长。随着互联网的扩展和人们对互联网的广泛使用，人与人之间的交流和沟通方式发生了很大的变化，人与人之间的交往部分地转向虚拟空间，人类的公共空间得到了极大的延伸，这为批判精神的产生和公众舆论的生成提供了新的重要的空间和环境，从而为塑造一个全新的公共领域形态即"网络公共领域"创造了重要条件。④

---

① 刘少杰：《网络化时代的权力结构变迁》，《江淮论坛》2011年第5期。
② Дубин Б. В., Слово-письмо-литература, Очерки по социологии современной культуры, М., НЛО, 2001, С. 70–81.
③ 刘少杰：《网络化时代的社会结构变迁》，《江淮论坛》2011年第5期。
④ 熊光清：《中国网络公共领域的兴起、特征与前景》，《教学与研究》2011年第1期。

如果说在前网络时代，信息权力掌握在政治权力和意识形态的控制者手中，是一种自上而下的权力，那么正如卡斯特所说的那样，网络化时代的"权力不再集中于机构（如国家）、组织（资本主义企业）和符号的控制者（公司制媒体、教会）之手。它散布在财富、权力、信息与图像的全球网络中，在可变的几何学和非物质化的地理学系统中传播和嬗变"[①]。随着计算机、手机等现代通信工具的普及，每个社会成员都具备发布信息、表达观点和抨击时弊的条件和能力，拥有了信息权力，形成了自下而上的信息力量。互联网将信息权力从垂直结构转变成水平结构。[②] 这种信息权力会产生汇聚社会资本的效应，互联网上的社会资本集聚到一个新的水平，将会吸引更多的使用者和网民。

2021年初，一个月内在互联网上阅读、观看新闻和信息的网民已经占到了人口的56%。新媒体（如社交媒体）全面地改变了旧有的大众传媒格局，如今，更多的人是通过互联网获得信息的，据统计，31%的俄罗斯人使用社交媒体和即时通信工具。[③] 活跃于网络世界的网民大多数是受教育程度较高的中青年人，他们思维活跃、思想独立、关心社会、政治嗅觉敏锐、公民意识强。网民群体在网络公共领域会形成针对某个事件而聚集起来的市民社会组织，如出现了公民互助的网站（democrator.ru、taktaktak.ru、streetjournal.ru）等。这种社会自组织形态生成的催化剂或者是自然灾害（如俄罗斯2010年的火灾，保护希姆基斯克森林中的"蓝色水桶"运动），或者是对现政权低效率的不满[④]，前者在2020年俄罗斯新冠肺炎疫情流行以来反应明显，而后者在"为了诚实的选举"抗议活动中表现突出。互联网创造了新的政治讨论空间，一些新媒体甚至是参加政治活动的唯一来源，公民依此来评估俄罗斯的政治形势、争论的价值以及改革的必要。[⑤] 在这场运动中，可以观察到社交媒体对政

[①] 〔美〕曼纽尔·卡斯特：《认同的力量》，曹荣湘译，社会科学文献出版社，2006，第416页。

[②] L. Diamond, "Liberation Technology," in L. Diamond and M. F. Plattner (eds.), *Liberation Technology: Social Media and the Struggle for Democracy*, Johns Hopkins University Press, 2012.

[③] Источники информации: интернет, https://fom.ru/SMI-i-internet/14538.

[④] Сидоренко А., Настоящее и будущее российского Интернета: существующее положение, региональная проекция, перспективы, Вестник общественного мнения, июль-сентябрь 2010, No 3 (105).

[⑤] Regina Smyth and Sarah Oates, "Mind the Gaps: Media Use and Mass Action in Russia," *Europe-Asia Studies*, 2015, No 32, pp. 285-305.

治态度形成的作用——这个虚拟的空间会"重塑"公民的意见。① 随着俄罗斯社会网络化程度的加深,互联网已经成为民众表达社会情绪、形成多元社会舆论、孵化新的政治势力的网络公共领域。

(三) 志愿者运动的兴起:以抗击新冠肺炎疫情为例

面对 2020 年新冠肺炎疫情大流行,官方的抗疫措施不力,效果不佳。与此同时,俄罗斯社会力量被有效动员起来,形成了社会自组织参与社会治理的局面。治理理论强调治理主体的多元性及其之间的合作关系在社会治理中的效率,"善治"的本质特征就在于它是政府与公民对公共生活的合作管理,是政治国家与市民社会的一种新颖关系,是两者的最佳状态。② 在此次俄罗斯抗疫过程中志愿者的表现尤为出色,无论在抗疫一线的"红区",还是在救助因疫情受困的弱势群体、维系社会秩序、提供心理咨询与法律援助方面都活跃着志愿者的身影。

1. 俄罗斯慈善与志愿事业的历史

在俄语中,благотворение 和 благотворительность 均表达"慈善"之意,благотворение 一词属于古旧词,意为救济、行善,而 благотворительность 则与中文"慈善事业"一词的意义相近,是一种社会救济活动。③ 俄罗斯联邦法《俄罗斯慈善事业和志愿服务》④ 对"慈善事业"给予了明确的定义:自然人和法人无私(免费或优惠)地向其他自然人和法人捐赠资金、无偿工作、提供服务等志愿行为。

慈善在俄罗斯有着悠久的历史,是最古老、最受尊敬的社会行动,慈善被理解为对亲近的人痛苦的理解,帮助穷人是其道德义务。在中世纪的俄罗斯,慈善对于一个人有深远的道德意义,会让他死后获得永生。古罗斯的作家和传教士 Кирилл Туровский 认为,对穷人的爱是拯救灵魂最为简单的方法之一,

---

① S. Oates, *Revolution Stalled: The Political Limits of the Internet in the Post-Soviet Sphere*, New York: Oxford University Press, 2013.
② 俞可平主编《治理与善治》,社会科学文献出版社,2000,第 8~9 页。
③ 王芮:《试论俄罗斯慈善的起源与早期发展》,《俄语学习》2018 年第 1 期。
④ Федеральный закон от 11 августа 1995 г. № 135-ФЗ "О благотворительной деятельности и добровольчестве (волонтерстве)", http://www.kremlin.ru/acts/bank/8212.

倡导富人对穷人施舍。①

从 18 世纪起，国家开始参与慈善活动。国家认为有责任照顾自己的臣民，国家预算为慈善活动提供资金，慈善被称为"公共慈善事业"。在 18 世纪下半叶，慈善事业被叶卡捷琳娜二世视为"开明专制主义"的重要内容。从那时起到 19 世纪上半叶，国家已经成为社会救助领域的垄断者，俄国各省官方建立起慈善机构，如孤儿院、医院等。

从 19 世纪到 1917 年的二月革命，慈善机构实际上是在皇室的支持下运作的。保罗一世的妻子玛利亚·费多罗夫娜创办了一个特殊的慈善机构，用以管辖莫斯科和圣彼得堡的教育机构。在尼古拉一世时期，慈善机构合并成为"玛利亚皇后事务部"（ВУИМ），该部成为国家机构的一部分，资金来源为皇后的个人捐助、国家补贴和私人捐款。它的业务范围包括运营教育之家、聋哑学校和盲人学校、养老院等。②

在苏维埃时代，慈善机构被视为资本主义社会的功能，社会革命要实现社会公正的目的，社会保障体系和所有的社会机构成为国有性质的，包括抚养孤儿、保护母亲和儿童等。

苏联解体以后，俄罗斯国家机构在法律上支持慈善和志愿服务事业。《俄罗斯联邦宪法》第 3 条第 39 款有"支持慈善事业"的表述。上文提及的联邦法《俄罗斯慈善事业和志愿服务》③ 首次提及"志愿服务事业"（добровольчество）或 волонтерстве。这个概念，志愿服务事业被理解为在以下领域无偿工作和（或）提供服务的志愿活动：对穷人、失业者、残疾人等的社会支持和保护；预防灾害和救灾；预防民族和宗教冲突；巩固家庭；保护母亲和儿童；促进教育、科学、文化、艺术、启蒙和精神领域的发展；保护公

---

① Л. Б. Сукина, Понятие благотворительности в культуре русского средневековья, Благотворительность в России. Исторические и социально-экономические исследования. СПб.: Лики России. 2004. С. 20-21.

② Ульянова Г. Н. Благотворительность и общественное призрение в России XIX—начала XX века в контексте формирования гражданского общества, Труды Института российской истории РАН 1997-1998 гг. Вып. 2. М., 2000. С. 175-176.

③ Федеральный закон от 11 августа 1995 г. № 135-ФЗ «О благотворительной деятельности и добровольчестве (волонтерстве)», http://www.kremlin.ru/acts/bank/8212.

民健康；体育活动；保护环境和动物；保护历史建筑等。

志愿者运动是 20 世纪 80 年代以来才在全球兴起①，俄罗斯的志愿服务概念也是舶来品，从其使用的名称 волонтерство 是英文 voluntary（志愿行动）的音译便可见一斑。志愿者行动推动了俄罗斯慈善事业的进一步发展，更多的俄罗斯人（特别是青年）加入志愿者的队伍。从 2009 年开始，俄罗斯政府将慈善事业和志愿服务事业作为可以激活的社会资源，增加预算投入来进行创新性实践。②

2018 年是俄罗斯志愿运动具有里程碑意义的一年，被俄罗斯总统命名为"志愿者年"。2018 年 2 月 5 日出台了《俄罗斯联邦志愿服务事业法修正案》③，12 月 27 日出台了《俄罗斯联邦 2025 年以前慈善事业发展概念》④。这些法律法规出台的主要目的是拓展公民自我实现的可能性，发挥志愿服务事业在社会发展中的作用，形成并发展社会实践中志愿服务的创新及推广。6 月 8 日，总理梅德韦杰夫在"国家与慈善：奔向共同的目标"研讨会上提出了促进慈善事业发展的新原则：在 2025 年以前，国家慈善事业发展的原则是激发社会的资源和活力，构建和传播社会领域的创新性实践。⑤

从 2009 年至 2018 年的近 10 年里，俄罗斯的医疗、教育、体育、青年等领域的志愿者行动蓬勃发展，志愿者社团和组织迅速增多。特别是 2010 年俄罗斯森林大火、2014 年索契冬奥会和 2018 年俄罗斯世界杯等具有标志性的事

---

① 20 世纪 80 年代以来，人们越来越多地认识到政府与企业在解决社会问题方面的局限性。除政府部门与营利部门，一个良性运行的社会还需要有志愿者与志愿服务发挥"润滑剂"作用。在这种背景下，志愿组织开始在全球范围内迅速兴起。联合国更是将 2001 年确定为"国际志愿者年"。参见邓国胜《中国志愿服务发展的模式》，《社会科学研究》2002 年第 2 期。

② Распоряжение Правительства РФ от 30. 07. 2009 N 1054-р «О Концепции содействия развитию благотворительной деятельности добровольчества в Российской Федерации», https://legalacts.ru/doc/rasporjazhenie-pravitelstva-rf-ot-30072009-n-1054-r/.

③ Федеральный закон от 5 февраля 2018 г. No 15-ФЗ «О внесении изменений в отдельные законодательные акты Российской Федерации по вопросам добровольчества (волонтерства)», http://www.kremlin.ru/acts/bank/42800.

④ Распоряжение Правительства Российской Федерации от 27 декабря 2018 г. No 2950-р., http://static.government.ru/media/files/e6LFLgABRP4MyQ8mW7HClCGR8esYBYgq.pdf.

⑤ Дмитрий Медведев принял участие в пленарном заседании конференции «Государство и благотворители: вместе к общей цели», http://government.ru/news/32823/.

件推动了俄罗斯志愿者运动的展开。在俄罗斯已经形成了广泛的志愿者系统。根据调查，在 2018 年，有 35% 的成年公民自愿参加了无报酬的对社会有益的工作（不包括帮助家庭成员或近亲）。其中，31% 是通过组织完成的，多数（69%）是个人行为。[①] 2018 年初，在联邦级、联邦主体和地方自治系统吸引儿童和青年参加志愿活动的机构总数达到 2898 个，共吸引了 115.5 万青年人参与其中，占青年总数的 4.2%。[②]

特别应该指出的是，医疗卫生领域的志愿服务事业发展迅速。根据俄罗斯联邦卫生部的数据，到 2018 年底，超过 2 万名志愿者在医疗机构工作，建立了 470 多个志愿者组织。卫生保健领域最大的志愿者社会运动"志愿者—医生"（волонтеры-медики）共有 73 个地区分支机构。2018 年，在该社会运动框架下有 230 个医护组织、290 个高等和中等的医学教育机构、150 所学校。各地开展了 100 多个"志愿者—医生"的教育项目，"志愿者—医生"提供了 150 万个小时的医疗救助，开展了 2500 多场的民众教育活动。[③] 正是医疗卫生领域志愿者运动打下的良好基础，才使得本次新冠疫情期间志愿者能迅速投入抗击疫情的工作。

2. 志愿者运动"我们在一起"

在新冠肺炎疫情大流行的背景下，社会领域相比于政府机构的优势是具有高度的灵活性和快速调整其活动方向的能力，尤其是公民互助、非营利组织以及能够将社会资源和力量整合起来抗击疫情的志愿者行动，最为了解受困民众

[①] Волонтерство и благотворительность в России и задачи национального развития: докл. к XX Апр. междунар. науч. конф. по проблемам развития экономики и общества, Москва, 9–12 апр. 2019 г. / В. Б. Беневоленский, В. А. Иванов, Н. В. Иванова и др. ; под ред. И. В. Мерсияновой ; Нац. исслед. ун-т «Высшая школа экономики». М., Изд. дом Высшей школы экономики, 2019. С. 7.

[②] Волонтерство и благотворительность в России и задачи национального развития: докл. к XX Апр. междунар. науч. конф. по проблемам развития экономики и общества, Москва, 9–12 апр. 2019 г. / В. Б. Беневоленский, В. А. Иванов, Н. В. Иванова и др. ; под ред. И. В. Мерсияновой ; Нац. исслед. ун-т «Высшая школа экономики». М., Изд. дом Высшей школы экономики, 2019. С. 8.

[③] Волонтерство и благотворительность в России и задачи национального развития: докл. к XX Апр. междунар. науч. конф. по проблемам развития экономики и общества, Москва, 9–12 апр. 2019 г. / В. Б. Беневоленский, В. А. Иванов, Н. В. Иванова и др. ; под ред. И. В. Мерсияновой ; Нац. исслед. ун-т «Высшая школа экономики». М., Изд. дом Высшей школы экономики, 2019. С. 7–8.

（特别是弱势群体）的需求，并能以最快的速度和最为合适的方式提供最需要的服务。在社会领域中，各个行动主体能保持持续的沟通渠道，将"草根"阶层与志愿者行动结合起来，并向他们提供社会救助。在疫情期间，这些社会行动主体提供了以下方面的援助：向弱势群体提供食物、生活必需品和个人防护装备；向某些被隔离的居民提供社会服务；对医疗机构和医务工作者提供支持；提供心理支持、法律援助、信息支持、基础设施支持等。

在新冠疫情期间，在俄罗斯影响最大的志愿者行动是"我们在一起"（Мы Вместе）运动，它是由 DOBRO. RU 网、全俄人民阵线、全俄社会运动"志愿者—医生"和志愿者中心协会（Ассоциация волонтерских центров）共同推出的。"我们在一起"运动提供了一个公益慈善的平台，每个人都可以在这个平台上成为志愿者并提供帮助，也可寻求帮助。该行动为疫情期间有需求的人提供帮助，呼叫中心全天候工作，处理援助申请和提供咨询信息（见表7-15）。该行动在全俄60个联邦主体都设立了志愿者服务站，保障有需求的人提出的申请能得到及时处理。

表7-15 "我们在一起"运动的具体项目类别

序号	项目名称	主要内容
1	紧急情况下的救援	在紧急情况下进行专业的救助
2	志愿交通服务	为志愿者和医生提供交通服务
3	地区俱乐部	为自己的社区设计"我们在一起"行动
4	个人防护物品的援助	保障医院和非营利组织的个人防护物品
5	为需要的人士提供志愿服务和慈善救助	用自己的力量帮助那些需要帮助的人
6	卫生领域的救助	帮助医护人员

资料来源："我们在一起"行动网站，https://xn--b1agazb5ah1e.xn--p1ai/。

在第一波疫情中"我们在一起"运动获得很好效果。自2020年9月29日第二波疫情来袭后，"我们在一起"项目恢复并在俄罗斯大部分地区展开。截至2021年1月，在"我们在一起"运动中，共有18.4万名志愿者向孤寡老人、残疾人、孤儿、退伍军人等弱势群体提供了无偿援助，志愿者为他们运送食物、生活必需品、药品，提供家政服务，很多志愿者是医学院的在校学生，他们直接进入医院，甚至是"红区"（指收治新冠肺炎患者的区域）。除此之外，志愿者还对自我隔离的群体和医护人员提供心理疏导、信息和法律援助。"我们在一起"运动一开始便吸引了9000多家志愿者组织加入其中。① 来自企业和个人的捐款总额超过了18亿卢布，为460万人提供了慈善援助。② 莫斯科州的"我们在一起"运动最为积极活跃，该州的志愿者为退休老人购买食物、提供药品和消毒剂，还通过心理援助热线与需要安慰和支持的人交谈。③ 对于很多人来说，这种帮助是真正的救助。"我们在一起"运动也利用互联网技术建立起虚拟平台，真正将可以动员的社会力量整合在一起，并精准地服务于有需要的人。

在新冠肺炎疫情期间，"我们在一起"运动成为志愿者行动甚至是社会力量投入抗疫行动的旗帜与符号而广受赞誉，并引起官方的注意，被赋予社会团结的意义。俄总统普京在会见"我们在一起"运动者代表时指出："'我们在一起'是社会团结的力量，将全社会形成一个拳头，这是抗击疫情胜利的决定性因素。在疫情期间，'我们在一起'成为我们的社会乃至整个国家希望的象征，人们会感觉到自己并不孤单，无论他们生活在哪里——大城市、城镇、乡村或者人迹罕至的地方——都不会陷入麻烦。你们所有的人，志愿者、非营利组织、商业团体都展现出了公民的责任，是成熟和团结的典范。我非常高兴，很多刚刚开始独立生活的年轻人成为这些慈善项目中的主力军。"④ 实际上，"我们在一起"已经不是一个运动，而是形成了一个社区，这个社区由有慈善之心的准备要帮助别人的人组成，志愿者、企业家、政府官员、青年领袖参与其中，在这个社区里，每个想要帮助别人的和需要别人帮助的人都可以找到自己的位置。"我

---

① В Москве наградили участников, организаторов и партнеров Общероссийской акции взаимопомощи # Мы вместе, Сайт Общероссийского народного фронта, https：//onf.ru/2020/08/28/v-moskvenagradili-uchastnikov-organizatorov-i-partnerov-obshcherossiyskoy-akcii/.

② #МЫВМЕСТЕ-идея, объединившая страну в период пандемии COVID-19, https：//xn--2020-f4dsa7cb5cl7h.xn--p1ai/.

③ Коронавирус и гражданское общество в России, https：//jpgazeta.ru/koronavirus-i-grazhdanskoe-obshhestvo-v-rossii/.

④ В режиме видеоконференции Владимир Путин провел встречу с участниками общероссийской акции взаимопомощи "Мы вместе", Сайт Президента России, http：//www.kremlin.ru/events/president/news/63569.

们在一起"运动的发起者认为，最初为应对疫情而临时创建的创意可以进行推广，甚至可以在"和平时期"可以成为满足其他需求的平台。①

面对疫情，信息不足造成了严重的问题。在缺少准确的官方消息的情况下，各种各样的谣言造成了恐慌的情绪，因此信息透明度至关重要。② 为了让公民更好地执行首席防疫师制定的限制性措施，俄联邦社会院发起了一个特别的项目——"控制2020"（На Контроле 2020）③，该项目致力于支持个人、企业和非政府组织在新冠疫情期间阐明自己的措施。"控制2020"包括四个子项目（见表7-16）。

表7-16 "控制2020"子项目

序号	子项目名称	主要工作
1	我们的回答（Наш Ответ）	专家的倡议、意见、对个人和企业的支持
2	非营利组织在一起（Вместе НКО）	社会-非营利组织交流成功经验，在新的条件下更好地帮助人们
3	医生说（Доктор Прописал）	医生和患者交换信息的网络平台，来自首都和各地区的知名医生提供治疗新冠病人的建议和经验
4	新冠打假（Антифейк COVID）	公开虚假信息，澄清事实，击破新闻、互联网、社交媒体上的谎言

资料来源：Доклад о состоянии гражданского общества в Российской Федерации за 2020 год. М., Общественная палата Российской Федерации, 2020, https://report2020.oprf.ru/。

没有凝聚力和团结的意愿，无法想象实施任何规模的社会项目。疫情让俄罗斯人更为团结，在困难时期的互助互惠一直是俄罗斯人的特点。尤其是在危机的状态下，提供及时的帮助和互助的作用会成倍增加。根据"预防新冠疫

---

① В режиме видеоконференции Владимир Путин провел встречу с участниками общероссийской акции взаимопомощи " Мы вместе", Сайт Президента России, 26.06.2020, http://www.kremlin.ru/events/president/news/63569.

② Концепция открытости федеральных органов исполнительной власти, утв. распоряжением Правительства Российской Федерации от 30 января 2014 года № 93 - p, https://www.garant.ru/products/ipo/prime/doc/70478874/.

③ #МЫВМЕСТЕ-идея, объединившая страну в период пандемии COVID-19, http://xn--2020-43d4a8aipckbz1a.xn--p1ai/.

情扩散背景下的自组织和互助"的相关研究成果①，有38%的受访者表示，面对共同的问题，如果想法和利益相一致，他们愿意与他人联合起来；有1/5的受访者表示已经准备好与他人团结合作；58%的受访者表示，在疫情之下或者其他的紧急情况下愿意与他人团结起来。这部分人可以称为积极的公民群体（гражданская активность），这个群体有更高的意愿与别人团结合作，更愿意加入社会组织的活动，投身助人的行动之中，参与解决个人/他人问题。这个群体便是志愿者运动的民众基础。

在一个社会中，能够将民众团结起来的要素弥足珍贵。普京在会见参加"俄罗斯志愿者"竞赛决赛选手时表示，抗击疫情已经使全国数以百万计的爱心人士团结在一起。俄罗斯开始更加珍视生活，公民表现出相互支持和帮助的意愿。"当今年春天我们遇到麻烦的时候，我们每个人、整个社会都意识到我们在一起，相互支持，随时准备进行救援，所有这些团结一致的行动都不取决于任何政治或其他的信仰。这是政治之上的东西，这是能团结所有人的东西。"②

新冠疫情中的俄罗斯志愿者行动、非营利组织和国家机构的合作是俄罗斯社会不至于陷入崩溃与失范之中的根本支撑，公民团结，以及政府部门、企业和非营利部门的合作增强了俄罗斯社会的韧性。社会韧性是指当一个社会遭遇破坏性冲击时，其能有一种调整压力的机制，以保存自己。③ 这种社会韧性来自人们的社会性，来自人们生活的共生性或人们之间的相依性。在本次疫情中，俄罗斯社会各行动主体面对共同的威胁，形成了共生的、相依的关系，这种关系使得俄罗斯社会在面对新冠疫情的严重冲击时，能够建立起一种协调的应对机制，这便是社会的韧性。

在以往对俄罗斯社会的理解中，"强国家弱社会"是对俄罗斯社会的基本认识。但在此次充满不确定性的疫情之中，尤其是在疫情蔓延的前期，国家行政能力

---

① 该项调查于2020年4月1~19日进行，在全俄范围内选择1046名成年受访者进行调查。https://www.hse.ru/data/2020/06/03/1603918980/HSE_Covid_01_2020_4_1.pdf.
② Владимир Путин поздравил "Добровольцев России" с Днем волонтера, Новые Известия от 05 декабря 2020.
③ 王思斌：《社会韧性与经济韧性的关系及建构》，《探索与争鸣》2016年第3期。

不足的时候，以志愿者行动为代表的社会力量及时跟进，在一定程度上化解了俄罗斯社会失范的风险。深入分析俄罗斯的志愿者行动会发现其背后最大的推动力和资源提供者仍是政府机构。社会力量是在国家力量的培育下生长的，这是俄罗斯社会的特点，与俄罗斯的慈善、志愿服务事业发展的历史轨迹是一致的。如果说，以往的俄罗斯国家与社会的关系被描述成为纵向的依附关系，那么，新冠疫情下的社会行动让我们看到了公民之间、社会组织之间的横向结合，这也构成了社会团结的网络。这种纵横交错的格局如同经纬线交织构成的一张社会之网，这张网被编织得越细密社会的韧性就越强。在抗击新冠疫情的实践中，俄罗斯社会纵向与横向的联结都得到了加强，这让社会秩序更为稳固，让社会更具活力和韧性。

三 社会自组织的国家管控

在俄罗斯，当局对社会自组织有着复杂的心态。一方面，其认识到社会自组织在现代社会中的重要性，承认非营利组织的作用，认为"第三部门"的壮大在俄罗斯是社会发展的现实和可能的模式。[1] 另一方面，在俄罗斯始终有将社会领域纳入国家权力控制下的倾向，而社会自组织的发展自主性又较强，这就产生了一个悖论。俄罗斯社会自组织只能在这种与当局的复杂关系中踽踽前行。

（一）政权对非营利组织的管控

20世纪80年代中期至90年代中期，在俄罗斯政治、经济和社会制度急剧变革的时代，一些外国非政府和非营利组织[2]开始进入俄罗斯。这些非政府和非营利组织基本的信念是按照西方理念构建俄罗斯后社会主义市民社会。在他们看来，非营利组织是市民社会的基石，市民社会能体现西方民主价值和自由市场进程。因此，外国捐助者一直致力于支持在原社会主义阵营国家建立非

---

[1] Доклад о развитии институтов гражданского общества в России, Фонд развития гражданского общества M., 2013, http://civilfund.ru/mat/20.
[2] 如医生无国界（1988年）、绿色国际（1989年）、基督教青年会（1991年）、非暴力国际（1992年在莫斯科成立独联体区域分支机构）、大赦国际（1992年在莫斯科成立新闻办公室）等一些国际非政府组织相继进入俄罗斯开展活动。此外，美国律师协会（1992年）、卡内基国际和平基金会（1992年在莫斯科设研究中心）、美国国家民主基金会、国家民主研究所、国际共和研究所、欧亚基金会（1993年进入，2004年改组成新欧亚基金会）等西方非政府组织也开始在俄罗斯进行各种项目的运作。参见王岳《俄罗斯应对外国非政府组织研究》，中共中央党校硕士学位论文，2009，第16页。

营利组织。当时，俄罗斯对这些外来组织和理念的态度是积极的，期待这些西方民主政治、市场经济和市民社会理念能帮助俄罗斯达至文明国家的状态。

20世纪90年代中期，《俄罗斯联邦社会联合组织法》《俄罗斯联邦非营利组织法》《俄罗斯联邦慈善法》相继出台，为外国非营利组织在俄罗斯的活动提供了法律基础和广阔的发展空间。各种类型的国际非政府组织、基金会、文化交流中心、非营利性科研机构、友好协会以及慈善和咨询机构纷纷进入俄罗斯开展活动。[①] 可以说，在这一时期，外国非营利组织给予了俄罗斯资金、技术上的援助，提供了政治民主和市场经济的理念，推动了市民社会建设，动员了社会各阶层参与社会发展。

在外国非营利组织和资本进入俄罗斯后，市民社会的发展触动了国家权力的稳固，造成了市民社会与国家权力的紧张关系。从国际政治和国际关系上考量，外国非营利组织和外国资本介入市民社会建设，对俄罗斯国家安全和稳定也造成了威胁，[②] 如以俄违反"人权"为由干涉俄内政；培植亲美势力，为进一步遏俄奠定基础；收集俄公开情报，为美制定对俄政策提供参考；支持"颜色革命"对俄渗透，扶持反对派发展，为制造"颜色革命"积蓄力量。

2003~2005年，在后苏联空间相继爆发了"颜色革命"，如格鲁吉亚的"玫瑰革命"、乌克兰的"橙色革命"、吉尔吉斯斯坦的"郁金香革命"。"一些国际NGO成为西方推动'颜色革命'的急先锋和马前卒。这些组织通过指导反对派活动、组织集会抗议、利用舆论施压等方式，最终达到了改造他国政权的目的。"[③]

[①] 如非营利法研究中心（ICNL）、索罗斯基金会、卡特中心等这类西方非政府组织在这一时期在俄罗斯均开办了分支机构。已进入的外国非政府组织纷纷扩大其在俄罗斯的活动规模，项目运作的规模和数量都有了很大的提升。例如，国家民主基金会（NED）、国际共和研究所（IRI）、国家民主研究所（NDI）等西方非政府组织对1995年俄罗斯国家杜马选举和1996年的总统选举进行观察和监督。国际人权观察、世界自然基金会等国际非政府组织也在俄罗斯布点开展活动。与此同时，1994~1996年间的第一次车臣战争使得医生无国界、大赦国际、国际人权观察等一些外国非政府组织将关注点转向俄罗斯的车臣地区。这一时期，外国非政府组织在俄罗斯活动针对的目标群体更具体，同时有多个活动项目在俄罗斯推行。

[②] 石欧亚：《俄罗斯非政府组织》，《国际资料信息》2007年第8期。

[③] 刘小燕、王洁：《政府对外传播中的"NGO"力量及其利用——基于西方国家借NGO对发展中国家渗透的考察》，《新闻大学》2009年第1期。

这些组织包括自由之家（Freedom House①）、Internews②、Eurasia Foundation③。"颜色革命"为俄罗斯政府敲响了警钟，俄政府进一步加强了对公共安全领域的控制，逐渐提高了对非营利组织特别是外国非营利组织的警惕，采用的重要手段之一就是修改相关法律，限制外国非营利组织在俄的各种活动。

2005年11月23日，俄通过了《关于对非政府、非营利社会组织强化国家注册程序》。该法律强迫非政府和非营利组织在国家注册，将这些组织纳入国家控制的框架内。2006年1月10日，对《俄罗斯联邦社会联合组织法》和《俄罗斯联邦非营利组织法》进行了重新修订。修改法案增加了很多对外国公民在俄参加社会组织活动的限制条款，对境外机构通过在俄国内设立的分支机构开展活动进行了严格规范。修改法案明确指出，外国非营利和非政府组织成立的目的和任务若对俄联邦主权、政治独立性、领土不可侵犯性、民族统一和特性、文化遗产和国家利益构成威胁将不予登记。该法案还对俄非营利组织接受外国组织的资助有所限制，要求按俄联邦政府规定的形式和期限向登记机关通报其从国际组织、外国组织和外国公民以及无国籍人士那里收到的资金和其他财产数额、对它们的消费和使用目的及实际消费和使用情况。④

这部法案出台以后，外国非营利组织被全部纳入国家登记管理的范围，资金流被政府监控，非营利组织获得外国资金也受到限制。据2006年非营利法研究中心（ICNL）的测算，在俄罗斯1/4的非营利组织接受了国外资金的资助。而到了2012年，只有5%的非营利组织资金来自外国；⑤同时，在俄罗斯活动的外国非营利组织数量已从2005年底的500家左右缩减至2012年12月的319个。⑥经过整顿后的外国非政府组织重新适应了法治环境的新变化，在

---

① 与索罗斯基金会和欧亚基金会联系密切，领导人为美国中情局前局长和联邦调查局前局长。
② 致力于支持"世界范围开放性媒介"的非营利性组织，除了对国家和资本财政资助的严重依赖之外，Internews 与美国国家和主要传媒集团有紧密关系。它所推进的正是美国向前社会主义地区和伊斯兰地区输出自己民主观念和美国新闻价值及实践的议程。
③ 成员包括芬兰前总统马尔蒂·阿赫蒂萨里、美国前国务卿奥尔布赖特和贝克。
④ 李伟：《俄罗斯结社法分析》，《学会》2007年第1期。
⑤ Общественная палата Российской Федерации: Доклад о состоянии гражданского общества в Российской Федерации за 2012 год. М., 2012.
⑥ Общественная палата Российской Федерации: Доклад о состоянии гражданского общества в Российской Федерации за 2012 год. М., 2012.

俄罗斯的活动走上更加规范和理性的轨道。另外，外国非营利组织更加注重培养俄罗斯本国的非营利组织作为长期合作伙伴，具有连续性的运作项目的活动经费每年仍可达数亿美元。①

2011~2012年选举期间，俄罗斯爆发了声势浩大的抗议活动。在外国非营利组织行动受到限制的情况下，某些受到国外支持的国内非营利组织被视为抗议游行活动的操纵者，这些组织是国外势力干涉俄罗斯政治走向的工具。进入普京新时期后，这些受外国支持的俄罗斯非营利组织被视为"外国代理人"也受到了限制。

2012年11月20日，俄通过《外国代理人法》。该法案修订案对外国代理人非营利组织进行了界定，外国代理人非营利组织即"那些得到外国政府及其机构、国际组织和外国组织、外国公民和无国籍人士资助的非营利组织，或者是接受俄罗斯法人经手的特定来源（国家持股的机构及其附属公司除外）的资金和财产的非营利组织，还包括那些代表外国资助方利益、在俄罗斯参与政治活动的非营利组织"。② 该法案对相关的政治活动也进行了界定，即参与组织（包括通过融资）或参与政治活动，以影响国家机构决策，旨在改变国家实行的政策以及抱有影响公众舆论的明确目的。依照该法，外国代理人非营利组织每年应向主管部门汇报两次工作情况，进行四次财务汇报，主管部门每年对其进行审核，对它们在媒体上发表的评论等需要额外的审查。对于违反上述条款规定的行为，作为外国代理人的非营利组织将受到相应的行政处罚。③

2017年和2019年，俄罗斯两度修改《大众传媒法》《信息、信息技术和信息

---

① 王岳：《俄罗斯应对外国非政府组织研究》，中共中央党校硕士学位论文，2009。
② 该法案修订案对宗教组织、国有组织、国家公司，以及那些以非营利组织为名而成立的国家和地方（包含在预算体系下）机构、劳动者联合组织、商业联合会的活动没有影响。参见 http://sovet.fizteh.ru/materials/laws/nekomm.html。
③ 对外国代理人非营利组织违反相关法律的处罚措施如下：那些没有提供必要信息的外国代理人非营利组织会被国家相关部门予以警告或者处以1万~3万卢布的罚款，对法人处以10万~30万卢布罚款；对未正式注册的外国代理人非营利组织处以10万~30万卢布罚款，对法人处以30万~50万卢布的罚款；如果外国代理人非营利组织未按规定在媒体或网络上公布信息，或这些信息是为外国代理人提供帮助，将对其处以10万~30万卢布罚款，对法人处以30万~50万卢布罚款；禁止活动的外国代理人非营利组织继续活动，对组织者将处以3万~5万卢布的罚款，对成员处以3000~5000卢布的罚款。参见 http://www.rg.ru/2012/10/26/nko-anons.html。

保护法》，"外国代理人"的范围扩展至传媒和信息领域。2017年11月25日，俄罗斯出台《大众传媒法》修正案和《信息、信息技术和信息保护法》修正案。[1]修正案旨在反击美国司法部将"今日俄罗斯"美国分公司列为外国代理人事件。根据修正案，《大众传媒法》增加以下内容：向不受限制的人群范围传播印刷、音频、视频信息和资料的在外国注册的法人实体或者没有成为法人的外国机构（外国媒体），无论其组织—法人形式如何，如果从以下机构和个人获得资金或其他财产，便有可能被认定为"外国代理人媒体"。2019年12月2日，俄罗斯对这两部联邦法再次进行修改，[2] 明确自然人也可以被认定为"外国代理人媒体"。这项法律修正案是在2019年莫斯科大规模抗议活动和俄建立"主权互联网"之后制定的，审查制度的对象不仅是电视频道，而且已经扩展至互联网。

2020年12月30日，《应对国家安全威胁补充措施的法律修正案》[3] 出台，该法案被称为"新外国代理人法"。根据该法案，未注册的社会组织以及自然人也可被认定为外国代理人，并建立了一套监测这些组织和自然人从事外国代理人活动的机制；明确了外国代理人组织和自然人从事政治活动的定义及形式；强制外国代理人组织和自然人要贴上外国代理人标签，禁止在没有标注外国代理人的情况下在媒体传播信息；禁止外国代理人自然人接触国家机密，以及在国家和地方自治机构中担任职务。[4]

---

[1] Федеральный закон от 25 ноября 2017 года № 327-ФЗ О внесении изменений в статьи 10.4 и 15.3 Федерального закона Об информации, информационных технологиях и о защите информации и статью 6 Закона Российской Федерации "О средствах массовой информации". 27 ноября 2017, https：//rg.ru/2017/11/25/fz327-site-dok.html.

[2] Федеральный закон от 2 декабря 2019 г. N 426-ФЗ О внесении изменений в Закон Российской Федерации О средствах массовой информации" и Федеральный закон Об информации, информационных технологиях и о защите информации. 4 декабря 2019, https：//rg.ru/2019/12/04/smi-dok.html.

[3] Федеральный закон от 30 декабря 2020 г. N 481-ФЗ О внесении изменений в отдельные законодательные акты Российской Федерации в части установления дополнительных мер противодействия угрозам национальной безопасности, https：//rg.ru/2021/01/11/bezopasnost-dok.html.

[4] В законодательство внесены изменения в части установления дополнительных мер противодействия угрозам национальной безопасности. 30 декабря 2020, http：//www.kremlin.ru/acts/news/64782.

截至 2020 年 7 月初，外国代理人名单中共有 70 个非营利组织。[①] 自 2015 年外国代理人名单排除程序出台以来，进入名单和从名单中排除的非营利组织很多，远超现在名单中非营利组织的规模。如 2014 年有 52 个非营利组织进入外国代理人名单[②]，2015 年为 81 个[③]，2016 年为 43 个[④]。可以发现，进入外国代理人名单的非营利组织的数量峰值出现在 2015 年前后，即 2016 年国家杜马选举和 2018 年俄罗斯总统选举之前。《外国代理人法》《游行示威法》《网络黑名单法》等法律的出台，使得此后几次重大选举时都没有出现 2011～2012 年选举前后大规模抗议示威的情况。

每个活动领域的外国代理人非营利组织有不同的业务方向。致力于人权保护的外国代理人非营利组织也有不同的形式，业务各异：有的提供法律教育、法律咨询；有的关注弱势群体的人权状况，如妇女、服刑人员；有的是进行人权保护的宣传等。支持市民社会发展的非营利组织在数量上占第二位，这些组织致力于非营利组织的发展、公民教育、倡导社会公平、公民积极性培育等市民社会建设和发展问题。还有一些进入外国代理人名单的非营利组织从事专业工作，这些组织多是从事非营利组织培训、出版、智库、民意调查等具有政治色彩的专业性工作，据此，这些组织被认定为外国代理人。从事慈善事业的非营利组织也占有很大的比例，这些机构关注公民健康、弱势群体的利益。实际上，慈善事业、生态保护、民族-文化领域在《外国代理人法》中属于豁免领域，而这些组织被认定为外国代理人本身就存在着很大的争议。但俄罗斯政府认定有些外国资金进入俄罗斯就抱有不良的目的，即使流入所谓豁免领域，也有从事政治活动的企图。

俄司法部的数据显示，2014 年，俄罗斯共有 4108 家非营利组织接受外国资金，总金额达到 700 多亿卢布。其中有 52 家非营利组织被认定为外国代理

[①] 内容详见俄司法部网站，http：//unro.minjust.ru/NKOForeignAgent.aspx。

[②] Памфилова: включение НКО в список "иностранных агентов" иногда спорно. 6 мая 2015, https：//ria.ru/20150506/1062931113.html。

[③] Доклад о деятельности Уполномоченного по правам человека в Российской Федерации за 2016 год. С. 61.

[④] Доклад о деятельности Уполномоченного по правам человека в Российской Федерации за 2016 год. С. 62.

人，共占从国外获取资金的非营利组织的 1.3%。① 2017 年，俄罗斯 4673 个非营利组织获得外国资金 694 亿卢布，其中，38 家外国代理人非营利组织从国外获得了 6.035 亿卢布的资金。② 2018 年，共有约 3900 个非营利组织获得了外国资金 859 亿卢布，外国代理人非营利组织从国外获得的资助为 7.692 亿卢布。从这组数据来看，从国外获得资金的俄罗斯非营利组织的数量和金额都呈上升的趋势，但被认定为外国代理人的非营利组织占比很少。

根据统计，资助外国代理人非营利组织的外国资金主要来自美国、瑞士、德国和英国等西方国家。资金主要用于建立"为人权和自由受到侵害的人进行法律和社会保障的有效机制"、支持人权保护和法治教育、赞助政府和媒体代表召开会议等。③

2015 年 5 月 23 日，俄罗斯通过了《不受欢迎组织法》④，进一步对外国代理人非营利组织以及从外国国家机构和组织获得资金的非营利组织进行有效控制。《不受欢迎组织法》规定：如果外国或国际非营利组织的活动对"俄罗斯宪法基础、国防力量和国家安全"构成了威胁，可以认定其为"不受欢迎组织"，"不受欢迎组织"在俄罗斯的账户和资产将被冻结，其员工进入俄罗斯将受到限制，剥夺其员工在俄罗斯建立非营利组织、社会和宗教组织的权利。在限制外国对俄罗斯政局影响方面，《不受欢迎组织法》截断了资助俄国内外国代理人的资金源头。《不受欢迎组织法》与《外国代理人法》相呼应，一些资助外国代理人非营利组织的外国非营利组织均在"不受欢迎组织"名单中，例如，开放社会基金会研究所援助基金、国家民主基金会、美俄经济和法律发展基金会、贫困者、欧洲民主基金会、和谐计划组织等。萨哈罗夫中心执行主任称，《不受欢迎组织法》对该组织的工作产生极为严重的影响，萨哈罗夫中

---

① Памфилова: включение НКО в список "иностранных агентов" иногда спорно. 6 мая 2015, https://ria.ru/20150506/1062931113.html.
② "Иностранные агенты" в России получили больше денег из-за границы. 21 мая 2019, https://www.bbc.com/russian/news-48349542.
③ "Иностранные агенты" в России получили больше денег из-за границы. 21 мая 2019, https://www.bbc.com/russian/news-48349542.
④ Федеральный закон от 23.05.2015 г. № 129-ФЗ "О внесении изменений в отдельные законодательные акты Российской Федерации". 23 мая 2015, http://www.kremlin.ru/acts/bank/39720.

心的主要捐助者索罗斯基金会（开放社会基金会研究所援助基金）便被列入"不受欢迎组织"名单，这严重影响了萨哈罗夫中心的财务状况。

《不受欢迎组织法》的出台是俄罗斯政府对外国和国际非营利组织在俄活动的进一步限制，这个法案是在严防"颜色革命"的背景下出台的，是对现行《非营利组织法》的补充，外国和国际非政府和非营利组织在俄罗斯活动要面对更为严苛的法律环境。

（二）政权对社会非营利组织的扶持

在俄罗斯，非营利组织的资金不稳定，来自企业的捐助较少，个人的捐助微不足道。在切断了外国的资金来源以后，非营利组织的主要资金来源只有联邦和地方预算了。抓住非营利组织的经济命脉，这成为国家管控非营利组织的一种有效方式。但同时俄罗斯联邦和地方政府加大了对非营利组织的资助力度，引导并支持它们从事社会保障、公众服务、公益事业等活动。

从联邦预算上，国家用于支持非营利组织的经费在逐年增加。2012年为48亿卢布，2013年增长到83亿卢布，2014年上升到103亿卢布，到2017年这个数字已经达到了近130亿卢布。

政府开始向非营利组织购买社会服务。① 2014年俄联邦通过《关于为保障国家和地方需求购买商品、工作、服务》的法令，该法令规定购买的上述商品和服务中至少要有15%来自非营利组织和小企业。② 俄联邦经济发展部也出台相关计划——《支持非政府组织在社会领域提供服务的计划》。联邦政府在选择具体实施项目时是有倾向性的。根据2010年4月5日通过的联邦法（《修订某些关于俄罗斯联邦支持社会非营利组织的立法的行为》），社会非营利组织是指那些旨在帮助解决社会问题和俄罗斯市民社会发展等问题的组织。根据2011年8月23日俄罗斯联邦政府《关于支持社会非营利组织》的决议，国家优先支持社会非营利组织以下方面的活动：预防遗弃儿童，帮助和支持母亲和儿童；提高老年人的生活质量；帮助残疾人并改善其家庭条件；补充的教育、科学技术和艺术实践、群众性体育活动、儿童和青年在地方和生态学领域的活

---

① Бюджетное послание на 2014 - 2016 годы//резидент. рф, 13 июня 2013, http://www.kremlin.ru/news/18333.

② Российские НКО на пути к устойчивости, М.：CAF Россия, 2013, C. 6.

动；促进各民族之间的团结合作等。根据《确保2012年国家支持非政府组织参与市民社会的发展》的总统令，国家对从事以下活动的非营利组织进行资助：进行市民社会总体情况的社会学研究和民意调查；保护公众和周围环境健康、教育、艺术、文化和公共外交领域的活动；保护人权和自由，进行法治教育；服务和支持贫困人口和社会弱势群体；青年创新活动，青年运动和组织项目等。另外，国家还对社会非营利组织①进行重点扶持。

在俄罗斯联邦预算中，除了直接支持非营利组织的经费，还专门划拨资金设立"总统基金"，支持市民社会制度框架下的非政府和非营利组织。非营利组织要获得总统基金必须制定相应的项目规划，并向联邦政府提出申请，通过竞争的方式获得总统基金的资助。国家通过向非营利组织提供资金的形式扶持市民社会的发展，同时也通过资金资助来引导非营利组织的发展方向。

从2011年起，总统基金开始支持那些推动市民社会制度发展的非政府和非营利组织。2011年资助的额度为10亿卢布，2012年为15亿卢布，到了2013年为23.2亿卢布。2013年受到资助的组织有市民社会问题研究院、国家慈善基金会、俄罗斯青年联盟、民族健康联盟、"知识"社、社会经济和政治研究所等。2013年，申请总统基金的非营利组织是2012年的2.5倍，共提交了5855份申请和1087项方案，平均资助额度为200万~400万卢布。2016年，总统基金的资助金额为66.5亿卢布。2017~2018年总统基金组织了四次竞赛选拔，16814个非政府组织参与竞争，资助金额145亿卢布。② 2019年，总统基金资助的资金增长到180亿卢布，收到2.7万份申请。资助的主要方向有：保障公民健康，提倡健康的生活方式（17%）；历史记忆的保存（15%）；支持教育和科学事业（12%）。③ 2020年，在新冠肺炎疫情肆虐的背景下，俄罗

---

① Социально ориентированные некоммерческие организации, СО НКО.
② "Приоритеты НКО определяют сами," директор Фонда президентских грантов — о конкурсных заявках//Агентство социальной информации, https://www.asi.org.ru/news/2019/06/20/prioritety-nko-opredelyayut-sami-direktorfonda-prezidentskih-grantov-o-konkursnyh-zayavkah/.
③ 2128 НКО получат президентские гранты на общую сумму 4,35 млрд рублей по итогам второго конкурса 2019 года//Фонд президентских грантов, https://президентскиегранты.рф/public/news/2-128-nekommercheskikh-organizatsiy-poluchat-prezidentskie-grantyna-obshchuyu-summu-435-mlrd-rubley-po-itogam-vtorogo-konkursa-2019-g.

斯对社会非营利组织提供了免税和扶持政策，为1008个社会非营利组织提供27.446亿卢布的优惠贷款。①

（三）网络公共领域的国家在场

俄罗斯公民自组织在互联网这个新的空间蓬勃发展，在2011~2012年"为了诚实的选举"抗议活动中，政治反对派、普通民众在互联网空间特别是社交媒体上进行广泛的互动，最终形成多次大规模的集会、游行示威。互联网已经成为信息集散、互相交流、信息传播的网络公共领域。乐观的分析人士认为，社交媒体上的直接交流、富有弹性、没有等级的特点让众多作者可以发表有特点的言论，不再被操控。还有的学者认为，现代传媒的主要民主功能是能够向公众公布社会信息，并能引发对这些信息的讨论。社交媒体以自己的方式建立社会交往和对话，公共的论坛、博客、网络站点都是传播、讨论信息的途径。②正是社交网络的这种特点，使其成为社会变迁和反对派力量的催化剂③，这在阿拉伯国家和俄罗斯的案例中都有较为明显的体现。正是如此，在俄罗斯国家权力对网络公共领域十分忌惮，尤其是在"为了诚实的选举"抗议活动之后，普京政权开始对互联网进行严格的管控。

在2011~2012年抗议集会如火如荼进行的时候，俄罗斯当局已经发现并注意到互联网在政治抗议活动中起到的重大作用，开始有了管控网络空间的动作。圣彼得堡安全部门的官员要求社交网站Вконтакте屏蔽与组织抗议集会活动相关的五个讨论组，但被回绝。④ 在抗议游行活动中，对互联网的管控措施并没有顺利施行，俄罗斯联邦法律体系中没有有关网络管控的内容，俄当局无法找到管控抓手，单凭行政命令很难产生效力。

普京第三次就任总统后，当局对互联网进行了越来越严格的管控，出台了

---

① На 6 октября. В соответствии с Постановлением Правительства Российской Федерации от 16.05.2020 № 696.

② Казаков М. Ю., «Публичная сфера» Ю. Хабермаса: реалищация винтернет-дискурсе, Вестник Нижегородского университета им. Н. И. Лобачевского. Серия Социальные науки, 2013, №3 (31), С 125-130.

③ S. Khamis, "The Transformative Egyptian Media Landscape: Changes, Challenges and Comparative Perspectives," *International Journal of Communication*, 2011, No 5, pp. 1159-1177.

④ Дуров ответил ФСБ на запрос о блокировке оппозиционных групп, http://www.rosbalt.ru/main/2011/12/08/922324.html.

一系列限制信息传播和互联网自由的法案，在法律的框架下逐渐建立起了网络监察制度。①

2012年7月28日，国家杜马通过了《网站黑名单法》。② 这部法律主要是为保护儿童免受不良信息侵害而制定的，但该法确立了网络信息的筛选机制。该法创立了一份被禁止的网站域名和地址的清单，这就是所谓的"黑名单"。《网站黑名单法》是第一次运用技术手段对涉及有害信息或者能联结到有害信息的网站进行限制，这让限制和监察网络信息的传播有了法律依据，开启了网络监察法律的先河。

2013年7月2日，《关于信息—电信网络著作权保护的法律修正案》③ 出台，那些被认为传播违反著作权信息的网站将会被列入黑名单，这标志着国家对网络管控将更为严格，因此这个法案也有如"反盗版法""反网络法""俄罗斯的SOPA"等别称。④

2013年12月，《封闭极端主义网站法》⑤ 出台。俄联邦通信、信息技术和大众传媒监察局根据总检察长或者副总检察长的命令，有权在不经过司法程序的情况下关闭会引起大规模骚乱、极端行动、大规模公共活动和破坏稳定行动的网站。⑥ 这个法案引起强烈反应，被称为"政治监察法案"。

---

① Левова И., Шуклин Г., Винник Д. Права интернет-пользователей: Россия и мир, теория и практика, М.: Ассоциация интернет-издателей, «Кабинетный учёный», 2013, С. 144.

② 该法案为俄联邦139号法案 «О внесении изменений в федеральный закон "О защите детей отинформации, причиняющей вред их здоровью и развитию" и отдельные законодательные акты Российской Федерациипо вопросу ограничения доступа к противоправной информации в сети интернет».

③ Федеральный закон от 2 июля 2013 года № 187-ФЗ «О внесении изменений в законодательные акты Российской Федерации по вопросам защиты интеллектуальных прав в информационно-телекоммуникационных сетях».

④ 《禁止网络盗版法案》（Stop Online Piracy Act）缩写为SOPA。该法案由美国众议院得克萨斯州共和党议员兰默•史密斯（Lamar Smith）于2011年10月26日提出。该法案扩大了美国执法部门及版权拥有者在应对网络上贩售盗版产品及冒牌货时的权力。

⑤ Федеральный закон № 398-ФЗ от 28 декабря 2013 года «О внесении изменений в Федеральный закон"Об информации, информационных технологиях и о защите информации"».

⑥ 该法案出台后，每日杂志（ЕЖ.ру）、卡斯帕罗夫个人网站（Kasparov.ru）、Грани.ру 和纳瓦利内在ЖЖ网站上的博客被封闭，检察院认为这些网站"有破坏法律的倾向"。

2015年4月，《博主法》①出台。该法案规定，如果某博主的网页一昼夜有3000个以上用户访问，该博主会被列入一份特殊名单中，联邦通信、信息技术和大众传媒监察局将强制对其进行登记。

2016年7月7日，反恐怖主义法律修订案《雅罗瓦娅法案》通过，该法案规定，电信运营商和互联网"信息传播者"要保存所有用户通话记录（声音信息）、短信、图片、音频和视频文件，以及其他的用户信息，电信运营商有义务将所有信息转交给国家强力部门。该法案于2018年7月1日起施行。

俄罗斯对互联网的管控、对网络资源获取和传播的限制越来越严苛，建立起了网络监察制度的法律基础。除上述法律，《俄罗斯联邦信息安全学说》（2001，2016）、《俄罗斯联邦信息社会发展战略》（2008）、《2020年前俄罗斯联邦国际信息安全领域国家政策》（2013）、《主权互联网法》（2019）等共同构建了网络安全法律体系，当然也包括政治安全。网络空间有了国家力量的监控，与官方主流价值观和意识形态相左的信息和内容都会以危害国家安全、信息安全、著作权等理由被屏蔽，政治反对派更难以在网络空间动员民众和发挥影响力，网络的社会监督功能弱化。因此，在"自由之家"（Freedom House）推出的全球互联网自由度指数中，俄罗斯被下调一个级别，从"自由"变为"部分自由"。

以西方市民社会理论来看，"第三部门"本应独立于政治和经济部门，建立在稳固的社会"横向联结"和社会信任的基础上。可在当代俄罗斯，个人之间、国家与社会之间的信任度都很低。政府对非营利组织一直持怀疑的态度，认为它是自发的、不受控制的力量，而且极易被外国势力所控制，成为政治不稳定因素。因此，国家力量逐渐进入市民社会领域，严控非营利组织，本应独立的"第三部门"带有浓重的国家在场的特征。

目前，俄罗斯政府对非营利组织采取了约束和扶持两种策略，前者是为了保障国家安全和政治稳定；后者是为了完善社会保障体系，促进社会公平。从

---

① Федеральный закон от 05.05.2014 N 97-ФЗ（ред. от 21.07.2014）«О внесении изменений в Федеральный закон "Об информации, информационных технологиях и о защите информации" и отдельные законодательные акты Российской Федерации по вопросам упорядочения обмена информацией с использованием информационно-телекоммуникационных сетей».

以上的分析可以发现,虽然这两种策略和俄罗斯非营利组织的发展现状是相适应的,但国家的在场使俄罗斯社会自组织处于一个很低的发展水平。"第三部门"没有形成自由的公共领域,社会自组织、社会自治难以形成,非营利组织并没有完全成为政权机构的伙伴,而是成为被监察的对象。无论是约束还是扶持,国家都希望将非营利组织纳入国家治理框架,这既是俄罗斯政权与社会关系所决定的,也与俄罗斯非营利组织发展历程、俄罗斯政治文化传统有着密切的关系。如果不能形成制度创新,俄罗斯社会自组织将一直在低水平上徘徊,并且继续呈现国家在场的特点。

第三节 俄罗斯社会转型与社会治理

苏维埃时期的俄罗斯社会具有总体性社会的特征。"总体性社会结构中,国家几乎垄断着全部重要资源。这种资源不仅包括物质财富,也包括人们生存和发展的机会(其中最重要的是就业机会)及信息资源。"[①] 在苏联时期,国家权力延伸到社会领域,通过高度集中的权力实现对社会资本的控制和分配,呈现"行政吸纳社会"的状态。个人失去了自由发展的公共空间,计划经济体制在社会领域延续,将个人牢牢地捆绑在国家机器上,形成个人对国家的依附关系。总体性社会结构在特定的历史时期具有动员民众、整合资源的功能,但国家对社会长期监控与吸纳会导致社会缺乏活力、个人缺乏自由,这也是最终导致苏维埃政权失去民心的重要因素。转型30年来,俄罗斯社会并没有朝着设计者理想中的"市民社会"转变,而是走向了具有俄罗斯特征的社会转型与社会治理之路。

一 社会团结模式的转变

从社会关系来看,社会转型让苏维埃时代的个人—国家垂直依附关系向个人之间横向联结的社会形态转变。无论是社会结构还是社会关系,社会转型无疑打破了原有的秩序。

---

① 孙立平等:《改革以来中国社会结构的变迁》,《中国社会科学》1994年第2期。

秩序的改变会带来涂尔干所关注的"失范状态"。[①] 这在俄罗斯转型中有着鲜活的验证，俄罗斯私有化中的寻租行为、腐败丛生、金钱至上的观念和信任感缺失等社会乱象都是失范尤其是道德失范的表现。面对失范，涂尔干给出的药方是社会团结。他区分了两种社会团结的类型，即机械团结和有机团结。[②] 在机械团结的状态下，社会在某种程度上是由所有全体成员的共同情感和共同信仰组成的，集体人格完全吸纳了个人人格；在有机团结的状态下，社会形成由一些特别而又不同的职能通过相互间的确定关系结合而成的系统，每个人都有自己的行动范围，有自己的人格，这种自由发展的空间越广，团结所产生的凝聚力就越强。在涂尔干看来，从传统社会向现代社会转型就是以有机团结代替机械团结的模式。以这种社会团结为视角来审视俄罗斯社会转型也是合适的。

苏联时代的总体性社会是典型的机械团结模式，但它并非传统意义上的机械团结模式。传统的机械团结相对而言是简单社会的自然状态，是国家动员能力比较弱的后果。苏联社会的机械团结模式"是一种现代复杂社会人为规划的状态，是强势国家对社会生活过度介入的后果"。[③] 当代俄罗斯社会处于社会转型的阈限状态，脱离了国家和集体束缚的个人有了更多的自主性，但尚没有形成广泛的横向社会联结，没有形成新的秩序。俄罗斯社会如何组织在一起，形成涂尔干意义上的有机团结状态，是俄罗斯社会转型面对的最为关键的问题。

涂尔干之后，社会团结成为社会学的经典议题，社会学家讨论了社会团结的各种路径。帕森斯理解的团结是某种协商，是能够将所有的公民聚集在一起的利益，这会造成社会稳定价值和道德环境的形成。这种团结的基础在于所有社会系统成员的"同意"和对社会秩序规则的"接受"。哈贝马斯认为社会团结源自交往行为。卢曼进一步发展了哈贝马斯交往行为的理论，认为团结是分化的社会体系建成自治的子系统（政治的、经济的、社会的），系统内部会根

---

① 〔法〕埃米尔·涂尔干：《社会分工论》，渠东译，生活·读书·新知三联书店，2000，第14页。
② 〔法〕埃米尔·涂尔干：《社会分工论》，渠东译，生活·读书·新知三联书店，2000，第89～92页。
③ 高丙中：《社团合作与中国公民社会的有机团结》，《中国社会科学》2006年第3期。

据某个理由交往并引起变化。按照卢曼的逻辑，民众的自我管理和政治系统自治是相容的。科恩和阿拉托继承了卢曼的社会分化理论①，并将"自组织"与市民社会的理念联系在一起。他们认为，一方面自组织是政治、经济和公民领域的自治；另一方面，复杂的公民、社会和政治法律体系制约着当代社会分化。市民社会为"自组织"提供了自由空间，这个自由空间保障了个人与社会交往的自由，也保障了各种社会子系统交往的自由。

社会团结达成的路径为协商、交往、共同性的创造，组织化则是实现这种社会团结的重要方式，个人组织在一起或为协商、交往、共同性创造的前提，或为其结果。而在有机团结的理念下，人际横向结合是由自由人格的个体自我组织方式实现的。诚如上文所述，市民社会为社会自组织和有机团结的形成提供了空间和机会。"社会自组织"是建立在公民协商基础上，并有明确目的的社会组织形式，它是市民社会的重要实践，也是体现市民社会活力的重要指标。市民社会的组成要素是各种非政府和非营利的公民组织，包括公民的维权组织、各种行业协会、民间的公益组织、社区组织、利益团体、同人团体、互助组织、兴趣组织和公民的某种自发组合等。由于它既不属于政府部门（第一部门），又不属于市场系统（第二部门），所以就将其看作介于政府与企业之间的"第三部门"。②

在俄罗斯历史和斯拉夫文明中不乏社会自组织的存在，这些自组织构成了当时的社会秩序和社会团结模式。苏联解体之初，大量的国外非政府组织进入，俄国内的非政府和非营利组织广泛建立，成为俄罗斯政治民主化、经济市场化的催化剂。普京第三次入主克里姆林宫之际，在俄罗斯的大城市爆发了大规模的抗议示威运动，这不只是普京政权的政治反对派在发声，还包括逐渐崛起的中产阶级试图构建一个能与国家权力制衡、保护个人自由权利的、独立自主的社会空间。③ 这个时期俄罗斯社会活力增长，社会自组织有了新的发展，这为俄罗斯社会有机团结的实现奠定了基础。

---

① Арато Э., Коэн Дж. Гражданское общество и политическая теория, Весь Мир, 2003, С. 10.
② 俞可平：《中国公民社会：概念、分类与制度环境》，《中国社会科学》2006 年第 1 期。
③ 肖瑛：《法人团体：一种'总体的社会组织'的想象——涂尔干的社会团结思想研究》，《社会》2008 年第 2 期。

二 社会治理模式的转变

在俄罗斯，转型是在国家权力部分撤出社会领域的背景下完成的，社会自组织并没有达到独立的"第三部门"的水平，在国家和社会的关系中仍呈现社会领域国家在场的特征。社会学家巴拉什（Бараш Р. Э.）认为，在俄罗斯讨论社会自组织是非常敏感的话题：国家对非营利组织进行持续的监察、监控，俄罗斯城市中不具备普遍意义上的公民自组织，政党体系发育不完全，小规模抗议活动所标榜的价值分散。[1] 另一位学者也认为，西方市民社会的理念在俄罗斯难以实现，"俄罗斯社会不同于国外的市民社会，没有依赖于非营利组织和第三部门制度的传统，西方民主框架并不能在俄罗斯的实践中实现"[2]。

在俄罗斯，低水平的横向联结并不会形成制度化的社会团结。个人之间较低的信任度也表现为对国家制度缺乏信任，这种低信任度是源自公民与政权的不信任关系，国家的法律体系是对政权的自我承认，而缺乏与公民的对话。[3] 哈贝马斯认为，公民的自组织并不是粗放的自身结构再生产，而在于形成社会交往的空间。市民社会是在生活世界和系统（政治的、经济的子系统）之间的一个领域。卢曼认为，分化的社会体系建成自治的子系统，这个系统的内部会根据需求和进一步的进化进行交往，民众的自我管理和政治子系统的自治相容。根据社会调查数据，俄罗斯的公民自由水平和个人自我调节的空间很宽泛，大多数俄罗斯人并没有感受到表达自己政治观点有什么特别的障碍。但在俄罗斯，政权对重大社会问题做出的决定缺乏与公民自组织的沟通，社会自组织很难与政权对话。2011年杜马选举的结果引起了公众的不满，但政府并没有尝试与公民进行对话和沟通。州长的选举、政党制度和政权系统长期缺乏公

---

[1] Бараш Р. Э. Гражданское общество как пространство свободы, Электронная библиотека «Гражданское общество», http：//www.civisbook.ru/.
[2] Геллнер Э. Условия свободы: Гражданское общество и его исторические соперники, М.，Московская школа политологических исследований, 2004, С.112.
[3] Левинсон, А. Российское общество до и после 2012 года, Вестник общественного мнения: Данные. Анализ. Дискуссии, 2013, №1（114）．

民的参与，俄罗斯社会体系之间的交往是缺失的。① 在公共领域中，作为社会体系的合法的公民自由和自组织的空间是缺乏的。

回顾"为了诚实的选举"抗议活动，可以视其为市民社会自组织和团结的事件。如果2004年是退休人员和低收入者的"暴动"，那么在2011年的冬季，抗议活动的前线聚集的则是有着良好保障的大城市的年轻居民。与反抗声浪一起高涨的还有一部分争取成为真正意义上法律主体的市民群体。根据俄罗斯科学院社会学所的调查结果，俄罗斯的年轻人会为自己权益而斗争的占比要比其他年龄层的人更高，在16~25岁中占到66%，这些人也是中产阶级的代表（71%的人认为自己的物质条件较好），受教育程度越高的群体（57%的人拥有两个高等教育学位）越重视争取自己的权利。这些市民自愿地团结在行动之中，在抗议浪潮中形成公民意识，直面核心的问题——国家和社会交往的闭塞和政权体系的因循守旧。

作为文本，"为了诚实的选举"抗议活动能够折射出俄罗斯政治生态的特点和变化。在俄罗斯，政权党被学者称为"卡特尔"政党，实质上是精英集团的联盟，它要把各种资源聚集在政权中心周围，并动员选民的、商业的和媒体的支持力量维护自己的利益，并消解其他政党的势力。② 在此过程中，政权党获得不对称和不平衡的力量。这些力量将政治资源和资本注入一个党，它会在政党竞争中无往而不胜。这种后共产主义国家的"卡特尔"类型政党为最大限度地发声并体现自己的影响力，需要使用网络传播技术将它的观念自上而下地加以传播。③ 而到了Web2.0时代，在政治场域内，信息权力不再被政党所垄断，每个人都具有发布信息、表达观点和抨击时弊的条件和能力，信息权力结构体系从垂直结构变为水平结构。从"为了诚实的选举"抗议活动的实践来看，由社交媒体形成的聚集、交换信息，引发讨论并动员民众的网络公共领域已经形成。网络公共领域已经成为反对派对抗现政权的重要平台。

---

① Антоновский А. Ю. （и др.）. Обсуждаем статьи о конструктивизме, Эпистемология и философия науки, 2009, Т. 20, No 2.
② H. Oversloot and R. Verheul, "The Party of Power in Russian Politics," *Acta Politica*, No 35, 2000.
③ A. Römmele, "Political Parties, Party Communication and New Information and Communication Technologies," *Party Politics*, No 1, 2003.

在"为了诚实的选举"抗议活动结束之后,俄罗斯当局出台了一系列措施,将互联网媒体、社交媒体置于国家的控制之下。[①] 这些措施有保卫国家信息安全、保护著作权、打击恐怖主义等目的,但核心还是国家要增强对互联网的影响力,实现网络公共领域的国家在场。对互联网实行的管控措施延续了对"书报检查制度"传媒媒体的监管模式,这对匿名性强、信息流动快、开放性高的网络媒体未必奏效,为达到预期的管控目的,将会付出巨大的成本。如果这些措施被严格执行,那么刚刚兴起的、活跃的网络空间将会受到严厉的打击,俄罗斯政治体制下相对自由的网络公共领域也将受到限制和封锁,俄罗斯社会自组织将再一次受挫。互联网管控措施会使得政治反对派、民众表达意见和发泄不满与负面情绪的渠道消失,互联网不再具有社会"安全阀"的功能,这些不满情绪会从虚拟空间转移到现实空间,这对社会稳定、国家安全也是一种威胁。限制互联网信息的获取与传播,对刚刚兴起的网络经济也是严重打击,会逐渐将俄罗斯与世界割裂开来,这在互联网异军突起、网络经济飞速发展、网络社会快速崛起的时代显然是不合时宜的。

从以上的论述可以总结出俄罗斯社会领域自组织的特点。俄罗斯社会领域不同于国外,极易被引入政治领域。传统上,社会自组织在政治议题上是与官僚体系和国家处于竞争状态的。在俄罗斯,被引入政治领域的市民社会经常被描绘成为"反对者"的角色。俄罗斯社会领域和政权在传统上仿佛磁铁相斥的两极。社会领域与政权越接近,如对政府采购的监督,就越会让二者彼此分离。而如果国家支持非营利组织也会引起社会领域的怀疑。当社会自组织机构和政府就有关社会体系发展的重大问题进行交流对话的时候,总会引起社会领域的反对声浪。

三 对社会转型的反思

在西方市民社会理念中,市民社会是非政治性的、非经济性的"第三部门"。但从上文提及的俄罗斯社会自组织的特点来看,社会领域始终未能完全

[①] Доклад о состоянии гражданского общества в Российской Федерации за 2013 год, М., Общественная палата Российской Федерации, 2013, С. 132.

从政治领域中独立出来，考察俄罗斯社会领域的发展，国家权力与社会领域的关系是不可缺少的维度。面对俄罗斯社会自组织的独特性，或许可以从俄罗斯文化或文明中找到答案。

在社会转型的背景下会面临诸多问题：如何形成社会秩序，如何维系这样的秩序，如何和在多大程度上管控社会，是否有相似的管理方式，谁来管控社会，如何将社会从混乱中拯救出来。[1] 斯米尔诺夫（А. Э. Смирнов）认为，在社会转型期间，国家管理体系有所改变，政权会引入其他的社会体系管理模式，如西方的管理模式体系。这种体系对于社会自组织以及社会自组织与国家政权的关系非常关注，对非正式的自组织体系却多有忽视，而自组织体系是有其历史和文化传统的。从后社会主义国家的实践来看，虽然政党、社会组织和协会的数量不断增加，但在现实中却仍然存在政治实践与公民日常生活脱节的现象。在西方行之有效的制度移植到后社会主义国家后往往会成为制度的陷阱。在有深厚集体主义传统的国家建立西方模式下的市民社会制度，建立财富分配和社会团结的模式，建立以保护私人利益、竞争性伦理为基础的市民社会制度，显然会形成一个"伪市民社会"制度。

应该将社会治理的基础置于国家和社会关系具体的历史脉络之中加以考察。在斯拉夫文明的国家出现过独立于社会领域的官僚体系，社会处于政权之外的自治状态。著名社会学家戈尔什科夫（М. К. Горшков）认为，俄罗斯市民社会是"上层"的，国家力量能够以各种形式模仿建立各种社会组织[2]，但无法判断市民社会是在国家政权之内还是之外。在这样的"市民社会"中缺乏独立的和不在政权管控下的媒体，也缺少社会信任的规范—价值体系。他认为，引入西方市民社会模式的尝试被称为"社会的建筑师"，这并不符合俄罗斯的实际，是与几百年形成的俄罗斯民族传统相悖的。[3] 他引用俄国哲学家伊林（И. А. Ильин）的话，国家制度不是衣服，可以在任何时候脱掉，这是

---

[1] Смирнов А. Э., Гражданственность и гражданское общество. Самоорганизация и социальный порядок.

[2] Бойков И. Гражданское общество в России: от реальности к социальной утопии, http://www.lentacom.ru/analytics/526.html.

[3] Горшков М. К., Гражданское общество и гражданская культура в современной России: опыт социологической диагностики (вместо предисловия).

"身体的结构",包括骨骼、肌肉、器官、血液循环和皮肤。那种见识肤浅的政治家认为可以"赏赐"给其他人民自己的国家制度,仿佛存在唯一的国家形态,"对任何民族在任何时候都是最好的",对不适合该民族的历史事实完全无视,这是危险和荒诞的。[1] 他同时认为,市民社会的基础不只是政治性的,还有社会—文化的、个人之间的信任关系,以及宽容、尊重他人的利益、尊重法律、忠实于全民族的价值,这是一种公民意识。法国的社会学家雷蒙·阿隆认为,社会意识要高于群体和个人的利益,它维护的是整个社会的利益,因为它总是倾向于全人类的价值,倾向于生活和国家发展的总体价值。[2]市民社会应该是这样的"社会空间,能激发人与人团结的情感,对自己所属群体的爱"。"市民社会是公民的社会,它形成的基础不只是确定的法律意识,还有民族自豪感……对自己祖国的爱。"[3]

回到本章的主题,可以对俄罗斯社会转型有一个客观性的整体判断。既可看到通过社会运动社会领域的公民性在成长,也可看到普京新时期对非营利组织和网络公共领域的监察与管控。"总体性社会下"国家与社会的模式在如今的俄罗斯仍有很大的影响力,在主流知识分子的眼中,市民社会的模式并不适合俄罗斯,这涉及俄罗斯文明与市民社会理念的适应性问题。这种社会思想可以一直追溯到西方派和斯拉夫派之争,以及"俄罗斯向何处去"的问题。或许在这个范畴内讨论俄罗斯社会转型,即从"总体性社会"向市民社会转型的理想真是应该被画上问号了。但在俄罗斯的市民社会实践中,中产阶级的群体发声、社会自组织和社会团结的需求、网络公共领域的形成、公民性的成长等都是俄罗斯社会领域自组织的积极因素。

---

[1] Ильин И. А., Наши задачи. Историческая судьба и будущее России, В 2-х т. Т. 1., М.: МП «Рарог», 1992. С. 194.

[2] Арон Р., Этапы развития социологической мысли, М.: Прогресс. Универс, 1993.

[3] Могильницкий Б. Г., Гражданское общество и историческое сознание, Гражданское общество и региональное развитие: Материалы научно-практической конференции, Томск: Томская областная дума и Томский государственный университет, 1995, С. 6.

第八章　俄罗斯政治思潮

从20世纪80年代中期开始，苏联东欧国家的政体逐渐发生变动直至剧变。独立后的俄罗斯经历了从"议行合一"的苏维埃体制向"三权分立"的宪政制度转变。伴随政治转轨，俄罗斯官方意识形态从苏联意识形态中脱离出来。苏联时期人们信仰的共产主义价值观失去主流地位，俄罗斯社会一度出现意识形态真空。俄罗斯对主流意识形态的探索经历了从自由主义到寻找"民族思想"的演变。

第一节　俄罗斯的自由主义

通观20世纪八九十年代苏联与俄罗斯的政治转型与政治思潮的演变，不难发现，政治转型与意识形态演变是互为表里的。一方面，苏共党内共产主义信仰崩塌、意识形态混乱导致共产党失去执政地位，继而加速苏联解体及苏东国家政治转轨；另一方面，苏联和各加盟共和国的政治转型也对意识形态的演变产生重要影响。具体而言，独立后俄罗斯政治转型与政治思潮演变与苏联政治体制演变及共产主义意识形态失去主导地位一脉相承。可以说，正是戈尔巴乔夫的改革与"新思维"催生了俄罗斯政治转型与意识形态演变。

一　"新思维"与苏联解体

20世纪八九十年代，苏联及东欧国家的政体发生一系列剧烈变动。这一系列的政治变动与时任苏共中央总书记戈尔巴乔夫倡导的"新思维"息息相关。戈尔巴乔夫主张对苏联高度集中的经济、政治体制进行"革命性"的改革,提出"新思维",倡导"公开性""民主化""多元化",意在建立"人道的、民主的社会主义"制度。改革的大幕由此拉开。

起初,改革只是涉及经济领域。1986年2~3月,苏共第27次代表大会于莫斯科召开。会上所提的改革新思维主要指积极将科学技术转化为生产力、提高经济效率、节约资源等。但是,很快改革便蔓延到政治领域,并愈演愈烈。1988年6~7月,苏共召开了第19次全国代表会议。会上,戈尔巴乔夫全盘否定一党执政、一党独存、党政融合、议行合一的高度集权的苏维埃政体,提出要对现行政治体制进行根本性改革。戈尔巴乔夫指出,苏联的政治体制"不是在法律范围内组织社会生活,而主要是执行强制命令和指示;口头上宣扬民主原则,实际上却是独断专行;在讲台上宣扬人民政权,实际上是唯意志论和主观主义;大谈民主制度,实际上是践踏社会主义生活方式准则,缺乏批评和公开性"。苏共第19次全国代表会议通过决议,要效仿西方式议会政体,在全联盟及加盟共和国建立人民代表大会,人民代表经自由选举产生。1989年,戈尔巴乔夫在《真理报》上发表题为《社会主义思想与革命性改革》的文章。文章提到,必须从根本上改造社会大厦,应实行西方的三权分立原则,将立法权与行政权分割,确保司法独立。[①] 1990年2月举行的苏共中央全会提出修改《苏联宪法》,取消苏联共产党的领导地位,实行总统制和多党制。这些提议在同年3月举行的苏联人民代表大会上获得通过。自此,共产党在苏联失去了领导地位。实行多党制之后,苏联社会一夜之间出现60多个大大小小的政党组织。多党制的出现为意识形态的多元化提供了重要基础。苏共失去领导地位后,各地的基层党组织开始分化,各加盟共和国纷纷走上分裂主义的道路,加速了苏联解体的进程。

意识形态阵地的失守是苏联解体的关键原因之一。意识形态的清算伴随着苏联政治的演变。苏共第19次全国代表会议全面拉开了政治变革的大幕,苏联社会的政治情绪也随之高涨。伴随着"公开性""民主化""多元化"口号

[①] 转引自海运、李静杰主编《叶利钦时代的俄罗斯·政治卷》,人民出版社,2001,第208页。

的提出，苏联社会上下掀起意识形态反思热浪。

戈尔巴乔夫的"新思维"对苏联及俄罗斯的政治演变产生了十分重要的影响。可以说，"新思维"是苏联社会全面改革的指导思想。而一系列改革举措逐步造成了苏联解体和传统意识形态的崩塌。1987年，戈尔巴乔夫应美国出版商的邀请，分别在美国和苏联出版了著作《改革与新思维》。书中指出了苏联出现的经济停滞、官僚主义、思想僵化等问题，主张对社会进行革命性变革，以摆脱或将来临的经济政治危机。在书中，戈尔巴乔夫委婉地表达出马克思、列宁等的经典著作对社会主义的本质论述"已经过时"，而新阶段的当务之急是要运用列宁遗留的方法学"对积累起来的理论问题和业已形成的社会主义观念进行分析""必须使社会政治思维发生急剧转折"；改革给苏联的政治实践和社会思维提出新的任务，即结束社会科学的僵化状态，"彻底消除作为个人崇拜时期特点之一的理论垄断的后果"。戈尔巴乔夫还着重强调了"改革"的"革命性"，称"改革就是革命""要坚决加快苏联的社会经济发展和精神发展速度，就是要在走向崭新状态的道路上实现根本变革，这无疑是一项革命性任务"。① 可见，"新思维"在某种程度上具有向传统主流价值观宣战的"革命性"意味。这一点在戈尔巴乔夫的首席顾问亚·雅科夫列夫的著作《"改革新思维"与苏联之命运》中得到佐证。亚·雅科夫列夫直言："我们的社会要改头换面，彻底改变自己的性质，在政治、经济、文化及其他任何改革的过程中也可能会摸索出一套经验，显然，这种经验相当重要，有时甚至超过一种共同思想……"②

"新思维"为长期受到禁锢的社会意识形态和舆论打开了缺口。在"公开性""多元化"的引导下，新闻舆论解禁、文学解冻，苏联社会掀起了"自由化"的意识形态风暴。饱受思想压抑的苏联人群情激愤，苏联知识分子迎来了自己的狂欢节，他们尽情地呼吸着自由的空气，自由地抒发着情感，以疏解积压在心中多年的郁结。"社会中的热点变为思想的交锋和观点的争论"，为

---

① 〔苏〕米·谢·戈尔巴乔夫：《改革与新思维》，苏群译，新华出版社，1987，第49~55页。
② 〔苏〕亚·雅科夫列夫：《"改革新思维"与苏联之命运》，高洪山等译，吉林人民出版社，1992，第34~35页。转引自杨晋川《戈尔巴乔夫的"新思维"与苏联的演变和解体》，《当代思潮》1994年第2期。

各种政治思潮粉墨登场搭建了舞台。[1]

一时间，反思历史、反共、反对官僚主义和特权阶层等思潮冲击着苏联传统的意识形态，各种社会思潮乘势而起。苏共内部的"民主派"和反共势力与有离心倾向的苏联各加盟共和国相互呼应，举起了"独立""自由"的旗帜。戈尔巴乔夫的改革逐渐失控，民族主义、分离主义情绪高涨。俄罗斯自由派联合具有独立倾向的知识分子，高呼"独立""民主"，急于摆脱苏联，甩掉其他加盟共和国这些"包袱"，获得独立。这种"独善其身"的脱离情绪开始在俄罗斯社会蔓延，人们将独立看作俄罗斯的"自救"，对苏联的一切感到厌恶，他们不愿被称作"苏联人"，对"俄罗斯人"的身份感到自豪。

"新思维"在思想上瓦解了苏联传统的意识形态，使之动摇并逐渐崩塌，加速了苏联的分崩离析。

二 俄罗斯"民主派"掌权

俄罗斯政治转型孕育于苏联政治体制演变的过程之中。苏联改革催生了俄罗斯政治转型，俄罗斯激进的政治转型反过来加速了苏联解体。叶利钦曾言，他是紧随戈尔巴乔夫的脚步，拆掉共产主义大厦的一砖一瓦。[2] 但实际上他只说对了一半。当俄罗斯极力挣脱苏联、要求独立之时，叶利钦的激进主张相对于戈尔巴乔夫的改革显然是有过之而无不及。叶利钦在俄罗斯独立及政治转轨进程中发挥了难以取代的作用。

1990年3月，俄罗斯联邦通过自由选举产生了人民代表大会。同年5月，召开第一次人民代表大会，叶利钦当选俄罗斯联邦最高苏维埃主席。随即，叶利钦发表声明，俄罗斯联邦将在百日之内收复主权，保卫自身不受苏共中央支配，俄罗斯在一切问题上都是独立的，俄联邦法律高于联盟法律。[3] 7月，在苏共第28次代表大会上叶利钦宣布退党。

为加强权力、架空戈尔巴乔夫、与联盟中央分庭抗礼，以叶利钦为首的"民主派"极力要求在俄罗斯建立总统制。1991年3月17日，俄罗斯联邦借

---

[1] 张树华、刘显忠：《当代俄罗斯政治思潮》，新华出版社，2003，第112~113页。
[2] 转引自海运、李静杰主编《叶利钦时代的俄罗斯·政治卷》，人民出版社，2001，第209页。
[3] 转引自海运、李静杰主编《叶利钦时代的俄罗斯·政治卷》，人民出版社，2001，第209页。

全苏就是否保留联盟国家进行全民公决之机,就俄罗斯是否设立总统职位举行全民投票。据统计,75.31%的选民参与投票,其中69.85%的选民赞成设立总统职位。① 1991年3~5月,俄联邦召开第三、第四次人民代表大会,分别通过了《俄罗斯联邦总统选举法》和《俄罗斯联邦总统法》。大会还通过议案,决定于6月12日举行俄罗斯联邦总统选举。是日,叶利钦成功当选俄联邦总统,并于7月20日发布俄罗斯联邦国家机关非党化的总统令,禁止共产党在俄罗斯联邦政府机关及国有企业进行活动。叶利钦的当选标志着总统制的确立,也标志着叶利钦夺权成功,共产党在俄罗斯失去执政地位。

1991年"8·19事件"则表明了联盟国家大势已去,俄罗斯联邦独立已成定局。8月4~18日,苏联总统戈尔巴乔夫在克里米亚休假。18日下午,苏联总统办公室主任瓦·伊·博尔金、国防会议第一副主席奥·德·巴克拉诺夫、陆军总司令瓦·伊·瓦连尼科夫、国家安全保卫局局长尤·谢·普列汉诺夫组成"四人代表团"。他们前往戈尔巴乔夫在克里米亚的休假住所请命,即要求戈尔巴乔夫或将权力全部移交"四人代表团",或宣布国家进入紧急状态,目的是挽救岌岌可危的苏联,维护联盟国家的统一。戈尔巴乔夫拒绝后,于当晚遭到克格勃部队和防空部队的围困,被迫与外界断绝联系。而莫斯科方面则组织了由八人组成的苏联国家紧急状态委员会。② 国家紧急状态委员会、"四人代表团"联同苏共中央政治局委员奥·谢·舍宁、苏联最高苏维埃主席阿·卢基扬诺夫等人召开会议,通过了《由根·伊·亚纳耶夫代行总统职务》《成立国家紧急状态委员会》《告人民书》等文件。19日清晨,国家紧急状态委员会宣布戈尔巴乔夫由于身体欠佳,无法履职,由原副总统亚纳耶夫代行总统之职,并宣布苏联部分地区进入紧急状态,苏联的宪法和法律在全国范围内具有至高效力,国家紧急状态委员会为苏联最高权力机构。

1991年8月19日上午,军队开进莫斯科,俄罗斯联邦议会大厦被围。与

---

① 转引自海运、李静杰主编《叶利钦时代的俄罗斯·政治卷》,人民出版社,2001,第210页。
② 其成员分别是:苏联国防会议第一副主席奥·德·巴克拉诺夫,苏联国家安全委员会主席弗·亚·克留奇科夫,苏联总理瓦·谢·帕夫洛夫,苏联内务部部长鲍·卡·普戈,苏联农民联盟主席瓦·亚·斯塔罗杜布采夫,苏联国有企业和工业、建筑、运输、邮电设施联合会会长亚·伊·季贾科夫,苏联国防部部长德·季·亚佐夫,苏联副总统(后为代总统)根·伊·亚纳耶夫。

此同时，叶利钦的拥护者也集聚在议会大厦周围，对叶利钦表示支持。以叶利钦为首的"民主派"采取紧急行动，叶利钦举行记者招待会，宣读已签署的《告俄罗斯公民书》，宣布国家紧急状态委员会的行为为"政变"，并号召俄罗斯人联合抵制"政变"。苏联其他共和国以及国际社会纷纷支持叶利钦，甚至苏联军队亦逐渐倒向叶利钦一边。21日，戈尔巴乔夫发表声明，称自己已掌控了局势。苏联国家紧急状态委员会维护联盟统一的最后一搏宣告失败。"8·19事件"表明，联盟中央的权力、威信大减，联盟国家已近星落云散。而俄罗斯联邦的权力和地位则与日俱增，叶利钦权力进一步扩大，实际上掌控了联盟中央的权力。在俄罗斯以及其他加盟共和国，"民主派"掌握了国家政权，得势的"民主派"开始对苏共及左翼势力进行清剿。8月24日，戈尔巴乔夫辞去苏共中央总书记职务，解散苏共中央，要求各加盟共和国共产党及党组织自行决定其前途命运。次日，苏共中央解散，苏联共产党退出历史舞台。

相伴而来的是对共产主义信仰进行的清算。"民主派"对共产党的舆论阵地发起攻势，取缔了《真理报》《公开性》《苏俄报》《工人论坛报》《莫斯科真理报》《列宁旗帜报》等党刊。苏联传统意识形态崩塌，自由主义思潮代之而起。

三 自由主义思潮由盛而衰

1991~1993年，是自由主义思潮在俄罗斯一家独大的时期。虽然几经修改后1993年艰难出台的《俄罗斯联邦宪法》规定，"俄罗斯联邦承认意识形态多元化""任何一种意识形态皆不能被确立为国家性或强制性意识形态"（第13条第1、2款）①，但在自由主义者当权的背景下，自由主义被视为唯一正确的官方思想。② 奉行自由主义与对苏共的清剿是一脉相承的，实质上是对共产主义的否定和清算。

（一）自由主义指导下的政治转轨与经济改革

在自由主义思潮的裹挟下，叶利钦等激进自由主义改革派进行了一系列的

---

① Конституция Российской Федерации принята всенародным голосованием 12 декабря 1993, М.: Юридическая литература, 2009. С. 8.
② 关贵海:《论俄罗斯转型期的意识形态》，《俄罗斯研究》2001年第2期。

政治经济改革。叶利钦1991年6月当选总统后表示，共产主义业已灭亡，已经无药可救，"我们已经扔掉了……那个被称为马克思主义的实验"[1]。自由主义涌入俄罗斯是在原有共产主义信仰崩塌、俄罗斯当政者急于寻找新的执政思想并对西方国家抱有极大好感和幻想的背景下发生的。激进的改革派对苏共进行清剿，但其存在显著的局限性，即只知道一味地否定过去，对于如何确定改革方针以及建树新的思想体系则不甚清楚。在此背景下出现的激进自由主义思潮在某种程度上只是作为苏联意识形态的对立面而存在。缺乏明确改革路线的激进派没有更多的选择空间，只能倒向西方的意识形态，将西方的制度模式奉为圭臬。在政治上表现为反对极权、追求民主、崇尚个人自由和公民权利；在经济上反对国家干预，紧随西方新自由主义思潮，强调对私有财产的捍卫。

一般意义上的自由主义是以个人主义为基础和出发点的。自由主义在政治原则上表现为限制国家权力，保障个人的基本权力；以分权的方式在国家权力机构之间形成制衡，以防止出现专断权力；强调法治对自由的保障功能，法治原则在政治上主要体现为宪政。[2] 俄罗斯独立后，政治体制发生了根本性变化。俄罗斯的政治改革正是效仿自由主义的一般政治原则，将分权与宪政引入俄罗斯的制度体系。激进的改革派成功甩掉了苏联时期其他加盟共和国的"包袱"，俄罗斯联邦实现了"独善其身"。自由主义者认为，俄罗斯需要走出"苏维埃极权主义"的藩篱，在政治上实现民主制。在联邦制问题上，叶利钦鼓励地方分权，主张"能分尽分"。

1993年12月12日，全民公决通过了《俄罗斯联邦宪法》。宪法的正式生效标志着苏维埃政体在俄罗斯退出历史舞台，以总统制为核心的三权分立的体制得以确立。美国国际开发署资助的专家参与了俄宪法的起草。该宪法确立了三权分立、主权在民、自由人权、保护私有制、思想自由、多党制等基本原则，在抛弃以工人阶级为主导、生产资料公有制、议行合一等苏联社会主义立法原则的同时，充分吸收了西方民主政治的立法精神。

"对政府与市场在资源配置中不同作用的理解，构成最近几十年来自由主

---

[1] 转引自海运、李静杰主编《叶利钦时代的俄罗斯·政治卷》，人民出版社，2001，第211页。
[2] 郭文:《俄国近代自由主义的理路》，世界图书出版广东有限公司，2014，第20~21页。

义经济学与其他形形色色的经济学的基本分野,构成自由主义政策与形形色色的国家干预政策的基本区别。"①

经济自由主义理论起源于 18 世纪苏格兰启蒙运动时期,其核心内涵是对经济与财产权的强调。经济自由主义的基石是私有财产、市场经济,以及减少国家对经济的干预与控制。② 叶利钦时期,俄罗斯的自由主义者将批判的矛头对准"国家政权的牢固地位"。在激进自由主义改革浪潮中,涌现出一批自由派先锋,如波波夫、盖达尔、丘拜斯、叶利钦的首席谋士布尔布利斯等。他们的显著特点就是亲西方、崇尚资本主义。他们认为资本主义是人类所创造出来的制度中相对最好的。因此,俄罗斯可以大胆抛弃社会主义,移植资本主义,凭借私有制和市场调节来保障俄罗斯社会的富足。③ 自由主义者认为,应该最大限度地弱化国家政权,使之成为市场的附属品,社会生活的方方面面全部由市场来调节。④ 在自由主义思潮驱使下,激进的改革派在经济领域进行了大刀阔斧的改革。

俄罗斯自由主义是 20 世纪八九十年代西方新自由主义浪潮高涨的结果。20 世 30 年代,资本主义世界经历惨淡的大萧条,随后又经历第二次世界大战的浩劫,市场调节的神话破灭,反对市场调节及货币主义理论的凯恩斯主义逐渐站稳脚跟。至 20 世纪中后期,资本主义世界经济逐渐恢复了生机活力,自由主义回潮,芝加哥学派的新自由主义走上神坛。1989 年,美国国际经济研究所联手国际货币基金组织、世界银行以及美国政府等组织机构提出了包括削减预算赤字、稳定宏观经济形势,开放市场、实施贸易自由、国有资产私有化等内容的"华盛顿共识"。该共识正是以新自由主义学说为理论依据,对俄罗斯及东欧等转型国家影响深远。独立后的俄罗斯出于对西方的全方位崇拜和学习,将西方世界的新自由主义有过之无不及地奉行开来。俄罗斯激进自由主义改革派代表人物盖达尔正是新自由主义学说和"华盛顿共识"的信奉者和推行者。

---

① 李强:《自由主义》,东方出版社,2015,第 9 页。
② 李强:《自由主义》,东方出版社,2015,第 17~18 页。
③ 张树华、刘显忠:《当代俄罗斯政治思潮》,新华出版社,2003,第 121~122 页。
④ 关贵海:《论俄罗斯转型期的意识形态》,《俄罗斯研究》2001 年第 2 期。

伴随着苏共意识形态破灭和西方新自由主义高涨，此消彼长之间，自由主义浪潮如洪水一般涌入转型期的俄罗斯，自由主义改革派积极在俄罗斯植入资本主义市场经济的运作方式，为了充分地抛弃计划经济体制，甚至"矫枉过正"地推行激进的自由主义经济改革。这里不得不提到盖达尔的"休克疗法"。1991年底，盖达尔退出苏联共产党，被叶利钦任命为俄联邦副总理，兼任财政、经济部部长。次年，盖达尔先后出任政府第一副总理、财政部部长。盖达尔制定了一套激进的经济改革方案，并于1992年初将"休克疗法"改革在俄罗斯全面铺开。其举措包括放开物价、实行紧缩性的财政货币政策，以及国有资产大规模的私有化，基本上奉行了"华盛顿共识"的相关主张。

在1990年7月的休斯敦会议上，七国集团要求国际货币基金组织、世界银行、经合组织、欧洲重建与发展银行以及欧共体委员会对苏联经济进行考察，以便对其实施经济援助。"休克疗法"在俄罗斯不计后果地实施开来，一方面是以盖达尔为代表的激进自由主义改革派对新自由主义以及"华盛顿共识"的认同；一方面这也是获取西方经济援助的前提条件。

在俄罗斯社会，普通民众虽然未必了解芝加哥学派、新自由主义以及西方政治文明的方方面面，但他们对叶利钦以及激进的自由派是比较认同的。这一点可以从全民公决中反映出来。自由派的经济政治改革并非一帆风顺。俄罗斯独立后，"民主派"阵营围绕经济政策产生分歧，进而分裂成相互对立的以总统为代表的执行权力机关和以人民代表大会为代表的最高立法权力机关两个最高权力机关。为改变两权并存的局面，1993年4月25日举行全民公决。64.5%的选民参加了公决，其中对叶利钦表示信任及对政府社会政策表示满意的选民均超半数。叶利钦借此宣布议会为"非法机构"。虽然两权之间的争斗最终以流血的方式平息，但叶利钦在此次公决中所占的民意优势反映了俄罗斯社会对自由主义及其主导下的改革的支持态度。10月15日，叶利钦签署了将宪法草案提交全民公决的法令。12月12日，全民公决以58.43%的赞成票通过该宪法。12月25日，新宪法在《俄罗斯日报》上公布并生效。

（二）自由主义衰落及其原因

自由主义思潮在叶利钦时代的俄罗斯繁盛一时。继"民主派"从苏共手中夺取政权之后，1991~1993年自由主义思潮在俄罗斯可谓一家独大。但此后，自由主义势头逐渐转向衰落。

俄罗斯的自由主义改革是由政府层面主导并强力推行的。自由主义的衰落首先体现在自由主义改革的推手民主派内部的分裂。早期的反共同盟破裂，不少原本是同一战壕的"自由"人士为满足各自的政治野心开始钩心斗角、另立山头。有的人变成政治反对派，公然在议会中与叶利钦、盖达尔政府唱反调；有的人改弦更张，变成民族主义或国家主义者。① 正如"我们的家园——俄罗斯"党的领导人与理论家之一根·谢皮洛夫在文章《我们选择什么样的自由》中所言："从1993年开始，这些改革家中的大多数人大大改变了自己的立场，这不是偶然的。他们中的一部分人转入民族国家主义者阵营，另一部分人决定最后发誓忠于社会自由主义。"② 叶利钦时期的自由主义改革本来就是由权力上层主导、政府强力推进的，作为西方国家主流价值观的自由主义并未在俄罗斯社会扎根。自由主义当权派内部出现分裂，预示着俄罗斯的自由主义不可避免地走向衰落。

当叶利钦政府提倡自由主义、进行自由主义政治经济改革并极力向西方靠拢的同时，"在俄罗斯社会中拥护自由主义的阶层远不是多数"③。社会情绪表达的另一个渠道就是社会选举。民主政治改革毕竟给了俄罗斯民众一个政治表达和情绪宣泄的窗口。议会选举、地方选举和总统选举的结果可以反映民心向背，可以借此窥见社会情绪。

在俄罗斯社会，即便在自由主义突飞猛进的数年中，共产主义思想也不曾消亡，社会主义运动也未曾停止。在议会（和总统）选举中，以叶利钦为首的自由派遭到了左翼政党和民族主义政党的挑战。1993年2月，俄罗斯联邦共产党（简称"俄共"）在被禁一年多之后逐渐恢复活动。在1993年底第一届国家杜马选举中，俄共获得议会第三大党的地位，若与日里诺夫斯基领导的具有极端民族主义倾向的俄罗斯自由民主党的选票相加，二者已接近杜马席位的1/3，几乎可以在议会中与叶利钦支持的民主派政党抗衡。④ 这个选举结果

---

① 张树华、刘显忠：《当代俄罗斯政治思潮》，新华出版社，2003，第125页。
② 〔俄〕罗伊·麦德维杰夫：《俄罗斯往何处去》，《中国保险报》2000年9月22日。
③ 关贵海：《论俄罗斯转型期的意识形态》，《俄罗斯研究》2001年第2期。
④ 李亚洲：《俄共理论与政策主张研究》，中国社会科学出版社，2010，第15页。

是俄共领导人久加诺夫和叶利钦都不曾预料到的。对俄共来说，这是出乎意料的胜利；对自由派来说，这一结果使其感受到强烈的挑战和危机。选举结果反映了1993年前后俄罗斯民众情绪的变化：因激进变革而出现的庞大的社会贫困阶层开始倾向左翼反对派或带有民族主义情绪的政党和组织，社会上出现了否定叶利钦政权政策路线的倾向和怀旧情绪。① 对叶利钦政策路线的否定意味着社会情绪开始质疑自由主义改革；而怀旧情绪则体现了以俄共为代表的左翼势力有复兴的希望，同样说明作为共产主义对立面登上俄罗斯政治舞台的自由主义面临危机。

"1995年是西化自由派的转折点。1995年举行的国家杜马选举中，盖达尔和他的党遭到了毁灭性的失败。'民主俄罗斯'与'俄罗斯民主选择'都已不是执政党，而切尔诺梅尔金总理组织成立的'我们的家园——俄罗斯'坚决与1991~1992年的自由主义民主派划清了界限。"② 同样的危机还出现在1995年总统选举和1994年地方选举中。在1994年举行的地方选举中，以俄共为代表的左翼力量的成绩不俗，"甚至有多个联邦主体选出的地方杜马议员全是俄共成员及其盟友"。③ 以上议会、总统、地方选举的情况反映了信奉自由主义民主派的群众基础大为减弱，社会情绪逐渐转向自由主义的对立面。这种社会上反自由主义的情绪随着民众生活水平的下降以及民主派内部的分裂而进一步加剧。叶利钦时期，俄罗斯自由主义政治思潮由盛而衰。究其原因，除了改革的失败损耗了社会对自由主义的信任，还有更深层的历史和现实因素。

第一，俄罗斯缺乏自由主义的历史文化传统。在俄罗斯，自由主义是一种舶来品，与俄罗斯本土的文化传统缺乏契合性。俄国思想家尼·别尔嘉耶夫指出，俄国缺乏自由主义的传统，自由主义在俄国一直很弱，未能形成真正有影响力的思想体系。④ 自由主义政治思潮源于近代西欧，是一种近代的学说和意识形态。西方学界主流观点认为，自由主义作为一种"政治思潮与知识传统，

---

① 李雅君：《俄罗斯共产党：发展历程及其势衰原因》，《东欧中亚研究》2002年第6期。
② 张树华、刘显忠：《当代俄罗斯政治思潮》，新华出版社，2003，第131页。
③ 李亚洲：《俄共理论与政策主张研究》，中国社会科学出版社，2010，第136页。
④ 转引自周尚文、黄军甫《社会转型过程中的俄罗斯政治思潮分析》，《东欧中亚研究》2000年第2期。

第八章 俄罗斯政治思潮

作为一种可以辨认的思想要素"出现在 17 世纪。而"自由主义"第一次用来称呼一种政治运动则是从 19 世纪才开始。①

首先，从政治传统上讲，自由主义几乎从未成为俄罗斯国家政治文化的主流，俄罗斯国家政治文化主流始终是专制集权主义。俄罗斯的自由主义因素可追溯至 18 世纪初。彼得一世的改革开启了俄国的欧化之路，也成了俄国近代史的开端。但彼时俄国显然还不具备"作为政治思潮与知识传统"的自由主义思想要素。彼得的改革更多停留在"器物"层面，虽然也涉及戒除俄国人生活中的"陋习"，在宫廷和贵族之中引入欧洲礼仪等文化层面，但远未触及政治思想。彼得一世的治国理念依然是俄罗斯国家传统的君主专制制度。在造船、火炮等"器物"层面的"西化"本质上是为了增强国力、巩固君主专制。18 世纪后期，叶卡捷琳娜二世的开明君主制被视为俄国自由主义的开端。②"开明专制以官方认可的方式将西方资产阶级的意识形态——自由主义——引入了俄国的社会意识。"③ 在经济政策上，叶卡捷琳娜二世甚至走得更远。她认为经济发展应该具有自发性质，政府应该只是一个旁观者。叶卡捷琳娜废除了专卖制度，允许自由开设工厂，赞成财产私有原则。④ 如此看来，叶卡捷琳娜二世主导的开明专制下的政府自由主义确实有西方自由主义的某些形式，但又有着本质差异。叶卡捷琳娜积极接近启蒙思想，与伏尔泰等思想家通信，满足了一个追求欧洲文化风潮的沙皇的求知欲和好奇心。作为一个启蒙思想家的学生，或者启蒙思想的追随者，叶卡捷琳娜展现出了虔诚和好学的一面。但作为专制俄国的君主，牢固的专制权力才是女皇的核心利益。因此，在崇尚自由主义的同时，"只要看到哪怕是极小的危险，足以使她丧失她想要夺取某种东西的勇气，她的自由主义的本能便会立即销声匿迹"⑤。而所谓的"危险"则是自由主义与专制主义的冲突对其专制统治造成的潜在危机。叶卡捷琳娜二世在经济政策上的"自由主义"放在政治上立即就显得格格不入了。在政治上，

---

① 李强：《自由主义》，东方出版社，2015，第 16 页。
② Лидия Новикова, Ирина Сиземская, Идейные истоки русского либерализма.
③ 郭文：《俄国近代自由主义的理路》，世界图书出版广东有限公司，2014，第 45 页。
④ В. В. Леонтович, История Либерализма в России（1762-1914），Париж，1980，С. 29-30. 转引自郭文《俄国近代自由主义的理路》，世界图书出版广东有限公司，2014，第 46~47 页。
⑤ 郭文：《俄国近代自由主义的理路》，世界图书出版广东有限公司，2014，第 48 页。

361

叶卡捷琳娜二世不仅不是自由主义者，而且对"自由主义"谈虎色变。

俄国历史上的叛逃贵族安德烈·库尔布斯基[①]历来被视为有自由主义倾向的人物。在叶卡捷琳娜二世时代，阅读库尔布斯基著作者被视为自由主义者。考虑到库尔布斯基的作品"即便在两个世纪后依然具有反国家的煽动性"，叶卡捷琳娜二世一度将库尔布斯基流传于民间的手抄本著作列为禁书。[②] 俄国思想家、诗人、散文家、哲学家拉吉舍夫（1749～1802年）曾游学欧洲，对启蒙思想颇有研究，被称为"俄罗斯知识分子的祖先"。受启蒙思想影响，他在作品中抨击农奴制，谴责独裁，同时主张民主共和、言论自由、宗教自由等。叶卡捷琳娜二世在读到其小说作品《从彼得堡到莫斯科旅行记》时，称其是"比普加乔夫更可恶的暴乱者"，并下令逮捕拉吉舍夫。可见叶卡捷琳娜二世时代的"开明专制"或许确实将自由主义引入了俄国的社会意识，但绝对谈不上政治自由主义。如果将其视为俄罗斯自由主义的开端，显然带有明显的先天不足的弱势。

其次，在社会文化传统方面，俄国不具备滋养自由主义的土壤。换言之，缺乏自由主义内在生长的社会因素。在俄国历史上，虽然有自由自在的哥萨克，但哥萨克是逃避土地依附关系的产物，并没有明确捍卫自身人权与政治权利的意识，况且哥萨克只是俄国史上非主流的存在。俄国历史的主体是广大的以村社为生产生活组织单位的东正教农民。自由主义的核心强调个人主义，而俄罗斯历来崇尚集体主义。普京在多个场合强调，俄罗斯要坚守传统价值，其中包括集体主义精神。早期自由主义者的任务是反对绝对主义，争取个人政治权利和宪政政府。[③] 而俄国社会上下充斥着对绝对主义的依赖和对专制沙皇的信任。俄国社会是专制的父权社会，由此形成的权力逻辑是：在家庭，以男性家长为中心，而族长相当于村社中的大家长；在宗教中，人们以上帝为中心，而沙皇相当于上帝在人间的化身，人们把沙皇称为"父亲"，将沙皇比作管理

---

① 安德烈·库尔布斯基（1528～1583年），莫斯科罗斯大贵族。他因反对伊凡四世加强君主专制、削弱大贵族、取缔大贵族杜马而被迫逃往立陶宛。此后在立陶宛著书立说，反对君主专制，崇尚波兰—立陶宛式的贵族政治。因其抨击专制制度、谴责暴君，人们历来将其视为有自由主义倾向的人物。

② В. Жарков, Случай Курбского, он же-крупский, Новая газета, 14 июня 2013, С. 13.

③ 李强：《自由主义》，东方出版社，2015，第17页。

并保护羊群的不可或缺的牧羊人。① 可见在俄国的文化基因里,鲜有自由主义的内核,更多的是与自由主义格格不入的东西。

第二,叶利钦时期的自由主义有很大的虚假性。换言之,这一时期俄罗斯盲目引进并视为金科玉律的自由主义并不是真正的自由主义。当时的自由主义改革家未必理解自由主义的真正含义。根·谢皮洛夫在《我们选择什么样的自由》一文中称:"我们的自由主义派在他们的现实政策中恰恰排除了那些在西方早已深深扎根的价值观。俄罗斯改革者把自由主义的奠基原则归结为私有财产权至上和市场决定一切,把俄罗斯自由主义政策变成了模仿西方文明传统的现代模式的讽刺作品。现在已经完全清楚,由'西方派'改革家提出和实施的自由主义理想是没有生命力的。"② 在俄罗斯经济学家、亚博卢党领导人亚夫林斯基看来,俄罗斯的自由主义经济改革从根本上就是一种"假资本主义"。

在政治上,虽然确立了三权分立原则和议会民主制度,却终究演变成了颇具俄罗斯特色的"总统集权制"。1993年《俄罗斯联邦宪法》正式生效,宣告了苏维埃体制的终结,同时规定了联邦会议不再是国家最高权力机关,只是代表立法机关,其对总统权力的制约能力十分有限。总统拥有凌驾于议会、政府、法院之上的权力,俄罗斯有个人专权方向发展的可能。③ 总统和行政部门权力过大影响了司法独立。"法律经常被无视或暂停执行,法律只是在方便时才得到遵守。腐败充斥街头和权力大厅。"亚夫林斯基称叶利钦时代的民主政治为"未完成的民主"。虽然俄罗斯民众比以往更加自由,俄罗斯也成功地进行了选举,但是俄罗斯的竞选活动是不公正的。以1996年总统选举为例,叶利钦动用了数亿美元的竞选经费,远远高出俄罗斯官方规定的290万美元标准。相比于西方民主国家,俄罗斯不具备完善的政党制度。叶利钦不是以某个政党党魁的身份参加总统选举,他只是根据选情的需要,功利性地接近或疏远某个政党。"因此,没有一个政党是政府的真正参与者。"而没有完善的政党

---

① ПСРЛ. Т. XIII. Вторая половина, СПб.: Типография И. Н. Скороходова, 1906, С. 393.
② 〔俄〕罗伊·麦德维杰夫:《俄罗斯往何处去》,《中国保险报》2000年9月22日。
③ 海运、李静杰主编《叶利钦时代的俄罗斯·政治卷》,人民出版社,2001,第64~67页。

制度，民主政治就无法成功地发挥作用。①

在经济上，资本主义市场经济体制的植入并未带来预期效果，"休克疗法"使俄罗斯的经济和社会生活陷入无序状态，给人们的生活带来深重灾难。另外，"华盛顿共识"作为中东欧国家转型的指导思想，其本身就存在误导性。"华盛顿共识"最初针对的是已经建立起市场经济体系的国家。但该体系不适用于完全没有市场经济体系的中东欧国家。况且"华盛顿共识"源于拉美发展中国家经济改革的经验，并不符合俄罗斯的实际情况，强行套用势必造成恶果。而事实是：盖达尔等人没能在考虑本国国情的基础上对"华盛顿共识"进行修补，而是盲目信奉、疯狂实践，最终造成俄经济的崩溃。亚夫林斯基认为，20世纪90年代末的俄罗斯没有形成美国式的、具有职业道德的、稳定的中产阶级，而是兴起了寡头统治集团，开创了一种强盗资本家的资本主义形式。"俄罗斯远没有创立一个公开的市场，而是强化了在旧苏维埃制度下早已大体形成的半犯罪的寡头政治。"在这种政治经济环境下，俄罗斯腐败滋生，黑帮横行，大多数人的经济状况比改革前还要糟糕，而且根本看不到得到改善的希望。②

在社会生活层面，叶利钦时期的自由主义改革从初衷到结果都没有体现自由主义政治原则。近代西方民主区分于古代民主形式的划时代特点不仅是议会、政党、宪法这些民主外壳，更重要的是确立了人权至上的原则。根深蒂固的人权观念和制度化规范化的人权保障是区分真民主和假民主的试金石。③ 从19世纪中后期起，自由主义开始关注社会问题。从自由主义本质含义出发，关注社会正义、关注社会弱势群体的基本生存条件成为自由主义的应有之义。④ 反观叶利钦时代的自由主义改革，多是从国家层面迅速向西方靠拢甚至成为西方世界一员的冲动，却鲜有从公民政治权利和民众生活水平着眼的考量。尤其是"休克疗法"严重破坏了国民经济，使多数人陷入贫困，最弱势

---

① 参见亚夫林斯基《俄罗斯的假资本主义》，《现代外国哲学社会科学文摘》，林达文译，1998年第10期。
② 亚夫林斯基、林达文：《俄罗斯的假资本主义》，《现代外国哲学社会科学文摘》1998年第10期。
③ 应克复、金太军、胡传胜：《西方民主史》，中国社会科学出版社，2012，再版前言第6页。
④ 李强：《自由主义》，东方出版社，2015，第18页。

群体的生活得不到保障。此外,"公民参政"是近代资产阶级民主制的基本规则之一,全体公民不仅有权参与普选、公决,还有权通过媒体自由表达政见,或披露政府的舞弊行为。① 然而在俄罗斯,叶利钦操控媒体辅助竞选,对舆论资源享有绝对的掌控权。根据欧洲传媒研究所的分析,竞选期间叶利钦享有媒体53%的报道,他的对手共产党人久加诺夫只占18%。如果按"积极报道"和"消极报道"进行区分,并分别以"1"和"-1"计分,叶利钦在首轮选举前的得分为492分,久加诺夫为-313分。② 作为参与竞选的政党和候选人都很难公平利用媒体资源,更遑论普通公民通过媒体自由地表达观点和监督政府了。叶利钦能够在普选中胜出,不代表民众对自由主义表示认同。在经历了"民主化""公开性"运动的俄罗斯社会,苏维埃制度下的政治原则被妖魔化,自由、民主、人权等观念和政治原则在人们心中成为一种政治正确。有专家指出,俄罗斯社会之所以向西方自由主义敞开怀抱,主要是出于对苏联压抑的政治氛围的一种情感上的报复,并非意味着自由主义真正在俄罗斯大地扎下根基。因此,自由主义在俄罗斯缺乏深厚的社会基础。③

叶利钦等政客借改革之名行夺权之实。所谓"自由主义"与其说是一种政治理想或指导思想,不如说是为其现实利益服务的工具。在此条件下,俄罗斯实行的"自由主义"带有"虚假性"便不足为奇,甚至具有危害性。西方国家的政治集团和政客当然也从自身利益出发,但西方国家毕竟经历了较长期的理论发展和实践探索,已经形成了相对成熟的自由主义理论框架和民主政治的制度模式。尽管政客是趋利的,但其逐利的政治逻辑是围绕自由主义理论内核的,其行为是受制度模式约束的。而在俄罗斯,自由主义在推翻被视为"洪水猛兽"的共产主义后,就仓促而莽撞地蔓延开来,甚至成为新的"洪水猛兽"。这一时期俄罗斯自由主义的激进性、盲目性甚至是破坏性就已预示了它的衰落。

此外,经济改革的失败、领导层的分裂、社会层面的失望以及其他政治思潮的兴起也使曾经来势迅猛却不合时宜的自由主义风光不再。

---

① 应克复、金太军、胡传胜:《西方民主史》,中国社会科学出版社,2012,导论第3页。
② 亚夫林斯基、林达文:《俄罗斯的假资本主义》,《现代外国哲学社会科学文摘》1998年第10期。
③ 张树华:《当代俄罗斯社会思潮透析》,《东欧中亚研究》1999年第6期。

第二节　俄罗斯的民族主义

在俄罗斯社会转型过程中，自由主义的地位略显尴尬：它既是拒绝共产主义理想的武器，又是后共产主义的替代品，填补了官方意识形态的"真空"。而当自由主义改革陷入困境、自由主义思潮退潮之际，俄罗斯社会再一次出现了意识形态的"真空"，加之民生凋敝、大国地位衰微，俄罗斯的民族自尊心遭受重创。在此背景下，社会情绪需要宣泄释放的渠道，各政治派别和团体加紧运作，一时间各种政治思潮风起云涌，带有强烈爱国情绪的民族主义思潮便是其中格外耀眼的一种。

民族主义既是一种历史现象，也是一种政治思潮，还是一种社会运动。作为一种历史现象的民族主义出现于近代欧洲。它伴随民族国家而生，与后者有着"异常亲和的血缘关系"。民族主义、民族国家与资本主义联系紧密，民族国家是资本主义形成时期的典型国家形式。此处之"民族"并非作为"种族"意义上的"古典民族"，而是"现代民族"。而资本主义恰好是古典民族和现代民族的天然分界。换言之，一方面，资本主义催生了现代民族国家，即资本主义的生产方式统一了民族市场，打破了封建割据局面，建立了统一的民族国家。资产阶级贵族和商业阶级的出现则使保护贸易活动的最初宗旨成为民族国家意识的萌芽。另一方面，资本主义的生产方式造就了现代城市。市民社会长足发展以及工业化过程不断推进，使社会得以逐渐摆脱国家对它的控制，市民开始进入原本由贵族世袭垄断的政治领域，开始有了代表自身阶层的政治诉求和利益代表。统一市场和共同利益催生了民族共同体，市民社会则促进了现代社会心性结构的形成，从而产生了民族主义。[①] 按照上述逻辑，民族主义与现代民族国家皆起源于欧洲。13~16世纪，西欧出现第一批民族国家。19世纪后半叶，随着德国和意大利分别实现民族和国家的统一，整个西欧形成了一种民族国家的国际体系。共同的地域、语言、经济造就了民族意识，并且共同的经历和经验培养了共同的文化心理素质。欧洲民族主义就此发轫，并于20世

---

① 徐迅：《民族主义》，中国社会科学出版社，1998，第16页。

纪扩展至全世界的每一个国家。

作为一种社会思潮，不同的学科对民族主义做出了不同的定义。因此很难有一个可以"通约"的共同的明确的定义。"民族主义"首次出现在社会文本中是在1844年。其基本含义为：对一个民族的忠诚奉献，特别是指一种特定的民族意识，即认为自己的民族比其他民族优越，特别强调促进和提高民族文化和民族利益以对抗其他民族的文化和利益。①

在近现代，民族主义作为一种历史力量和有着统一意识形态的政治运动而成为一种社会运动形式。民族主义具有强大的社会动员能力，因此常被政治家和政党所利用。一些被主动或被动冠以"民族主义"的政党，与其说信仰民族主义，不如说善于在特定的历史时期利用民族主义情绪。冷战结束后，各国政府用民族主义为其经济、政治和外交政策辩护，并将民族主义当作社会动员和社会控制的工具。②

20世纪90年代，俄罗斯民族主义思潮与左翼社会主义思潮兴起的背景相同。苏联解体，大国地位丧失，加之亲西方的自由主义改革失败，使俄罗斯的民族自尊心受到极大损害。无序的经济改革之后，大部分民众生活更加贫困。由于自由派改革的理论源于西方自由主义，自由主义改革的失败在某种程度上即西化改革的失败。"改革的困境以及个人的挫折都与可恶的西方模式有关。"③ 西方国家不仅未能兑现改革之初的承诺，反而以美苏冷战的胜利者自居，俄罗斯曾真诚而努力地向西方国家靠拢，但西方国家从未将俄罗斯视为"自己人"。这一切使俄罗斯人感觉受到西方的愚弄，产生了排斥甚至仇视西方的情绪。在这样的社会情绪之下，民族主义乘势而起。一种怀念往日荣光的爱国主义、强国主义，强调俄罗斯至上、仇视西方的排外主义成为俄罗斯民族主义的主要特征。在此基础上，20世纪90年代俄罗斯民族主义呈现了不同的类型和特点。

通常认为，这一时期的民族主义可划分为民族社会主义、民族资本主义、

---

① 徐迅：《民族主义》，中国社会科学出版社，1998，第60~61页。
② 徐迅：《民族主义》，中国社会科学出版社，1998，第2页。
③ 海运、李静杰主编《叶利钦时代的俄罗斯·政治卷》，人民出版社，2001，第332页。

左翼强国主义、右翼强国主义、极端民族主义等。① 值得一提的是，这些不同类型的民族主义虽然各有侧重，但彼此间往往互相夹杂、互相交融，并不是非此即彼、壁垒分明。

一 民族社会主义思潮与民族资本主义思潮

民族社会主义思潮常把狭义的民族主义（种族主义）与村社集体主义宗法式价值观和以社会公正为基础的社会主义意识形态结合在一起。其否定苏联，对俄罗斯帝国的态度却比较包容。民族社会主义思潮的典型代表有"旋风"协会领导人 B. 西德罗夫和 B. 斯莫德廖夫。

民族资本主义承认并接受现代文明，认为不形成与欧洲工业文明相一致的民族社会就不可能有现代化工业生产。民族资本主义者同样对苏联持否定态度，认为苏联不是民族国家，而是一部恫吓勒索国民的庞大机器。民族资本主义者认为国家首先应给国民提供赚钱致富的机会。国民富有是恢复国家经济的前提。他们口中长谈的是"中产阶级""民主""公民社会"等。理论家格罗德尼科夫甚至提出了一个培植中产阶级的计划。他认为，只有形成具有现代文明精神的中产阶级，才可能以"民族革命"的方式推翻现存制度，代之以民主制度。民族资本主义吸收了部分资本主义政治文化的内核，但也并非狭义民族主义与资本主义的简单叠加。比如，与传统资本主义价值观不同的是，民族资本主义强调国家对经济的管理，尤其强调国家在技术革新中的作用。除格罗德尼科夫之外，尤·别利亚耶夫及其领导的人民社会党也可归为民族资本主义范畴。②

二 左翼强国主义思潮

苏共垮台后，苏联主流意识形态一度被污名化甚至妖魔化，社会主义运动遭受重创。但是共产主义、社会主义思潮并未消亡，左翼运动也在逆境中艰难挺进。

---

① 参见陆南泉主编、李雅君卷主编《曲折的历程：俄罗斯政治卷》，东方出版社，2015，第169~175页；张树华、刘显忠：《当代俄罗斯政治思潮》，新华出版社，2003，第188~194页。
② 张树华、刘显忠：《当代俄罗斯政治思潮》，新华出版社，2003，第188~191页。

即使自由主义一家独大之时，以马列主义和社会主义为指导的左翼政党依然积极表达自己的主张。他们谴责当局的"野蛮资本主义"政策和掠夺式的私有化政策，主张以社会主义为目标，维护居民的社会利益。在外交问题上，反对亲西方的"一边倒"政策，弘扬爱国主义，强调维护俄罗斯的利益。在民族问题上，则反对民族分裂，主张恢复苏联。①

随着自由主义思潮退却、社会危机加深，左翼社会主义思潮的复兴具备了条件。激进变革带来的动荡、贫困和不确定性，使人们更倾向于关照底层群体的左翼主张。社会出现否定叶利钦政权政策路线和向往苏联时代安稳生活的怀旧情绪。"俄共的保守性和平民主义色彩也使因激进变革而处于分裂的俄罗斯社会找到了某种平衡。"② 正如曾任苏联最高苏维埃主席的卢基扬诺夫所说："现政权越是把自己强制推行资本主义的毁灭性的试验强加给社会，他们越是在我们巨大欧亚国家遵循西方资本家所开的药方和要求，那么共产党就越有机会成为国家这艘大船的驾驶盘，使它回到社会主义的道路上来。"③

另外，在分析左翼思潮兴起的原因之时，不得不考虑共产主义与自由主义的相互排斥性。或者说马克思主义以及其他左翼思潮对自由主义的深刻批判性。无论从历史角度还是理论角度，马克思主义对自由主义的批判都是自由主义所遭遇的最全面、最深刻、最系统的批评，其理论的深度和观察之敏锐在许多方面都是其他自由主义批评者难以匹敌的。其他左翼理论或多或少受马克思主义的影响，对自由主义的批判也颇与马克思主义类似。④ 在俄罗斯的具体实践中，以马克思主义为代表的左翼思潮与自由主义的对立性与俄罗斯民族矛盾且极端的性格相契合：当苏共败亡、马克思主义招致污名化之际，与之相对的自由主义被奉为圭臬；当自由主义跌落神坛之时，马克思主义等左翼思潮又出现了复兴的迹象，对自由主义的排斥成了维系左翼力量团结的共同价值观。正如俄共中央第一副主席库普佐夫在2001年4月召开的俄共七届二中全会上所做的报告中所说："在苏共废墟上诞生的俄共联合了具有各种观点的共产党

---

① 张树华、刘显忠：《当代俄罗斯政治思潮》，新华出版社，2003，第151页。
② 参见李雅君《俄罗斯共产党：发展历程及其势衰原因》，《东欧中亚研究》2002年第6期。
③ 李亚洲：《俄共理论与政策主张研究》，中国社会科学出版社，2010，第135页。
④ 李强：《自由主义》，东方出版社，2015，第9~10页。

人——从真诚地相信斯大林路线是正确的人,到倾向于社会民主主义价值观的人,而联系俄共成员的共同基础,事实上是对叶利钦主义、自由主义改革方针的拒斥。"① 这一方面反映出左翼团体内部存在着分歧,另一方面反映出俄罗斯民族性格中非此即彼、非彼即此的极端性,与2021年俄罗斯反对派领导人纳瓦利内公开宣扬的"聪明的选举"有异曲同工之处。总之,自由主义实践的失败为左翼思潮从社会到政治团体层面的复兴创造了利好条件。

在左翼思潮复兴的浪潮中,俄罗斯联邦共产党把握住了时机,成为俄罗斯政坛左翼力量的代表。俄罗斯联邦共产党的恢复重建及其参与议会和总统竞选等活动构成了俄罗斯及东欧地区社会主义运动的重要组成部分。

左翼强国主义思潮以"恢复苏联""复兴社会主义"为旗帜,在对外关系方面主张增强国力,提出"民族实用主义",反对亲西方的一边倒政策,主张与独联体国家一体化,恢复俄罗斯超级大国地位;在经济上,强调国家的干预作用,主张将私有化财产重新国有化;在社会生活领域则关注弱势群体,注重民生和社会保障等。② 左翼强国主义的代表依然是俄罗斯联邦共产党。从前文梳理的俄共纲领中不难发现,其"具有强烈的民族主义色彩,表现出大国主义和大俄罗斯主义的倾向"。例如,俄共纲领将"废除'别洛韦日协定',在自愿基础上逐步恢复统一联盟国家"作为最低纲领之一,以恢复苏联和争取社会主义为己任,但同时又断言"俄罗斯思想其实就是深刻的社会主义思想"。这种将社会主义简单等同于俄罗斯传统价值观的认识是"大俄罗斯主义"的体现。另外,俄共纲领的民族主义、强国主义色彩还体现在强调俄罗斯历史文化和发展道路的独特性上,其猛烈抨击西方资本主义文明,积极主张恢复苏联、恢复超级大国地位。俄共纲领还宣称,"苏联是俄罗斯帝国地理和政治上的继承者"。众所周知,俄罗斯帝国素有"弥赛亚意识"和大国沙文主义传统,在历史上扩张成性。俄共对俄罗斯传统价值观和俄罗斯帝国的过分肯定也隐藏着大国沙文主义的危险倾向。③

---

① 李亚洲:《俄共理论与政策主张研究》,中国社会科学出版社,2010,第46页。
② 参见陆南泉主编、李雅君卷主编《曲折的历程:俄罗斯政治卷》,东方出版社,2015,第170页。
③ 参见李亚洲《俄共理论与政策主张研究》,中国社会科学出版社,2010,第65页。

三 右翼强国主义思潮与日里诺夫斯基现象

右翼强国主义流派主张在政治经济和社会生活中都保持俄罗斯道路的独特性，在经济上实行保护关税和孤立主义封闭政策。[①] 具有极端民族主义倾向的日里诺夫斯基和他领导的俄罗斯自由民主党属于这一派。

作为政权反对党，自由民主党提出了相对完整的内政外交主张，并提出了自己的宪法草案。在这个宪法草案里，自由民主党认为俄罗斯应是一个三权分立的共和国：立法权属于议会，国家议会由国家杜马和参议院两院组成；执行权力机关的首脑为总统；司法权归最高司法机构。可见，自由民主党是一个右翼政党。

但党首日里诺夫斯基称，自由民主党既不是左派也不是右派，而是"中间偏右，偏右20度"。他指出，偏左是国际主义，苏联的历史教训已经证明这条道路走不通；偏右是民族主义，即认为"俄罗斯是俄罗斯人的俄罗斯"；而自由民主党是"中间偏右20度"，即认为俄罗斯是所有生活在这片土地上的人的俄罗斯。"中间偏右20度"是日里诺夫斯基对自由民主党的一个战略定位。对于1996年的大选，日里诺夫斯基既不看好俄共，也不看好民主派。"极右和极左"的想法可能也不坏，但人民已经不喜欢走极端了。在对待苏联和苏共的态度上，自由民主党反对恢复苏联，反对一党制、长期执政和国际主义，认为苏联是"不长命的"。在对待西方的态度上，日里诺夫斯基表示，我们不是西方，我们有自己的价值观；西欧是在罗马法基础上成长起来的，俄罗斯却不知道这个法，所以，俄罗斯不能从西方模式出发，不能把西方民主强加给俄罗斯；我们有着另一种民主，有着对民主的另一种理解，所以既不能看西方，也不能看东方；我们是一个欧亚国家，我们自成一体，俄罗斯不是附属于欧洲的一部分，它是独立的地缘政治单位，不能与任何一个单独的欧洲国家相提并论，但可以与欧洲作为一个整体去比较。[②]

日里诺夫斯基的历史观体现出近乎傲慢的"俄罗斯救世主思想"和大国

[①] 张树华、刘显忠：《当代俄罗斯政治思潮》，新华出版社，2003，第192页。
[②] 〔俄〕弗·沃·日里诺夫斯基：《俄罗斯的命运》，李惠生、盛世良等译，新华出版社，1994，第212~244页。

沙文主义特点，还时常摆出一副"牺牲者"和"受害者"的姿态。他美化俄国的扩张史，认为19世纪初俄国—瑞典战争后俄罗斯吞并芬兰给芬兰带来了相对独立的地位。在俄国的"保护"下，芬兰经济19世纪末20世纪初保持显著高涨；认为俄国向西伯利亚地区的扩张是"和平"的、不流血的，并且是从侵略者手中"解放"了俄罗斯—斯拉夫的土地。[①]

在日里诺夫斯基看来，从古到今，俄罗斯一直在"帮助别人"，而自己过得却没有别人好。"俄国人打败法西斯，拯救了世界……粉碎了鞑靼人、瑞典人、法西斯，解放了别国的首都，但是，我们生活差，被解放的人比我们生活得好。胜利者就应该从胜利之日起过得好。"[②] 在对待民族问题上，日里诺夫斯基是个不折不扣的"大俄罗斯主义"者。他认为布尔什维克当政时期，苏联在"供养"少数民族边远地区，"供养"了70年，到头来却被后者视为"殖民者"。[③] 日里诺夫斯基强调，俄罗斯在历史上付出太多，尤其在二战中付出的代价过于沉重，却没能得到相应的回报。此种言论极易在民族利益和自尊心受损的时期唤起民众的共鸣。

日里诺夫斯基笃信俄罗斯利益至上，甚至走向保护主义和孤立主义的极端。这种倾向在自由民主党的内政外交政策上体现得淋漓尽致。该党反对国际主义和国际援助。在国际政策和外交方针上，俄罗斯应只考虑互利的经济利益以及跨部门的利益，因为这是捍卫国家最高利益的保证。国家资金将全部用于国内居民，坚决严格地追回所有外债；而对于俄罗斯欠下的西方债务，自由民主党则拒绝偿还。理由是"西方欠我们的更多"，不还债，才是正常的外交政策。与此同时，拒绝接收来自其他国家的难民，禁止无俄罗斯国籍的人在俄罗斯城乡做买卖，停止培养其他国家的大学生等。

作为强国派政党，自由民主党以强硬姿态示人。他们认为俄罗斯作为一个强国应该保留强大的军队。自由民主党坚决反对裁军，怀念沙皇军队和苏联军

---

① 〔俄〕弗·沃·日里诺夫斯基：《俄罗斯的命运》，李惠生、盛世良等译，新华出版社，1994，第13~14页。
② 〔俄〕弗·沃·日里诺夫斯基：《俄罗斯的命运》，李惠生、盛世良等译，新华出版社，1994，第221页。
③ 〔俄〕弗·沃·日里诺夫斯基：《俄罗斯的命运》，李惠生、盛世良等译，新华出版社，1994，第238页。

队,并认为军队只能在斗争中产生。俄罗斯是依靠武装力量生存下来的,只有当俄罗斯边界靠海时,俄罗斯才能生存下去。并且,俄罗斯军队的强大也是其他民族安全的保障。这些观点不仅体现了"强国思想",甚至暗含了军事扩张的危险倾向。不过在大国地位衰落、民族士气低迷的时代,日里诺夫斯基的此种观点极易博得社会好感。与此相应,俄罗斯同样需要强硬的金融、税收、海关政策等。俄罗斯拥有必要的资源——原料资源、土地资源、工业资源和人力资源,足以借此迅速发展本国经济,不需要外来的条件苛刻的贷款,不需要接受世界价格。另外,在强国主义的感召下,自由民主党与左翼强国派的某些政策有相似之处。在一些社会福利和公共服务领域,自由民主党主张实行免费教育和医疗,主张逐渐恢复对苏联全境的统治权,并对斯大林最终"基本上恢复了帝国疆界"表示赞赏。①

民族主义既是一种意识形态,也可以和政治活动相结合,造就一种政治现象。日里诺夫斯基极善于利用民众情绪,将民族主义的政治动员能力发挥到极致。1991年,日里诺夫斯基参加第一届总统选举,以爱国主义作为竞选口号。1993年,在第一届国家杜马选举中,自由民主党以22.7%的得票率高居各党之首。最终,自由民主党获70席,成为议会第二大党。尽管俄罗斯选民没人相信日里诺夫斯基"夺回阿拉斯加,让俄罗斯士兵去印度洋洗靴子"等言论,但在社会主流思想出现真空的条件下,民族主义和强国主义无疑是最能引起关注和共鸣的旗帜,人们可以借日里诺夫斯基之言辞宣泄自己心中的不平衡和失落感。自由民主党在选举中的胜利给民主派造成了重创,俄罗斯政坛出现了令人瞠目的"日里诺夫斯基现象"。②

四 极端民族主义与"光头党"

极端民族主义指"压制社会其他认同形式,具有强烈的封闭性、进攻性和冒险性,经常采取违背人类基本道义的血腥暴力手段的民族主义"。苏联解

---

① 〔俄〕弗·沃·日里诺夫斯基:《俄罗斯的命运》,李惠生、盛世良等译,新华出版社,1994,第220~239页。
② 参见海运、李静杰主编《叶利钦时代的俄罗斯·政治卷》,人民出版社,2001,第333~334页。

体以后，俄罗斯极端民族主义迅猛发展，出现了数百个极右翼政党或组织。这些组织一开始就具备了德国和意大利法西斯的历史形式，[1]公开宣扬排外和种族主义思想。

在诸多极右翼民族主义政党或团体中，存在时间最长、规模最大的是由亚历山大·巴尔卡绍夫领导的"俄罗斯民族统一运动"。[2]"俄罗斯民族统一运动"成立于1990年10月16日。该组织的意识形态是"模仿德国法西斯主义的极端激进的俄罗斯民族主义"。1997年通过的"俄罗斯民族统一运动"纲领认为，只有通过解决占俄罗斯人口85%的俄罗斯族所代表的民族问题才能使俄罗斯复兴，应该建设俄罗斯人和俄国人[3]的新国家；普通教育机构应该培养民族团结和民族优越感；主张复兴俄罗斯精神和民族价值观，与宗教团体的合作必须致力于巩固俄罗斯人和俄国人的精神力量；国家将使用一切可支配的现有手段保护在地球上任何地方的本国公民。此外，"俄罗斯民族统一运动"的意识形态还具有"公开的侵略性"和浓重的种族主义、排外主义和反犹主义情绪。它声称："我们的运动的世界观基础以民族为最高价值观，民族利益天然优先于个人利益。"该组织的极端性主要体现在视民主派、犹太人、高加索人为敌人；不允许民族自治，"对以任何形式强迫损害俄罗斯民族基因的混血婚姻或者同居行为提起刑事诉讼。混血婚姻是反俄罗斯的国际行动方式"。"俄罗斯民族统一运动"持激进的反美反西方立场，禁止使用外来词，禁止进口西方的文化产品和其他商品。而对于犹太人，"俄罗斯民族统一运动"甚至更为极端地宣称将"消灭犹太共济会会员"。[4]

---

[1] Сидорина Т. Ю. и Полянников Т. Л. Национализм: теории и политическая история, М., 2006 г., С. 22. 转引自庞大鹏主编《普京八年：俄罗斯复兴之路（2000~2008）·政治卷》，经济管理出版社，2008，第141页。

[2] 参见张昊琦《当代俄罗斯民族主义》，《俄罗斯中亚东欧研究》2008年第3期。部分研究将其译为"俄罗斯民族团结运动""俄罗斯民族统一党"等。

[3] "俄罗斯民族统一运动"认为，"俄罗斯人"指大俄罗斯人、小俄罗斯人（乌克兰人）、白俄罗斯人。"俄国人"指非斯拉夫的俄国当地民族。Основные положения программы движения "Русское национальное единство" по построению национального государства. Русский порядок, 1993-1994. №9-10 (12-13). 转引自刘淑春等《当代俄罗斯政党》，中央编译出版社，2006，第368页。

[4] 参见刘淑春等《当代俄罗斯政党》，中央编译出版社，2006，第366~368页。

凭借激进的民族主义话语的宣传,"俄罗斯民族统一运动"一度成为"90年代唯一享有全俄罗斯声誉的激进民族主义组织"[①]。但该组织的一个突出特点是,在取得国家政权的问题上,不承认"选举和正常的政治过程",而主张"以通过实力手段夺取政权为自己的奋斗目标"。实际上,"俄罗斯民族统一运动"从来没有积极参加过选举,1995年议会选举时甚至没有提出自己的候选人名单。1996年曾推举巴尔卡绍夫为总统候选人,"俄罗斯民族统一运动"成员也曾积极征集候选人所需要的签名,但最终却没有将签名转交给中央选举委员会。2000年,巴尔卡绍夫再次被该党提名为总统候选人,但他没有采取任何竞选行动,甚至没有征集签名。不仅如此,"俄罗斯民族统一运动"也从未参加任何地方选举。而在以所谓"实力手段夺权"方面,"俄罗斯民族统一运动"则十分积极。1993年10月,该组织支持"国家紧急状态委员会",并参加了保卫"白宫"行动。在所有作战队伍中该组织人数最多也最遵守纪律,其成员还加入了鲁茨科伊和哈斯布拉托夫的私人卫队。"俄罗斯民族统一运动"也因此被禁止参加1999年的国家杜马选举。2000年以后,"俄罗斯民族统一运动"开始发生分裂,先后分裂出"俄罗斯复兴""俄罗斯民族主义者党""俄罗斯人民运动""斯拉夫联盟"等组织。此后,该组织一直处于俄罗斯政治生活的边缘状态。[②]

俄罗斯"光头党"是极端民族主义的另一个典型代表,以种族主义和暴力排外而著称。"光头党"运动不是俄罗斯本土的产物,而是一种国际现象在俄罗斯的具体体现。"光头党"起源于20世纪60年代的英国,是英国工人阶级地区的一种亚文化。[③] 它作为抗议官方资产阶级文化和60年代反主流文化的青年阶级文化而出现。[④] 此后,"光头党"运动传播到斯堪的纳维亚半岛、荷兰、德国、奥地利、美国、加拿大、澳大利亚等多国,从而成为一种国际现

[①] Русский национализм в поисках себя в 90-е го ды, http://iamruss.ru/russian-nationalism-in-search-of-himself-in-90-years/.

[②] 刘淑春等《当代俄罗斯政党》,中央编译出版社,2006,第365~366页。

[③] 亚文化:又称"副文化",与主流文化相对,指社会中不同的人群所持有的价值观念、行为规范以及认同心理等。

[④] Александр Тарасов, Порождение реформ: бритоголовые, они же скинхеды, Свободная мысль, 2000, №4.

象。"光头党"通常身着紧身黑色牛仔裤、短皮夹克、标志性的短发或光头等。这样的装束不仅凸显个性，而且有实用性。牛仔裤结实耐磨，便于掩盖血污；短夹克简单利落，便于打斗和逃跑；在打斗中短发或光头也不易被对手抓住头发。俄罗斯"光头党"运动同样作为一种亚文化兴起于20世纪90年代初的青少年群体。最初，它是一种具有非常僵化的意识形态体系的亚文化：有明确的进出团体规则，有归属证明，参与强制性实践。①

俄罗斯"光头党"的出现有着深刻的社会和政治背景。"光头党"不是政党，与其说是政治运动，不如说是特定环境下产生的社会问题。20世纪90年代被社会学家描绘成"是没有人真正关心年轻人的时期"②。这一时期，苏联解体，俄罗斯国家经济混乱，民族矛盾突出，车臣战争爆发，失业加剧，教育体系崩溃，许多青少年缺乏家庭关爱和管束，同时失去了接受学校教育的机会，成为社会上的闲散人员。他们正是俄罗斯"光头党"的主要来源。俄罗斯"光头党"经历了几个阶段的发展变化，最终成为带有黑社会性质的极端民族主义团体。

20世纪90年代初，莫斯科大约只有十几个"光头党"成员。"他们表现得很平静，大部分时间都在自恋以及在市中心表现自己。"这些最初的"光头党"成员纯粹是青少年模仿西方的产物。他们从改革时期的媒体中了解到了西方"光头党"。在1989~1991年，谈论英国、德国和捷克"光头党"成了一种时髦的事情。③ 1994年初，俄罗斯"光头党"无论从数量上还是从性质上都发生了转变。这与俄罗斯国内复杂的政治环境有密切联系。具体而言，1993年"炮打白宫事件"以及随之而来的"特殊时期"、高加索战争，以及大量涌入的高加索移民对"光头党"的发展壮大影响颇深。

很多后来变成"光头党"的青年学生亲历了议会枪击案。"他们带着病态的快感从近距离观看坦克射击议会"；随后在莫斯科的"特殊情况"时

---

① Чем российские скинхеды отличались от зарубежных, https://paperpaper.ru/kakim-byl-nacionalizm-v-90-e-otkuda-v-ros/.
② Елена Омельченко, Директор центра молодежных исследований НИУ ВШЭ, https://paperpaper.ru/kakim-byl-nacionalizm-v-90-e-otkuda-v-ros/.
③ Александр Тарасов, Порождение реформ: бритоголовые, они же скинхеды, Свободная мысль, 2000, №4.

期，他们带有明显的种族主义（反高加索人）倾向，并在街头横行霸道，包括逮捕、殴打、抢劫、驱逐"非斯拉夫外表的高加索人"①。"除了高加索住民，受害者还包括来自巴尔干半岛和中亚的移民，以及印度、巴基斯坦、伊朗的公民和犹太人、阿拉伯人。"第一次车臣战争之后，政府层面对强国主义、民族主义的宣传促使"光头党"的数量猛增。②此外，20世纪90年代高加索地区的战争使移民大量涌入俄罗斯各个城市。为了谋生，高加索移民不得不设法在当地打工。在俄罗斯经济不景气的背景下，许多俄罗斯人同样失业在家，面临生存压力。这些有着非斯拉夫面孔的外来人客观上成为本地人的竞争者，引发了俄罗斯人的敌对情绪。③这种情绪普遍存在，尤其是在莫斯科、下诺夫哥罗德、沃罗涅什、克拉斯诺达尔、伏尔加格勒等大城市从事服务业和贸易行业的中产阶层家庭子女，他们把异族人看作商业上的竞争者，希望通过打压"非本地原有居民"的方式把他们从生意场上赶出去。④

据统计，到1998年夏，莫斯科"光头党"成员从700人增加到2000人，圣彼得堡从700人增加到1500人，下诺夫哥罗德则多达1000人。此外在沃罗涅日、萨马拉、萨拉托夫、克拉斯诺达尔、顿河畔罗斯托夫、雅罗斯拉夫尔、克拉斯诺亚尔斯克、伊尔库茨克、鄂木斯克、托木斯克、符拉迪沃斯托克（海参崴）、梁赞、普斯科夫等地，"光头党"成员也增至几百人。到1999年底，莫斯科有3500～3800名"光头党"成员，圣彼得堡高达2700人，下诺夫哥罗德超过2000人，顿河畔罗斯托夫超过1500人，雅罗斯拉夫尔、普斯科夫和加里宁格勒等市的"光头党"成员超过1000人。⑤ 相比于90年代初莫斯科

---

① 在当时，亚美尼亚人、格鲁吉亚人、车臣人、阿塞拜疆人都被称为"高加索人"。См.：https：//paperpaper. ru/kakim-byl-nacionalizm-v-90-e-otkuda-v-ros/.
② Александр Тарасов, Порождение реформ： бритоголовые, они же скинхеды, Свободная мысль, 2000, №4.
③ Михаил Соколов, Почему в начале 90 - х националисты выступали против евреев и как появились антикавказские настроения, https：//paperpaper. ru/kakim-byl-nacionalizm-v-90-e-otkuda-v-ros/.
④ 刘淑春等：《当代俄罗斯政党》，中央编译出版社，2006，第374页。
⑤ Александр Тарасов, Порождение реформ： бритоголовые, они же скинхеды, Свободная мысль, 2000, №4.

和圣彼得堡零星的"光头党"人,90年代中后期"光头党"成员出现迅猛增长态势。

俄罗斯"光头党"带有黑社会性质,其暴力行为对社会产生巨大影响。1998年4~5月,莫斯科"光头党"开始联合行动,平均每天进行4次暴力袭击。南非、贝宁、苏丹、印度等国使馆纷纷向俄罗斯外交部提出抗议照会。2000年底,"光头党"愈发猖獗,组织了大规模的洗劫。2001年"察里津诺洗劫事件"引起巨大社会反响,俄罗斯政府为此在内务部专门成立打击"光头党"极端主义的行动部门。2003年,圣彼得堡一个名为"舒尔茨88"的"光头党"组织成为首个以"建立纳粹团伙组织"罪名被提起公诉的案例。从阶层构成上,俄罗斯"光头党"也从底层青少年向中产阶级家庭的子女蔓延。据称,在2002年一起杀害亚美尼亚人案件的涉案者中有军官的儿子、律师的儿子和地方议员之子。①

这些喜欢将极端情绪诉诸暴力的青少年构成了极端民族主义政党的后备力量。俄罗斯"光头党"与其他国家的"光头党"一样有纳粹主义倾向,崇拜希特勒。苏联是二战中重要的反法西斯力量,法西斯主义给苏联人民留下不可磨灭的痛苦记忆,因此20世纪90年代,俄罗斯青少年对纳粹主义的接纳与痴迷显得难以理解。"解释俄罗斯'光头党'意识形态的困难也与这个国家幸存下来并击败法西斯主义的事实有关。'光头党'运动与《我的奋斗》和纳粹、国家社会主义意识形态直接相关。他们实际上阅读了这些文献,并以某种方式将其与他们的经历联系起来。"② 解释这一现象要考虑到自由主义改革期间对共产主义意识形态的绞杀。20世纪90年代的教育强调去意识形态化,俄罗斯的新一代接受的是符合西方传统的教育,几乎抛弃了苏维埃传统价值和共产主义意识形态。"在反对共产主义意识形态的斗争中,90年代的自由主义者明显走得太右了。"一些自由派媒体和学校教育甚至为了抹杀和诋毁苏共而美化纳粹,一些被布尔什维克镇压或枪杀的法西斯主义者、带

---

① 刘淑春等:《当代俄罗斯政党》,中央编译出版社,2006,第371~372页。
② Елена Омельченко, Чем российские скинхеды отличались от зарубежных, Социологи—о скинхедах и нападениях на мигрантов. «Бумага» (paperpaper.ru), https://paperpaper.ru/kakim-byl-nacionalizm-v-90-e-otkuda-v-ros/.

有极端情绪和反犹分子被重新宣传。教科书中关于二战的话题开始出现混乱和分歧,受教育水平偏低以及混乱的教育与宣传引导,新一代的俄罗斯人既与父母割裂,又与传统割裂。他们对历史缺乏清晰的认知,因而极易被带有煽动性的极端思想所控制。

在意识形态上,俄罗斯"光头党"受到"人民民族党"党首亚历山大·伊万诺沃-苏哈列夫斯基的影响。此人发明了"罗斯主义",即认为"种族高于信仰""血统建立联系,宗教隔断联系"的极右翼民族主义意识形态。但就"光头党"本身而言,一群处于青春期的、认知出现不同程度扭曲和偏差的少年并没有统一而严整的意识形态体系。笼统地说,他们是"自发的种族主义者、排外主义者、军国主义者"。在其他右翼政党的宣传影响下,一些"光头党"成员具备"建立在暴力和个人主义基础上的排外、种族、反犹思想",并更接近"有意识的法西斯主义者、反共分子、东正教宗教激进主义者和反犹主义者"。[①]

但俄罗斯"光头党"的种族主义和排外情绪与纳粹仍有本质区别。虽然同样具有暴力、反犹排外等特点,但动因和内在逻辑明显不同。希特勒是达尔文主义的狂热信徒。诚然,达尔文主义运动成为19~20世纪德国知识界最有影响的运动之一。达尔文主义之所以和纳粹发生关联,在于纳粹分子将其与国家主义相结合,认为"优胜劣汰"同样适用于社会,从而形成了社会达尔文主义。俄罗斯"光头党"虽然也认为"有必要监控婚姻的纯洁性,以便生出具有完全斯拉夫民族身份的'正常'孩子"[②],却未必以社会达尔文主义为出发点。它是一种亚文化,一种对俄罗斯国家利益和民族利益的畸形捍卫,甚至单纯是极端情绪的肆意宣泄。

除上述政党和团体外,俄罗斯极端民族主义政党还包括"民族布尔什维克党""祖先遗产运动""斯拉夫联盟""禁卫军兄弟""黑色百人团"等。俄罗斯民族主义并未像人们预想的那样可以代替共产主义成为后共产

[①] 刘淑春等:《当代俄罗斯政党》,中央编译出版社,2006,第372页。

[②] Елена Омельченко, Чем российские скинхеды отличались от зарубежных, Социологи—о скинхедах и нападениях на мигрантов. Бумага (paperpaper.ru), https://paperpaper.ru/kakim-byl-nacionalizm-v-90-e-otkuda-v-ros/.

主义时代最重要的政治力量。①自由主义风潮过去之后，民族主义也未能填补主流意识形态的"真空"。这一时期，在泛滥的社会思潮中，民族主义虽然有着广泛的社会基础，也被其他各种思潮和党派吸收借鉴，在一定程度上成为整合国家和社会的凝聚力量，但是，俄罗斯的民族主义者始终没能将这些组织视为有效的社会运动和政治力量，没能够在俄罗斯政局走向中发挥重要作用。②

究其原因，俄罗斯的民族主义者缺乏积极争取权力的斗志和"生存的决心"。民族主义团体之间缺乏应有的团结。起初，民族主义者寄希望于叶利钦，希望叶利钦掌权后，重建以民族主义为支柱的"俄罗斯帝国"。当发现叶利钦选择亲美路线后，民族主义者基本对叶利钦放弃了幻想。但是1994年之后，当自由主义改革收效不佳时，叶利钦也适时调整了对策，开始越来越多地使用"一体化""大国主义""有权在前加盟共和国保护'俄罗斯族人'"等民族主义的言辞，并与白俄罗斯建立了联盟。③但这一切只是政权对民族主义的利用，并不代表民族主义已成为政治的主流。

这一时期比较有影响力的民族主义团体纷纷妥协、分化，丧失了成为独立的主流政治力量的机会。"俄罗斯民族统一运动"没能从病中的叶利钦手中接过权力，由于其消极应对选举，也错失了掀起政治运动的机会。而这一切皆出于巴尔卡绍夫对选举的认识。他认为选举是一场民主表演，进行宣传与争取人心比参加选举更重要。日里诺夫斯基领导的自由民主党在1993年12月以后成了"机会主义者"，时常与克里姆林宫达成妥协，从而"有机地融入了体制"，并从中获取物质红利。在此背景下，无法团结起来成为独立政治力量的民族主义者别无选择，只能向共产党人久加诺夫"鞠躬"。④后者认真地尝试建立一

---

① Русский национализм в поисках себя в 90-е годы, http://iamruss.ru/russian-nationalism-in-search-of-himself-in-90-years/.
② Русский национализм в поисках себя в 90-е годы, http://iamruss.ru/russian-nationalism-in-search-of-himself-in-90-years/.
③ Русский национализм в поисках себя в 90-е годы, http://iamruss.ru/russian-nationalism-in-search-of-himself-in-90-years/.
④ Русский национализм в поисках себя в 90-е годы, http://iamruss.ru/russian-nationalism-in-search-of-himself-in-90-years/.

种广泛的左翼爱国联盟，较民族主义者而言，更成功地成为真正举足轻重的反对派力量。

第三节　俄罗斯的特殊主义

"俄国特殊论"是基于俄国历史发展的独特性而形成的一种特殊主义，对俄罗斯人来说，它是一个经久不衰、时时翻新又令人困惑的命题。"俄国特殊论"针对的是西方发展道路的普遍主义，西方的"标尺"不仅是俄罗斯认识自我、分辨自我和确定自我的"参照"物，也是俄罗斯的一个历史心结。在俄罗斯的发展道路上，特殊主义与普遍主义相互交织、相互辩难、相互牵制，但是特殊主义始终是俄罗斯的本色和历史发展基调。

俄国特殊主义是在西方普遍主义大规模渗透的背景下逐渐生发和成熟起来的。从17世纪开始，西方的影响在俄罗斯"民族无力的感觉"中如期而至。在战争、对外交往和商业活动中所暴露出来的物质和精神的双重贫乏加深了俄罗斯人对自身落后的认识。[1] 但是与此同时，对西方影响的怀疑和抗拒也在俄国的社会生活中掀起了巨大波澜，教会的分裂损害了俄国"古制"的权威，反教会的骚乱也成为一场反国家的骚乱。[2]

18世纪是俄国"面向西方"的世纪，彼得大帝用鞭子将"野蛮落后"的俄国人驱赶进欧洲，这同时也奠定了俄国的"精神分裂"——后来的斯拉夫派谴责彼得大帝的粗野政策，他们从彼得大帝前的时代追寻"古风"，构建那个和平古朴的斯拉夫世界。彼得大帝的伟大继承者叶卡捷琳娜二世在其《圣谕》中开宗明义地指出，俄国是一个欧洲国家，俄国的法律理应具有欧洲的原则，但她的结论却是俄国就其辽阔的幅员来说，只能由专制

---

[1] 〔俄〕克柳切夫斯基：《俄国史教程》第三卷，左少兴等译，商务印书馆，1996，第257页。克氏特意区分了"影响"与"交往"，他认为，尽管15～16世纪俄罗斯与西方有了外交和商业关系，俄罗斯借鉴了西方的教育成果，而且聘请了西欧的工匠和专业人员，但这只是"交往而非影响"；西方的影响是从17世纪开始的。

[2] 〔俄〕克柳切夫斯基：《俄国史教程》第三卷，左少兴等译，商务印书馆，1996，第315页。

君主来治理。① 因此，她的所谓"开明专制"其实是用启蒙主义者的言辞掩盖俄国特殊性的实质。

19世纪是关于俄国发展道路之争的世纪，西方派和斯拉夫派就其特殊性与普遍性这一主题展开了激烈论争，虽然这一论争后来被其他历史主题所掩盖，但其余绪一直延至今日，困扰着苏联解体后的俄罗斯。

20世纪是俄罗斯革命的世纪，布尔什维克超越了西方派与斯拉夫派的论争，在帝俄的废墟上构建起苏联这个庞大的共同体②，走出了另一条道路；但在70年后，苏联的解体以及共产主义信仰的崩塌，使俄罗斯重新陷入普遍主义与特殊主义的选择。20世纪90年代初，俄罗斯以普遍主义原则构建起自由民主的政治框架，但是由于缺乏相应的精神根基以及转型所引发的混乱，从叶利钦执政的中后期开始，俄罗斯开始回归特殊主义。而在普京时期，俄罗斯所谓的"可控民主"尤其是2005年所宣示的"主权民主"，以及后来所昭示的"新保守主义"均基于俄罗斯特殊主义的理念而拒斥普遍主义。

这种特殊主义的理念被普京的前意识形态总管苏尔科夫在《普京的长久国家》一文中列举出来。首先，指引国家建设之路的不是舶来品的幻想，而是历史的逻辑；俄罗斯庞大的政治机器由"意志绵长"者所创建，依次更迭，不断自我修复，适应现实，一个世纪接着一个世纪，确保俄罗斯世界的发展绵延。其次，俄罗斯的体制虽称不上"优雅"，但更为诚实，依然具有吸引力。再次，俄罗斯拥有"深层人民"，"深层人民"以自己庞大的整体形成了无法战胜的文化万有引力，将国家凝聚起来，而且决定了国家的形式。最后，俄罗斯国家的现有模式始于信任，亦靠信任得以维持，这是与"传播怀疑和专事批评"的西方模式的根本区别所在。③

苏尔科夫以跌宕的言辞和玄远的内容将人们引入叶卡捷琳娜二世的《圣

---

① Императрица Екатерина Вторая. Наказ, данный Комиссии о сочинении проекта нового уложения. /Под ред. В. А. Томсинова. Библиография: проф. У. Э. Батлер. М.: Зерцало, 2008. С. 31–32 (глава I, глава II).
② 参见张昊琦《思想之累：东西之争之于俄罗斯国家认同的意义》，《俄罗斯学刊》2016年第5期。
③ Сурков В. Ю. Долгое государство Путина//Независимая газета. 11 февраля 2019 года.

谕》以及 19 世纪一些保守主义思想家的政治世界中。将苏尔科夫的文本与《圣谕》和季霍米洛夫的《君主制国家性》① 相比对，只要将"君主制"一词划掉，其原则基本相通；而苏尔科夫所谓的"深层人民"与乌瓦洛夫"三原则"中的"人民性"② 也并无二致。苏尔科夫的文本回避了现代政治中的概念和原则，虽言及普京缔造了"新型"俄罗斯国家，但并没有展现出"新型"国家的"新型"叙事，而只是强调俄罗斯政治独特性和神圣性的一面。苏尔科夫将"普京的长久国家"与其前辈伊凡三世、彼得大帝和列宁所创建的国家模式相提并论，强调它们之间的内在延续性，以致一些政论家忍不住发问："新型"国家究竟"新"在何处？独特的"普京主义"是否真的会永存？③

苏尔科夫的特殊主义理念是历史主义的理念，而世纪之交现代性的转向和"多元现代性"的兴起似可为俄罗斯拒斥普遍主义提供理论依据。在多元现代性迅速展开并得到广泛应用的背景下，关于普遍主义与特殊主义的言说越来越具有深入的反思性和批判性，而且日益反映在政治实践中。多元现代性的核心在于，不是只有一种源于西方的现代性，而是存在着由不同文化传统和社会政治状况所塑造的不同文化形式的现代性；这些不同形式的现代性在价值体系、制度建构及其他方面将来也依然会存在差异。④ 在多元现代性的视角下，西方的现代性并不是唯一的，其普遍主义也是一种特殊主义；它也不具有先验的道德优势，并且在向全球推进的过程中还为人类带来了巨大灾难。对现代性的反思是必要的，但俄罗斯的问题是：在拒斥西方现代性的时候，该如何基于本土文化构建俄罗斯的现代性。

为了理解俄罗斯所坚持的特殊性以及苏尔科夫所提出的"长久国家"及其历史逻辑，可以从俄罗斯关于国家的一个独特概念——"国家性"来进行考察。"国家性"是当今俄罗斯政界、学界及媒体中所习见的一个重要概念，

---

① Тихомиров Л. А. Монархическая государственность. М.：РОССПЭН，2010.
② Уваров С. С. Государственные основы Отв. ред. О. А. Плотонов. М.：Институт русской цивилизации，2014.
③ Волк В. В. Путинизм не навсегда! 15 февраля 2019，http：//rusrand.ru/forecast/putinizm-ne-navsegda.
④〔德〕萨赫森迈尔、理德尔、〔以〕艾森斯塔德编著《多元现代性的反思：欧洲、中国及其他的阐释》，郭少棠、王为理译，商务印书馆，2017，第 10 页。

也是苏联解体以来关于新俄罗斯国家建构的一个基础性概念。《俄罗斯联邦宪法》前言指出,通过宪法的目的之一是"复兴俄罗斯主权的国家性并确认其民主基础的不可动摇性"[①]。从叶利钦到普京,俄罗斯领导人都在不同场合不断重复加强和巩固俄罗斯"国家性"的重要意义。因此,梳理这一概念不仅有助于理解当代俄罗斯政治发展的现状,也有助于历史地理解俄罗斯现代性建构的复杂性和艰巨性。

一 "国家性"的政治内涵

"国家性"是俄国人发明的一个概念,也是一个含义多端的复杂概念。俄罗斯学者在使用这一概念的时候往往也是径自取来,而没有对其进行严格的定义。"国家性"虽源于"国家",但它们是两个概念,目前学界在辨析"国家性"时,常将这两个概念进行对比,不过很多时候"国家性"作为"国家"的同义语而被广泛使用。

"国家性"(государственность)是"国家"(государство)的派生词。государство 则由государь(君主)派生而来,15世纪已见诸俄文典籍[②],意为"国家""土地""统治",或者"国君的权力"[③];而государственность 则是一个后起词,没有出现在19世纪之前的俄语词汇中[④]。19世纪著名的《达利大俄罗斯语详解词典》(1863~1866年初版)也没有收录该词。当代流行的

---

① Конституция Российской Федерации, http://www.constitution.ru/index.htm. 在俄罗斯宪法中文版中, государственность 出现了多种译法, 有译为"国体", 见于洪君译《俄罗斯联邦宪法》,《外国法译评》1994年第2期; 有译为"国家体制", 见姜士林等主编《世界宪法全书》, 青岛出版社, 1997; 有译为"国家", 见孔寒冰主编《当代各国政治体制: 俄罗斯》, 兰州大学出版社, 1998; 有译为"国家观念", 见徐向梅主编《世界主要政党规章制度文献: 俄罗斯》, 中央编译出版社, 2016。
② Этимологический словарь русского языка. Т. 1. Вып. 4/Под ред. Н. М. Шаньский, М.: Изд. Московского университета. С. 150.
③ Словарь русского языка XI-XVII вв. Вып. 4. /гл. ред. С. Г. Бархударов, М.: Наука, 1977. С. 108.
④ 权威的《古俄语词典(11~14世纪)》(Словарь древнерусского языка XI-XIV вв.)、《11~17世纪俄语词典》(Словарь русского языка XI-XVII вв. В 31 т. /АН СССР, Ин-т рус. яз. М.: Наука, 1975-2016.)、《18世纪俄语词典》(Словарь русского языка XVIII века. С 1984 г. 21 выпуск/АН СССР. Ин-т рус. яз. Л.: Наука. Ленингр. отд-ние, 1984-2015)以及语源词典均不见收录。

384

奥热科夫《详解俄语词典》对该词的释义失之过简，仅解释为"国家体制"和"国家组织"①；大型的 20 卷《当代俄罗斯文学语词典》也只有两个释义："国家制度（政体）""对政体或国家制度原则的忠诚度"②。由此可见，"国家性"一词的历史并不久远，但通用的语言词典似乎满足不了人们深入理解其含义的需要。

据一些学者考证，米·亚·巴枯宁首先使用"国家性"一词③，他于 1871 年曾撰写《巴黎公社以及关于国家性的概念》④ 一文。1873 年在其所著《国家制度和无政府状态：国际工人协会内两党的斗争》⑤ 一书中，巴枯宁用"国家性"来概括现存国家制度以及社会主义者所追求的革命专政，认为任何国家都必然产生专制和奴役，因此必须消灭一切国家，不论是君主国、共和国，还是人民国家、红色共和国，都要把国家作为奴役人民的机构加以消灭。事实上，他还是将"国家性"等同于"国家"。

巴枯宁发明"国家性"这一概念后，同为无产阶级革命理论家的列宁在其著作中也使用过。不过列宁使用这个术语比较晚，而且主要集中在《国家与革命》（1917 年 8~9 月）、《只见树木不见森林》（1917 年 8 月 19 日）、《布尔什维克能保持国家政权吗？》（1917 年 9 月底至 10 月 1 日）等为数不多的著作中。这可能与当时俄国国内政治形势密切相关，列宁需要向广大工人群众说明：面临着千载难逢的夺取国家政权的机会，布尔什维克应当基于马克思、恩格斯的国家学说建立起什么样的国家？布尔什维克将要建立起的"无产阶级国家""社会主义国家"的国家特性是什么？它是否会长久存在？

---

① Ожегов С. И, Шведова Н. Ю. Толковый словарь русского языка. М., 1997. С. 141.
② Словарь современного русского литературного языка. Т. III/АН СССР, Ин-т рус. яз. М.: Русский язык, 1992. С. 281.
③ Белканов Е. А. К вопросу о понятии "государственность", Российский юридический журнал. 2013. No. 3.
④ Бакунин М. А. Парижская Коммуна и понятие о государственности/Бакунин М. А. Избранные труды. М.: РОССПЭН, 2010. С. 431–442.
⑤ Бакунин М. А. Государственность и анархия: Борьба двух партий в Интернациональном обществе рабочих/Бакунин М. А. Избранные труды. М.: РОССПЭН, 2010. С. 463–694. 〔俄〕巴枯宁：《国家制度和无政府状态》，马骧聪等译，商务印书馆，2017。本书中将государственность 译为"国家制度"。

在这些作品中，列宁所谓的"国家性"，其含义并没有突破巴枯宁所说的范畴，主要还是将"国家性"与"国家"等同起来。在《国家与革命》一书中，列宁谈到了"无产阶级国家"，还谈到其他形式的"国家"，并断言："'在新的自由的社会条件下成长起来的一代，能够把这全部国家废物完全抛掉'，——这里所谓国家是指任何一种国家，其中也包括民主共和制的国家。"①

在《苏联大百科全书》中，"国家性"有四种含义：一是作为"国家"的同义词，或者是某一历史类型的国家，如资本主义国家、社会主义国家；二是某一阶级的专政体系（无产阶级国家）或社会的政治组织形式，《联共（布）党史教程》即在此意义上用"国家性"来研究社会主义国家的未来发展问题；三是国家机构体系，即国家机器；四是体现某种共同特征的国家类型，如民族国家、民主国家。② 从这些释义来看，苏联时期学术界对"国家性"的分析主要还是基于马克思列宁主义的国家与法的理论，而且主要是为了考察社会主义国家的未来演进。

"国家性"概念不仅在俄国和苏联得到广泛使用，还流传到俄国境外。由于巴枯宁的书触及重大的时代主题——国际工人运动问题，几乎被翻译成所有的欧洲语言，因而"国家性"这个术语作为"国家"概念的同义词进入政治学和国家学说中，例如在英文中其被译为 statehood③，在德文中被译为 die Staatlichkeit。但是"国家性"概念在俄国境外的流传和再造也存在着"跨境回移"现象，出现了含义另有所指的新的替代性概念，又重新被译为俄文中的"国家性"。例如 1968 年 J·内特尔在 statehood 一词之外引入了 stateness，这个词在俄文中被回译为"国家性"（государственность），其含义是国家实现其功能的能力。④ 内特尔之后，"国家性"（stateness）概念在一些西方学者

---

① 《列宁选集》第 3 卷，人民出版社，1995，第 185 页。译本中 государственность 有时被译为"国家制度"，有时译为"国家"。俄文本见 Ленин В. И. Полное собрание сочинений. Пятое издание. Т. 33. М.: Изд. Политической литературы, 1969.

② Большая советская энциклопедия. 3 издание. Т. 7. М.: Советская энциклопедия. 1972. С. 162.

③ 在俄罗斯宪法网站所提供的英文版本中，英文与俄文"国家性"相对应的词即是 statehood。

④ J. P. Nettl, "The State as a Conceptual Variable," World Politics, Vol. 20, No. 4, 1968, pp. 559-592.

那里得到发挥,如研究政治转型和民主问题的学者胡安·林茨和阿尔弗莱德·斯泰潘在其《民主转型与巩固问题:南欧、南美和后共产主义欧洲》一书中提出了民主转型与巩固的一个宏观自变量,即国家、民族和民主化之间的复杂关系,他们将这个自变量称为"国家性",并且认为,一些政治体不存在国家性问题,而对于另外一些政治体而言,国家性问题不解决,就不可能有民主。[1]

相对于巴枯宁和列宁等工人运动理论家对"国家性"的简洁解释,以及西方学者对这一概念的现代性理解和延伸,19世纪末20世纪初的俄国保守主义思想家在使用"国家性"一词时,则赋予了它极强的神性色彩以及它之于俄罗斯帝国的独特性。列·亚·季霍米洛夫针对俄罗斯帝国在世纪之交所面临的深刻危机,于1905年出版了《君主制国家性》一书。他认为必须要从1861年之前的俄国历史中去考察俄罗斯的国家性以及君主制原则的发展历程,因为"君主制本质上是民族道德理想的表达,其命运与民族的历史观念或历史使命密切相关"。[2]在1861年前的民族历史中,"君主制与民族共生、共存、共发展,共同经历辉煌和衰落,寻找共同复兴之路,在所有的历史任务中一直处于民族生活的首要位置",它是"为人民所认同的真理的权力",它的基础是最高权力与民众之间的隐秘的心理联系。因此,即使在动荡不安的局势下,俄罗斯发生的"一切社会、种族和观念上的斗争,不仅不会废除专制制度,反而更加需要它"。[3]在季霍米洛夫看来,俄罗斯的"国家性"是与君主制紧密联系、不可分割的,即使未来改行议会制,俄罗斯人的精神特征决定了他们也只能是君主主义者或者是无政府主义者,他们既不承认贵族政治,也不认可民主制。[4]从季霍米洛夫的论述中可以看出,他所谓的俄罗斯的

---

[1] 〔美〕胡安·林茨、阿尔弗莱德·斯泰潘:《民主转型与巩固问题:南欧、南美和后共产主义欧洲》,孙龙等译,浙江人民出版社,2008,第16~39页。这个译本将stateness译为"国家性"。

[2] Тихомиров Л. А. Монархическая государственность. М.: РОССПЭН, 2010. С. 389.

[3] Тихомиров Л. А. Монархическая государственность. М.: РОССПЭН, 2010. С. 390, 393, 408.

[4] Тихомиров Л. А. Монархическая государственность. М.: РОССПЭН, 2010. С. 424.

"国家性"类似于日本政治思想史中的"国体"。日本思想家企图以"国体"来论证天皇万世一系的政治地位与明治宪制中天皇至高无上的权力,"国体"指的是天皇的神圣性和日本国作为"神国"的特殊性。[①] 而俄罗斯独有的"神圣罗斯"观念以及君主世袭结构早已在俄国史学家卡拉姆津那里得到历史叙述,并在尼古拉一世时期的教育部部长乌瓦洛夫所言的"专制制度—东正教—人民性"三位一体结构中得到论证。1905年8月6日的《国家杜马召开宣言》开宗明义地强调:"俄罗斯国家是在沙皇和人民、人民和沙皇密不可分的联合中建立和成熟起来的。……沙皇和人民的联合是在几个世纪中创造俄罗斯的伟大的道德力量。"[②] 因此,沙皇的权力并不受国家杜马的制约,而杜马成员的誓词中也有如是表达:"我们——卑微的子民,在全能的上帝面前发誓,竭尽心力履行国家杜马成员的义务,尽忠于全俄罗斯专制君主和皇帝陛下。"[③] 这表明,在推行代议制的情况下,俄罗斯的"国家性"仍然需要得到保证。

如果说巴枯宁和列宁所使用的"国家性"是一个与"国家"相当的通行性概念,不仅可用于俄国,也可以适用于所有其他国家的话,那么季霍米洛夫以及一些保守主义思想家的"国家性"概念则集中于解释俄罗斯国家的独特性,因此可以将其称为俄罗斯的传统"国家性"。

东欧剧变和苏联解体后,如何对一般"国家性"以及俄罗斯传统"国家性"的发展进行理论解释和评估是俄罗斯学界面临的问题。[④] 事实上这项研究也在各个维度上得到展开。一方面,它在沿袭苏联时期官方解释的同时又进行了反思;另一方面它在法学、历史学、政治学和文化学等各个视野下得到了考

[①] 参见尹钛《第一共和的诞生》(未刊稿),转引自高全喜《立宪时刻:论〈清帝逊位诏书〉》,广西师范大学出版社,2011,第88页;林来梵《国体概念史:跨国移植与演变》,《中国社会科学》2013年第3期。

[②] Полное собрание законов Российской империи. Собр. III. Т. XXV. Отд-ние 1-е. СПб., 1908. С. 26656. С. 637.

[③] Тихомиров Л. А. Монархическая государственность. С. 431.

[④] Венгеров А. Б. Будущее российской государственности, Вестник Московского университета. Серия 18. 1997. No. 1.

第八章 俄罗斯政治思潮

察和运用。① 但是，目前对这一术语还没有一致的清晰定义。② 在苏联时期以及当代的法学理论中，作为国家学说和法学理论中的一个重要术语，"国家性"经常与"国家"等同，一些学者认为，"国家"概念的运用已经是歧义横

---

① 自 20 世纪 90 年代以来，有关"国家性"的著述层出不穷，包括专著、教材、论文、学位论文以及公开报告，如 Четкое М. А. Государственность как атрибут цивилизации: кризис, угасание или возрождение? Международная экономика и международные отношения. 1993. No. 1; Бачило И. Л. Факторы, влияющие на государственность, Государство и право. 1993. No. 7; Становление новой российской государственности: реальность и перспективы: (открытый доклад) /В. Бакштановский, Г. Бурбулис и др. М.: УРСС, 1996; Ильин В. В, Ахиезер А. С. Российская государственность: истоки, традиции, перспективы. М.: Изд-во Моск. ун-та, 1997; Венгеров А. Б. Будущее российской государственности, Вестник Московского университета. Серия 18. 1997. No. 1; Морозова Л. А. Современная российская государственность: проблемы теории и практики: дис. ... д-ра юрид. наук. М.: 1998; Кириллов А. Д. Региональные особенности становления новой российской государственности, Полис: Политические исследования. 1998. No. 2; Величко В. М. Философия русской государственности. СПб.: Изд-во Юрид. ин-та, 2001; Рябинин Н. А. Преемственность государственности: дис. ... канд. юрид. наук. Екатеринбург, 2001; Лукьянова Е. А. К вопросу о специфике российской государственности, Вестник Московского университета. Серия 12. 2002. No. 1; Краснов Ю. К. Российская государственность: генезис и эволюция институтов власти, проблемы модернизации: дис. ... д-ра юрид. наук. М.: 2002; Раянов Ф. М. Проблемы теории государства и права: учеб. курс. М.: Право и государство, 2003; Затонский В. А. Эффективная государственность. М.: «Юрист», 2006; Винниченко О. Ю. Российская государственность в контексте цивилизационного развития: учеб. пособие. Тюмень: Изд-во Тюменского гос. ун-та, 2007; Бондар А. Традиции российской государственности и права человека, Власть. 2008. No. 10; Тимофеева А. А. Проблемы становления и развития российской государственности: учеб. пособие. М.: Флинта. 2009; Лубский Р. А. Государственность в России: проблемы изучения в контексте методологии системного исследования, Философия права. 2011. No. 4; Шабуров А. С. О государстве и государственности: проблемы соотношения//Вестник сибирской академии права, экономики и управления. 2012. No. 1; Его же. Российское государство и российская государственность: проблемы соотношения и историческое развитие, Российский юридический журнал. 2013. No. 1. Карсканова С. В. Основы отечественной государственности в консервативных политико-правовых учениях XIX-начала XX века. дис. ... канд. юрид. наук. Белгород, 2014. 近年来，俄罗斯还出现了一批以"国家性"冠名的辞典和工具书，如 Государственность России. Словарь-справочник в 7 книгах. М.: Наука, 1996 – 2016; Андреев А. Российская государственность в терминах. IX – начало XX века. М.: Крафт, 2001; История государственности России: справочник в 3 томах/Б. Г. Пашков. М.: Книжный союз, 2009.

② Тимофеева А. А. Проблемы становления и развития российской государственности. С. 7.

生,"国家性"概念不应等同于"国家"概念。① 苏联时期,学者更为经常使用的是"国家",苏联时期的国家理论主要是在静态和平面上发展的,往往是分析一定发展阶段的国家的形式、机制和功能。因此一些学者认为,国家不论作为一种现象还是作为某些研究对象的具体国家,都应该在发展中对其进行考察,在由一种类型和形式向其他类型和形式的演进或革命性转变中进行分析,以确定其内在原因和动力,因此需要将其纳入"国家性"这个更为宽泛、更富包容性、更有方法论意义的概念框架中;而"国家性"学说既可丰富国家与法的理论,也能丰富其历史,并将其提升到新的科学理论高度。②

当代俄罗斯学者对"国家性"一词的诠释角度不同,因而对其含义的理解自然也不同。有人将目前学界对"国家性"的理解路径归纳为三类:一是功能性的(国家履行自身功能的有效程度);二是心理性的(人民对国家的接受程度);三是国家主义的("国家性"实际上与"国家"吻合,或者说它囊括了与之相关的所有社会现象)。③ 另外一些学者认为,俄罗斯的"国家性"应从行政区划、民族种族和文化等三个相互结合的视角进行综合考察,以建立一个通用的规范性解释。④

尽管目前俄罗斯学者对"国家性"尤其是俄罗斯"国家性"的解释存有差异,但还是可以归纳出一些共性之处。首先,在界定"国家性"概念的时候,必须确定"国家性"与"国家"之间的关系。除了将"国家性"与"国家"相等同的观点之外,一些学者认为,"国家"与"国家性"是部分与整体的关系⑤,"国家"只是"国家性"各结构要素中的中心环节⑥。其次,"国家性"与社会密不可分,同时也是一个动态发展的过程。学者强调,国家性是

---

① Венгеров А. Б. Будущее российской государственности.
② Шабуров А. С. Государство и государственность: вопросы соотношения, Известия Иркутской государственной экономической академии. 2012. No. 3.
③ Белканов Е. А. К вопросу о понятии «государственность».
④ Лубский Р. А. Государственность в России: проблемы изучения в контексте методологии системного исследования.
⑤ Краснов Ю. К. Российская государственность: генезис и эволюция институтов власти, проблемы модернизации. С. 316.
⑥ Морозова Л. А. Современная российская государственность: проблемы теории и практики. С. 29.

社会的国家组织方式，包括动态发展的所有国家法现象①，因此可以被视为国家与社会合二为一的质性状态，应该在动态过程中进行考察②；"国家性"可以简明地表述为"国家解决俄罗斯社会发展中历史积累问题的方法"③。最后也是最为重要的是，"国家性"具有历史延续性，"延续性是俄罗斯'国家性'发展的主要规律"④，保障社会和国家发展进程延续性的历史主义"直接影响'国家性'的组织方式"⑤。要想系统地考察国家的演进，必须将其置于"国家性"范畴——"这是政治系统的牢固的制度基础，它保障多样性和动态性政治的结构统一和完整"⑥，因为"国家性"是相对稳定的，而"国家"是变化的，有时还会经历一些根本性的变化，如权力的组织方式、性质和内容的改变。"国家性"是永恒的背景，而"国家"却是充满活力的，国家性直接影响国家制度的功能、法律规范，等等。⑦ 学者强调，虽然"国家性"是动态演进的，但它具有一些"常量"，这些常量既包括国家和社会的基本制度和"制度型模"（институциональная матрица）⑧，同时也包括民族性格和民族心理等深层结构因素。一些学者认为，俄罗斯"国家性"的生成和发展取决于俄罗斯的传统特性和民族的深层心理结构，如聚合性、集体主义、家长制、爱国主义、强国主义和东正教等。⑨

当代俄罗斯学者关于国家性的辨析虽然芜杂而烦琐，但是不论从历史语境还是立足于现实分析俄罗斯的"国家性"，其目的均为界定传统"国家性"和构建现代"国家性"。他们也认识到从传统"国家性"转向现代"国家性"的复杂性和艰巨性。一些学者认为当前俄罗斯处于后全能主义"国家性"的过渡状态，甚至将现代"国家性"的构建视为"国家存在的文明基础

---

① Рябинин Н. А. Преемственность государственности. С. 6.
② Лукьянова Е. А. К вопросу о специфике российской государственности.
③ Венгеров А. Б. Будущее российской государственности.
④ Рябинин Н. А. Преемственность государственности. С. 6.
⑤ Бачило И. Л. Факторы, влияющие на государственность.
⑥ Ильин М. В. Слова и смыслы. Опыт описания ключевых политических понятий. С. 187.
⑦ Андреева Ю. А. Государственность: теоретическое осмысление понятия. С. 176-178.
⑧ Кирдина С. Г. Институциональные матрицы: макросоциологическая объяснительная гипотеза//Социологические исследования. 2001. No. 2.
⑨ Теория государства и права. Екатеринбург, 1996. С. 187.

的全面转型",而不仅仅限于政治改革和国家权力的重构。① 而且,由于"国家性"具有明显的延续性和继承性,现代"国家性"的构建受制于国家发展的历史阶段和历史传统。②

俄罗斯是一个以权力为中心而非以权利为中心的国家,这也是19世纪俄罗斯国家学派阐释俄国特殊性的一个基本观点,即国家是俄罗斯历史发展的动力,它有别于西欧社会自然发展的模式。西方现代政治文明的诸多基本要素直接发源于中世纪,西方现代国家权力观念亦发轫于中世纪,这几乎已成为学界的共识。③ 然而,同样经历了中世纪的俄罗斯却没有出现这样的情况,而是任由其特殊的"国家性"决定了其后来的历史发展道路。事实上,"国家性"在一定意义上相当于俄罗斯的"正统性",它是服务于最高权力的特殊安排、特殊的合法化机制,以及法律体系再造的典型手段。④ 它既源于一些政治制度的历史架构,更源于其以价值和理念为核心的精神结构的塑造与恒常维持。有鉴于此,本章节在探讨俄罗斯的"国家性"时排除了一般意义上与"国家"概念通行的含义,而着力于其传统的特殊性含义,即根据俄罗斯的历史语境,将俄罗斯的"国家性"视为一个由"深层权力结构"、王朝世袭正统性以及"神圣性"的意识形态构成的"三位一体"结构,力图通过对这个结构的考察,揭示俄罗斯在由传统"国家性"转向现代"国家性"的过程中所面临的困境。

二 作为深层权力结构的"国家性"

在俄罗斯,国家至上的原则一直延续至今。历史学家在探讨国家作为历史发展动力源头的时候往往强调俄罗斯幅员的辽阔,人力资源的不足,技术的落

---

① Веденеев Ю. А. Теория и практика переходных процессов в развитии российской государственности, Государство и право. 1995. № 1; Он же. Политическая демократия и электорально-правовая культура граждан, Государство и право. 1997. № 2.
② См.: Синюков В. Н. О форме федерации в России, Государство и право. 1993. № 5; Веденеев Ю. А. Теория и практика переходных процессов в развитии российской государственности.
③ 丛日云:《西方政治文化传统》,吉林出版集团有限责任公司,2007;李筠:《论西方中世纪王权观:现代国家权力观念的中世纪起源》,社会科学文献出版社,2013。
④ Богданов А. Н. Эволюционные формы христианской государственности: политико-правовой анализ: дис. ... канд. юрид. наук. Ростов-на-Дону. 2005. С. 5.

后，私有观念的缺乏，等等，因而需要有一个强有力的国家政权来进行统合，以维持秩序。普京在《千年之交的俄罗斯》一文中也如是强调国家在俄罗斯社会的作用。[①] 然而历史的实际情况并非如此，在俄罗斯早期的历史中，基辅罗斯时期与其说是一个君主制国家[②]，不如说是一个贵族共和国或商业共和国[③]。虽然它与当时的西欧诸国存在一些差别，但是这种差别并不是本质上的。因此在探讨俄国专制主义形成的过程中，除了外部原因，更重要的是考察它的内部原因。而在探讨内部原因的时候，历史学家往往聚焦于莫斯科公国以及绝对主义的形成和此后的演变，而且在这个问题上意见纷呈，争论不休。[④] 一些历史的乐观主义者，如当代历史学家鲍·米罗诺夫从法治演进的角度将俄国的政体演变划分为：17世纪的人民君主制、18世纪的贵族世袭专制、19世纪的合法君主制和等级君主制、1906~1917年的二元法治君主制[⑤]，并且认为俄罗斯通往法治国家的现代化进程本来可以按照历史的自然规律演进，但是十月革命中断了这一进程。[⑥]

从政体以及国家形式演变的角度来探讨国家权力结构以及专制主义的嬗变，对于俄罗斯现代化进程以及政治发展的研究确实具有重要意义，但是似乎还不足以说明俄国专制主义结构这种"万世一体"的绵延特性。这种结构姑且称为"权力的深层结构"。它具有很强的自适性，往往会在历史的过渡或关键时刻扭转历史的进程，使历史按照它原本的轨道发展。这并不是"例外状态"，而是在俄国历史中经常出现的状态。例如，由于留里克王朝绝嗣而导致的"混乱年代"延续了15年，外来势力的干涉以及两度僭主的短暂统治并没

---

① Владимир Путин. Россия на рубеже тысячелетий, Независимая газета. 30 декабря 1999 года.
② 〔俄〕奇斯佳科夫主编《俄罗斯国家与法的历史》（上卷），徐晓晴译，法律出版社，2014，第42页。
③ Гаман-Голутвина О. В. Политические элиты России：вехи исторической эволюции. М.：РОССПЭН，2006. С. 75.
④ 关于绝对主义的起源、成熟以及其划分等，中国学者对此进行了较为全面的梳理，参见周厚琴《俄国专制君主制起源与形成研究》，陕西师范大学博士论文，2014。
⑤ 〔俄〕鲍·米罗诺夫：《俄国社会史》（下册），张广翔等译，山东大学出版社，2006，第九章。
⑥ 〔俄〕鲍·米罗诺夫：《俄国社会史》（下册），张广翔等译，山东大学出版社，2006，第174页。

有改变此前莫斯科国家的发展惯性，米哈伊尔沙皇即使是由极具广泛代表性的缙绅会议推举出来的，他所拥有的专制权力较之以往有所削弱，但权力的专制属性并没有本质的改变，而且在彼得大帝时期发展到了顶峰。1917年的革命埋葬了沙皇专制政府。苏联解体为俄罗斯的政治转型铺平了道路，但最后仍然走向威权主义。理查德·萨克瓦通过一个"双态模型"来解释当前俄罗斯政治运行的制度特点，这个"双态"：一是宪政；一是处于规范之外的行政制度。宪政赋予了当代自由民主国家的规范价值观，政治的民主运行由政党、议会和代议制构成，受选举法和相关法律的制约；而处于规范之外的行政制度则具有很强的调适性和随意性。① 其实这种处于规范之外的行政制度正是"深层权力"运行的结果，它可以根据时势的需要，自由地逾越宪政的框架，从而造成国家权力的重心不在议会而在总统办公厅的现象。因此，仅仅以国家形式或者政体来判断俄罗斯的政治运行是不够的，还需要历史地探讨这种深层权力的生成。

俄罗斯学界喜欢用"最高权力"这一概念，但是在基辅罗斯时期，代表"最高权力"的大公或王公并不拥有无限的权力，其权力的使用受到严重的制约。英国政治历史学家芬纳在分析国家政体时采用了一个框架，以隐喻的方式提出四种政治力量——宫廷、教会、贵族和论坛——决定了政治的性质，宫廷指专制政治，教会指神权政治，贵族指精英政治，论坛指大众政治。这四种政治力量的结合又派生出其他形式。② 在基辅罗斯，相应的四种力量形成了一个政治运行的权力结构，即王公—贵族—教会—谓彻。利哈乔夫根据16～17世纪文献中的记载，即"伟大的国君提出，大贵族们做出决定"或"伟大的国君提出，而大贵族们没有做出决定"，得出"大公的权力是相对的"这个结论。③ 他还指出，古罗斯的王公每天一早就与由军人及平民组成的亲兵开会，经常召开王公"大会"；诺夫哥罗德、基辅、普斯科夫以及其他城市的人民参加谓彻；市政会议和宗教会议在莫斯科罗斯时期有着巨大作用。④ 这说明，罗

---

① Richard Sakwa, "The Dual State in Russia," *Post-Soviet Affairs*, 2010, Vol. 26, No. 3.
② 〔英〕芬纳：《统治史》，马百亮等译，华东师范大学出版社，2010。
③ 〔俄〕利哈乔夫：《俄罗斯思考》（上卷），杨晖、王大伟译，军事谊文出版社，2002，第30页。
④ 〔俄〕利哈乔夫：《俄罗斯思考》（上卷），杨晖、王大伟译，军事谊文出版社，2002，第29页。

第八章 俄罗斯政治思潮

斯的各个城市虽然并不一样,四种力量有强有弱,各有侧重,但它们的不同组合构成了一个总体性的平衡框架,保证了政治运作没有滑向王公一家独大的极化局面。

12世纪初,统一的基辅罗斯国家开始分裂成许多大大小小的公国,在这些国家中最为突出的是两个公国和两个共和国,即弗拉基米尔-苏兹达里公国、加利奇-沃伦公国、诺夫哥罗德共和国和普斯科夫共和国,它们分别代表了东北罗斯、西南罗斯和西北罗斯。从权力运行的特点看,虽然它们各有差异,但共同点仍然居多。在加利奇-沃伦公国的权力结构中,大贵族的作用比较突出。基辅衰落之后,加利奇-沃伦在某种意义上成为东西贸易的中心,其发展在一定程度上受到了邻国波兰和匈牙利的影响,贵族力量的崛起也与这两个国家地主阶级的发展类似。贵族常常自称拥有延请和废除王公的特权,而王权与之相比则是一种"姗姗来迟的、更表面的且受到严重制约的现象"[1]。在西北罗斯,诺夫哥罗德和普斯科夫是典型的商业共和国。诺夫哥罗德处于"瓦希之路"的水运线上,是罗斯通向欧洲的门户,商贸发达。在诺夫哥罗德的权力结构中,贵族和商人结成联盟,共同限制和反对王权,而作为市民大会的谓彻在其中作用突出。王公可能因不受欢迎而被市民驱逐,基辅大公派来的王公可能一开始就被拒绝,这样的情况在诺夫哥罗德经常发生。1102年,基辅大公斯维亚托波尔克安排儿子到诺夫哥罗德当王公,诺夫哥罗德派使者来到基辅,阻止了大公的任命。[2] 从1126年起,谓彻自行选举市政官,王公的权力形同虚设。1136年诺夫哥罗德人起义后,谓彻不仅选举市政官,还选举千人长和主教等,而王公只限于战时统帅军队。相比于诺夫哥罗德,普斯科夫的王权受限更多,谓彻的作用更大。东北罗斯的情况与上述两者有些不同,王公在权力结构中的地位明显突出。1157年,北方王公安德烈·鲍戈柳勃斯基成为基辅大公,但他违背传统拒不前往基辅就职,后来又将首都迁至苏兹达里城郊的弗拉基米尔,企图建立不受限制的专制政权,但他没有成功,而被刺杀。安德烈的弟弟大窝弗谢沃洛德被奉为王公后,打击贵族,加强王

---

[1] 〔美〕尼古拉·梁赞诺夫斯基、马克·斯坦伯格:《俄罗斯史》,杨烨等译,上海人民出版社,2007,第82~83页。
[2] 〔俄〕拉夫连季编《往年纪事》,朱寰、胡敦伟译,商务印书馆,2011,第200~201页。

权,但是13世纪上半叶,弗拉基米尔公国分裂为许多小公国,各自为政,相互倾轧。

从以上所述可以看出,尽管罗斯各个地区情况不一,但是权力结构基本上保持了相对的平衡。除了政治实践,俄罗斯早期的政治思想家也阐发了与这种权力结构和组织相适应的观点。例如,伊拉里昂虽然将作为最高权力的大公视为上帝的意志,但他明显倾心于君主制中的咨议方式,规劝大公根据这项原则安排权力。与他同样,《往年纪事》的作者推崇最高权力组织中的咨询原则,强调大公不应独自决断,而应召集侍从进行商讨。大公莫诺马赫在其《训诫书》等著作中阐述大公权力的范围及其组织形式、基督型国君的道德特点以及其与治下居民和王公的关系,同样强调咨议方式。丹尼尔·扎托奇尼克在俄历史上首次提出建立"杜马"即大公委员会的问题。

基辅罗斯时期的权力结构最终被鞑靼蒙古人彻底摧毁,"深层权力结构"由此逐渐生成。苏联历史学家格列科夫认为:"不研究俄罗斯人民曾与之进行英勇斗争的金帐汗国,就不能理解莫斯科中央集权国家的形成。"[1] 关于蒙古人对俄罗斯的影响和作用历来观点不一。[2] 20世纪初兴起的欧亚主义将蒙古人的统治视为一支正脉,强调俄罗斯对蒙古人的继承性,以此论证它在欧亚大陆统治的历史合法性。随着全球史的兴起,蒙元研究成为一门显学,也大都将蒙古人的征服视为全球史的开端。[3] 蒙古人"文治不输武功"的观点也时常见诸史论。例如一些学者认为,"在蒙古的统治之下,罗斯的文化发展神速",征税制度、户籍制度、行政机关,以及军事编制和战术等都采用蒙古模式[4];蒙古式道路是"一条最伟大的商路""促进了知识、观念和技术穿越长距离的大规模传播",培育了经济扩张,等等[5]。但是,被称为"鞑靼桎梏"的两个多

---

[1] 〔苏〕Б.Д.格列科夫、А.Ю.雅库博夫斯基:《金帐汗国兴衰史》,余大钧译,商务印书馆,1985,第6页。
[2] 关于蒙古人对俄罗斯的影响历来观点不一。可参见孙嵩霞《蒙古统治俄罗斯历史新论》,《俄罗斯东欧中亚研究》2016年第3期。
[3] 〔日〕冈田英弘:《世界史的诞生:蒙古帝国的文明意义》,陈心慧译,北京出版社,2016;〔美〕梅天穆:《世界历史上的蒙古征服》,马晓林、求芝蓉译,民主与建设出版社,2017。
[4] 〔日〕冈田英弘:《世界史的诞生:蒙古帝国的文明意义》,陈心慧译,北京出版社,2016,第171页。
[5] 〔美〕简·伯班克、弗雷德里克·库珀:《世界帝国史:权力与差异政治》,柴彬译,商务印书馆,2017,第96~100页。

世纪的蒙古统治,对俄罗斯国家影响最至为深远的是在政治方面。

有学者指出,蒙古人的征服对俄罗斯政治的影响不在于八思哈制度的推行,也不在于对俄罗斯的严厉控制和榨取,最为根本之处在于其塑造了权力的"暴力模式",而且以此模式驯服罗斯王公,摧毁了此前的政治权力结构,从而形成了俄罗斯"奴化"的政治心理。论者通常认为,俄罗斯和欧洲其他国家之间最突出也是最重要的不同之处在于它没有"法律制约性",由于没有封建制度,也就没能将契约性引入统治者和被统治者的关系中。[①] 这种"法律制约性"以及"契约性"在"暴力模式"下更不可能得以建立。在蒙古人到来前,东北罗斯的"暴力模式"虽然开始显现,但实力基础限制了它的全面展开,而且政治文化和心理结构也没有彻底改变,依然存留着基辅罗斯古制的影响。12世纪,弗拉基米尔大公安德烈·鲍戈柳勃斯基曾经企图改变俄罗斯的国家政治制度,通过"暴力模式"拥有不受限制的权力,但他还缺乏展开"暴力模式"的实力,结果被谋杀。大窝弗谢沃洛德较其兄更进一步,完全置以前的顺序制于不顾,以武力兼并其他公国的领地。例如,在梁赞市民不同意其子做梁赞王公的情况下,下令焚毁梁赞,并将其领土归入弗拉基米尔大公国。但是这种情况还没有全面铺开,只有在蒙古人征服俄罗斯之后,"暴力模式"才得以全面展开。

蒙古人在征服俄罗斯之后并没有实行直接统治,而是通过罗斯王公实行间接统治。分裂割据的罗斯虽然有利于蒙古人的征服,但并不有利于蒙古人的统治,所以蒙古人通过册封大公的方式在俄罗斯建立了一个相对集中的政权以维护秩序,为汗国征集贡品,要求各王公服从大公的领导。这种服从是以"暴力模式"作为基础的,而且蒙古人为这种模式的实施提供了实力基础。1245年,切尔尼戈夫王公米哈伊尔因不屈服于弗拉基米尔大公,被拔都杀害于汗国的首都萨莱。弗拉基米尔大公即后来被尊奉为俄罗斯民族英雄的亚历山大·涅夫斯基,借助蒙古军队的力量残酷镇压了所有反抗蒙古人掠夺的民众。这种"暴力模式"对基辅罗斯的政治结构也是致命的。因为民众都会反对蒙古人的榨取,表达民意的谓彻等机制自然不利于蒙古人的统治,所以废除这些机制不

---

① 〔英〕芬纳:《统治史》(第三卷),马百亮译,华东师范大学出版社,2014,第375页。

仅合乎此前王公集中权力的需要，也合乎汗国的利益。到 13 世纪下半叶，除了西北罗斯如诺夫哥罗德和普斯科夫之外，其他地方的谓彻基本上被荡平。除了谓彻，教会的权力也被归附于王公之下。德米特里·顿斯科伊拒绝君士坦丁堡派来的全俄都主教基普里安，因为他需要的是臣服于自己的都主教。至于贵族，也失去了原来的"王公—亲兵"性质，而变成了"君主—臣仆"关系。在"暴力模式"推进过程中，为了独占统治权力，一种自然选择的过程被启动，最奴颜婢膝和最专制暴虐的王公成为力量最强的王公①，"正是在这场卑鄙无耻的角逐中，莫斯科这一支最终赢得了这次竞赛"②。

关于蒙古人统治之后俄罗斯的发展道路，论者常认为存在两种模式的竞争，即莫斯科模式和诺夫哥罗德模式的竞争。如果诺夫哥罗德模式获得主导地位，则俄罗斯有可能走上民主发展的道路。这种看法在理论上是成立的，但是在历史中是无法实现的。经历了蒙古人的统治之后，"暴力模式"已经得到强化，而且在此过程中积蓄了应有的实力和资源，这是诺夫哥罗德模式所无法具备的。

蒙古人的"暴力模式"为俄罗斯塑造了一种"深层权力结构"，这种结构可以通过俄罗斯政治学家皮沃瓦洛夫等人构建的"俄罗斯系统"③得到深入理解。这个系统有三个组成部分：一是权力（大写的权力）；二是"居民"，指的是历史上具有主体特征但后来失去了主体特征的居民，其主体性在权力的正常运作中是被否定的；三是"多余的人"，他们可以是个体，如 19 世纪至 20 世纪初的部分贵族，也可以是集体，如 17 世纪的哥萨克，他们没有被权力"磨碎"，因此既没有成为权力的有机体，也从"居民"中"滑落"出来，成为边缘角色。这个系统决定了在三者的互动模式中，权力是唯一的主体，其原则就是：权力就是一切，居民微不足道。"暴力模式"最充分地体现在彼得大帝时期，这也是历史学家通常认为绝对主义在俄国定型的时期。彼得大帝在

---

① 〔美〕理查德·派普斯：《财产论》，蒋琳琦译，经济科学出版社，2003，第 204 页。
② 《马克思恩格斯全集》第 44 卷，人民出版社，1982，第 310 页。
③ Пивоваров Ю. С, Фурсов А. И. «Русская Система» как попытка понимания русской истории, Полис. 2001. No. 4; Пивоваров Ю. С. Об исторической специфике русской власти/Российская политическая наука: идеи, концепции, методы (под общ. ред. О. Гаман-Голутвиной) . М. : Аспект пресс, 2015.

1716年颁布的《陆军条例》中规定："陛下乃至高无上的君主，其行为无须对世上任何人负责。作为一位基督教国王，他可以根据自己的意志和判断治理国家。"① 事实上，作为最高权力的沙皇成为唯一的主体，确实不受任何形式的外来约束：贵族地主匍匐在沙皇的脚下；教会失去独立性，接受官僚机构的管理；城市的力量无足轻重，人民起义被强力镇压，从来没有构成真正的威胁。

正如马克思所指出的："蒙古鞑靼人建立了以破坏和大屠杀为其制度的一整套恐怖统治。……不仅压迫了，而且凌辱和摧残了成为其牺牲品的人民的心灵。"② 在"暴力模式"基础上形成的"深层权力结构"不仅仅是在以合法化的国家暴力下采取强制性措施，更重要的是在政治心理和社会意识中强化"秩序"和"铁腕"观念，这种观念在蒙古人之后逐渐内化为俄罗斯的民族心理。尽管俄国历史上作为"最高权力"的君主，其资质、能力、性格各有不同，其拥有的实质权力也不尽相同，而且时有更迭，但在俄罗斯的历史长河中这可能并不重要。在民众呼唤"铁腕"和"强人"的情况下，"庸君"之后自有"明君"。

三　作为正统性的"国家性"

俄罗斯在历史上一直面向外来文化，学习和借鉴外来文化。可以说，俄罗斯自身文化的发展离不开外来文化，对外来文化的吸取在很大程度上促进了俄罗斯特色文化的生成。③而构成"国家性"的正统性亦源自外部。其一，作为国家存在，20世纪初期之前俄罗斯的千年历史经历了留里克王朝和罗曼诺夫王朝，这两个王朝的延续有其相承性。④ 君主制王朝的基础在于它是世袭的，因此世袭的正统性是王朝延续的理由。对于俄罗斯来说，有关国家的起源问题

---

① 转引自〔英〕芬纳《统治史》（第三卷），马百亮译，华东师范大学出版社，2014，第309~310页。
② 《马克思恩格斯全集》第44卷，人民出版社，1982，第309~310页。
③ Успенский Б. А. Царь и патриарх: харизма власти в России（Византийская модель и ее русское переосмысление）. М.: Школа «Языки русской культуры», 1998. С. 5.
④ 1598年沙皇费奥多尔去世，留里克王朝因绝嗣而终结，从而引发了15年的国家动荡（"混乱年代"），最后由缙绅会议选举米哈伊尔·罗曼诺夫为沙皇，开启了罗曼诺夫王朝。米哈伊尔并非正系，推举他上位的因素很多，但其中一个重要原因是，伊凡四世的皇后阿纳斯塔西娅是他的姑祖母，他以外戚身份勉强接续了留里克王朝的血脉。此后罗曼诺夫王朝亦多次出现类似的情况。

一直纠缠至今，但是一开始主要的关注点不是"怎样"建立国家，也不是建立了"什么样"的国家，而是"谁"建立了俄罗斯国家。其二，构成俄罗斯国家的"神性"因素毫无疑问地来自拜占庭，东正教的引入决定了俄罗斯民族的精神特质，也决定了国家的内在性格和外在气质。作为教会和国家权力象征的"牧首"和"沙皇"称号均来自拜占庭，它们在进入俄罗斯后都得到了一定程度的"改装"，为最高权力的合法性奠定了基础。

在述及正统性的时候，不能不注意到俄国历史上的一个独特现象：几乎所有大型的暴动或起义都是在"正统性"的旗帜下发动的。"混乱时期"的僭主格里高利以伊凡雷帝被杀的幼子德米特里为名而登上皇位，史称伪德米特里一世；在他死后又出现了伪德米特里二世。斯捷潘·拉辛起义时表明不是为了对抗皇室，而是反对波雅尔和贵族，并宣称早已死去的皇太子阿列克谢和被废黜的尼康牧首就在自己的队伍中。普加乔夫冒充彼得三世发动起义，为了表明他是真正的沙皇，他不仅展示沙皇的标志，还编造了自己死里逃生、隐姓埋名的故事。在叶卡捷琳娜二世统治期间，冒充彼得三世者达20余人。[①] 对于这种现象，俄国保守主义者列昂季耶夫说："以僭称沙皇发动的暴乱足以证明我们世袭沙皇制的特殊生命力和力量。……暴动者的心灵中也蕴含着深刻的保守思想。"[②]

如果说，以留里克率瓦兰人入主俄罗斯大地并建立国家的诺曼论为俄罗斯的王朝世袭、君主统治提供了正统性的话，那么基督教从拜占庭的引入则赋予了俄罗斯国家及君主统治绵延的"神圣性"。利哈乔夫认为，如果不算俄罗斯本身的民间和多神教文化，那么斯堪的纳维亚和拜占庭这两种完全不同的影响越过东欧平原多民族的辽阔地域而来，在创造罗斯文化方面有着决定性的意义——是南方和北方，而不是东方和西方，是拜占庭和斯堪的纳维亚，而不是亚洲和欧洲；斯堪的纳维亚赋予罗斯以军队亲兵结构，拜占庭文化则赋予罗斯以基督教宗教性质。[③]

---

① 转引自孙成木等《俄国通史简编》（上册），人民出版社，1986，第336页。
② Леонтьев К. Н. Восток, Россия и славянство. Том 1. Москва, 1885. С. 101.
③ 〔俄〕利哈乔夫：《俄罗斯思考》（上），杨晖、王大伟译，军事谊文出版社，2002，第32~33页。

第八章　俄罗斯政治思潮

基督教传入俄罗斯并成为国家宗教，与当时罗斯同拜占庭的联系有着密切的关系。历史记载，从 9 世纪初开始，东斯拉夫人就不断地进攻拜占庭。860 年罗斯人兵临君士坦丁堡城下，罗斯和拜占庭签订了第一个条约。① 此后罗斯数度远征君士坦丁堡，与拜占庭签订了一系列条约。但是在君士坦丁堡陷落之前，俄罗斯不论是政治实力还是宗教影响力均很微弱，正统性的转移和继承还要经过一个多世纪的历程。在奉留里克一系为俄罗斯君主统治的正脉之外，16 世纪的莫斯科大公国又从拜占庭引入大量加强国家和权力合法性的资源，这被克柳切夫斯基认为是莫斯科君主"政治意识提高"的结果。② 摆脱蒙古桎梏以后，莫斯科数代君主致力于俄罗斯国家的统一，一个大国即将呈现在欧洲的东部。莫斯科君主"意识到自己处于新的地位……因此在国内外探索着同这种地位相适应的形式"，以"明确自己的新的作用"。③

事实上，君士坦丁堡陷落后莫斯科与君士坦丁堡在很长一段时间里中断了联系。为了成为"第三罗马"，必须要有自己的"沙皇"或"皇帝"（俄罗斯称拜占庭皇帝为"沙皇"），必须要有自己的牧首。④ 俄罗斯一方面求诸拜占庭的传统，另一方面是以自己对神权国家的想象来构建意识形态，只是借用拜占庭的传统概念对"沙皇"和"牧首"的权力进行了魅化。⑤ 1547 年，伊凡四世加冕成为俄罗斯第一位沙皇，这是莫斯科大公权力合法性的一个重要界标。在费奥多尔执政时期，莫斯科国家的实权操纵者鲍里斯·戈都诺夫巧妙地利用了当时的局势，最终使君士坦丁堡同意莫斯科设立独立牧首区。1589 年，都主教约夫（Иов）成为俄罗斯首任牧首，并得到君士坦丁堡牧首的祝福。

---

① 这个条约没有流传下来，但是 911 年 9 月 2 日奥列格王公与拜占庭帝国签订的条约提到了这个条约的存在。Будовниц И. У. Общественно-политическая мысль Древней Руси（XI-XIV вв.）. М，1960. C. 65.
② 〔俄〕克柳切夫斯基：《俄国史教程》第二卷，贾宗谊、张开译，商务印书馆，1997，第 119 页。
③ 〔俄〕克柳切夫斯基：《俄国史教程》第二卷，贾宗谊、张开译，商务印书馆，1997，第 120 页。
④ 1448 年，俄罗斯正教会自行召开主教会议，选举俄罗斯人梁赞主教约纳为莫斯科和全罗斯都主教。这是俄罗斯正教会事实上独立自主的开始。
⑤ См.：Успенский Б. А. Царь и патриарх: харизма власти в России（Византийская моде ль и ее русское переосмысление）.

经过这一系列的构建和努力，世俗的权力与教会的权力在俄罗斯完成了它们自拜占庭转移至俄罗斯的"神性"正统化过程，与君主制的世袭正统性合二为一。因此，列昂季耶夫声称，俄罗斯有三种强大的东西，除了村社的"米尔"之外，就是拜占庭的东正教和不受限制的世袭君主专制。①

在新俄罗斯的国家建构中，现代"国家性"理念得以提出并集中体现在苏联解体的过程中。叶利钦在回忆签署"别洛韦日协议"时写道："新的国家性理念不是在今天诞生的，也不是在我或者舒什克维奇和克拉夫丘克的头脑中形成的。"② 他强调，签订"别洛韦日协议"让俄罗斯走上了一条新的道路："俄罗斯选择了新的全球战略，摒弃了'半个世界统治者'的传统形象，不再与西方文明进行军事对抗，也不再充当解决民族问题的宪兵角色。"③ 由此可见，新俄罗斯决定放弃"帝国"，作为与乌克兰和白俄罗斯等苏联加盟共和国平等的新型"主权国家"向民族国家转变，这种"主权国家"理念也是"别洛韦日协议"的基础。此后，叶利钦多次强调这种现代"国家性"。1994年他在国情咨文中提出"巩固俄罗斯国家"的任务④；1995年在独立日庆祝会上强调俄罗斯的主权国家地位是人民赋予的，俄的政治架构是新宪法确定的。

总之，自19世纪以来，关于"俄国特殊论"和"俄国特殊道路"问题的讨论就已经展开，并且一直延续至今。20世纪90年代俄罗斯学界出现了大量关于这种特殊性的历史隐喻，如 В. Б. 帕斯图霍夫的"俄罗斯基因"、А. Л. 诺夫的"伊凡雷帝阴影"、А. А. 奥赞的"俄罗斯之轨"、Ю. С. 皮沃瓦洛夫的"俄罗斯系统"等。⑤ 这些隐喻旨在揭示俄罗斯在现代性发展过程中难以克服的历史依赖，这种依赖是制度性的，更是精神性的。俄罗斯的"国家性"亦是如此，简单而又深层的权力结构、绵延持久的正统观念、散发"神性"光

---

① Леонтьев К. Н. Восток, Россия и славянство. Том 1. С. 98.
② 〔俄〕叶利钦：《总统笔记》，李垂发等译，东方出版社，1995，第131页。
③ 〔俄〕叶利钦：《总统笔记》，李垂发等译，东方出版社，1995，第132页。
④ Об укреплении российского государства. Послание президента РФ федеральному собранию, Российская газета. 25 февраля 1994 г..
⑤ Лубский А. В. Концепт русская власть: метафорические возможности интеллектуаль-ного дискурса, Политическая концептология. 2010. No. 2.

芒的宗教意识形态构成了一个特殊的"三位一体"。在这个"三位一体"结构中，权力始终处于核心地位，而正统观念和意识形态作为其精神支撑以及合法性工具则必不可少。缺乏理念和意识形态的权力不能长久，以"暴力模式"为基础的蒙古人的统治就是一个例证；而缺乏权力支撑的正统性和意识形态是不坚固的，同样不能持久。因此可以说，俄罗斯的统治者利用瓦兰人建国这个久远绵延的叙事作为其世袭的正统性，从蒙古人那里学习并继承了深层权力的运作模式，从拜占庭那里获得了宏大的意识形态和理念，通过这个"三位一体"的"国家性"牢牢地控制着这个疆域辽阔的国家。苏联解体之后，经过30年的发展，俄罗斯重新回归被历史主义和传统主义所覆盖的传统"国家性"。从历史上看，俄罗斯不断地在特殊主义与普遍主义之间徘徊，显示出一种周期性和钟摆性。

结　论

2021年是苏联解体30年，也是俄罗斯联邦作为国际法主体登上国际舞台30年。转型以来，俄罗斯政治发展的显著特点是："单一中心政治权力"在与社会的互动中得以重建且不断固化，对经济活动和社会生活的控制不断强化，政治发展呈现出相当强的连续性。俄罗斯目前的单一中心政治权力模式及其与社会的"管制型"互动模式能够满足大资本和依赖国家的多数民众的诉求，国家主义与父爱主义相互建构、相互强化，但与俄罗斯社会存在的变革诉求存在明显张力。从绩效角度，单一中心政治权力及其与社会的"管制型"关系足以维持政治社会稳定，却一直未能解决发展问题。政治发展连续性的经济社会后果就是不发展或者发展缺失，这也是俄罗斯政治发展的另一个鲜明特点，同时也是俄罗斯当下和未来一个时期面临的最大风险。

1991年苏联解体，俄罗斯联邦继承了苏联的核武库以及联合国安理会常任理事国地位，作为国际法主体登上国际舞台，在相对较短时间内完成制度转型，其标志是1993年通过的《俄罗斯联邦宪法》及其设定的一套完整的基本政治经济制度。俄罗斯此后的发展是在这一新制度框架内进行的。

政治发展作为政治学概念和研究范畴是西方学者首先提出来的，最初主要以发展中国家为研究对象，发端于20世纪40年代，兴盛于20世纪六七十年代中期。政治发展研究的背景是：第二次世界大战之后，亚非拉地区许多殖民地获得独立，建立了自己的民族国家；新兴国家在建国过程中，遇到政治、经济、社会等方面的诸多难题，步履艰难，内乱频发，遭遇前所未有的政治困境。政治发展理论应运而生,旨在对新兴国家在国家构建过程中遇到的种种问题进行研究。①

中国学者对政治发展概念进行了拓展,如燕继荣、曾庆捷、杨光斌、杨龙以及陈鸿瑜等,分别从不同角度论述了政治发展研究的理论架构、研究方法以及研究命题。② 其中陈鸿瑜认为,政治发展的概念可以界定为一个政治系统在历史演进过程中,其结构渐趋于分化,组织渐趋于制度化,人民的动员参与支持渐趋于增强,社会渐趋于平等,政治系统的执行能力也随之加强,并能度过转变期的危机,使政治系统之发展过程构成一种连续现象。③ 在这里,政治发展被理解为一个逐步完善的连续的过程,并且总体上是趋于理性和良性的。

我们认为,对政治发展这样一个政治学研究当中广为人知、约定俗成的重要概念完全可以继续使用。当然,需要先对"发展"和"政治发展"这两个概念的内涵进行澄清并在新的基础上赋予其新内涵。

《辞海》对发展的定义是:事物由小到大、由简到繁、由低级到高级、由旧质到新质的上升变化过程。④ 显而易见,这里对"发展"的理解蕴含着显著的价值判断,即认为发展有着积极的、正面的含义。作为哲学范畴,这种含义完全是恰当的。但是,当我们将这个概念不加批判地直接应用于政治学研究时,其中隐含的价值判断便变得不可避免,这意味着政治发展应该是积极的、向前的、向上的,政治发展本身蕴含着某种"善"。

问题在于,当我们讨论特定政治体的变迁过程时,将其"发展"理解为从低级到高级、从简单到复杂,进而趋于完善这样一个线性过程在多大程度上能符合实际?从经验角度来观察,许多政治体的发展都不具备这种线性特征。在政治实践中,发展本身是复杂的、远离平衡态的、非线性的,其结果是非决

---

① 关于政治发展理论的沿革与演进,燕继荣、曾庆捷、杨光斌、杨龙、陈鸿瑜等人都有专门论述。
② 燕继荣主编《发展政治学:政治发展研究的概念与理论》,北京大学出版社,2006;曾庆捷:《发展政治学》,复旦大学出版社,2018;杨光斌:《制度的形式与国家的兴衰:比较政治发展的理论与经验研究》,北京大学出版社,2005;杨龙等:《发展政治学》,高等教育出版社,2006;陈鸿瑜:《政治发展理论》,吉林出版集团有限责任公司,2008。
③ 陈鸿瑜:《政治发展理论》,吉林出版集团有限责任公司,2008,第26~27页。
④ 夏征农、陈至立主编《辞海》(第6版),上海辞书出版社,2009,第550页。

定论的，可能有多个面向。

进而言之，可以参考演化生物学的基本理论，将政治系统看作一个远离平衡态的非线性系统，其演进的路径是一个具有多个分岔点的"树状结构"（而不是一条直线），系统就在这些分岔点上对这些可替换的、概率相同的道路进行选择。哪条道路被选择是不可预测的，因而结果是非决定论的。[①] 如果我们将政治系统理解为一个自组织的演化系统，那么它的发展就是按照一种不连续的机制运行的，是在一个不可逆的时间尺度中发生的。政治系统的稳定是在运动变化中创生出来的，且永远与导向混沌无序的衰败相伴随。而产生突变的内因是政治系统的功能失调、结构失衡、权力失控等多种因素共同作用。同时，产生突变的外因普遍存在，并且政治系统的整体特征也十分重要。

有鉴于此，本文尝试提出一个新定义：政治发展指的是特定政治体之内政治权力与社会之间的互动过程，互动的内涵涉及多个方面。在这个过程中，政治权力的组织和运行方式与社会及其结构相互塑造、相互建构，并且这种互动方式是非线性的，其结果是非决定论的，因而可能呈现多个面向：既可以表现为连续性的持续互动（不一定是稳定的），也可能表现为不连续性的政治衰败和发展中断。苏联解体就是发展中断的例证。

再进一步，我们甚至可以假设政治权力与社会之间的互动存在两种可能的方式："管制型"和"合作型"。所谓管制型，指的是"全知全能"的政治权力生成发展的动力，发出信号，动员资源，灌输给社会，并要求社会无条件遵循，是自上而下的"单行线"，且不接受反馈或者反馈渠道是"虚设"的。政治系统是在官僚系统之内封闭运行的。社会获得的有关知识是经过筛选的、片面的、有导向性的。管制型的要义是灌输、管制与内在的紧张和互不信任。所谓合作型，不一定是自觉自愿的，而是政治权力的运行受到社会的制约，不得不公开运行。社会有能力以及有条件将自己的诉求传达给政治权力并将其变成政策和法律，双方的互动是上下相通的"双行线"。合作型的要义是协商与妥

---

① 〔德〕弗里德里希·克拉默：《混沌与秩序：生物系统的复杂结构》，柯志扬、吴彤译，上海科技教育出版社，2010，第133~135页。

协以及有条件的信任。

此外，我们尝试着以简化的方式来描述和展示政治权力与社会互动所表现出的连续性与不连续性的内涵及其结果（见表1）。

表1 政治权力与社会的互动：连续性与不连续性

面向	内涵	结果	说明
连续性	政治权力与社会互动过程中的矛盾和冲突在既定制度框架内得到解决	政治体系的持续运行	表现为政治稳定
不连续性	政治权力与社会互动过程中的矛盾和冲突引发人事和政策路线调整、领导人个人偏好改变、政权更替等	政治体系的基本前提、框架、人事、政策路线及领导人个人偏好等发生改变，引发政治危机，政治体系在"分岔点"脱离原有轨道	既可能导向连续性即政治稳定，也可能导向衰败甚至发展中断
发展中断	系统内部的矛盾和冲突无法得到解决	政治体系崩溃	如苏联解体

资料来源：笔者根据资料自制。

在现实政治中，政治体系很少能够在较长时间范围内保持不变。多数情况下，政治权力与社会在互动过程中会产生矛盾和冲突，如果这些矛盾和冲突能够在既定框架内得到解决，并且解决方式是基于某种共识，其结果大体上被社会接纳，那么政治体系的运转就会获得连续性。然而，不连续性的情形对理解政治发展更为重要。这里可能出现两种情况：一种是矛盾和冲突暂时得到缓解，但以隐性方式继续存在，政治体系的运转在表面上获得连续性；另一种则是矛盾和冲突未能得到解决，或者解决方案是政治权力强加于社会的，这意味着矛盾和问题不断累积，政治体系变得越来越不堪重负，危机不断，有可能发生政策路线的改变、人事变动甚至政权更替等，并在极端情况下导致发展中断。应该说，发展中断属于极端情况。在大多数情况下，政治体系在其内部矛盾与冲突解决的过程中不断演化，不连续性使其在关键的转折点选择新的发展方向，并且随着时间的推移，政治体系的基本前提与内涵有可能发生翻天覆地的变化，但形式上依然大体保持原有的框架。

需要特别指出的是，政治权力与社会互动的内涵正是特定政治体内部政治生活的全部内涵，并归结为国家治理的绩效，涉及合法性、政治参与、政治动员、权力和资源的分配以及运用等。

总之，政治发展被从一般进化意义上加以理解，被看作一个动态和演进的过程，而不是所谓的从低级到高级、从简单到复杂的线性特征，其结果也因此呈现多个面向：连续性、不连续性（衰败与停滞）及发展中断等。这里对影响政治发展的外部因素以及政治体的整体特征等重要问题存而不论，而是从一个全新的政治发展概念出发，从政治权力与社会的互动方式角度研究和分析俄罗斯在新制度框架下的政治发展，并在此基础上讨论治理绩效及政治制度的发展前景。

苏联解体之后，俄罗斯首先需要确立新的政治制度、组织政治权力，也就是进行政治治理。在这个过程当中，政治权力与社会及其结构之间相互建构，政治权力获得合法性以及相应的社会基础，社会则通过政治参与、政治动员与政治权力发生互动。因此，讨论俄罗斯新制度条件下的政治发展，必须首先探讨政治权力及其来源与性质、组织方式、运行方式等特点，然后才能涉及绩效问题。

（一）俄罗斯政治权力的类型：单一中心政治权力

俄罗斯新政治制度的确立首先是新的政治力量构建政治权力的过程和结果。因而新制度框架下政治权力的性质，也是观察新的历史条件下俄政治发展的视角。

这里涉及俄罗斯新制度的初始条件。从政治精英来源的角度看，1993年之时俄罗斯新的政治精英来自旧体制内部，其人际关系网络也是在旧体制时期建立起来的，在权力体系运行乃至国家治理方面具有相当丰富的经验。俄罗斯与东欧国家在政治转型方面最显著的区别就在于：新的掌权者并不是原来的反对派（持不同政见者），而是来自原体制内部。

苏联解体实际上是苏联政权内部一部分人从上层发动的一次"成功的革命"。这也是我们在讨论俄罗斯政治转型问题时必须考虑的"语境"和出发点。安·利亚波夫认为，西方发达国家的精英阶层内部存在相对清晰的分殊，即政治精英、管理精英、媒体精英、军队精英和商业精英。相比较而言，后苏

结　论

联空间国家的精英缺乏类似的分殊，因为他们均是从官僚精英脱胎而来。[1]

当然，从时序角度看，从1991年苏联解体到1993年通过《俄罗斯联邦宪法》，其间经历了十分激烈的政治斗争。1993年《俄罗斯联邦宪法》在制定过程中参考了美国、法国等国家的宪法，虽然从权力分配角度设计了行政、立法与司法三权分立，但实际上却构建出被称为"超级总统制"的权力结构，即总统地位超然于三权之上，几乎等于一个单独的权力分支。因此，可以发现，通过1993年宪法的制度设计与制度安排，俄罗斯基本上重构了一个以"超级总统制"为核心内容的"单一中心政治权力"模式。

这里所谓的"单一中心政治权力"，或者政治权力的单一来源及其独占性是与欧洲诸国相比较而言的，同时也是俄罗斯与欧洲相比大异其趣的根本所在。以西欧国家为例，在现代国家构建完成之前的中世纪，有代表政治权力的国王，有代表神权的罗马教廷，有代表经济权力的商人，有掌握武力的骑士，有掌握土地资源的贵族。如此，国王、贵族、教士、商人构成多个权力中心，彼此之间有竞争有斗争，同时也有谈判与妥协，总之，权力中心的多元性是客观存在的。[2]

对俄罗斯而言，这样一个单一中心政治权力的制度安排具有特定的历史逻辑。根据历史记载，公元862年，诺夫哥罗德贵族决定邀请留里克担任大公。原因是诺夫哥罗德以及邻近地区的俄罗斯人无法就从内部推举统治者达成妥协与共识，因为大家的立场是一样的——"舍我其谁"，因此最终决定邀请一直劫掠俄国人的北欧海盗来做统治者。一方面，此人与当地人之间没有利益关联；另一方面，留里克兄弟作为统治者会将劫掠所得留在当地。[3] 从一定意义上讲，诺夫哥罗德的俄罗斯人邀请留里克兄弟做大公是一个完全理性的"两害相权取其轻"的选择。

事实上，这个故事与奥尔森的国家观[4]（"常驻的匪帮"与"流寇"）有

---

[1] Andrei Riabov, "The Post-Soviet States: A Shortage of Development in a Context of Political and Economic Diversity," *Russian Political and Law*, Vol. 52, No. 2, March-April 2014.
[2] 朱天飚：《比较政治经济学》，北京大学出版社，2006，第22~23页。
[3] Кагарлицкий Б. Ю., Сергеев В. Н. История России: миросистемный анализ. Изд. Стреотип. М.: ЛЕНАНД, 2021. С. 36.
[4] 王正绪、耿曙、唐世平主编《比较政治学》，复旦大学出版社，2021，第23页。

相当高的契合度。奥尔森认为国家的本质是掠夺性的（而非为了善或者正义），但有的匪帮是流寇，其手段是烧杀劫掠，一次性获得最多的战利品；而"常驻的匪帮"则会选择收取最大化的保护费（税收），并保护人民不受其他匪帮劫掠，从而成了国家。

俄学者将俄罗斯政治权力的单一中心特征概括为政治权力的综摄性，即权力与资产一体、知识与评价一体、神圣俄罗斯与国家和人民一体。[①] 就其性质而言，单一中心政治权力天然地排斥政治竞争，无论竞争来自宗教权力、经济权力（资本）还是地方势力。由此可知，单一中心政治权力是俄罗斯政治发展中最为显著的特点，因而我们要探讨的也是单一中心政治权力与社会之间的互动。

（二）政治权力与社会的互动

30 年来，单一中心政治权力模式的恢复和重建及其强化构成了俄罗斯政治发展的主线和基本内容。主要涉及政治权力与资本、教会、地方势力、大众传媒和社会的互动以及前者对后者的控制与操纵。

1. 政治权力与资本

1993 年新的政治制度确立之后，俄罗斯面临的重要任务就是要在最短时间内重构社会经济基础，而大规模私有化则是这个过程的主要内容。俄私有化过程十分复杂，而私有化的结果则是政治和经济资源以及对资源分配权的高度垄断（集中）。[②]

俄罗斯的私有化在 1996 年前后达到高潮，新的寡头势力迅速形成并成为左右政治局势的关键因素。在 1996 年总统大选的关键时刻，寡头势力展示了自己的力量。而 2000 年之后打击寡头势力的结果是，俄罗斯大型私人企业继续获得国家支持，作为交换，他们不能支持任何未经官方允许的反对派力量，同时要积极支持政府主导的经济社会项目。有研究显示，除 20 世纪 90 年代崛起的"旧寡头"之外，俄罗斯又出现了一批新寡头，其与政治权力中心的关系更为密切，获得政治支持的途径更为直接，同时对政治权力的依附程度更

---

① См.: Яковенко И. Г. Россия и модернизация в 1990－е годы и последующий период: социально-культурное измерение. М.: Новые знания, 2014. С. 8.
② Макаренко Б. Рамки развития политической системы. Proet Contra. 2012. No. 4-5.

结　论

高。当然，在实证意义上，俄罗斯政治权力与资本的关系是十分复杂的，但无论如何，政治权力实现了对资本力量的"驯服"，这是不争的事实。

因此，苏联解体和新制度"植入"的结果并不是形成了某种混合体制，而是形成一种被称为"后苏联资本主义"的体制。其根本特点是权力和资本相互贯通并且高度集中在少数相同的精英手里。事实上，新出现的是一个单一的"权力—资产"的制度安排。而"权力"和"资产"的掌管者就是国家官僚。①

2. 政治权力与东正教会

20 世纪 90 年代，俄罗斯当局对宗教尤其是东正教采取放任自流的政策。为弥补东正教会在苏联时期受到的损失，俄罗斯政府甚至为其特批某些特种商品的进口配额，东正教会则借此与商人合作，获得可观收入。② 自 2000 年起，俄罗斯当局不断发出信号，东正教会才是真正的俄罗斯教会且受到国家的支持，国家领导人也多次出席重要的宗教节庆活动。也就是在这个时候，绝大多数普通人才开始意识到自己的东正教徒身份。2000 年以来，东正教被逐步作为国教，国家与宗教的紧密一体使俄罗斯社会回到斯大林时期那种明晰的局面：一个上帝、一个真理、一个神性权力。

3. 政治权力与地方势力

在苏联解体之前地方与联盟中央争夺权力的过程中，叶利钦面对地方实力派做出的承诺是"能消化多少主权就拿走多少主权"，以此作为换取地方实力派支持的条件。在 1993 年宪法框架下的制度设计中，俄罗斯联邦会议上院，即联邦委员会由地方行政长官和立法机构首脑组成，许多联邦主体尤其是民族自治区都通过了自己的宪法，明确宣示自己的主权，经直选产生的地方行政长官往往有实力和底气与叶利钦一争长短。后续的发展是众所周知的。"别斯兰人质事件"之后，俄罗斯大幅度调整了中央与地方的关系，最新的进展是恢复了地方行政长官的直选，但候选人往往由联邦中央"空降"，且大部分候选

---

① Andrei Riabov, "The Post-Soviet States: A Shortage of Development in a Context of Political and Economic Diversity".
② Яковенко И. Г. Россия и модернизация в 1990-е годы и последующий период: социально-культурное измерение. С. 21.

411

人为技术官僚，不再具备政治影响力。因此，俄罗斯宪法确定的联邦制往往被看作事实上的单一制，不无道理。笔者曾数次到访俄罗斯萨哈（雅库特）共和国，了解到的情况是：联邦中央政府派驻地方的人员多于当地政府的雇员。

4. 政治权力与大众传媒

值得说明的还有政治权力对媒体的控制，其中主要是控制电视媒体，通过电视对社会舆论进行塑造、引导与操纵。一般而言，俄罗斯民众对特定国家的态度与电视的传播导向之间存在较为显著的关联性。其中的关键在于，电视的受众群体主要是年长一代，而电视的受众与民意测验的受访者群体之间有一定的重合。与此同时，这部分群体也是活跃的选民。因此，通过电视影响社会舆论并进行选举之前的政治动员，对当局而言具有十分重要的政治意义。

5. 政治权力与社会结构、社会意识和政党格局

俄罗斯学者娜塔莉亚·祖巴列维奇根据2011~2012年选举投票结果显示出的不同地区选民的投票行为，将俄罗斯分为四个类型，提出所谓"四个俄罗斯"概念。[①]"第一俄罗斯"指的是12个百万以上人口的大城市加上2个人口接近百万的城市，占全俄总人口的21%。近20年来，这14个城市中除四五个城市之外居民就业结构都发生了变化，"白领"比例大大高出"蓝领"。俄罗斯的中产阶级和网民主要集中在这些大城市。"第二俄罗斯"指的是中小工业城市（人口从2万~3万到30万~50万，最多到70万人，约占全俄总人口的35%）。这里的居民依然保持着苏联生活方式，就业结构主要是"蓝领"，中小企业不发达。"第三俄罗斯"指的是广大小城镇和农村，约占全俄总人口的38%。小城镇和农村居民在政治上处于被动状态。"第四俄罗斯"指的是北高加索和西伯利亚南部（阿尔泰）等边远地区，约占全俄总人口的6%，当地经济和居民收入主要依靠联邦财政转移支付和投资。

还有俄罗斯学者从社会意识角度划分出"三个俄罗斯"，即处于后工业社会21世纪的俄罗斯、处于工业化时代20世纪的俄罗斯以及遵循传统价值的19世纪的俄罗斯。

---

① Зубаревич Н. Наталья Зубаревич: Четыре России, Ведомости, 30 декабря 2011, https://www.vedomosti.ru/opinion/articles/2011/12/30/chetyre_rossii。

结 论

无论是四个俄罗斯还是三个俄罗斯的划分，都指向这样一个事实：苏联时期社会财富分配和社会结构相对简单均质，俄罗斯独立后，这种相对简单的社会结构迅速解体并急剧分化为极少数富人和绝大多数穷人以及介于其间、处于相对少数的中产阶层。政治权力与大资本是贯通的，而接近一半的就业人口直接或者间接属于依赖于国家财政部门的单位，如政府机构、官办企业、依赖政府采购的大型私人企业以及大型能源企业等的从业人员。这部分居民实际上构成了俄罗斯政治与社会稳定的重要经济基础。

因此，一方面是国家在经济中的存在不断扩大（国家主义），另一方面则是相当一部分民众的"父爱主义"（可以通俗地理解为"等靠要"心理），二者的关系表面上似乎呈现为相互建构、互为前提，但事实上国家实施的是以新自由主义为基础的政策路线，与国家在经济中的存在不断扩大相伴随的是其从社会领域的不断退出。

正因为如此，有学者认为，从社会意识的角度看，俄罗斯社会存在一个明显的分界线，即依靠国家的大多数和少数的经济上自主、政治上独立的城市中产阶级各自有着不同的政治诉求、经济和社会政策导向。[①] 对前者而言，希望政治稳定，有秩序，国家不断增加工资和退休金；对后者而言，仅有政治稳定和秩序是不够的，还需要国家提供有效的制度（涉及遏制腐败、透明、效率等）。共同之处在于，二者都需要国家提供公共品。虽有重合之处，但区别更有实质意义。

一般而言，在任何一个社会，意识形态都可以想象为一个从左（极左）到右（极右）的连续光谱。俄罗斯社会的意识形态结构应该是由偏右翼的少数、微不足道的中间派和占绝大多数的左派组成，总体上偏左。而这样的意识形态构成在理想状态下对应的政党格局应该是占多数的左翼政党、为数不多的中间派以及少数右翼。而我们看到的俄国家杜马，实际上则是拥有绝对多数的中间派（"统一俄罗斯"党）以及为数不多的左翼（俄罗斯共产党），加上一些民族主义右翼力量（自由民主党）。

---

① От плебисцита-к выборам. Как и почему россияне голосовали на выборах 2011–2012 гг. Под ред. Валерия Федорова. М. : Изд. иконсалтинговая группа «Праксис», 2013. С. 6.

在很大程度上，俄罗斯当局的政党建设与选举制度都是围绕着如何化解上述局面展开的。这就涉及政治权力对社会意识的主动建构，主要手段就是未曾明言的"社会契约"。在20世纪90年代，目标无疑是对照欧洲的生活方式和生活标准，快速实现新制度与新社会的构建。2003~2013年是俄罗斯千年历史上最为富足的10年，石油价格高企再加上市场化改革，使得俄罗斯民众成为二次分配的受益者。2014年，俄罗斯将克里米亚"纳入"本国版图，爱国主义由此成为最大公约数。2020年以来，"维持现状"及与西方关系紧张则成为新的话题。

（三）绩效：稳定与发展缺失

治理绩效则可以从政治稳定与经济社会发展两个维度进行观察。对于任何政治体制或者制度而言，衡量其质量的关键是从经济发展维度观察其治理绩效。经过30年的发展，现在俄罗斯的状况如何？

首先是政治稳定。正如前文指出，俄罗斯自1993年以来举行过7次总统大选，获胜的均是当局推出的候选人，政权党"统一俄罗斯"党在国家杜马和绝大部分地方议会拥有多数席位甚至宪法多数席位。在俄罗斯，一个强有力的权力中心，加上政治权力对民意的塑造与操纵、对宗教和传媒的控制等，无疑对政治稳定发挥了重要作用。

其次从社会经济发展的角度看，局面则有所不同。俄罗斯的领土面积占全球11.4%，拥有世界20%的自然资源，而人口只为世界总人口的2%，发展经济的条件可谓得天独厚。此外，俄罗斯74.4%的人口居住在城市，识字率达到99%，超过半数居民受过中等以上教育（与以色列、加拿大处在同一水平），大多数居民从事非体力劳动，人力资源的质量很高。应该说，最近30年俄罗斯在社会经济发展方面，尤其是与苏联时期相比有了长足的进展，苏联时期商品短缺的问题已经成为过去，民众享有出国旅行以及国内迁徙的自由。

与此同时，有关研究显示，自1991年以来的30年间，俄罗斯国内生产总值的年均增长速度为1%左右，远低于同期全球平均水平。30年来，俄罗斯居民实际可支配收入累计增长了34%，也就是年均接近1%，只有世界平均水平的一半。俄罗斯是世界上收入最不平等的国家之一。目前，俄罗斯10%的富人掌握着全国83%的财富，而其中1%的富人则掌握着全国60%的实物与金融

结　论

资产（在美国，1%的富人掌握着全国35%的财富）。福布斯富豪榜上的俄罗斯亿万富翁（103人）掌握着全国30%~35%的财富。同时贫困人口的比例在不断上升，目前约有2000万人的收入水平在官方贫困线之下。就财富高度集中的程度而言俄罗斯位居全球第一。[1]

俄罗斯著名经济学家鲁斯兰·格林伯格[2]对俄罗斯经济发展结果的评价十分中肯。他认为，俄罗斯政府调节居民收入和形成中产阶层的政策是失败的。俄罗斯中产阶层在最好的情况下也没有超过总人口的20%，现在更是萎缩到15%~17%，其结果是贫困人口增多、消费需求萎缩造成经济停滞。因此，虽然俄罗斯已经建立起市场经济，但这个市场经济是反社会的、财阀统治的（плутократия）、结构简单的，且造成严重的社会贫富分化。[3]

以上情况，包括严重依赖能源原材料出口的经济结构以及严重的贫富分化均指向一个显而易见的事实，即俄罗斯30年来的发展缺失[4]，概括起来，就是"有稳定，无发展"。对俄罗斯而言，尤其是考虑到2020年的宪法修改以及未来不可避免的权力交接，这种"停滞"必然伴随着巨大的政治风险。

以上我们以政治权力与社会之间的互动为视角，考察了30年来俄罗斯政治发展的基本内涵包括绩效等。

首先，俄罗斯政治发展的显著特点是：单一中心政治权力在与社会的互动中得以重建且不断固化，对经济活动和社会生活的控制不断强化，政治发展呈现相当强的连续性。在历次总统大选和国家杜马选举中（20世纪90年代除外），执政当局推举的候选人以及政权党"统一俄罗斯"党均能胜出，现任领导人长期执政，这都指向连续性。俄罗斯政治发展连续性的原因主要有以下几个方面。一是政治权力维持其长期执政地位的目标与俄社会大多数民众惧怕未

---

[1] Аналитик Morgan Stanley оценил состояние миллиардеров России в треть ВВП, https://www.rbc.ru/economics/15/05/2021/609ed42c9a7947120d6155fd?utm_source=fb_rbc&%3Futm_source=facebook&utm_medium=social&fbclid=IwAR0suBLf7ff6UwMEO-KlaVYRw12SBS3Bck2RRaMNejA8jyA50xGz_u_ODKI.

[2] 鲁斯兰·格林伯格，俄罗斯科学院院士，曾长期担任俄罗斯科学院经济研究所所长。

[3] Ведущие экономисты назвали три главных провала российского государства//Московский комсомолец, https://www.mk.ru/economics/2016/12/01/vedushhie-ekonomisty-nazvali-tri-glavnykh-provala-rossiyskogo-gosudarstva.html.

[4] 薛福岐：《当代俄罗斯国家治理的困境及其原因》，《国外理论动态》2019年第4期。

知变革的心态相辅相成。二是政治权力的"国家主义"(国家在经济中的广泛存在和对经济活动的广泛干预)与民众的"父爱主义"(通俗意义上可以理解为民众对国家的"等靠要"心理)相辅相成。① 国有或国有控股部门及财政供养部门的从业者的收入水平和保障水平更高,构成中产阶级的主干,大量退休人员的福祉依赖国家,这部分选民更愿意维持现状。这种偏好往往被利用、被放大,进而成为主流民意。三是选举制度的改造。在俄现行宪法框架下,政治权力必须通过赢得选举获得社会的授权与合法性。俄选举制度不断被改造,从竞争性选举逐步演变成为公投式选举,这一点在总统大选中表现得尤为明显。选民往往被告知要在不理想的现在和充满未知的未来之间进行抉择。四是官方意识形态和政权党的工具化,使得政治权力成功摆脱二者束缚,此乃俄罗斯政治发展连续性的关键内生性因素。五是政治权力控制资本、地方势力、东正教会、传媒。六是政治权力对政党制度的改造及对政党的控制,政党被分为"体制内反对派"和"体制外反对派",并被加以区别对待。

其次,从绩效角度看,单一中心政治权力及其与社会的"管制型"关系足以维持政治社会稳定,却一直没能解决发展问题。部分俄罗斯经济学家认为目前的经济模式可以界定为"停滞 2.0"和"中等收入陷阱"。② 一般而言,经济社会发展的前提是民众的广泛参与以及与此相关联的社会活力,但其后果则是有可能出现新的权力中心。面对这种局面,单一中心政治权力选择国家作为最基本的经济主体,同时默许大量的非正式就业和灰色经济。

因此,政治发展连续性的经济社会后果就是不发展或者发展缺失,这也是俄罗斯政治发展的另一个鲜明特点,同时也是俄罗斯当下和未来一个时期面临的最大风险。考虑到现任领导人长期执政,随着时间的推移,不可避免的领导人更替的风险也就越来越大。此外,在缺乏社会制约的情况下,政治权力成为自身最大的威胁,政策失误将导致社会震荡。如 2018 年的退休制度改革在一定程度上侵蚀了政权的合法性基础。

---

① Россия, вперёд! Статья Дмитрия Медведева, http://www.kremlin.ru/events/president/news/5413.
② Застой-2: Последствия, риски и альтернативы для российской экономики. Под ред. К. Рогова. М.: Либеральная миссия, 2021. С. 80.

最后,展望俄罗斯政治发展前景。可以说俄罗斯目前的单一中心政治权力模式及其与社会的"管制型"互动模式能够满足大资本和依赖国家的多数民众的诉求,国家主义与父爱主义相互建构、相互强化。但是,这又与俄罗斯社会的变革诉求存在明显张力。此外,领导人的代际更替不见得会引发权力结构的变化。目前的外部压力(西方制裁等)则有利于政治集团内部的团结和整合社会力量。以上因素使得目前以单一中心为主要特点的权力结构能够在相当长的一个时期维持下去。无论如何,随着时间的推移,俄罗斯政治权力结构与社会结构会发生变化,政治体系的发展也会在分岔点上做出新的选择。

参考文献

一　中文参考书目

1. 董晓阳：《俄罗斯利益集团》，当代世界出版社，1999。
2. 董晓阳主编《俄罗斯地方权限及其调整》，当代世界出版社，2008。
3. 冯绍雷、相蓝欣主编《转型理论与俄罗斯政治改革》，上海人民出版社，2005。
4. 海运、李静杰：《叶利钦时代的俄罗斯·政治卷》，人民出版社，2001。
5. 姜士林等主编《世界宪法全书》，青岛出版社，1997。
6. 李静杰、郑羽主编《俄罗斯与当代世界》，世界知识出版社，1998。
7. 刘淑春等著《当代俄罗斯政党》，中央编译出版社，2006。
8. 李亚洲：《俄共理论与政策主张研究》，中国社会科学出版社，2010。
9. 陆南泉总主编、李雅君卷主编《曲折的历程：俄罗斯政治卷》，东方出版社，2015。
10. 马强：《"俄罗斯心灵"的历程——俄罗斯黑土区社会生活的民族志》，北京大学出版社，2017。
11. 郑羽、蒋明君总主编，庞大鹏卷主编《普京八年：俄罗斯复兴之路（2000~2008）·政治卷》，经济管理出版社，2008。
12. 庞大鹏：《观念与制度：苏联解体后的俄罗斯国家治理（1991-2010）》，中国社会科学出版社，2010。
13. 孙成木等主编《俄国通史简编》（上册），人民出版社，1986。

14. 王浦劬：《中央与地方事权划分的国别研究及启示》，人民出版社，2016。
15. 王正绪、耿曙、唐世平主编《比较政治学》，复旦大学出版社，2021。
16. 邢广程、潘德礼、李雅君编著《俄罗斯议会》，华夏出版社，2002。
17. 许志新主编《重新崛起之路：俄罗斯发展的机遇与挑战》，世界知识出版社，2005。
18. 谢岳：《社会抗争与民主转型：20世纪70年代以来的威权主义政治》，上海人民出版社，2008。
19. 徐向梅〔册〕主编《世界主要政党规章制度文献：俄罗斯》，中央编译出版社，2016。
20. 俞可平主编《治理与善治》，社会科学文献出版社，2000。
21. 俞可平主编《市场经济与公民社会：中国和俄罗斯》，中央编译出版社，2005。
22. 应克复、金太军、胡传胜：《西方民主史》，中国社会科学出版社，2012。
23. 张树华、刘显忠：《当代俄罗斯政治思潮》，新华出版社，2003。
24. 〔德〕萨赫森迈尔、理德尔、〔以〕艾森斯塔德编著《多元现代性的反思：欧洲、中国及其他的阐释》，郭少棠、王为理译，商务印书馆，2017。
25. 〔俄〕鲍里斯·叶利钦：《总统笔记》，李垂发等译，东方出版社，1995。
26. 〔俄〕瓦·奥·克柳切夫斯基：《俄国史教程》（第三卷），左少兴等译，商务印书馆，1996。
27. 〔俄〕鲍里斯·叶利钦：《午夜日记——叶利钦自传》，曹缦西、张俊翔译，译林出版社，2001。
28. 〔俄〕罗伊·麦德维杰夫：《普京时代：世纪之交的俄罗斯》，王桂香等译，世界知识出版社，2001。
29. 〔俄〕格·萨塔罗夫：《叶利钦时代》，高增训等译，东方出版社，2002。
30. 〔俄〕普京：《普京文集：文章和讲话文集》，中国社会科学出版社，2002。
31. 〔俄〕罗伊．麦德维杰夫：《普京——克里姆林宫四年时光》，王晓玉、韩显阳译，社会科学文献出版社，2005。
32. 〔俄〕弗·伊·多博林科夫、阿·伊·克拉夫琴科：《社会学》，张树华等译，社会科学文献出版社，2006。

33. 〔俄〕鲍里斯·尼古拉耶维奇·米罗诺夫：《俄国社会史：个性、民主家庭、公开社会及法制国家的形成（帝俄时期：十八世纪至二十世纪初）》，张广祥等译，山东大学出版社，2006。

34. 〔俄〕奇斯佳科夫主编《俄罗斯国家与法的历史》（上卷），徐晓晴译，法律出版社，2014。

35. 〔法〕埃米尔·涂尔干：《社会分工论》，渠东译，生活·读书·新知三联书店，2000。

36. 〔美〕塞缪尔·亨廷顿：《变化社会中的政治秩序》，王冠华等译，三联书店，1989。

37. 〔美〕理查德·派普斯：《财产论》，蒋琳琦译，经济科学出版社，2003。

38. 〔美〕戴维·霍夫曼：《寡头：新俄罗斯的财富与权力》，冯乃祥、王维译，中国社会科学出版社，2004。

39. 〔美〕胡安·林茨、阿尔弗莱德·斯泰潘：《民主转型与巩固问题：南欧、南美和后共产主义欧洲》，孙龙等译，浙江人民出版社，2008。

40. 〔苏〕米·谢·戈尔巴乔夫：《改革与新思维》，苏群译，新华出版社，1987。

41. 〔英〕戴维·米勒、韦农·波格丹诺编，邓正来主编《布莱克维尔政治学百科全书》，中国问题研究所等译，中国政法大学出版社，1992。

42. 〔英〕卡瑟琳·丹克斯：《转型中的俄罗斯政治与社会》，欧阳景根译，华夏出版社，2003。

43. 〔加〕克里斯蒂娅·弗里兰：《世纪大拍卖：俄罗斯转轨的内幕故事》，刘卫、张春霖译，中信出版社，2004。

二　俄文参考书目

1. Абдулатипов Р. Г., Болтенков Л. Ф., Яров Ю. Ф. Федерализм в истории России. М.: Республика, 1992.

2. Автономов А. С., АнисимоваА. Н., Анохин М. Г. и др. Россия: партии, выборы, власть. М.: Обозреватель, 1996.

3. Аксютин Ю. В., Андреев И. Л., Волобуев О. В. и др. Политическая история России. М.: Юристъ, 1998.

4. Авакьян С. А. Конституция России: природа, эволюция, современность. 2. изд.. М.: РЮИД, 2000.

5. Байбаков С. А., Вдовин А. И., Корецкий В. А. Российское государство и общество. XX век. М.: Изд-во Моск. Ун-та, 1999.

6. Бондарь Н. С. Конституция России: история и современность. Ростов н/Д, 1996.

7. Бурлацкий Ф. М. Глоток свободы. М.: Культура, 1997.

8. Бутько Л. В. Конституция и конституционная реформа. Краснодар, 1999.

9. Вебер А. Б. Устойчивое развитие как социальная проблема. М.: Институт социологии РАН, 1999.

10. Витманас С. Е. Переходный период в современной России: (Полит. транзит 90гг.). М., 2001.

11. Владимиров А. И. О национальной государственной идее России: Стратег. этюды. М.: ЮКЭА, 2000.

12. Волобуев О. В., Игнатьев А. В., Нежинский Л. Н. и др. Россия: государственные приоритеты и национальные интересы. М.: РОССПЭН, 2000.

13. Валентей С. Д., Глигич-Золаторева М. В. Российский федерализм-экономико-правовые проблемы. СПб.: Алетейя, 2008.

14. Гершунский Б. С. Демократический опыт России. М.: Воскресенье, 1998.

15. Глазовский Н. Ф., Сдасюк Г. В., Горшков С. П. и др. Переход к устойчивому развитию: глобальный, региональный и локальный уровни: Зарубеж. опыт и проблемы России. М.: КМК, 2002.

16. Голенкова З. Т., Витюк В. В., Черных А. И. и др. Социальное расслоение и социальная мобильность. М.: Наука, 1999.

17. Горшков М. К. и др. Россия на рубеже веков: Сб. М.: РНИСиНП: РОССПЭН, 2000.

18. Гранкин И. В. Парламент России. (2. изд., доп.). М.: Издательство гуманитарной литературы, 2001.

19. Дубин Б. В., Слово-письмо-литература, Очерки по социологии современной культуры, М.: НЛО, 2001.

20. Ежова О. М., Одинцова А. В. Социально-экономические проблемы Российской Федерации в условиях перехода к рынку: Сб. ст. М., 1991.

21. Захоров А. А. Спящий институт. Федерализм в современной России и в мире. М.: НЛО, 2012.

22. Иванова В. И. Парламент Российской Федерации: Правовое регулирование и орг. деятельности. М., 1995.

23. Иванов В. В., Яровой О. А. Российский федерализм: становление и развитие. (2. изд., доп.). М., 2001.

24. Иванов В. В. Путинский федерализм. Централизаторские реформы в России в 2000-2008 годах. М.: Территория будущего, 2012.

25. Иванов В. В., Глава субъекта Российской Федерации: политическая и юридическая история института (1990-2013). М.: Авторское, 2013.

26. Кереселидзе Н. И. Социальные функции государства в регулировании экономики: сравнительный социологический анализ: (На прим. опыта США, Швеции и России). М., 1994.

27. Краснов В. Н., Система многопартийности в современной россии. Москва, 1995 г.

28. Капустин Б. Г. Современность как предмет политической теории. М.: РОССПЭН, 1998.

29. Кынев А., Любарев А., Максимов А. Региональные и местные выборы 8 сентября 2013 года: тенденции, проблемы и технологии. М.: Фонд Либеральная миссияб, 2014.

30. Кынев А., Любарев А., Максимов А. Региональные и местные выборы 2014 года в России в условиях новых ограничений конкуренции. М.: Фонд Либеральная миссияб, 2015.

31. Кынев А., Любарев А., Максимов А. На подступах к федеральным выборам – 2016: региональные и местные выборы в России. М.: Фонд

Либеральная миссия, 2015.

32. Кынев А., Любарев А., Максимов А. Как выбирала Россия – 2016. М.: Фонд Либеральная миссия, 2017.

33. Кынев А., Любарев А., Максимов А. Российские выборы – 2017: преемственность и изменение практик между двумя федеральными кампаниями. М.: Фонд Либеральная миссия, 2018.

34. Кынев А., Любарев А., Максимов А. Региональные и местные выборы в России осени 2018 года. М.: Фонд Либеральная миссия, 2019.

35. Кынев А. В. Губернаторы в России: между выборами и назначениями. М.: Фонд Либеральная миссия, 2020.

36. Малева Т. М., Л. Н. Овчарова, Российские средние классы науки и на пике экономического роста, Москва: Ekon-Inform, 2008.

37. Соломенцев М. С. Зачистка Политбюро. Как Горбачев убирал 《врагов перестройки》. М.: Алисторус, 2011.

38. Туровский Р. Ф., Политическая регионалистика. М.: Издательский дом ГУ ВШЭ, 2006.

39. Туманова А. С., Общественные организации и русская публика в начале XX века, М.: Новый хронограф, 2008.

40. Хомяков А. С. О старом и новом: Статьи и очерки. М.: Современник, 1988.

三 英文参考书目

1. C. Friedrich, *Trends of Federalism in Theory and Practice*, New York: Praeger, 1968.

2. C. Ross, *Federalism and Democratisation in Russia*, Manchester and New York: Manchester University Press, 2003.

3. C. Ross, *Putin's Federal Reforms*, in Russian Politics under Putin, Manchester and New York: Manchester University Press, 2004.

4. C. Ross, *Local Politics and Democratization in Russia*, London and New York:

Routledge, 2009.

5. Joan Debardeleben, *Russian Politics in Transition* (second edition), Boston: Houghton Mifflin Company, 1997.

6. J. William Derleth, *The Transition in Central and Eastern European Politics*, Upper Saddle River, N. J.: Prentice Hall, 2000.

7. K. C. Wheare, *Federal Government*, Oxford: Oxford University Press, 1970.

8. Marcia A. Weigle, *Russia's Liberal Project: State-society Relations in the Transition from Communism*, Pennsylvania State University Press, 2000.

9. M. Donald Hancock and John Logue, eds., *Transitions to Capitalism and Democracy in Russia and Central Europe: Achievements, Problems, Prospects*, Westport, Conn.: Praeger, 2000.

10. Monica Ferrin and Hanspeter Kriesi, *How Europeans View and Evaluate Democracy*, Oxford: Oxford University Press, 2016.

11. Nikolai Biryukov, Victor Sergeyev, *Russian Politics in Transition: Institutional Conflict in a Nascent Democracy*, Ashgate, 1997.

12. N. Robinson, ed., *Institutions and Political Change in Russia*, New York, 2000.

13. N. Petrov, D. Slider, "Putin and The Regions," in R. Dale, ed., *Russia: Past Imperfect, Future Uncertain*, Herspring, Lanham, MD: Rowman and Littlefield, 2003.

14. S. Oates, *Revolution Stalled: The Political Limits of the Internet in the Post-Soviet Sphere*, New York: Oxford University Press, 2013.

15. P. King, *Federalism and Federation*, Baltimore: Johns Hopkins, 1982.

16. P. Reddaway, R. W. Orttung, *The Dynamics of Russian Politics: Putin's Reform of Federal-regional Relations*, London: Rowman and Littlefield, 2005.

17. V. Gelman, C. Ross, *The Politics of Sub-National Authoritarianism in Russia*, London and New York: Routledge, 2010.

图书在版编目(CIP)数据

俄罗斯三十年：1991~2021．政治卷／孙壮志总主编；庞大鹏主编．--北京：社会科学文献出版社，2024.7（2025.2重印）

ISBN 978-7-5228-3608-9

Ⅰ．①俄… Ⅱ．①孙… ②庞… Ⅲ．①政治-研究-俄罗斯-1991-2021 Ⅳ．①D751.2

中国国家版本馆 CIP 数据核字（2024）第 087461 号

俄罗斯三十年（1991~2021）

政治卷

总 主 编／孙壮志
主　　编／庞大鹏

出 版 人／冀祥德
组稿编辑／祝得彬
责任编辑／仇 扬　张苏琴
责任印制／王京美

出	版／社会科学文献出版社（010）59367004
	地址：北京市北三环中路甲 29 号院华龙大厦　邮编：100029
	网址：www.ssap.com.cn
发	行／社会科学文献出版社（010）59367028
印	装／三河市龙林印务有限公司
规	格／开 本：787mm×1092mm　1/16
	印 张：27.25　字 数：444 千字
版	次／2024 年 7 月第 1 版　2025 年 2 月第 2 次印刷
书	号／ISBN 978-7-5228-3608-9
定	价／368.00 元（全三卷）

读者服务电话：4008918866

版权所有 翻印必究